21世纪经济学类管理学类专业主干课程系列教材
上海汽车工业教育基金会资助

企业战略管理

（修订本）

主　编　陈继祥
副主编　王家宝

清华大学出版社
北京交通大学出版社
·北京·

内 容 简 介

本书以"一分为三,合三为一"的思想方法为指导,形成了基于三分法的战略管理分析框架。战略管理总论篇,从战略的起源与内涵、战略管理理论的演变、战略管理过程入手,提出了基于管理过程的战略管理三维框架;战略分析篇,从外部环境、内部实力和经营方向三个方面建立了战略分析三维架构;战略选择篇,从发展战略、竞争战略和合作战略三个维度详细阐述企业不同层次战略的制定与选择问题;战略实施篇,从战略实施过程、战略实施与组织文化、组织结构的关系、战略控制的类型与过程等方面阐述了战略控制过程及基本理论。

本书可作为本科生和研究生相关专业的教材,也可作为企业界相关人士的参考书。

本书封面贴有清华大学出版社防伪标签,无标签者不得销售。
版权所有,侵权必究。侵权举报电话:010-62782989 13501256678 13801310933

图书在版编目(CIP)数据

企业战略管理/陈继祥主编. —北京:清华大学出版社;北京交通大学出版社,2010.7
(2025.1重印)
(21世纪经济学类管理学类专业主干课程系列教材)
ISBN 978-7-5121-0206-4

Ⅰ. ①企… Ⅱ. ①陈… Ⅲ. ①企业管理—高等学校—教材 Ⅳ. ①F270

中国版本图书馆 CIP 数据核字(2010)第 144739 号

责任编辑:郭东青
出版发行:清 华 大 学 出 版 社   邮编:100084   电话:010-62776969   http://www.tup.com.cn
　　　　　北京交通大学出版社   邮编:100044   电话:010-51686414   http://www.bjtup.com.cn
印　刷　者:北京虎彩文化传播有限公司
经　　　销:全国新华书店
开　　　本:185 mm×230 mm   印张:21.5   字数:509千字
版　　　次:2010年8月第1版 2022年2月第2次修订 2025年1月第6次印刷
书　　　号:ISBN 978-7-5121-0206-4/F·686
印　　　数:8 001~8 500 册   定价:59.00 元

本书如有质量问题,请向北京交通大学出版社质监组反映。对您的意见和批评,我们表示欢迎和感谢。
投诉电话:010-51686043,51686008;传真:010-62225406;E-mail:press@bjtu.edu.cn

前　言

中国实行经济改革开放已有三十多年，现在正处于经济转型的关键时期。如今，各行各业的管理实践发生了深刻巨大而错综复杂的变化。伴随全球化进程的加速，工商实业界和理论学术界都面临着更大的挑战。首先是运营环境的变化。全球商品链分工日益深化，企业广泛使用外包，电子商务的发展进一步改变了商业活动的核心。随着全球金融危机的爆发，能源价格上下剧烈起伏，企业信誉、消费者信心和品牌忠诚等企业最宝贵的财富正在慢慢受到侵蚀。其次，市场竞争日趋激烈。随着买方议价能力的增强，客户的权力被提升到至高无上的地位。企业的交易方式也因此而发生重大变化，产品和服务的定制化变得越来越普遍，响应客户需求及市场变化的能力变得比企业规模更为重要。再次，随着产业链上行业内部各类企业的不断整合，企业更加重视与外部利益相关者的关系。战略联盟及其他合作形式不断涌现，甚至以往的竞争关系也演变成了战略合作伙伴关系。

在竞争激烈、复杂多变的环境中，企业要想谋求生存和长远发展，必须站在全局的高度去把握未来，强化自身的优势，实现企业内部资源与外部环境的配合。基于以上认识，在清华大学出版社和北京交通大学出版社的组织下，我们以企业战略管理为主题编写了此教材。本书以中国工商实业界、学术界的理论和应用需求为出发点，吸收、借鉴了国内外先进的战略管理理念和方法，从中国企业经营管理的现实需要出发，结合作者多年在企业管理领域的教学心得和实践经验，融入纵向、横向课题的研究成果，辅以相关案例，力图系统地阐述企业战略的理论范式，及时、全面地反映实际情况和学术研究现状。

为使研究生、本科生理解和把握战略管理的理论，也为了更好地满足实际工作者的需求，本书以"一分为三，合三为一"的思想方法为指导，形成了基于三分法的战略管理框架。第一部分为战略管理总论，从战略的起源与内涵、战略管理理论的演变、战略管理过程等基本概念导入，提出了基于管理过程的战略管理三维框架。第二部分是战略分析篇，从外部环境、内部实力及经营方向三个方面建立了战略分析三维架构，同时对战略分析常用的工具进行了分析说明。第三部分是战略选择篇，从发展战略、竞争战略及合作战略三个维度详细阐述企业不同层次战略。考虑到战略分析的动态性，本部分还探讨了动态竞争能力的培育问题。最后一部分是战略实施篇，具体内容包括战略实施过程；战略实施与组织文化、组织结构的关系；战略控制的类型与过程。

本书由上海交通大学企业管理研究中心主任、博士生导师陈继祥担任主编，王家宝担任副主编。博士生王艳、吴佩、张春辉、李翔、胡泓及硕士生朱颚婷、汤鋆啸参与了资料收

集和部分编写工作。本书在编写的过程中，得到了多方面的积极支持，在此，谨对清华大学出版社、北京交通大学出版社，以及所有为本书的编写、修订并最终顺利出版提供帮助的专家、同仁表示衷心的感谢。

最后要指出的是，本书旨在将国内外先进的战略管理思想与中国企业的实践与研究成果相结合。鉴于战略管理理论的博大精深、变化无穷，加之编者水平有限，文中不可避免地会存在不当之处，恳请读者批评指正，我们将不胜感激。

编　者

2010 年 7 月

目 录

第1篇 总论

第1章 战略管理导论……2
- 1.1 战略的起源与内涵……4
  - 1.1.1 战略的起源……4
  - 1.1.2 企业战略的内涵……5
- 1.2 战略管理理论的演变……7
  - 1.2.1 西方早期战略管理理论……8
  - 1.2.2 以产业竞争结构分析为基础的竞争战略理论……9
  - 1.2.3 以资源为基础的核心竞争力理论……10
  - 1.2.4 超越竞争的新战略管理理论……10
- 1.3 战略管理的内容和层次……11
  - 1.3.1 战略管理的内容……11
  - 1.3.2 战略管理的层次……12
- 1.4 战略性思维和战略管理者……14
  - 1.4.1 战略性思维……14
  - 1.4.2 战略管理者……15
- 1.5 战略管理过程……16
  - 1.5.1 战略管理过程的基本模式……16
  - 1.5.2 战略管理过程基本模式的应用……19
  - 1.5.3 战略管理过程中应注意的问题……19
- 1.6 本书理论架构：基于三分法的战略管理框架……20
  - 1.6.1 三分法概述……20
  - 1.6.2 基于三分法思维的战略管理框架……21
- 本章小结……23
- 复习思考题……23

第2篇 企业战略分析

第2章 外部环境分析：识别机会与威胁……26
- 2.1 企业外部环境分析概述……29
  - 2.1.1 企业外部环境的构成……29
  - 2.1.2 企业外部环境分析的过程……30
- 2.2 一般环境分析……33
  - 2.2.1 政治-法律因素……33
  - 2.2.2 经济因素……35
  - 2.2.3 社会与文化因素……35
  - 2.2.4 技术因素……36
- 2.3 行业环境分析……37
  - 2.3.1 结构-行为-绩效模型……37
  - 2.3.2 波特的五种力量模型……40
- 2.4 行业中战略集团分析……46
  - 2.4.1 战略集团的特征……46
  - 2.4.2 战略集团分析……47
- 本章小结……49
- 复习思考题……49

第3章 内部环境分析：资源、潜能与竞争优势……51
- 3.1 企业内部环境分析的重要性……52
- 3.2 企业内部环境分析的内容——资源与潜能……53

3.2.1 企业的资源 …………………… 54
3.2.2 企业的潜能 …………………… 58
3.2.3 资源与潜能的关系 …………… 59
3.3 资源、潜能与竞争优势：基于VRIO框架的企业内部分析 …………… 61
　3.3.1 VRIO框架的提出 …………… 61
　3.3.2 价值问题 ……………………… 61
　3.3.3 稀缺性 ………………………… 62
　3.3.4 可模仿性 ……………………… 63
　3.3.5 组织问题 ……………………… 64
　3.3.6 VRIO框架的应用 …………… 64
3.4 企业内部因素评价矩阵 ………… 66
本章小结 ……………………………… 67
复习思考题 …………………………… 67

第4章 价值链与竞争优势 ………… 68

4.1 价值链理论的演变 ……………… 70
4.2 传统价值链理论 ………………… 71
　4.2.1 价值的含义 …………………… 71
　4.2.2 传统价值链 …………………… 71
　4.2.3 价值链分析实例 ……………… 74
4.3 全球价值链理论 ………………… 76
　4.3.1 全球价值链的动力机制 ……… 77
　4.3.2 全球价值链中的产业升级 …… 77
4.4 全球生产网络 …………………… 77
　4.4.1 全球生产网络中的价值 ……… 78
　4.4.2 全球生产网络中权力的来源与实施 …………………………… 79
　4.4.3 全球生产网络中的嵌入性 …… 79
4.5 价值链治理 ……………………… 80
　4.5.1 市场型价值链治理模式 ……… 80
　4.5.2 模块型价值链治理模式 ……… 81
　4.5.3 关系型价值链治理模式 ……… 81
　4.5.4 受制型价值链治理模式 ……… 82

　4.5.5 层级型价值链治理模式 ……… 83
4.6 价值链与竞争优势 ……………… 83
　4.6.1 用价值链分析竞争优势 ……… 83
　4.6.2 通过改进价值链构筑竞争优势 … 84
　4.6.3 通过价值链创新维护和发展竞争优势 …………………………… 85
本章小结 ……………………………… 86
复习思考题 …………………………… 87

第5章 确立企业经营方向：愿景、使命与目标体系 ………… 88

5.1 企业愿景的确立 ………………… 90
　5.1.1 企业愿景的含义及其与使命的关系 …………………………… 91
　5.1.2 企业愿景的作用 ……………… 92
　5.1.3 企业愿景的创建 ……………… 95
5.2 企业使命的形成 ………………… 98
　5.2.1 企业使命的含义及其与企业文化的关系 ……………………… 98
　5.2.2 企业使命的内容 ……………… 99
　5.2.3 企业使命管理 ………………… 103
5.3 企业经营目标与目标体系 ……… 106
　5.3.1 企业经营目标的含义及其内容 … 106
　5.3.2 企业经营目标的特性与衡量标准 ……………………………… 108
　5.3.3 企业经营目标的制定 ………… 110
本章小结 ……………………………… 114
复习思考题 …………………………… 114

第6章 企业战略管理三维关联分析 … 115

6.1 企业战略管理三维关联分析概述 … 118
　6.1.1 企业战略管理的核心因素 …… 118
　6.1.2 战略三维关联分析 …………… 119
　6.1.3 三维关联的战略定位功能 …… 121

6.2 企业战略危机预警与管理……123
 6.2.1 战略危机的预警指标系统……125
 6.2.2 三维关联的战略危机预警……126
 6.2.3 三维关联的战略危机预警应用……126
本章小结……127
复习思考题……128

第7章 战略分析工具……129
7.1 SWOT分析……131
 7.1.1 SWOT分析法的步骤……131
 7.1.2 SWOT分析方法评述……132
7.2 生命周期分析……133
 7.2.1 生命周期的定义和特征分析……133
 7.2.2 生命周期理论的功能……136
 7.2.3 生命周期理论的优点与不足……138
7.3 经验曲线分析工具……138
 7.3.1 经验曲线的定义……138
 7.3.2 经验曲线的实践含义……140
 7.3.3 经验曲线的应用……141
 7.3.4 经验曲线分析的劣势与局限……143
7.4 行业吸引力-企业竞争能力矩阵……145
 7.4.1 行业吸引力和企业竞争能力……145
 7.4.2 行业吸引力-企业竞争能力矩阵……146
 7.4.3 行业吸引力-企业竞争能力矩阵的应用……146
 7.4.4 行业吸引力-企业竞争能力矩阵评价……150
7.5 市场增长与市场份额矩阵……150
 7.5.1 市场增长率和占有率的概念……151
 7.5.2 波士顿市场增长-市场份额矩阵产生的背景……154
 7.5.3 波士顿市场增长-市场份额矩阵……154
 7.5.4 市场增长-市场份额矩阵的功能……155
 7.5.5 市场增长-市场份额矩阵的不足……156
本章小结……157
复习思考题……158

第3篇 企业战略选择

第8章 企业发展战略……160
8.1 企业发展战略概述……161
 8.1.1 发展战略的概念与特征……161
 8.1.2 企业实施发展战略的优势……162
 8.1.3 发展战略的类别……162
8.2 一体化战略……162
 8.2.1 纵向一体化战略……162
 8.2.2 横向一体化战略……167
8.3 多元化战略……168
 8.3.1 多元化战略概述……168
 8.3.2 集中多元化战略……169
 8.3.3 横向多元化战略……170
 8.3.4 混合多元化战略……171
8.4 全球化战略……174
 8.4.1 国际化与全球化战略……175
 8.4.2 经济全球化的表征……175
 8.4.3 全球化战略的竞争优势与劣势……176
 8.4.4 企业全球化经营的战略路径……178
8.5 虚拟经营战略……179
 8.5.1 虚拟企业与虚拟经营……179
 8.5.2 虚拟经营战略的发展动因……180
 8.5.3 虚拟经营的战略优势……181
 8.5.4 虚拟经营的运作方式……183
 8.5.5 虚拟经营的关键环节……184

本章小结 ·· 185
复习思考题 ··· 186

第9章　企业竞争战略 ························ 187

9.1　市场经济本质特征的体现——竞争··· 190
 9.1.1　市场经济本质概述 ················ 190
 9.1.2　竞争机制 ······························ 190
 9.1.3　竞争的功能 ·························· 191
 9.1.4　竞争与合作 ·························· 192
 9.1.5　竞争中的"诚实-欺诈" ······· 195
9.2　企业竞争战略 ································ 198
 9.2.1　低成本战略 ·························· 198
 9.2.2　差异化战略 ·························· 202
 9.2.3　集聚战略 ······························ 205
9.3　同行竞争战略 ································ 209
 9.3.1　一般竞争策略 ······················ 209
 9.3.2　合作战略 ······························ 210
 9.3.3　一般竞争策略的选择 ··········· 211
 9.3.4　同行竞争体现 ······················ 212
 9.3.5　行业结构的优化策略 ··········· 214
本章小结 ·· 215
复习思考题 ··· 215

第10章　企业合作战略 ······················ 216

10.1　产业集群与集群企业合作············· 217
 10.1.1　产业集群的概念 ················ 217
 10.1.2　产业集群的形成机制 ········· 218
 10.1.3　产业集群内部企业的战略优势··· 218
 10.1.4　产业集群内的企业合作与互动··· 220
 10.1.5　产业集群内企业合作的达成··· 222
 10.1.6　产业集群内的企业竞争 ····· 223
10.2　企业并购战略 ······························ 225
 10.2.1　并购的概念与动因 ············· 225
 10.2.2　企业并购的内外生变量 ····· 227
 10.2.3　企业并购的方式 ················ 228
 10.2.4　企业并购的操作程序与关键环节 ··· 230
 10.2.5　并购绩效的评价 ················ 231
 10.2.6　企业并购的风险与防范 ····· 231
 10.2.7　中国企业并购的瓶颈与发展··· 233
10.3　战略联盟 ······································ 234
 10.3.1　战略联盟的概念 ················ 234
 10.3.2　企业战略联盟的特征 ········· 235
 10.3.3　基于企业战略联盟的价值链分析 ··· 235
 10.3.4　联盟的战略优势 ················ 237
 10.3.5　战略联盟的运作形式 ········· 238
 10.3.6　战略联盟成功的条件 ········· 240
本章小结 ·· 241
复习思考题 ··· 241

第11章　企业动态竞争战略 ············· 242

11.1　企业动态竞争的含义 ···················· 246
 11.1.1　企业动态竞争产生的背景··· 246
 11.1.2　企业动态竞争的含义 ········· 247
11.2　企业制定动态竞争战略的基础 ····· 250
 11.2.1　拥有动态竞争资源 ············· 251
 11.2.2　培养动态竞争能力 ············· 252
11.3　企业动态竞争战略的选择············· 254
 11.3.1　进攻战略 ···························· 254
 11.3.2　防御战略 ···························· 255
 11.3.3　信号战略：建立名声和隐藏真实 ··· 255
 11.3.4　以博弈的思想指导战略 ····· 256
 11.3.5　避实就虚战略 ···················· 257
 11.3.6　标杆学习战略 ···················· 258
11.4　中国企业的动态竞争战略············· 258
 11.4.1　价格战 ································ 258
 11.4.2　模仿 ···································· 259

本章小结 ·· 260
　　复习思考题 ·· 260

第12章　行业演变过程中的企业战略选择 ······························· 261
12.1　行业演变过程与趋势 ···················· 263
　　12.1.1　驱使行业演变的诸因素 ········ 264
　　12.1.2　行业演变中的集中和分散趋势 ··· 269
12.2　行业演变与企业战略选择 ··········· 270
　　12.2.1　分散行业的战略选择 ············ 270
　　12.2.2　新兴行业的战略选择 ············ 272
　　12.2.3　行业进入成熟期的战略选择 ··· 274
　　12.2.4　行业进入衰退期的战略选择 ··· 276
12.3　国际背景下的战略选择 ··············· 277
　　12.3.1　全球性行业的特点 ··············· 278
　　12.3.2　国际背景下的战略选择 ········ 279
　　12.3.3　全球布局的开展方式 ············ 279
　　本章小结 ·· 280
　　复习思考题 ·· 280

第4篇　企业战略实施

第13章　战略实施 ······································ 282
13.1　战略实施概述 ································ 283
　　13.1.1　战略制定和战略实施 ············ 283
　　13.1.2　企业战略实施的基本原则 ····· 286
　　13.1.3　企业战略实施的要求 ············ 287
　　13.1.4　战略实施的内容 ··················· 287
13.2　企业战略和企业文化 ···················· 288
　　13.2.1　企业文化 ····························· 288
　　13.2.2　企业文化的内涵 ··················· 289
　　13.2.3　企业文化与企业战略实施 ····· 290
13.3　战略实施中的组织结构设计问题 ··· 292
　　13.3.1　组织结构设计 ······················ 292
　　13.3.2　战略与组织结构设计的关系 ··· 295
　　13.3.3　总结 ···································· 297
13.4　战略实施中的其他问题 ················ 297
　　13.4.1　战略实施中的人力资源问题 ··· 297
　　13.4.2　战略实施中的生产问题 ········ 303
　　13.4.3　战略实施中的营销整合 ········ 304
　　13.4.4　战略实施中的财务问题 ········ 305
　　13.4.5　战略实施中的研发问题 ········ 306
　　本章小结 ·· 307
　　复习思考题 ·· 308

第14章　战略评价与控制 ························· 309
14.1　战略评价的基本活动与准则 ······· 312
　　14.1.1　战略评价的基本活动 ············ 312
　　14.1.2　战略评价的准则 ··················· 313
　　14.1.3　价值评价与战略评价 ············ 314
14.2　战略控制系统 ································ 320
　　14.2.1　一般控制系统 ······················ 321
　　14.2.2　战略控制过程的基本模式 ····· 322
　　14.2.3　战略控制过程 ······················ 323
　　14.2.4　战略控制的内容 ··················· 324
　　14.2.5　影响控制效果的主要因素 ····· 325
　　14.2.6　战略预警系统 ······················ 326
14.3　战略重构 ·· 328
　　14.3.1　企业总体战略重构的原因 ····· 328
　　14.3.2　企业总体战略重构的原则 ····· 329
　　本章小结 ·· 330
　　复习思考题 ·· 330

参考文献 ··· 332

第 1 篇 总 论

战略管理是一个持续的过程，其根本目的在于使企业能够更好地适应环境的变化，实现长期生存与可持续发展。本篇侧重于战略的起源与内涵、战略管理理论的演变、战略管理过程等基本概念的导入，为读者后续学习打下基础。基于三分法的哲学思想，本书提出了基于管理过程的战略管理三维框架，详见下图。

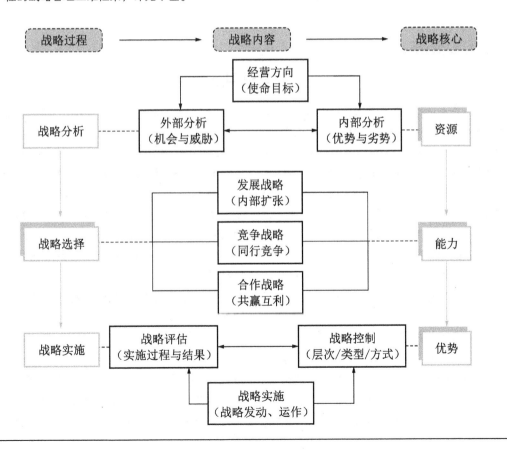

第1章 战略管理导论

 学习目标

- 战略的起源及内涵；
- 战略管理理论的演变过程；
- 战略管理的内容及层次；
- 战略性思维与战略管理者；
- 战略管理过程的阶段构成；
- 基于三分法的战略管理框架。

 **开篇案例**

亚马逊网上书店

1994年，Web网页吸引了全球网虫的目光。时任BankerTrust公司最年轻副总裁的Effrey Bezos看到了在线商场的广阔发展前景。Bezos当时提出了20种他认为适合于虚拟市场销售的商品，包括图书、音乐制品、杂志、PC硬件、PC软件等。最后，他选择了图书。

1995年，亚马逊网上书店创立，Bezos为自己的公司起名Amazon是希望它能够像亚马逊河一样勇往直前。作为一家虚拟商店，Amazon每周7天，每天24小时营业。顾客可以通过书名、作者、主题或关键词，在Amazon的数据库中查找自己想要的书。如果顾客决定购买哪一本，就可以在线填写一份订单，指出要何种版本、包装方式、送货方式、付款方式等。Amazon通知出版商或图书分销商将顾客购买的书送到Amazon的库房，包装好后发货。一般情况下，顾客下订单以后5天内可以拿到书。

目前，亚马逊网上书店是全球最大的网上书店，经营品种包括书籍、光盘、录像带等文化用品及各类玩具；2002财政年度亚马逊的净现金流入达到1.35亿美元。

1. 利用网络技术五大特性

（1）便捷性：准确、快速的书名搜索。

（2）智能性："1-Click"技术，智能辨认消费者，并提供免费E-mail新书供求服务。

（3）交互性：运用客户关系管理（CRM），探求顾客需求，反馈给图书出版商。

（4）高效性：使用Alpha服务器，加快处理速度，并结合高效的物流中心，4~8天到货。

(5)安全性：推出"安全消费保证"，保障信用卡结账的安全性。

2. 会员制营销模式

1996年7月，亚马逊设立了会员制营销模式，他通过和专业网站合作，选择著名搜索引擎，在自己网站上公布自由接入站点的方法，吸引消费者的参与，一度参加网站的会员达50万人。

3. 战略性新产品：利用eBook做广告载体

2000年4月，亚马逊与Adobe公司合作推出电子书籍，把斯蒂芬·金的小说《驾驭子弹》（*Riding the Bullet*）电子书籍拓展到Macintosh用户，首日发行量即突破40万份。

4. 高速成长：技术优势和NASDAQ

正确的经营思想和经营方式使得Amazon公司在短短的几年内迅速成长。同时，Amazon还花费数百万美元用于促销，以吸纳新的顾客。1999年Amazon花2亿美元用于营销，比上一年增加50%。为了吸引客户，大部分的书都有10%～30%的折扣。与传统零售商相比，这种高投入使Amazon高速发展，支持Amazon扩张并顺利运转的资金主要来源于两个渠道。

第一是较低的存货成本。平均而言，传统书店需要保存四个月的图书存货，而Amazon可以只保持15天的库存量。所以Amazon资金的周转速度是传统书店的8倍。技术上的优势使得Amazon采用一种节省资金成本商业模式成为可能。

第二是股票上市为其募集到资金并提高其知名度。

1997年，Amazon公司在NASDAQ上市，上市价为124美元。Amazon公司的市场价值现在已达111亿美元。一路飙升的股价不但为Amazon提供了充足的资金来源，而且为获得更多随之而来的机会提供了支持。

目前，Amazon公司雄心勃勃的扩张计划已远远超出了图书的范围，Amazon朝着一家购物服务公司而不仅仅是一家零售商的方向发展。1998年11月，Amazon宣布与其竞争对手NZK合并，又与电影销售商Rell.com、电脑商Cyberian Outpost Etoys及其他商家联系成立了一家称为购物者联络网（Shopper-Connection）的虚拟购物中心，顾客可以从一个单独的网址进入这些在线零售商中的任何一家。同年不久，同时拥有兰登书屋公司等数家出版公司的德国媒体巨头贝塔斯曼公司、Barnes&Nobel、图书分销商英格拉姆图书集团公司又接连实现重大并购重组。

正因为如此，亚马逊公司才得以迅速发展，成为世界知名的网络公司。亚马逊书店无疑是电子商务发展的里程碑，它创造性地进行了电子商务中每一环节的探索，包括系统平台的建设、程序编写、网站设立、配送系统等方面。

（资料来源：http://www.landenet.com，http://www.erpworld.net）

1.1 战略的起源与内涵

1.1.1 战略的起源

"战略"一词来源于早期的军事活动,作为一个军事名词,是指对战争的全局筹划和指挥。依据敌对双方的军事、政治、经济、地理等因素,照顾战争全局的各方面,规定军事力量的准备和运用。在《简明不列颠百科全书》中,战略的定义是:"在战争中利用军事手段达到战争目的的科学和艺术。"《苏联军事百科全书》中为战略所下的定义为:"军事学术的组成部分和最高领域,它包括国家和武装力量准备战争、计划与进行战争和战略性战役的理论和实践。"古往今来对于战略的称谓和解释繁多,虽然各有其定义方法和侧重点,但其共同之处都是指在一定的时间,对以军队为主体的军事力量的组织和运用,同时从全局出发准备战争策划,并且指挥战争的实施,以达到预期的军事和政治目的,为相应的阶级集团、国家或民族利益服务。

在西方,企业战略起源和萌芽战略一词来源于希腊语"strategos"或由其演变出的"stragia",其含义是指"将军指挥军队的艺术"。19世纪开始,西方逐渐出现了对于军事战略和实施的系统理论及相关的军事著作,对军事力量的战略运用进行了详尽和精辟的论证说明,如克劳塞维茨(Clausewitz)的《战争论》认为"战略是为了达到战争目的而对战斗的运用"。

在我国,公元前360年的春秋战国时期,我国伟大军事战略家孙武的《孙子兵法》就对有关战略思想和竞争观念进行了深刻的阐述。诸如此类的著作还有《孙膑兵法》、《吴子兵法》、《尉缭子》和《司马法》等,这些著作体现了古人对于军事运用和战略思想的系统思考和表述。以孙子为代表的先秦兵家具有丰富而成熟的战略哲理和策略观念,这对以后世界范围内的军事思想和管理观念的发展,产生了深远广泛的影响。19世纪末,中国开始用"战略"一词来翻译西方的"strategy"的概念。20世纪30年代,毛泽东在《中国革命战争的战略问题》中明确指出:"战略问题是研究战争全局的规律的东西。"

从我国古代的战略理念,到征服了欧亚大陆的亚历山大大帝的军事学原理;从近代西方军事理论家克劳塞维茨的战略巨著《战争论》,到我国一代伟人毛泽东的《中国革命的战略问题》、《论持久战》等伟大著作,无不反映了人类文明对战略问题的深刻认识和巨大发展。千百年来,人类的战略思想及其理论在军事、政治及外交领域枝繁叶茂,形成了博大精深的理论体系和研究方法。但是,战略的思想应用与企业经营发展只是随着资本主义工业大革命的兴起、发展,并且伴随着企业这种特有的社会经济组织形态的产生和发展才逐步发展起来的。18—19世纪伴随着产业革命,欧洲产生了以亚当·斯密、瓦特、斯图亚特等为代表的欧洲企业管理思想,以后又在美国出现了以泰罗为代表的科学管理学派。各个学派的学者和众多的管理者开始思考战略在经济和企业管理中的理论指导和实践运用的意义。

随着社会的发展和科学的进步，战略被赋予了新的含义，开始逐步被引入更为广泛的领域，并得到了更多的拓展。战略在企业管理领域中的运用就产生了企业战略的概念。与军事战略相比，企业战略在思想和观念上有一定的一致性，同时获得了较大的发展：并非仅仅承接了军事战略中的非赢即输、成王败寇的单一格局，而开始注重在相互竞争的市场环境下，展开利益共享的合作，产生双方能够共赢的竞合局面。

1.1.2 企业战略的内涵

1. 企业战略的定义

企业战略是从 20 世纪中后期提出的，它是企业面对激烈变化、严峻挑战的经营环境，为求得长期生存和不断发展而进行的总体性谋划；是企业战略思想的集中体现，是企业经营范围的科学规定；同时，企业战略又是制定各种计划的基础。这是从全局和整体规划的层面上对战略的诠释。

企业战略管理的基本内涵，就是要求企业通过对外部市场环境和内部资源条件的研究和分析，在战略管理的思想和理论指导下，对企业的经营目标、经营方针、经营策略和实施步骤作出长远的、系统的、全局的谋划，并进行有效的实施和控制。

更具体地讲，企业战略是在符合和保证实现企业使命的条件下，在充分利用环境中存在的各种机会和创造新机会的基础上，确定企业同环境的关系，规定企业从事的经营范围、成长方向和竞争对策，合理地调动企业结构和分配企业的全部资源，从而使企业获得某种竞争优势。从企业战略制定的要求来看，战略就是要充分利用企业的机会和威胁去评价企业的现在和未来的环境，用优势和劣势去评价企业的内部条件，进而选择和确定企业总体目标，制定和选择实现目标的行动方案。

目前，战略管理专家对什么是企业战略仍然没有一个统一的定义，他们从不同方面对战略进行了解释和阐述。1965 年，哈佛商学院教授安索夫（Ansoff）出版了《公司战略》一书，他从构成要素角度对战略进行了描述，他认为战略的构成要素包括了产品和市场范围、增长向量、协同效果和竞争优势。产品和市场范围主要说明企业在其所处的行业中的位置和地位；增长向量是指企业主要的经营发展的方向；协同效果即协同效应，是指企业的不同业务经过整合所产生的效益大于各独立业务所产生效果总和的简单相加；竞争优势是指能够为企业赢得竞争力的产品或服务的一种特殊资源或者能力的属性。这四种要素相互紧密联系起来，共同影响和决定企业经营活动的发展和目标的实现。

哈佛商学院教授安德鲁斯（Andrews）认为，企业的总体战略体现了决策过程的模式，它决定和揭示企业的使命和目标，围绕企业的目标对企业的任务进行计划，提出重大方针和策略，确定企业从事的经营业务范围，以及企业的经济类型和组织结构框架、人力资源组织形式，还有企业对于行业、顾客、员工和社会能够产生的经济利益与非经济贡献。

从安德鲁斯对战略的定义可以看出，他认为战略的形成和制定是一个需要精心规划的过程，不是一个直觉思维的过程或者简单的程序化的决定；而是一种把企业的目标、政策和经营活动相结合在一起的运作模式，它是对企业活动相关的一系列行动的安排，应该清晰明确、易于理解和实施，并且确实有实际操作可行性。

战略管理大师迈克尔·波特（Michael E. Porter）在1996年发表的《战略是什么》一文中，提出了自己对战略的独到见解。他认为，战略的本质是做选择，即基于自身资源和能力提供独到的价值，选择一套不同于竞争对手的活动方案，从而有效地避免其他竞争对手的模仿和复制进而避免过度竞争，也就是通过独特的定位建立与保持竞争优势。

波特认为，战略制定的核心在于选择，不仅仅是由于企业资源的稀缺性使得企业很难在所有的行业和市场中参与竞争并胜出，而且在于当企业提供不一致的价值活动和品牌形象时，会使顾客感到迷惑，损害企业的声誉而稀释企业的核心能力，因此企业在从事各种活动时要有所取舍和侧重，强化自己最具有优势的方面。

加拿大麦吉尔大学管理学院教授明茨伯格（Henry Mintzberg）认为，战略应该从多个角度加以定义，在此基础上，他提出了"5P"来定义战略，即战略就是计划（Plan）、模式（Pattern）、定位（Position）、观念（Perspective）、策略（Ploy）。计划是指企业有意识、有预计的行为，是一种预期的战略；模式是指经企业实现的战略，体现了企业长期行为的一致性；定位是指特定的产品在细分市场的定位，这一点与波特对于战略的阐述比较一致；观念是指企业做事的基本方式，强调从企业内部树立企业的整体形象；策略是指企业为了击败对手或者竞争者而采用的特定的计谋。

战略目前仍然是一个比较模糊而尚未被统一认识的概念，通常所讲的企业战略，就是企业为了收益制定的与组织使命和目标一致的最高管理层的计划。目前人们对战略的观点有以下五种。

（1）向前看，把战略看作计划，是组织为企业的发展而制定的计划。

（2）参考过去的行为，把战略看作模式，即组织已采取的战略模式。

（3）应急战略，就是没有明确计划但实现了的战略模式。组织接连不断地采取各种行动来得到某种一致性模式。

（4）战略就是定位，即特殊产品在特殊市场的定位。

（5）战略就是策略，即为了击败对手或竞争者而采用的特定的计谋。

由此可见，企业战略及其制定是一个复杂的过程，认识企业战略要求从一个系统的观念出发，从不同的类型、层次和结构的方面进行考察。不同的管理学派由于研究角度和侧重点不同，给出的战略的定义和阐述也不尽相同，这些观点对于我们全面、客观地了解企业战略的内容和维度有重要的指导意义。

2. 企业战略的特征

战略强调其整体性的观念，由此决定了战略具有全局性和长远性的特点，根据各个战略管理学派专家对于战略的界定和描述，可归纳出企业战略的以下几个主要特征。

（1）全局性。企业战略是对企业未来经营发展和预期目标的规划和设计，作为一个组织的纲领性的管理决策。它涉及企业的资源的分配和利用，涉及企业内部的各个业务部门和职能部门的日常活动，但企业战略更注重企业整体利益的最大化和效率的提升。因此，它具有全面性和权威性，是企业发展的蓝图。

（2）长远性。企业战略关注的是企业的长期利益，并非短期内销售或者利润的增长。它所决策的是企业在今后相当长的一段时期的发展路径和目标规划，因此，企业为了长远的可持续发展有时候需要牺牲短期的眼前利益。

（3）稳定性。一旦战略确定，企业必须要按照规划进行实施，以保持前后的一致性。如果企业的战略方针经常变化，会造成员工对企业的发展方向产生无所适从和迷惑，难以加强顾客对于企业形象的认知，也就不能称之为战略。另一方面，企业需要对变化的市场环境作出反应，战略必须要有柔性。因此，战略是一种相对的动态稳定，并不是机械的稳定不变。

（4）可行性。企业制定战略的目标在于实际的执行，如果战略只是流于形式，制定出来以后而弃之不用或者难以进行具体操作，这样抽象的战略规划对于企业的发展没有任何意义。因此，企业在着手制定战略的时候就要结合自身的资源条件和外部环境因素进行切实可行的考虑，明确相关政策、重点发展对象，以及操作层面的步骤，使企业战略具备实际的执行方案。

（5）风险性。企业战略是建立在对未来市场趋势预测的基础上对企业今后行动方案的制定，它明确了企业的发展道路，但由于外部环境是一个不断变化的动态变量，长期和稳定的战略就存在着潜在的风险性。当外界的环境变化时，企业有可能会执行以前的规划而偏离正确的方向。由于企业对于以前的反应模式和操作方法形成了惯性依赖，就很难或者不愿意作出积极和快速的调整。企业战略的制定者必须要考虑到风险，并采取合理的手段进行规避。

1.2 战略管理理论的演变

现代意义上的战略管理思想，最早于1938年出现在巴纳德（Chester Barnard）的代表作《经理人员的职能》一书中。巴纳德运用战略的思想对企业诸因素及它们之间的相互影响进行了分析，首开企业经营战略研究之先河。书中总结了前几十年科学管理及行为主义的思想，并将目光转向了企业高层倡导者，认为企业高层倡导者"最基本的职能是：首先，提供一个沟通系统；其次，推动和改进基本工作；第三，形成和定义企业的目标"。正如安德鲁斯指出的那样，经营政策的"各个概念，同巴纳德的协作系统理论是一致的，并直接地（但不是有意识地）发展了目标制定过程"。将科学管理思想和行为主义结合讨论经理人员的决策，导致了以后战略学者在规范战略理论和描述战略理论两个基本方向上进行理论探索。按照发展时间顺序，西方企业战略管理理论的发展历程，大致可分早期战略管理理论、以产业竞争结构分析为基础的竞争战略理论、以资源为基础的核心竞争力理论和超越竞争战略管理的新理论四个阶段。

1.2.1 西方早期战略管理理论

1962年,美国管理学家小阿尔弗雷德·D·钱德勒的《战略与结构:工业企业史的考证》一书问世,揭开了现代战略管理理论研究的序幕。钱德勒在该书中首次分析了环境—战略—组织结构之间的相互关系,他认为企业经营战略应当适应环境,满足市场需要,而组织结构又必须适应企业战略,因战略变化而变化,即"结构追随战略"。

在20世纪60年代的战略管理理论发展中,形成了设计学派与计划学派。设计学派的起源可以追溯到1957年塞兹尼克(Selznick)的《经营中的领导能力》一书,在书中,他探讨了组织内部整合和适应外部环境的必要性。随后钱德勒的企业战略和组织结构相互关系的思想为设计学派的发展奠定了基础。设计学派以哈佛大学商学院的安德鲁斯(Andrews)教授为代表,他在1971年发表了设计学派的经典著作《公司战略概念》,并把战略分为制定和实施两个阶段,认为制定战略就是围绕发展核心能力,在内外部进行平衡,实现匹配的过程,并且充分考虑了企业的内外部环境对制定战略的影响。安德鲁斯还为设计学派建立了知名的SWOT战略形成模型,认为高层的管理人员应是战略制定的设计师,他们必须督导战略的实施。企业要根据自身的特点,开拓和利用外部环境中的存在的机会,同时避免环境中的潜在威胁,以获得竞争优势。另外,战略构造的模式应是简单而公式化的,而且好的战略应具有创造性和灵活性。

设计学派为战略的进一步研究和发展提供了一个很好的框架,目前SWOT分析模型和框架仍然是许多教科书中进行战略分析的核心内容和重要工具。同时,该学派所认为的战略就是在外部机遇和自身能力之间保持平衡的观点在理论和实践上具有很强的指导意义。但是,设计学派在一系列的假设基础上,如信息传递畅通、环境是稳定的而且易于预测等,把战略制定与战略实施完全地分离开来,仍然有一定的局限性。

与设计学派同时产生的另一个学派是"计划学派"。计划学派以哈佛商学院的安索夫(Ansoff)教授为杰出代表。他在1965年出版了计划学派最有影响力的著作《公司战略》。在书中提出了战略构成的四个要素:产品与市场范围、增长向量、协同效应和竞争优势,其中协同效应和以此为基础发展起来的协同战略成为企业兼并、收购及战略联盟的理论依据。安索夫教授在1972年正式提出"战略管理"的概念,为战略管理的进一步发展研究提供了支点。

计划学派与设计学派的主张不同,他们认为:战略构造应是一个有控制、有意识的计划过程;企业的高层管理者负责计划的全过程,而具体制定和实施计划的人员必须对高层管理者负责,通过目标项目预算分解来实施制订的战略计划。他们将企业战略过程分解成详细的步骤,并采用大量定性、定量技术和分析方法对每一步骤进行论述。这种对企业战略的处理方法符合管理教育、大公司的经营活动和政府的宏观调控行为的需要。但是这些利用各种分析工具和方法精心设计的程序化战略过于僵化,面对环境的变化不能迅速作出调整。

从上面的分析可以发现,西方早期的战略理论研究主要集中在以下几个方面:一是研究战略与环境的关系，分析企业能否赢得高额利润；二是战略应从上至下；三是战略应该通过正式计划予以实施。但这个时期的战略管理实质是一个组织对其环境的适应过程及由此而引发的组织内部结构化的过程，它忽视了对企业行业和竞争环境的分析，企业处于一种被动适应企业外部环境的状态。

1.2.2 以产业竞争结构分析为基础的竞争战略理论

为弥补传统战略理论的缺陷，哈佛商学院的迈克尔·波特教授根据产业经济学中的结构—行为—绩效理论，将产业组织理论中结构—行为—绩效这一分析范式引入企业战略管理研究之中，提出了以产业结构分析为基础的竞争战略研究理论。波特认为企业盈利能力取决于其选择的竞争战略，而获取竞争优势的因素有两个：一是企业所处行业的盈利能力，即行业的吸引力；二是行业内的相对竞争地位。企业要盈利就必须在具有吸引力的行业中竞争。因为许多企业有类似的战略资源，这些资源在企业间又可以流动，所以竞争变得更加白热化。在这样的情况下，企业必须寻找有最高潜在利润的行业，并学会如何利用自身的资源结合产业竞争的特点实施企业战略。如何选择有吸引力的行业，就成为企业战略管理的首要任务，而战略管理的另一项任务就是如何在已选择的产业中确定企业自身的优势以确立竞争地位。

波特创造性地实现了产业组织理论和竞争战略的兼容。他认为，企业外部环境因素中，最重要的就是企业所处的产业的竞争状况，因此，对环境分析的重点是对产业结构的分析，产业结构分析是战略分析的起点。在此基础上，他把设计学派的"战略决定结构"模式发展成为"产业结构决定战略位置，战略位置决定企业组织结构"的模式。波特在《竞争战略》一书中，提出了著名的五种竞争力量——供应商的讨价还价能力，购买者的讨价还价能力、潜在竞争者进入的能力、替代品的替代能力、行内竞争者现在的竞争能力——所形成的竞争模型，认为产业的吸引力、潜在利润是源于这五方面的压力所产生的相互作用的结果。而"战略制定的关键就是要透过表面现象分析竞争压力的来源，对于表象之下的压力来源的认识可使公司的关键优势与劣势凸显出来"(Porter，1980)。在此基础上，提出了赢得竞争优势的三种通用战略：总成本领先战略、差异化和目标集聚战略。波特通过对各个具体产业如零散性产业、新兴产业、走向成熟的过渡产业、夕阳产业及全球性产业等的环境进行分析，把上述三种通用战略具体化。企业竞争战略理论的观点可归纳为：行业吸引力是营利性的主要决定因素，企业的恰当定位是获取竞争优势的基础。

与早期的战略理论相比，竞争战略理论有一定的进步，它强调企业的定位，并以竞争优势为中心把战略制定和战略实施有机地统一起来，使人们从竞争战略的角度来重新审视企业战略过程。但这种定位的理论将主要精力集中于对环境的分析，特别是对企业所处的行业竞争状况的研究，而把对企业内部因素的分析和研究放在一个次要的地位。产业边界的模糊性及产业结构稳定性差的局限，使得竞争战略理论仍缺乏对企业内部环境的综合分析考虑，停在对可流动竞争资源的分析上，而对差异性资源未能深入分析。这为20世纪90年代对企业内部资源和能力分析为基础的能力学派的兴起提供了契机。

1.2.3 以资源为基础的核心竞争力理论

随着经营环境中不确定性的增大，企业以产业恰当定位获得竞争优势变得越来越难以持续，与之相反，却可能在产业竞争力量突变或产业转型过程中落伍。在这种严峻的挑战面前，企业战略管理的竞争优势，从理论上讲，开始转向以资源为基础的竞争优势，后者认为唯一可持续的竞争优势就是比竞争对手更快的学习能力。

核心竞争力理论是指一种强调以企业生产、经营行为和过程中的特有能力为出发点，制定和实施企业竞争战略的理论思想。对这一理论的发展产生重大影响的有1984年沃纳菲尔特（Wernerfelt）在《战略管理杂志》上发表的《公司资源学说》一文。他认为对于竞争优势的获取和保持，公司内部环境同外部环境相比，更具有决定性的作用，"企业内部的组织能力、资源和知识的积累是解释企业获得超额收益，保持竞争优势的关键"。企业的核心能力能够为企业带来竞争优势，是由它自身特性决定的，即价值创造性、延展性、难以模仿性和难以替代性。

该理论强调"资源"的重要性，在其主要理论代表人物柯林斯和蒙哥马利看来，资源是一个企业所拥有资产和能力的总和。因此一个企业要获得佳绩，就必须创造出一系列独特的具有竞争力的资源，并将其配置到拟定的竞争战略中去。在此基础上，该理论认为一个企业的资源可分为三类：物力、人力和组织。单项资源是无法形成持久的竞争优势的，只有当机器、设备和企业运行的其他因素能有效地成为一个有机整体时，才能成为战略的相关资源。总的来说，正是通过一系列资源的组合和整合，才形成了持续的竞争优势。能力是指一系列资源整体完成一项任务或活动的能力，是一系列资源整合的结果。另外，并非企业的所有资源和能力都有潜力或可能成为持续竞争优势的基础，只有当资源和能力是珍贵的、稀有的、不完全可模仿的和不可替代的，这种潜力才可能成为现实。当资源是能增加企业外部环境的机会或减少威胁的，这种资源和能力才是有价值的；当它没有被当前或潜在的竞争者所拥有时，称之为稀有的；当其他企业无法获得时称之为不完全可模仿的；当没有战略性的等价物时称之为不可替代的。只有所有的这些标准都符合，资源和能力才能成为核心竞争力，并成为企业持续竞争优势、战略竞争力和获得高于平均利润的收益的基础。

显然，以资源为基础的核心竞争力理论的出现，标志着战略管理理论的重心已经从对短期、外在的竞争优势的追求转向对持久的、内在的竞争优势的追求；由产业和产品的竞争转向为创造未来而竞争，克服了迈克尔·波特的竞争模型的局限性，着力培养企业新的核心竞争力。为此，企业要获得竞争优势，就必须去寻找最有价值的核心能力，去发现怎样运用这些能力获取最大利润的方式。

1.2.4 超越竞争的新战略管理理论

在进入20世纪90年代以后，随着产业环境的日益动态化，技术创新的日益加剧，竞争的全球化及顾客需求的个性化，创新成为企业战略管理研究的重点。在这样的环境下，超越竞争成为战略管理的新理论模型。具有一定代表性的有波特的"新竞争经济学"，波特在1998年又发表了《产业集群与竞争》一文，在文章中，他提出了企业集群的概念，肯定了企业集群对维持企业竞争优势的重要性。波特认为企业集群获取竞争优势的主要来源表现在四个方面：外部经济效益，空间交易成本节约，学习与创新效应，品牌与广告效应。同时他认为，在一定的地理环境上集中的相互关联的企业及相关机构可以使企业享受规模和范围经济带来的好处，并且保持自身行动的敏捷性，在未来变幻莫测的环境中，企业之间的竞争体现出集群之间的竞争特点。

与此同时，哈默与普拉哈拉德提出了"战略意图"概念，柯林斯和珀斯提出了"愿景型企业（Visionary Company）"。他们认为，保持核心价值的核心使命不变，同时又适应目标、战略与行动变化的环境是企业不断自我革新并取得长期优秀业绩的原因，而构建与贯彻有效的企业愿景则是成功的关键。美国学者詹姆斯·莫尔（Moore）在1996年出版的《竞争的衰亡》中认为产业界限日益模糊，提出了一种新的竞争战略形态——企业生态系统观，提倡使大家共同生存在一个丰富而协调的动态系统中，即生存在一个相互依存的利益共同体中，企业作为一个企业中的生态系统成员，应围绕一个或多个核心企业的指引方向，合作演进各自的角色和能力；企业的竞争优势源于成功的企业生态系统中取得的领先地位等。

由此可见，战略管理的发展正逐步呈现出多元化的趋势，不管战略管理发展到哪个时期，战略管理学者都强调竞争优势保持和发展能力的重要性。同时，一方面通过寻求动态战略以适应不断变化的外部环境，另一方面通过企业集群的构建和联合来建立整体竞争优势。

1.3 战略管理的内容和层次

1.3.1 战略管理的内容

在现代市场经济环境中，企业战略管理的目标就是使企业适应环境的变化，实现企业的生存与发展，适应比优秀更重要。随时注意环境的变化，及时、果断地采取适应的策略与行动；确立高尚的企业使命；为客户创造价值；做优秀的国家公民等成为现代企业战略管理的基本理念。

企业战略管理的基本内容，就是要求企业通过对外部市场环境和内部资源条件的研究和分析，在战备管理的思想和理论指导下，对企业的经营目标、经营方针、经营策略和实施步骤作出长远的、系统的、全局的谋划，并进行有效的实施和控制。战略管理的核心是对环境的持续分析、决策和行动的过程，深入探讨战略管理过程对战略管理研究来说很有必要。在整个战略管理过程中，主要涵盖这样三个环节：战略规划、战略分析与选择及战略实施。战略规划是战略人员在了解组织战略地位的基础上对企业总体战略的设计；战略分析与选择涉及对行为可能过程的评估、模拟和决策；战略实施是指导战略操作的具体步骤，使其发挥相关的作用。这三个环节分散体现在战略管理过程的不同阶段上。

具体地说，战略包括如下一些内容。

(1) 明确企业的经营方向，确定企业从事的业务范围及指导思想。

(2) 对企业的内部资源和能力进行评估，了解企业的内部条件的强项和弱势，针对企业的长处或者短处进行改善或者学习。

(3) 分析企业的外部环境，包括宏观经济情况和企业所处行业的直接环境。

(4) 结合企业的外部条件和内部实力分析企业在某一领域潜在的发展机会，提出多种可能的可行性方案。

(5) 根据企业的任务和目标，对不同的方案进行评价，选择最利于企业发展的而淘汰次优的方案。

(6) 根据长期的战略规划和经营方向，将目标分解，形成不同阶段企业从事的经营活动的方案。

(7) 进行战略预算，协调企业有限资源的分配，在此基础上，对工作项目、技术、组织结构、人员安排及薪酬体系等具体的职能进行确定，制定近期的工作计划，并付诸实施。

(8) 对战略执行的效果进行评估，与企业预期绩效相比，找出偏差，关注新的变化态势，对决策作出矫正性调整。

综上所述，战略管理在实际中是一个动态的、流动的过程，不是一个事件或者一个程序化的决定。随着企业外部环境的变化和内部资源的转移，指导战略的管理层必须不断研究、重新审视企业的经营理念和目标体系，修正企业的经营战略和实施的具体方式。随着周围环境发生变化的新的改善公司的观点和思维的出现，需要对以前的公司战略决策进行相应的改进，保持对变化的积极反应。同时，战略又有着许多相对固定而又各不相同的实施方式，在实际实施时要根据具体情况而定。因此，战略管理是一个循环性的过程，而不是一个一次性决策的事件，并非完成以后就可以完全搁置起来的。不管外界的变化是否需要公司的管理层作出反应，都需要随时关注企业战略的动态变化。

1.3.2　战略管理的层次

企业是一系列部门和职能的总和，它们共同协作将具体的产品或服务提供给市场。企业战略不仅要说明企业整体的目标及实现这些目标所用的方法，而且要说明企业内每一层次、每一类业务及每一部分的目标及其实现方法。企业的高层管理者制定总体战略，事业部制定经营单位战略，部门制定职能性战略。它们在战略管理中分别处于不同的层级。

图 1-1 是战略管理层次从高到低的示意图。

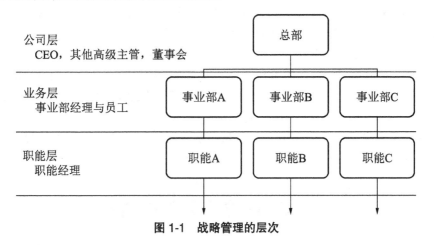

图 1-1 战略管理的层次

公司层面战略又称总体战略，是企业的战略总纲，它的对象是企业整体，即企业最高管理层指导和控制企业的一切行为的最高行动纲领。它关注的是公司的整体目标和活动范围及如何增加公司各个不同领域的价值，它可能包括公司的覆盖领域、产品和服务多样化、业务单位及如何将资源分配给各不同部门等一系列问题。在大中型企业里，特别是多种经营的企业里，总体战略是企业战略中最高层次的战略。它需要根据企业的目标，选择企业可以竞争的经营领域，合理配置企业经营所必需的资源，使各项经营业务相互支持、相互协调。总体战略主要是决定企业的长期经营目标，提出协调各项事业和各项职能的经营战略，以及企业应建立何种竞争优势，如何发挥这些优势。在经营多种事业的企业中，还要决定企业从事哪些事业和重点发展何种事业。公司战略决策通常要求有远见、有创造性，并且是全局性的，诸如事业的选择，资金筹集的调配，成长发展的优先顺序，利润的分配等。制定一个清晰的公司层面战略是很重要的，因为它是其他战略决策的基础。公司层面战略通过明确的或隐含的使命陈述的形式来反映企业所有者对于公司的这些期望。

战略的第二个层次是业务单位战略，又称经营单位战略，也叫事业部战略。它是在企业总体战略的指导下，经营管理某一个战略经营单位的战略计划，是企业总体战略之下的子战略，为企业的整体目标服务。经营单位战略的重点是要改进一个战略单位在它所从事的行业中或某一特定的细分市场中所提供的产品和服务的竞争地位。它把公司战略中规定的方向和意图具体化，成为更为明确的针对各项经营事业的目标和策略。该策略最根本的是在有关的产品市场领域中识别并确定要占领的最有利的市场层面，也就是企业在相关的市场中最具有竞争优势的特定部分。除确定市场层面外，还包括生产力配置、厂址、销售区域、销售渠道等方面的决策。

战略的第三个层次是职能层战略，它主要是在组织的运营和具体操作层面上的。职能层战略是企业为实施、贯彻和支持总体战略与经营单位战略而在企业特定的职能管理领域制定的战略。它是企业内主要职能部门的短期战略计划，使职能部门的管理人员可以更加清楚地认识本职能部门在实施企业总体战略中的责任和要求。职能层战略主要是落实各职能领域中的近期经营目标和经营策略，一般包括生产策略、营销策略、研究和开发策略、财务策略和人力资源策略。职能层的策略以公司和事业部的策略为依据，在各自的职能领域内形成特定的竞争优势，以支持并实施公司的策略规划。它面临的决策问题是：营销系统的整体效率，客户服务的质量和范围，特定市场的占有率，消费者反馈和满意度，生产流程的专业化程度，新产品研究和开发的方向，人员的薪酬制度等。

在具有多级经营事业的企业集团，企业通常会复制各种产品或者服务的职能，创造出一系列事业部来管理这些不同的产品线，各个层次的管理者对自己所在的具体职务负责。

1.4 战略性思维和战略管理者

1.4.1 战略性思维

企业的经营环境是处于不断变化中的，具有不确定性，因此企业的发展存在着很多变数，这就要求战略管理层能够驾驭全局，具有战略性思维的能力。

在知识经济时代，战略性思维模式更着眼于未来，更具有前瞻性，更着力于创新。把握战略性思维的意义就在于要不断向新的及未曾涉及的领域进军，不断改善企业的生存环境和获得更好发展的空间资源。因此，具有战略性思维的主体必须善于塑造未来，永远领导发展的潮流。未来意识的培育和增强是战略思维的必然要求。

战略性思维还必须抓住事物发展的根本趋势，根据现状因势利导。因为现在的所作所为直接影响未来的成败。战略着眼于未来并非不重视现在，正是通过对现状各因素的分析规划，使事物朝着更符合企业战略的目标发展。利用现状的战略意识正是基于对战略环境的客观估价，动用有限的战略资源，采取必要的战略手段，实现自身制定的近期、中期和长期战略目标，以便达到有利于自己生存发展的战略态势，取得相当程度的战略竞争优势。不懂得有目的地筹划现在，就不可能赢得属于适合企业生存发展的未来。

战略性思维具有创造性、超前性、大胆性和发展性的本质特征，企业的管理者要有很好把握各方面关系的能力，能采取有效的战略措施和行动，实现自己的战略利益。未来的竞争不是建立在"零和"规则——自己赢别人必然输——的基础上，企业应站在利益相关者的角度，实现共生共荣的"多赢"局面，不能为了取得短期效益而牺牲长远的战略利益。由此可见，战略性思维必须以利益为中心，从空间维度、时间维度和现实实践维度，充分发挥战略实施者的主观能动性，动用一切战略资源，实现涉及企业自身的长远利益和根本发展目标。战略的本质特性是主体、时间、空间、力量、目的和手段的整合，制定战略必须是全面的、系统的、深入的，而不是片面地、零散孤立地局限于表面现象。在执行战略的过程中要灵活机动,处理好总体战略与各职能、短期利益与长期目标的各种关系。要扬长避短,要充分发挥企业内各层战略实施人员的积极性和创造性,从而争取最好的效果。

1.4.2 战略管理者

战略管理者是指负责战略的制定并对战略实施承担直接责任的那些人,在绝大多数企业中,存在着两类管理者:一类是总体管理者,他们负责企业的总体绩效或其中某一战略经营单位或部门的绩效;另一类是职能性管理者,他们对某一具体职能负责,其中包括任务、活动或运营,例如企业中的财务、营销、研发、信息技术或物流管理。

如图1-1所示,根据在战略制定和实施中承担的职责的不同,管理者可以分为三种类型:企业、业务和职能。总体管理者们位于前两个层次中,但其具体的战略角色随职责范围不同而不同。

1. 公司层管理者

公司层的管理者包括董事会、首席执行官(CEO)、其他高级主管,这些人占据了组织内决策的最高点。CEO是总体管理者的核心。在其他高级主管的协助下,公司层的管理者的任务是负责组织的整体战略。这一角色包括定义组织的使命与目标,决定开展哪些业务,在不同的业务间分配资源,制定和实施跨业务的战略,领导整个组织。

董事会是企业决策机构,在战略管理中的作用是评价高层管理者制定和实施战略的能力,对公司现行的运作情况是否良好作出评价。具体来说,董事会在战略管理方面有两项基本任务。一方面,不断地审查公司长期发展方向和战略的合理性。一般来说,董事会对高层执行人员的工作进行监督,提出建设性的意见,在必要的时候进行干预。另一方面,对总经理的领导能力进行评估,在公司的业绩没有达到相应的水平时就进行适当的人事调整。

高级主管是企业最重要的战略管理者,主要责任是制定企业总的长期发展目标、发展方向,在企业战略的实施过程中担任领导者的作用,同时承担整个企业战略制定和执行的最终责任。除了负责资源分配和掌握行业进退,公司层管理者还要充当企业战略设计者与企业所有者之间的联系人。因此,保证公司和业务层的战略符合股东利益最大化是他们的职责。

2. 业务单位管理者

业务单位是一个自足的具备各种职能的事业部,也称战略经营单位,他们为某一特定的市场提供产品和服务。业务层的主管总经理是事业部的负责人。这些经理的战略角色是将公司层的指示和意图转换成具体的业务战略。公司层的总体管理者关注跨业务战略,业务层的总体管理者关心具体业务的战略。各个部门的负责人和领导者也有着重要的战略制定和战略实施的责任。企业中的每一个主要的单位——业务单位、部门、参谋人员、地区分公司等在战略计划中起着主要作用或扮演支持性的角色。而负责这些组织单元的管理者在上级的指导下,完成该部门的部分或绝大部分战略的制定工作,并选择执行所作出的战略抉择的途径和方法。处于组织结构底层的管理者的战略制定和执行的角色要比处于组织结构顶层的管理者的角色狭窄一些和明确一些。中低层的管理者之所以是战略的制定者和执行者,主要是由于企业的经营在地理上越来越分散化和多元化，规模不断扩大，高层管理者对每个地理区域和经营运作单位情况的了解都不足以使他有能力领导在基层所采取的每一个行动。而实施者的参与是对该战略的有效执行的一个非常强有力的支持。

3. 职能层管理者

职能层的管理者负责组织公司的或者事业部的具体业务的职能或运营，例如生产、采购、产品开发、人力资源、客户服务等。职能经理的职责范围通常局限于某一具体的组织活动，而总体管理者则要检查公司或者事业部的总体运营。尽管无须为公司的整体绩效负责，但职能层的管理者也有自己的重要战略角色：制定涉及本领域内的职能战略，协助达成业务层和公司层高级管理者的战略目标。一般来说，生产部经理在生产战略的制定中承担主要的责任；市场营销经理在市场营销战略的制定中承担着主要的责任；财务经理则负责制定恰当的财务战略。由此可见，各个职能部门的管理者也需要参与整个企业战略中关键要素的提出和制定，参与战略的策划，同总经理紧密合作，寻求一致，达成统一，有效地协调战略的各个方面。

一般地，职能层经理比总体管理者更接近顾客，他们本身也可能提出未来能够成为整个企业的战略的重要思想。公司层经理和业务层经理为了形成现实的和可能实现的战略所需要的绝大多数信息来自职能层经理。高层管理者必须注意倾听职能层经理的意见。由此可见，战略的制定和实施并非高层管理者的特权，企业的各级管理者都应该参与这一管理任务。

1.5 战略管理过程

追求竞争力既是战略管理的核心，也是设计应用战略管理过程的核心。通过战略管理过程各个相关部分的有效运用，公司可以找出发展方向和获取所期望的战略竞争力和超额利润的方法。不同的企业进行战略管理的程序都不尽相同，差异主要表现在正规化程度及程序的细节上，而基本的部分则都是相似的。

1.5.1 战略管理过程的基本模式

图1-2显示了战略管理过程的基本模式，并表明了各个组成部分之间的相互影响和作用关系。

1. 战略分析——战略意图与企业使命的确立

企业的战略管理过程是一个理性的方法，能够帮助企业有效地应对不断变化的竞争格局所带来的挑战。这一过程要求企业研究外部环境和内部环境以找出市场的机遇和挑战，并决定如何利用核心竞争力来获得预期的战略收益。利用这一知识，企业形成了它的战略意图，从而运用公司资源、能力和核心竞争力赢得全球竞争的胜利。在战略意图之上，企业使命用书面的形式说明了公司打算利用其资源、能力和竞争力生产的产品和进入的市场。

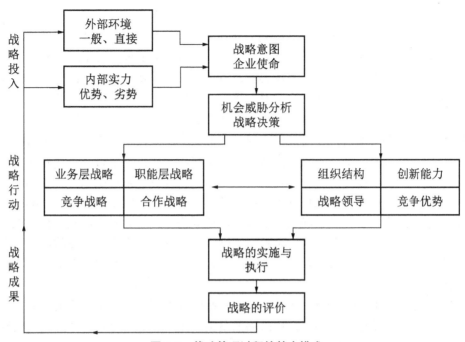

图 1-2 战略管理过程的基本模式

企业使命是指企业将在哪些产品、市场和技术领域等方面经营,即企业将在市场中负有满足何种需要的使命。企业使命是战略决策者对于企业从事的经营的意向和所要达到目的的一种说明,并不是对某一时间内要做到何种程度的明确规定。企业的经营方向要受到外部环境和企业内部实力的影响和制约。

企业外部环境是指影响企业作出战略性决策而对企业来说是不可控制的所有条件的综合。它包括两个相互联系的部分:宏观环境和直接环境。宏观环境指的是与企业活动有关但是不可控制的经济、社会、政治、技术和地理的因素。直接环境是指企业所处的经营领域中能够直接影响企业目标和经营战略的选择和实施效果的竞争环境。它一般是和企业的竞争对手、客户、供应商和经销或分销商等采取的战略性行为相互关联的竞争格局。这些影响者的行为和反应会和企业产生相互的影响,而同时企业的实力也会对外部环境产生影响。

企业的内部实力指的是企业在经营中已具备的和可获得的各种资源,如资金、设备、人力的数量和质量,它反映企业的优势和弱势。公司在实施战略管理的初期就要综合考虑企业的外部环境和内部资源实力,作为企业战略投入的两部分,它为战略行动和战略的形成和实施奠定了基础。无论是战略的设计还是战略的实施,对获得战略竞争力和超额利润都是至关重要的。内外结合的机会威胁分析,可以使企业清楚自己的优劣所在,并按照经营的目标作出战略选择,其结果是有几个可能的、符合要求的长期目标和经营战略的组合。这是整个战

略管理程序中一个相当复杂且关键的环节。

2. 战略选择

通过战略分析，企业管理者对其所处的外部环境和行业结构，企业自身的资源和能力等有了比较清楚的了解。接下来的任务就是要选择一个合适的能够实现组织目标的战略。战略选择涉及产品和服务的开发方向、市场类型及进入方式，以及要达到产品和服务方向所采取的业务拓展方式。在作出这些相关决策时，管理人员要提出各种可供选择的方案，根据一定的标准对它们进行评估，并最终对最有助于实现企业目标的方案作出决策。

战略选择过程是针对每一个可能的、符合企业要求的发展机会提出的长期目标及如何实现目标的经营战略方案，然后对这些方案逐个分析比较和评价，求得一个更好的实现企业经营方向的机会、目标、战略的组合。任何一个备选方案都有优点和缺点，在不同的衡量标准下，偏好的结果也不同。因此在进行方案的优选劣汰中，必须设定一定的衡量标准，这种标准的确定除了考虑企业整体利益和长远发展外，还取决于决策者对于风险、稳定性、发展速度及投资多元化的态度，因此包含一定的主观性。战略选择也会影响企业的经营方向、竞争优势和行业环境，也能够扩大企业的经营范围和领域，对增强企业实力提出新的要求。

3. 战略实施

战略实施是将战略转化为行动的阶段。企业战略实践表明，一个良好的战略仅仅是战略成功的一部分，只有采取有效措施保证战略的贯彻实施，企业战略目标才能顺利实现。战略实施主要包括战略实施和战略控制两部分内容。

战略实施主要会涉及以下一些问题：企业现有资源在各部门和各层次间的分配方式，企业外部资源的获取和使用方式，企业组织结构的调整，企业内部利益再分配与文化适应性，组织变革的技术与方法等。

4. 战略评估与控制

战略实施后需要进行评价和总结，以确定在多大程度上达到了企业的目标。而这种评价的依据和标准则来自于市场和顾客信息对于企业产品或服务的反应。同时战略的评价有利于企业辨认自身的综合实力和在竞争中的地位，并在动态的竞争环境和经济条件下适时修正企业的战略方针，作为下一轮战略规划的起点。

另一方面，在战略实施过程中，为了使正在实施的战略达到预期的目标，结合信息反馈的结果，企业常常需要对战略的实施进行控制，找出偏差，并采取措施进行纠正。

图1-2中连接两种战略行动的横箭头说明战略分析、战略选择和战略实施必须是相辅相成的。在设计战略时，就应该同时考虑如何实施，只有当两者相结合的时候，才会产生预期的战略成果。在实施过程中，优秀的战略决策者会寻求反馈意见并不断改进所选方案。

战略管理还包括与成功实施战略更相关的行动，如管理企业的不同机制、企业的组织结构和运营模式、适应竞争环境的战略领导能力，以及创新能力与竞争优势的关系等。战略的实施要求将所进行的工作进行具体化并加以分解，委派给相关人员，同时调配所需要的资源，调动职能部门的积极性，将战略规划付诸实施。战略实施的管理在于行动是否有效,其成败取决于在实施的过程中是否有效地结合了资金、技术、人力、组织结构和工作程序等因素。

上述是对于战略管理过程的基本模式的描述,但注意这并不是企业进行战略制定和执行的唯一途径和方法,不同的竞争领域和行业,以及不同的领导者类型决定了企业战略的差异。但是战略管理在实际操作的过程中仍然要求以规范的方法来创造竞争优势,这些方法能够为21世纪的企业提供创造核心竞争力和超额利润的渠道,掌握这一战略管理过程,能够有效地帮助竞争中的企业及其组织。

1.5.2 战略管理过程基本模式的应用

随着公司内外各种事件的发生,公司的管理者必须不断地考虑、研究并最终修订公司的战略展望、公司的目标体系、公司的战略和战略的实施方式。公司战略所提出的各种经营方法和途径一般包括两方面的内容:一是有计划有目的的行动纲领和方案;二是必要的对未来不确定的预期情况和市场竞争情报的反应能力和策略。战略是管理者根据预测和期望预先制定的,主要反映了企业所要达到的目标,在一定程度上,战略是一种设计规划,但其内容又不仅仅如此。在公司经营发展的过程中,会出现新的来自市场或者竞争者的变化,例如某一领域的重大技术突破或革新,竞争对手成功推出新的产品或服务,行业新的管理条例和政策,顾客对于各种个性化产品和服务的要求等。随着周围的环境发生变化和新的改善经营的观点和思维出现,以前与公司战略有关的决策需要改进,在战略的实施过程中,公司的管理者对这个问题的决定实际上是自然而然的事情。因此,战略应该被理解为计划好的行动方案和业务流程及必要的对预见情况的反应。战略管理的任务包括制定一个策略计划,然后随着情况的进展不断对它进行调整。

因此在实践中,战略管理是一个不断循环、没有终点的过程,并不是一个既有起点又有终点的事件。它是管理者在公司内外各种情况和意外不断出现的过程中反复规划和修正的结果。公司的经营过程中,会出现公司的实际战略偏离管理层制定的战略,加入了一些新战略要点,同时抽取出一些既定战略的内容以适应变化的环境,所以在战略执行过程的某些环节也可能不会如预期那样进行。成功的企业战略永远是组织学习和创新的结果,这要求公司的管理者们不断地对战略的执行情况和进度进行评价,不断寻求新的途径改善公司战略,在竞争中胜出。

1.5.3 战略管理过程中应注意的问题

战略管理程序的基本模式中,各个阶段都依赖于企业外部和内部的信息,这些信息是由与企业有切身利害关系的人们按照自己的价值观来进行判断的。在模式的运用中应该注意几个问题。

1. 自上而下的规划要与自下而上的反馈相结合

企业战略关系到企业的整体利益和长远发展,由上层管理者纵观全局作出规划,然后逐

步具体化分解到各层进行执行，便于实现预定目标和总体的优化。同时，由于战略制定的过程中所需要的信息及战略的实施都依赖于中下层的人员，因而在战略管理中，还必须充分倾听中层管理者和一线员工的意见，取得他们的积极合作和配合是至关重要的。应该把战略管理看作是一个目标、一个战略决策的双向相互作用的过程，是一个总体规划和反馈修订的结合，企业的各个层次都负有不同的责任，并且它们在战略过程中相关作用、相关依存。

2. 战略管理的组织

组织结构和规范由很多方面的因素决定，这些因素包括：企业的规模、管理风格、技术条件、面临的战略问题等。如果企业的规模大、外部环境稳定或竞争并不激烈、生产周期较长、技术要求高、面临长远发展问题，则要求战略管理系统高度的规范；反之，则对系统的规范化要求较低。处于中间型的企业，如果外部环境比较稳定，则从对现行战略的总结评价中来作出调整。总之，企业要根据实际情况作出其战略管理系统规范化程度的安排。

3. 战略管理中的行为问题和非理性因素

战略管理中会遇到一些行为上的消极因素。战略规划将花费各层管理者较多的时间和精力，有时候他们可能会因此被指责为不务实而引起员工的不满。战略的实施主要依靠各层管理者的配合，战略的制定者并不负有实施的主要责任，在战略执行过程中遇到问题和阻碍的时候，有可能会相互推卸责任。另外，当高层管理者的目标和战略设计不符合下一级实施者的期望时，也会产生一些消极因素。这些问题的解决有赖于高层管理者的领导能力和组织才能，还需要了解员工对战略的理解和建议，以及与下级人员之间及时的信息沟通。

4. 战略管理中的动态变化因素

战略管理的程序绝对不是一个静止不变的固定模式。尽管处于稳定市场条件下的企业无须每次都从头至尾重新制定和策划企业战略，但是年度的目标和具体职能战术还是需要从实际情况出发来确定，仍然要用一定的方法对长期经营战略作出适当的调整和变动，或者定期对战略自我诊断和修正。而对于处于技术革新速度快的领域和经济环境变动较大条件下的企业，更需要及时、迅速、适时地检查企业的战略方针，以适应变化万千的市场环境。

1.6 本书理论架构：基于三分法的战略管理框架

战略管理是关系到企业在激烈的市场竞争中能否长期发展，立于不败之地的重要课题。本书基于中国传统的三分法思想，提出战略管理过程的三维框架。在此基础上，以现代企业前沿战略课题为主线，充分运用案例分析等教学方法，强调操作性、实战性，并渗透中华传统文化中博大精深的战略智慧。

1.6.1 三分法概述

三分法是人们对于客观世界的一种基本认识，是一种带有普遍意义的科学研究方法论，同时也是开发管理工作研究的一种哲学思想。三分法认为,世界上的事物均具有三要素结构,既可以三合为一,又可以一分为三。

1. 三分法产生的基础

三分法的内核是三要素思维定式。三要素结构是三要素思维定式的客观依据,同时也是三分法赖以存在的客观基础[①]。三要素结构广泛体现在自然界、物理学、化学、数学、地理学、逻辑学、辩证法及各类社会活动中。三要素思维定式既是人类普遍的思维规律,同时也是中国传统文化的优越性之一。如老子就认为,"道生一,一生二,二生三,三生万物"。这里,道是高度抽象的、理念性、精神层面上的、形而上的、相对较为虚的东西。"二"、"三"、"万物"是比较具体的,同时也是物质的、形而下的、实的东西。由"道"到"万物"的发展过程实际上是一个由虚向实发展演变的过程。

三要素思维定式的由来源自于存在决定意识的思想,人类社会存在的大量的三要素结构与三要素思想,多是存在于人脑中的产物,是人类大量经验的积累和总结。

2. 三分法的作用及在管理中的应用

(1) 三分法是一种具有普遍意义的科学研究方法。如前所述,三分法的特征体现在"三",即一分为三,三合为一。由于三要素结构具有的普遍性,三要素思维定式对科学具有普遍意义。三分法的运用,关键在于如何找到"三",即第三方。承认并研究第三方具有极大的重要性。第三方可能会以不同的形式存在,如既可能是唯一的,更可能是多个,甚至无数多个;既可能业已客观存在,也可能是由"二"发展而来。

(2) 三分法是一种重要的管理哲学。三分法对于管理工作的开展,具有重要的指导意义。在企业管理中,三要素结构和三兼顾、三结合原则体现在许多方面。如人们通常将组织结构分为三层:战略管理层、现场作用管理层与战术管理层。企业需要制定长期、中期与短期计划。企业的发展过程中必须始终处理好经济效益、社会效益和生态效益三者的关系。

1.6.2 基于三分法思维的战略管理框架

根据中国传统的三分法思想,我们构建了一个战略管理的三维分析框架,如图1-3所示。资源、能力与优势是战略管理理论和实践的核心部分,它始终体现在战略管理的整个过程中。不同类型不同发展阶段的企业,会有不同表现形式,有些是显性的,有些则是隐性的。围绕企业战略管理过程,本书将战略管理基本理论分为战略分析、战略选择与战略实施与控制三个部分。

根据本章前面章节对战略管理过程的解释,战略管理首先是建立在对于外部环境的分析和内部实力的审查的基础上,并结合企业的使命和长期发展的愿景,对于今后目标方向的全局性规划。企业的外部环境影响企业所在行业的市场变化情况,企业内部的资源和实力制

---

① 孙东川. 三分法与管理工作. 管理学报, 2009, 6 (7): 861-866.

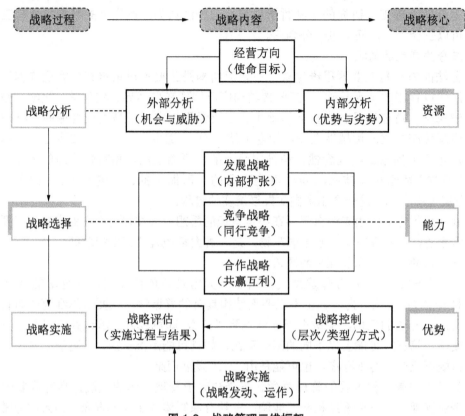

图 1-3 战略管理三维框架

约并决定企业所能够从事的经营范围，而企业的使命从主观选择上引导企业的发展方向。因此，本书从外部环境（第 2 章）、内部环境（第 3 章）及企业经营方向（第 5 章）这三个不同的维度，阐述了环境如何影响管理者的战略判断，综合评价的结果如何确定企业的战略决策选择。同时，本书对战略环境分析三维之间的关联关系（第 6 章）及战略管理者在进行战略分析时常用的工具与模型（第 4 章、第 7 章）也进行了介绍。

如果说战略分析通过对企业所处的内外部环境的分析，发现机会、规避威胁，从而确立企业发展方向与目标，为企业找到"彼岸"，那么，审时度势地作出正确的"战略选择"，即选择与制定到达"彼岸"的路径与战略，则是保证企业长期、健康发展的关键。战略选择是在分析基础上选择一种战略方案的决策。之所以要进行战略性选择，其根本目的是为了使企业能够摆脱恶性发展模式的束缚，从而实现健康、稳定地成长。贯穿本书的第二个主题是从另外一个三维关系——企业的发展战略（第 8 章）、企业的竞争战略（第 9 章）、企业的合作战略（第 10 章）出发，给出更为具体的战略方向和方法的选择方式，同时还对企业动态竞争战略（第 11 章）与行业演变过程中的企业战略选择（第 12 章）问题进行了探讨。

要顺利到达企业发展的"彼岸"，除了对未来的发展方向有宏远而具体的感知与筹划及具体可行的战略以外,企业战略的成功更要取决于战略实施的质量。本书第三个三维关系与战略实施过程有关,分别对战略实施(第13章)、战略评价与控制(第14章)进行了分析。

本章小结

战略来自于早期对于军事活动的总体规划和设计,管理学意义上的战略是指一个企业长期的发展方向和范围,在战略的指导下,企业可以在不断变化的环境中对资源配置进行调整,并获得竞争优势,从而实现利益相关者的期望目标。战略管理是指了解企业组织的战略定位、未来的战略选择,并把战略付诸行动。由于企业所面临的竞争环境的不同和所拥有的可支配资源的差异,对于某些企业来说,重要的挑战是制定竞争战略;而对于另外一些组织来说,则可能是建立一个能够整合复杂的全球运作的组织结构。因此要根据企业的特定背景和条件来确定企业战略的重点。此外,企业的各个层面都要作出战略决策:公司层面战略关注的是企业的整体目标和活动范围;业务单位战略关注的是如何在市场竞争中取胜;经营战略则关注如何有效地组织资源、业务流程和人员,以实现公司层面战略和业务层面战略。对于战略管理的理论研究始于20世纪60年代,迄今已经形成了众多的学派,从西方早期战略管理理论到基础的产业竞争战略理论,再到资源观的核心竞争力理论,以及现在超越竞争的新战略管理理论,显示了战略管理随着时代和经济发展的演变。

复习思考题

1. 在21世纪技术革新速度加快的新经济形势和竞争格局下,战略管理面临的挑战是什么?
2. 叙述影响战略管理的复杂因素,以及人们对于战略管理的片面认识,并对此进行分析和评论。
3. 叙述"战略性思维"、"恰当的企业环境"这两个词的含义,讨论其对于有效地进行战略管理的重要性。
4. 企业中战略决策者和战略实施者的工作是什么?说明有效地制定和实施战略所需要的技能与知识有哪些。
5. 什么是战略竞争力、竞争优势?企业如何才能获得长期持续的核心竞争能力?
6. 战略管理过程的各部分是什么?它们之间的相互关系如何?
7. 选择几个不同行业中的公司,了解并考察其所实行的企业战略,结合其经营现状和市场表现,以及竞争情况的改变,分析它们对于企业的战略管理是否是成功的。

8. 简述战略管理三维框架的体系及内容。

第2篇　企业战略分析

企业战略的制定，始于企业经营方向的确立。从战略管理的角度来看，两家企业的战略之所以不同，源于其所处的外部环境、所拥有的内部资源及企业使命与目标的根本不同。将这三个方面称为企业战略分析三维要素。

组织的使命与目标是企业战略管理的出发点。外部环境分析主要考察企业适应环境的能力——它的顾客、供应商、竞争对手、合作者及社会宏观因素对企业运营的影响。内部实力评估主要考察资源与能力对于企业战略的意义，以及企业如何通过价值链的创建与重构及经验曲线的积累构建自身的竞争优势。企业在战略实施的过程中，要随时根据外部环境和内部资源的变化重新对战略进行审视，并建立企业危机战略预警系统来应对可能的风险和战略危机。

本篇在导入战略管理三维分析框架的同时，介绍了战略管理中一些常用的工具，以为读者提供实战工具，本篇内容如下图。

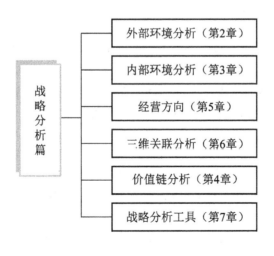

第2章　外部环境分析：识别机会与威胁

学习目标

- 外部环境的构成及分析过程；
- 一般环境的 PEST 分析方法；
- 行业环境分析中的 S-C-P 法与五种力量模型；
- 战略集团的特征与分析。

开篇案例

百事可乐

百事可乐国际集团是创始于1898年的世界上最成功的消费品公司之一——百事公司的国际饮料部门，是跨国性的消费公司。年营业额约为25亿美元，百事可乐国际集团约占全球软饮料市场的18%。百事可乐（Pepsi Cola）是取打开瓶盖可乐冒汽"拍嘘"的声音，百事可乐国际集团自从诞生到现在近百年来，通过不断的努力，终于成为可以与比她早12年诞生的可口可乐势均力敌的国际饮料集团。究其成功的原因，除了企业自身的不断努力之外，外部因素也起了很大作用。

1. 政治因素

百事可乐是在海外120多个国家市场占有率极高的饮料。百事海外市场发展的成功很大程度上要归功于他们很好地抓住了一些政治时机。

20世纪70年代末，当印度宣布只有可口可乐公布其配方才允许其在印度经销而未达成协议，可口可乐撤出印度时，百事可乐抓住时机，以增加农产品出口等作为交换条件，打入印度市场。

在可口可乐抢先占领以色列市场而阿拉伯各国联合抵制可口可乐这种行为的时候，百事可乐抓住这个时机，放弃本来就得不到好处的以色列市场而打入阿拉伯海周围的每一个角落，取得中东市场，"百事可乐"也随之成为阿拉伯语中一个很常用的词汇。

1959年在莫斯科举办的世博会上，百事可乐借机请前苏联国家元首赫鲁晓夫为其评价可乐口味，并将此事向媒体大肆宣传，使前苏联掀起了品可乐的热潮，从而打入了前苏联市场。

2. 经济因素

在20世纪90年代初，上海推出级差地租，即重要地段、繁华区域地价与房价同时上涨政策时，许多繁华地段路边小的饮料摊面临着顾客喝完的空饮料瓶占地面积太大，租金成本大的问题。百事可乐却从这项政策中看到了商机，他们贷款陆续从国外以每台数万美元的价格引进了1500台散装饮料机，现场配置可乐，冷冻，一次性饮用，解决了空饮料瓶占地面积大的问题，并且这种经营方式更快捷，也使顾客感觉更加方便，很快受到上海市民的欢迎，使百事可乐的品牌更加深入人心。

3. 科技因素

百事公司充分利用现代科技以增强其品牌的影响力，如网络营销策略的实施。百事公司在网上设计了虚拟互动工厂、全能挑战足球赛、百事预祝十强赛、中国足球超越梦想等，并设计了音乐角逐，包括百事音乐主题活动、音乐流行榜、竞技场等，以及活动角逐，例如"百事可乐最佳电视广告片"等，一方面通过高科技、现代化的网络媒体来帮助打造品牌，提升知名度。另一方面，统计网友们登录留下的电子邮箱，用于营销人员作"病毒式营销"的数据。百事会对某一个活动可以搜集到的电子信箱个数进行分析研究，为下一个策略作规划。

对现代网络科技的利用大大提升了百事可乐品牌的知名度，也带来了更高的经济利润，带来了成功。

而由于PC网络的解决方案已经无法满足百事可乐高速度的业务发展和自动化生产的需要，百事公司大胆选择了高性能的AS/400作为操作平台，并以MAPICS系统作为公司的全面解决方案。这一举措使百事(中国)有限公司的电脑管理系统顺利运行，并使应用此管理系统的公司的客户订单、物料需求、库存、销售、采购、财务、生产管理和生产控制等全部正常快速运行。采用MAPICS系统以后，百事公司的人力、物力、财力得到合理配置，库存大大降低，流动资金也有所减少。有资料显示，在实施MAPICS之前，某项产品货龄为45天，实施后仅半年就迅速缩短为15天；订单执行比率原来只能达到96%，采用MAPICS不到半年就上升至98%，现在几近100%。客户部、财务部、仓库、生产部已经有机结合起来，完全实现了一体化管理。

正是对高科技的大胆尝试，使百事公司的运营更加科学化、合理化。这也大大提高了百事公司的工作效率，降低了成本。

4. 社会因素

第二次世界大战之后美国的社会政治气候的变化也进一步引起人们心理的变化，而更为明显的是第二次世界大战之后成长起来的新一代美国青少年的心理变化，他们对历史和国家传统产生了强烈的叛逆心理。而随着经济的发展，消费水平的提高，青年一代成为消费的主力军。百事可乐正是看准了这一新兴起的消费群体，把营销定位从之前的主要用于社交场合饮用转为主要针对青年一代的时尚饮品。他们将可乐的口味变浓，更加符合青少年的要求，并将可乐的口号定位在青年一代，先后提出了"现在，百事可乐献给自认为年轻的朋友"、

"百事可乐,新一代的选择""奋起吧,你是百事的一代""渴望无限"等广告主题。而青少年的叛逆心理使他们在选择可乐时很自然地舍弃了老一辈都很喜欢的传统口味的可口可乐而选择更具有年轻活力的百事可乐。而百事可乐对于这一社会变化时机的把握使其被新一代的青年广泛接受,使其品牌形象不断上升。

20世纪90年代,中国的饮料市场还笼罩在计划经济的氛围中,销售人员坐在办公室中,严格按照接电话、写订单、商家亲自到饮料厂提货的流程办事。而针对中国当时的那种社会环境,百事公司招聘了大量的销售人员,并花巨资进口了20辆依维柯采取送货上门的政策,大幅度提高了营业额。

总之,对社会环境和社会现象敏锐的观察力,使百事可乐公司可以充分利用外部环境中的有利因素,克服不利因素,在长期的经营中持久不衰。

随着市场的全球化及经济的一体化,企业的外部环境发生了深刻的变化。企业经营活动的开展要求其与外部环境发生实时的紧密联系,环境因素也往往会直接影响企业活动的正常有序进行及其绩效。在充满诸多不确定性因素的环境中,战略管理工作变得异常复杂与迫切,为了把握当前及未来可能的发展趋势,以使企业战略能够适应外部环境变化的需求,企业必须进行外部环境分析。

企业的外部环境是指存在于组织外部的、影响企业经营活动及其发展的各种客观因素与力量的总和。外部环境可分为一般环境、行业(任务)环境两个方面。环境分析就是监测、评价来自外部环境的信息,使企业可以很好地明确自身面临的机会与威胁,确保企业的可持续发展。有研究表明:环境分析与企业利润正相关[1]。

企业的实践经验及研究的结果表明,外部环境影响着企业的成长和获利状况。政治、经济、法律和技术环境的每次变化,都对企业经营管理提出了新的机遇与挑战。企业战略管理者要密切注意外部环境的变化,作出正确的判断,并能够根据环境的变化进行战略调整。因此,无论是要制定一个切实可行的战略,还是由于在经营管理方面出现了重大危机而需要对战略进行重新审视,都必须首先对其所处的外部环境进行分析。本章将重点讲述企业应当如何对外部环境进行分析。企业对外部环境的了解与其对内部环境的认识相结合,是企业产生战略意图、进行战略选择与实施的基础。本章将主要涉及以下几个主要问题。

- 企业外部环境分析的重要性及过程。
- 企业外部环境的构成。
- 企业一般环境分析。
- 企业行业环境分析。
- 企业战略集团分析。

世界经理人网站:http://brand.icxo.com/special/index/cole.htm

---

[1] THOMAS, J B, CLARK, S M, GIOIA. D. A.strategic sensemaking and organizational performance: linkages among scanning, interpretation, action, and outcomes. Academy of Management Journal. 1993(4): 239-270.

2.1 企业外部环境分析概述

任何一个企业都不是孤立存在的,都要同它所处的环境发生各种各样的联系。一个企业的外部环境究竟包括哪些方面,各自相对于企业来说又有什么重要性?企业对外部环境分析应注意哪些方面的问题?这些都是本节所涵盖的问题。

2.1.1 企业外部环境的构成

企业对环境进行分析的主要目的是使企业对环境现状有个充分的了解,获得必要的信息,以有效地预见未来,采取积极的行动。一般来说,企业的外部环境可以分为两个层次:一般环境和行业环境,前者间接地或潜在地对企业发生作用和影响,而后者直接地影响企业的生产经营活动,其内容与相互关系如图 2-1 所示。

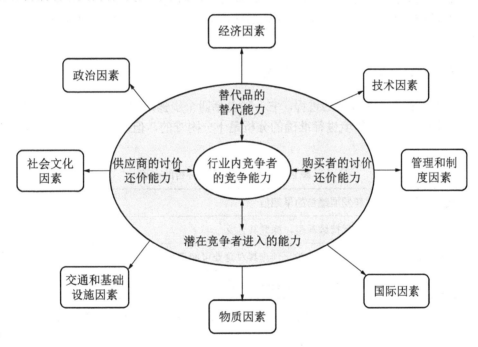

图 2-1 企业外部环境示意图

一般环境又称总体环境,通常是指那些对于处于同一区域的所有企业都会发生影响的环境因素。一般环境由政治环境(Political)、经济环境(Economic)、社会环境(Social)及技术环境(Technological)构成,即经典的 PEST 分析法。随着研究的深入,人们开始将一般环境进行细化,认为一般环境由八个子环境构成,即 SCEPTICAL 分析法,如图 2-1 所示,物质因素、经济因素、技术因素、管理和制度因素、交通和基础设施因素、国际因素、政治因素、社会文化因素等。一般来说，企业不可能直接控制一般环境因素。能够取得成功的企业往往通过收集这些因素方面的一定种类和数量的信息，了解一般环境中这些因素的信号的意义，以便于制定和实施适当的战略。

行业环境如图2-1阴影部分所示，由五种因素（波特称之为五种力量）构成：新进入者、供应商、购买者、替代产品及竞争对手。行业环境直接影响到一个企业的竞争行为。波特认为，这五个因素之间的互动关系决定了一个产业的盈利能力。虽然行业环境只对处于某一特定产业内的企业及与该产业存在业务关系的企业发生影响，但由于行业环境与企业之间存在着相互影响、相互依存的关系，使得产业在影响企业的同时，也会逐渐受到企业的影响。企业搜集和分析有关竞争对手的信息的过程称为竞争环境分析，即图中最核心的部分。

企业对一般环境和行业环境这两种外部环境的分析，会影响到其战略目标和使命、战略选择及战略实施。总的来说，一般环境的分析着眼于未来，行业环境的分析重点在于了解影响企业盈利能力的条件和要素，而行业环境分析则是为了跟踪和预测竞争对手的行动、可能的反应及其战略目的。在进行外部环境分析时，企业战略管理者要将三个方面有机地结合起来。

2.1.2 企业外部环境分析的过程

外部环境分析是一个连续的过程，它一般包括四个步骤：搜索、监测、预测和评估，参见表2-1。虽然要对外部环境进行准确的分析是十分困难的，但这项工作对企业来说是非常有意义的。

表2-1 企业外部环境分析的步骤

搜索	搜集关于环境变化和发展趋势的早期信号
监测	对这些变化和趋势进行持续观察，探究其含义
预测	根据所跟踪的环境的变化和趋势，预测其对企业可能带来的后果
评估	根据环境变化或趋势的时间点和重要程度，决定企业战略调整

（资料来源：希特.战略管理.吕巍，等译.北京：机械工业出版社，2006.）

1. 搜索

企业要对环境进行分析，首先要搜集有关外部环境中各种因素的资料。通过搜索，企业可以识别出总体环境中正在发生的潜在变化的一些信号，从而可以了解正在发生的一些变化。可以用来进行环境分析的资料来源很多，可以通过各种印刷出版物，如期刊、杂志、报纸、政府文件等获得；企业也可以通过参加展览会、贸易会等方式，了解行业的一些信息。企业可以利用Internet、图书馆、供应商、分销商、销售人员、顾客及竞争者来获取重要信息。为了提供连续的、及时的战略管理信息，一些大型企业往往会派专人监视各种信息来源，并定期向负责外部环境分析的管理部门（通常是战略规划部或营销策划部）呈交文献资料。

2. 监测

监测是指企业的战略分析家们对环境中的变化进行持续观察，根据自己对形势的判断决定在哪些搜索领域里可能会出现重要的趋势。成功监测的关键在于感知不同环境事件含义的能力。

3. 预测

企业管理者根据所观察到的环境中发生的变化，经过综合分析，预测这些变化和趋势在未来一段时间内的发展走向与发展速度。例如，分析家可能会预测一项新技术其市场化的时间；或者分析政府调整有关的税收政策后会在多长时间内影响到消费者的购买模式。

4. 评估

企业评估的目的在于判断环境变化和趋势对企业战略产生影响的时间和程度。通过搜索、监测和预测三个阶段的工作，企业战略分析家们基本上已经对企业的总体外部环境有了一个大致的了解。接下来，需要组织一次或一系列的管理者评估企业面临的最重要的机会与威胁。外部因素评价（EFE）矩阵就是一种很好的进行外部分析的工具。它的主要元素有：机会因素、威胁因素、权重、评分，以及在此基础上形成的加权分数和分数加总。

外部因素评价矩阵对外部环境中的各种信息进行分类，从机会和威胁两个方面进行评估，整个评估需要五个步骤。

（1）列出 10～20 个外部环境分析过程中确认的外部因素。首先列出机会因素，然后列出威胁因素。不同产业在不同的时期会遇到不同的关键影响因素，Freund 认为它们应该具有以下特征：①对于实现长期及年度目标是重要的；②可度量；③数量相对较少；④层次性，有些适用于企业整体，有些则适合于分公司或职能部门[①]。

（2）对于每一个因素赋予一定的权重（取值范围在 0～1 之间，说明重要性程度，数值越大说明越重要），全部因素的权重之和为 1。权重的大小可能通过比较其行业内的竞争者（成功的竞争者和不成功的竞争者）的影响而确定，也可以通过集体讨论达成共识。这个步骤所确定的权重对行业内所有企业都是一样的。

（3）按企业现有战略对每一因素的有效反应程度进行打分，分值范围为 1～4。其中 1 分表示很差，2 分表示平均水平，3 分表示反应超过平均水平，而 4 分表示反应很好。这一步骤主要考察企业战略的有效性——对环境中出现的各种因素的反应程度。

（4）通过用每个因素的权重乘以其评分，计算出每个因素的加权分数。

（5）将所有因素的加权分数相加，从而得到企业的总加权分数。

由于总权重值为 1，无论 EFE 矩阵中所包含的关键机会和威胁因素为多少，所得到的总

---

① FREUND Y. Critical success factors. Planning Review. 1988, 16（4）：20.

加权分数值域为 [1, 4]，平均值为 2.5 分。如果总加权分数为 4.0，说明企业对环境中现有机会与威胁作出了较好的反应。相反地，低于 2.5 分，说明企业目前的战略不能有效地利用现在的机会，也不能将外部威胁的潜在不利影响降到最低。

2005 年，位于北美洲的岛国伯利兹（Belize）的猴河旅游协会（Monkey River Tour Guide Associan）对 Monkey River Village 发展生态旅游的战略环境进行了分析，其外部因素矩阵评估表如表 2-2 所示。

表 2-2 Monkey River Village 外部因素评估矩阵

关键外部因素	权重	评分	加权分数
机 会			
1. 改善同普拉圣西亚的关系	0.025	2	0.05
2. 再造林：猴类居住环境的改善	0.051	1	0.05
3. 教育旅游			
4. 美国和平组织的志愿者	0.05	1	0.05
5. 与越来越多的外部机构合作	0.1	2	0.2
6. 网站的改进	0.1	2	0.2
7. 普拉圣西亚预订处	0.2	1	0.2
8. 钓鱼设施不断完善	0.025	3	0.075
9. 普拉圣西亚地区新公路的修建	0.1	1	0.1
	0.025	2	0.05
威 胁			
1. 导游之间的冲突	0.025	2	0.05
2. 热带森林再生时间较长	0.05	2	0.1
3. 青年劳动力的逐渐减少	0.05	2	0.1
4. 缺乏对环境的关心	0.05	2	0.1
5. 其他行业的企业对本地区旅游业和旅游资源的影响	0.05	3	0.15
6. 普拉圣西亚地区新公路的修建	0.1	2	0.2
	1		1.675

注：普拉圣西亚地区是与 Monkey River Village 相邻的一个著名的国际旅游目的地。这两个目的地之间长期存在着冲突，Monkey River Village 地区的大部分景区的门票是由普拉圣西亚地区售出的。

从表 2-2 中可以看出，从权重系数来看，普拉圣西亚预订处被视为影响 Monkey River Village 地区旅游产业的最重要的因素（0.2），这反映了销售渠道在旅游企业经营中的重要性。Monkey River Village 地区没有采取有效利用这一机会的战略（评分为 1.0）。总加权分数 1.675 说明，Monkey River Village 在利用外部机会和规避外部威胁方面低于平均水平。

2.2 一般环境分析

对各个产业都不同程度产生影响的共同外部因素就是一般环境,很多决定企业胜负的因素也都存在于一般环境之中。对一般环境进行分析是制定战略时必须进行的一项基础性工作,它们不只是通过影响企业所在的产业而改变着企业的生存与发展条件,更多的情况是会对企业产生直接的影响。

如 2.1 节所述,经典的企业外部环境分析往往是识别和评价现在及未来影响企业的政治因素、经济因素、社会因素和技术因素等,即所谓 PEST 分析。表 2-3 所示为一般环境的主要方面及其内容。若对某企业特定的时期进行一般环境分析,还需具体识别各方面的特定内容。大多数企业都不同程度地与这些外部环境因素之间存着某种联系。外部环境分析的目的是认识和理解那些影响企业经营和发展的趋势和变化因素。因此,认真分析企业的外部因素有助于制定企业战略。

表 2-3 一般环境分析的主要方面及其内容

主要方面	主要内容
政策与法律	环境保护、社会保障、反不正当竞争法及国家的产业政策
经济	增长率、政府收支、外贸收支及汇率、利率、通货膨胀率等
社会与文化	公民的环保意识、消费文化、就业观念、工作观念等。人口的地理分布、就业水平、收入水平、年龄、文化差别等
技术	高新技术、工艺技术和基础研究的突破性进展

(资料来源:HITT M A, IRALAND R D, HOSKINSOON R E. Strategic management. 2nd ed. West Publishing Company, 1996.)

2.2.1 政治 – 法律因素

政治 – 法律因素涉及社会制度、政治结构、政府的政策和倾向、政治团体和政治形势、国家制定的法律、法规、法令及国家的执法机关结构等因素,这些因素制约和影响着企业的环境。例如,"改革开放"、"建设有中国特色的社会主义"对外资进入我国和国有企业改革的指导作用显而易见。法律法规对企业影响在于法律既保护企业的正当利益,又监督和制约企业的行为。

若没有一个稳定的政治环境,企业是不可能获得长期稳定的发展的;而强有力的法律法规,则能保证企业公平竞争,政治 – 法律环境是保障企业正常的生产经营活动的基本条件。但政治对企业来说也是不可控的,法律因素则带有强制性的约束力,企业只有适应这些外部环境,使自己的行为符合国家的政治路线、政策、法律法规,才能生存和发展。

在对企业进行战略分析时,需着重考虑以下政治 – 法律因素。

1. 区域经济发展战略

区域经济对企业发展至关重要，企业所在区域的经济发展战略直接影响着企业战略的制定，尤其是在经济迅速发展的中国。例如，21世纪以来，我国许多区域都把会展业作为主导产业，这在很大程度上推动了我国会展业的发展。

2. 行业政策

国家确定的重点行业总是处于一种大发展的趋势，处于重点行业的企业增长机会就多，发展潜力大，而那些非重点发展的行业，发展速度就较缓慢，甚至停滞不前，因而处于这种行业的企业很难有所发展。由此可见，行业政策对一个企业的生存发展，今后战略的制定起着相当大的作用。

3. 税收政策

资本持有者总是愿意将资金投向那些具有较高需求且税率较低的行业部门，政府的税收政策会影响企业的财务结构。例如，美国债券市场的发达程度高于股票市场，究其原因，是因为美国债券收益纳税在后，而美国股票收益纳税在前，对于企业来说，举债的成本小于发股的成本，因此，债券市场的发达程度就高于股票市场的发达程度。这就是典型的税收政策导致企业战略的选择不同。同样，2004年北京市清理了一些名不副实的高新技术企业，为什么有些企业热衷于"高新技术企业"这种招牌呢？原因同样在税收政策上，这是因为高新技术企业可以享受一定的税收优惠。

4. 政府的双重身份

政府因素对企业行为的影响是比较复杂的，具有双重身份，有些政府政策对企业的活动起限制性作用，而有些政府政策对企业具有指导作用和积极的影响。政府有时以资源供给者的身份出现，如政府对自然资源（森林、矿山、土地等）和农产品国家储备的政策和立场将对一些企业的战略选择产生重大影响；当政府订货对军事工业、航空、航天等国防工业有重大的影响时，也间接地影响其他工业的消费走向，此时政府是以顾客的身份出现，扮演消费者的角色。同样，政府贷款和补贴对某些行业的发展也有着积极的影响。例如，近些年来，美国和欧盟就农产品补贴而吵得不亦乐乎。

5. 法律法规

政治因素对企业的行为会有直接的影响，但一般来说，政府主要是通过一些法律和法规来间接地影响企业的活动。为了促进和指导企业和行业发展，国家颁布了经济合同法、企业破产法、商标法、质量法、专利法和中外合资企业法等法律。此外，国家还有对工业污染程度的规定、卫生要求、产品安全要求，对某些产品定价的规定等，而这类法律和法规对企业的活动有限制性的影响。例如，苎麻生产在20世纪80年代中期的中国农村有着广泛的基础，甚至成为一些地区农民致富的捷径。但是，这种生产给环境带来诸多害处，后来通过法律法规规定（主要是出口规定），苎麻生产受到了很大的限制，价格也从1985年的10元/kg下滑到1990年的2元/kg。

2.2.2 经济因素

经济因素是企业最能直接感受到的环境因素，是指企业经营过程中所面临的各种经济条件、经济特征、经济联系等客观因素。

在分析经济因素时，首先要考虑宏观经济的总体状况，即目前国家经济是处于何种阶段：萧条、停滞、复苏还是增长，以及宏观经济的周期规律是如何变化的。评判一国宏观经济的总体状况，应该从该国经济的总量水平（用 GNP 表示）、经济增长速度（用 GNP 增长率表示）、经济发展的平稳状况等方面着手。如果一国经济总量比较大（相对于其人口数量而言），发展速度比较快，经济波动比较小，则可以认为该国宏观经济的总体状况是比较好的。在宏观经济总体运行状况良好的情况下，市场扩大，需求旺盛，企业发展机会就比较多，这一点在基础设施建设行业、传统制造行业（如家用电器制造、汽车制造、机械制造、建材等行业）及第三产业等行业里表现得尤为突出。反之，在一个总量规模偏小、增长乏力或剧烈波动的宏观经济状况下，大多数企业不可能获得良好的发展机会，甚至破产倒闭。从政策方面来看，宏观经济的总体状况通常受到政府财政赤字水平及中央银行货币政策这两个因素的重大影响。偏紧的货币政策或过于保守的财政政策都不利于宏观经济的健康、高速发展，反之亦然。

除考虑一国宏观经济总体状况外，企业需要分析的经济因素还应包括：消费者收入及收入预期水平、失业率、中央银行及各商业银行的利率水平及通货膨胀率等。这些因素将影响企业的投资决策、销售决策及人力资源决策等。

若一个企业从事跨国经营，它必须考虑的经济因素还应包括：经营活动所涉及国家（东道国）的关税种类及水平、国际贸易的支付方式、东道国政府对资本外流的控制、东道国有关合资企业方面的法规及税收制度等。

2.2.3 社会与文化因素

社会与文化因素包括社会文化、社会习俗、社会传统、民族信仰、公众道德观、价值观、人们受教育状况、对待工作的态度及人口特征等。

社会文化因素发生变化会影响社会对企业产品和服务的需求状况，也会对企业的战略选择带来间接的影响。例如，随着人们受教育水平的提高和对更高的生活质量的向往，社会上出现了各种各样自发的利益团体来维护当事人的利益，如消费者协会、环境保护组织等。一些利益团体对企业的行为有很大的影响力，甚至对企业活动有很大的限制力。因此，企业在进行战略选择时必须考虑到各种利益团体未来可能的反应。

社会文化是人们的价值观、思想、态度、社会行为等的综合体现。文化因素强烈地影响着人们的购买决策和企业的经营行为。不同的国家有着不同的主导文化传统，也有着不同的亚文化群，不同的社会习俗和道德观念。企业只有更好地把握消费者所在国家和地区的社会文化习俗和社会道德观念等文化因素，并把这种文化因素融入到企业自身的经营战略思想中去，才能获得消费者的认同，进而影响人们的消费方式和购买偏好。百胜集团在中国的成功就是一个很好的例子。

在过去的几年里，一些大的国际连锁集团因为市场和自身的种种原因，在中国采取了比较保守的政策，但百胜集团旗下的肯德基却一反比较温和的作风，采取大力扩张政策，店铺数目突飞猛进，在5年时间里，开出500家新店，与同类竞争对手相比，肯德基成为进入中国市场的第一品牌。事实上，从家乡鸡起家的肯德基深知亲土性与亲和力在品牌建立上的重要性。百胜集团大中国区总裁苏敬轼作为一个有海外背景的中国人，对中国市场的感觉更为直接和灵敏，因此他所推行的"本土化"策略更加贴近消费者。他所理解的中国本土化不仅是口味的中国本土化、服务的中国本土化，更重要的是策略和企业文化的本土化。几年里，肯德基推出了大受中国消费者欢迎的传统蛋花汤和榨菜肉丝汤——肯德基把中餐厅都已不屑于着力的家常汤品开发为洋餐厅的招牌菜，其本土化的彻底可见一斑。苏敬轼崇尚"人才本土化"和"中国团队"概念，果断选择了一大批有中国背景和愿意长期在中国打拼的伙伴组成了一个高稳定性的工作团队，他还先后从海外华人中招募了一批优秀的管理人员。这些具有双重文化背景的经营者，管理理念自然与众不同，苏敬轼的最高境界是做"中西合璧"的完美肯德基。

正是因为有着深厚的中国文化底蕴，并注重将中国文化融入到企业的经营理念中去，百胜集团（中国）总裁才有可能打造一个"中西合璧"的完美肯德基，肯德基才有可能成为进入中国市场同类产品中的第一品牌。

社会环境中需要考虑的一个特殊的因素就是人口统计（Demographic）特征，它包括人口总数量、人口分布密度、年龄结构层次的分布及其变化、地区分布、民族构成、宗教信仰构成、家庭规模、家庭寿命周期的构成及演变趋势、职业构成、收入水平、教育程度等诸多方面。统计结果表明，自20世纪80年代实行计划生育政策到21世纪初，我国人口结构将发生变化，逐渐趋于老龄化，青壮年劳动力供应则相对紧张。这一方面会形成巨大的老年市场，为生产老年产品的企业提供了一个商机，但也有可能在不久的将来，企业会面临劳动力短缺的问题，劳动力成本将会有所提高。另外，由于生活水平、收入水平的提高，人们对服装、家电、住房等商品的要求已不再仅仅是实用，而更多的是注重其个性化特征、更加注重精神享受，因此注意到这种人口因素的变化，会帮助企业更加有利地制定管理战略。

2.2.4 技术因素

影响一个企业战略决策的技术因素包括一个国家或地区的科技整体水平、科技转化为产品的能力及科技发展趋势。具体来说，引起时代革命性变革的发明创造当然会影响企业今后的走向，但与企业生产活动有关的新技术、新工艺、新材料的出现及其发展趋势和应用前景也是影响企业制定战略的因素。

对于企业制定战略来说，技术因素是一柄双刃剑。新技术的出现使得社会和新兴行业增加对本行业产品需求，有利于企业拓展更广阔的市场空间，企业还可以使用新的生产方法、加工工艺或新的材料在生产出质量更高、性能更好的产品同时减少企业成本。技术创新为企业发展提供了机遇。例如，计算机集成制造技术（CIMS）的出现，使得机械加工生产效率大大提高，生产成本降低，同时产品的质量和性能出现了质的飞跃；再如冶金行业中连铸技术的出现，简化了钢铁加工工艺过程并提高了生产的稳定性和连续性，从而提高了生产效率和产品质量，也节约了大量的能源，降低了产品成本。

然而，当企业制定战略时，也必须考虑新技术给企业带来的"破坏"，当技术进步给某一个行业带来机遇的同时，也很可能给另一个行业带来致命的威胁。例如，随着高分子行业中高强度纤维生产技术的发展，许多原来用钢铁为原料制造的产品（如钢丝绳、轿车和游艇的外壳、座椅、家庭和体育用品等）现都改为用高强度纤维来生产，显然高分子行业的技术进步对钢铁行业构成了威胁。同行业竞争对手的技术进步创新也会给本企业带来挑战，影响产品和服务的需求。因此，要认真分析技术变革给企业带来的影响，认清本企业和竞争对手在技术上的优势和劣势，这样才能扬长避短，提高自己的竞争地位。

2.3 行业环境分析

行业环境又称微观环境，如果说一般环境对企业的影响是间接和潜在的，那么行业环境的影响则是直接的、明显的。行业内竞争结构不同，对企业采取何种竞争原则及何种竞争战略，具有深刻的影响。不仅如此，一般环境也常常通过行业环境因素的变化对企业产生作用。因此，行业环境，尤其是行业竞争环境分析应该是企业外部环境分析的核心和重点，它的内容主要是分析本行业中的企业竞争格局及本行业和其他行业的关系。常用的行业环境分析模型包括结构–行为–绩效模型与五种力量模型两种。

2.3.1 结构–行为–绩效模型

从20世纪30年代开始，人们就开展了企业环境、行为与绩效关系的研究，并最终由美国哈佛大学产业经济学权威乔·贝恩（Joe S. Bain）、谢勒（Scherer）等人提出了一个基于结构-行为-绩效模型的理论框架。该模型既能深入具体环节，又有系统逻辑体系。S-C-P框架的基本含义是，产业结构决定产业内的竞争状态，并决定了企业的行为及其战略，从而最终决定企业的绩效。

S-C-P模型是建立在如下假设基础上的。

假设1：结构影响行为。低市场集中度会使得企业之间的行为更具有竞争性，如在伯川德重复博弈中，企业的数量越少，越容易发生合谋的情况。

假设2：行为影响绩效。企业的行为越具竞争性，其市场势力就越小，也就意味着社会效率越高。如在没有产能限制的伯川德定价中，竞争形势最为激烈，导致企业的市场势力几乎为零。而对于古诺模型来说，竞争性不是那么强烈，因而，市场势力较为明显。同理，如果企业之间进行合谋，则往往会导致其具有较大的市场势力。

假设3：结构直接影响绩效，即低市场集中度导致低市场势力。例如，在古诺企业寡头垄断的情况下，随着企业数量的增加，即市场集中度下降，价格越来越接近边际成本，市场势力也随之下降。

1. 市场结构

S-C-P模型中结构是指市场结构，是指在特定市场中，企业间在数量、份额、规模上的关系，以及由此决定的竞争形式。市场结构的划分依据有交易者数目；交易商品的单一性，即交易的商品的质量是否相同；进入市场有无壁垒；交易者所得到的信息是否完全等。

考察市场结构主要考虑三个要素：市场集中度、产品差别和进入壁垒。市场集中度包括绝对集中度和相对集中度。绝对集中度以特定市场内几家大企业的生产、销售，员工、资金等的投入与产出指标的累计数占整个市场相应指标的总数份额比例表示；相对集中度反映企业规模分布的集中度，一般用经济学中的洛仑兹或基尼系数表示。应该说，行业内产品是可以相互替代的，否则就不构成一个行业，不过行业内产品在绝大多数情况下是有差异的，这种产品差异是企业争夺市场份额的重要手段。进入壁垒是限制、影响进入行业的一些因素，如日本的大店法就让国际零售巨头无法轻松地进入日本零售市场，中国近些年来也正在积极制定相应的大店法。

市场集中度的测量主要有两种方法：绝对法与相对法。

（1）市场集中度的度量——绝对法。绝对法就是直接计算前几位企业的市场份额，常用指标有两个：前四位企业的集中度系数和赫芬达尔-赫希曼指数。顾名思义，前四位企业的集中度系数（Concentration Ratio）是将前四位最大企业的市场份额相加得出的。

如令 $S_1 \geq S_2 \geq S_3 \geq S_4$，则 $CR_4 \equiv \sum_{i=1}^{4} S_i$，$i=1, 2, 3, 4$。取值范围是 $\frac{4}{N} \leq CR_4 \leq 1$。该集中度系数计算简单，能够形象地反映市场的集中状况，但是不能反映企业规模分布对市场集中度的影响。

赫芬达尔-赫希曼指数是企业市场份额的凸函数，该指数的定义为 $I_{HH} \equiv \sum_{i=1}^{n} (S_i)^2$，取值范围是 $0 \leq I_{HH} \leq 10000$。赫芬达尔-赫希曼指数对企业之间市场份额的非均等分布非常敏感，虽然直观性较差，但却能够灵敏地反映企业规模分布对集中度的影响。

表2-4是计算出的4个假设市场中的前四位企业的集中度系数 CR_4 和赫芬达尔-赫希曼指数 I_{HH}。由表2-4看出前四位企业的集中度系数 CR_4 存在某种程度的缺陷。在市场A，第一家企业的市场份额为60%，其余7家的市场份额为40%。市场B共有5家市场份额均等的企业。然而，市场A和市场B的 CR_4 均等于80%。既然前四位企业的集中度系数 CR_4 是线性的，就无法区别前四位企业之间市场份额分布的差异。再比较市场C和市场D也存在同样问题，只有3家市场份额均等企业的市场C的 CR_4 显示比由两家绝对占优企业主导的

市场 D 的 CR_4 还要高。表 2-4 中市场 A 的 I_{HH} 几乎是市场 B 的两倍，这种差异产生于 I_{HH} 计算公式中对企业份额求平方。再比较市场 C 和市场 D，依据 CR_4 指标，市场 C 的集中度最高（100%），而市场 D 的 CR_4 等于 98.5%；而 I_{HH} 指标显示市场 D 的集中度最高，市场 C 的集中度比市场 A 还低。由此看出，赫芬达尔－赫希曼指数 I_{HH} 在指导政府制定反垄断政策方面的实际意义。

表 2-4　市场集中度的衡量指标（以百分比表示）

市场份额	S_1	S_2	S_3	S_4, S_5	S_6, S_8	S_9, S_{10}	CR_{18}	I_{HH}
市场 A	60	10	5	5	5	0	80	3850
市场 B	20	20	20	20	0	0	100	2000
市场 C	100/3	100/3	100/3	0	0	0	100	3333
市场 D	49	49	0.25	0.25	0.25	0.25	98.5	4802

（2）市场集中度的度量——相对法。主要采用两种指标：一是洛仑兹曲线（Lorenz Curve）和基尼系数（Gini Coefficient）；二是企业规模的对数方差。洛仑兹曲线见图 2-2。基尼系数就是洛仑兹曲线反映出来的特定市场中企业规模的差异值，这是一种常用的对不均等的度量指标。基尼系数计算的就是洛仑兹曲线与绝对平均线（45°线）所包围的面积的比值，亦即 $GI = \dfrac{A}{A+B}$。基尼系数越大，企业规模的差异越大；反之，基尼系数越小，企业规模的差异则越小。理论上基尼系数的取值范围是 $0 \leq GI \leq 1$。洛仑兹曲线和基尼系数能够形象、直观、准确地反映企业的规模差异，其主要缺点是受企业数量的影响较大。

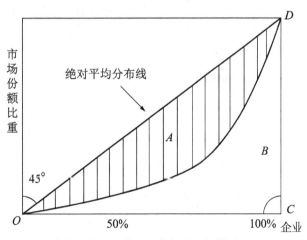

图 2-2　洛仑兹曲线和基尼系数与企业规模差异

图 2-2 中，横轴是企业数量的百分比，纵轴是企业市场份额的百分比，45°线为企业规模分布的绝对平均线，市场是一个均匀分布的结构（即 20% 的企业占有 20% 的市场份额，

40%的企业占有40%的市场份额），这时洛仑兹曲线将是一条45°的对角线。右下角的90°线为企业规模分布的绝对非平均线，亦即独家垄断。处于45°和90°线之间的洛仑兹曲线代表了企业规模分布的差异，是一条向下弯曲的曲线，如图2-2中的阴影部分下部的曲线代表企业规模分布的差异就比45°线的差异大，却比90°线的差异要小。图2-2中的阴影部分的面积越大，企业规模分布的差异就越大。

2. 企业行为

企业行为是市场结构与经济绩效的联系纽带，企业行为通过各种战略对潜在进入者形成压力从而影响市场结构。由于完全竞争条件下，企业市场势力较小，从而使得企业的广告、合谋等行为较少显现并发挥作用，因此，企业行为必须放在不完全竞争市场中才有意义。

企业行为的分析包括以下内容。①营销活动：产品差异化、批量、广告/促销、新产品研发、分销等。②产能的变化：扩张/收缩、进入/退出、收购/合并/剥离。③垂直整合：前向/后向一体化、垂直合资企业、长期合同等。④内部效率：成本控制、物流、流程开发、组织效能等。

3. 经营绩效

是指在特定市场结构下，通过特定企业的行为使某一产业在价格、产量、成本、利润、产品质量、品种及技术准入等方面所达到的状态。一般通过考察资产回报率、价格-成本差距及托宾Q值来衡量绩效。

S-C-P范式以静态的实证分析方法为主要手段，以给定的市场结构为前提，将现实企业之间既存的各种差异看成是决定产业竞争状态的外生变量，对特定企业和产业的实际行为进行静态截面观察，然后再将分析结果与企业的市场绩效相联系。该模型在用于指导政府政策方面是非常有效的，但在用于分析、识别企业更为具体的环境威胁方面却有些不足。基于S-C-P范式，人们研究出了许多适用于具体环境威胁分析的模型，其中最具影响力的就是迈克尔·波特所提出的"五种力量模型"①。

2.3.2 波特的五种力量模型

1979年，美国著名战略管理学家波特提出了五种力量模型，用于行业结构分析。波特详细阐释了构成行业基本结构的五大竞争力量：供应商的讨价还价能力、购买者的讨价还价能力、潜在竞争者的进入能力、替代品的替代能力、行业内竞争者的竞争能力，如图2-3所示。他指出，这五种力量扩大了竞争范围，界定了行业结构，也决定了一个行业竞争互动的本质。通过了解这些竞争力量及其内在原因，企业可以发现一个行业当前获利能力的来源，并可以预测和影响长期竞争状况和获利能力。

---

① 一般认为五种力量模型是对S-C-P模型的深化，且更侧重于对结构部分威胁的分析。关于五种力量模型与S-C-P模型之间关系的讨论，详见巴尼. 战略管理. 北京：机械工业出版社，2008.

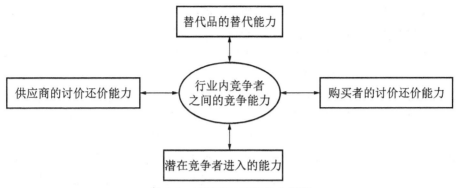

图 2-3 波特的五种竞争力模型

一般认为,这五种基本竞争力量的状况及其综合程度,决定着行业的竞争激烈程度,从而决定着行业中活力的最终潜力。在竞争激烈的行业中,不会有一家企业能获得惊人的收益。在竞争相对缓和的行业中,各企业普遍可以获得较高的收益。由于行业中竞争的不断进行,会导致投资收益率下降,直至趋近于竞争的最低收益率。如果投资收益率长期处于较低水平,投资者将会把资本投入其他行业,甚至还会引起现有企业停止经营。反之,则会刺激资本流入和现有竞争者增加投资。所以,行业竞争力量的综合程度还决定资本向本行业的流入程度。这一切最终将决定企业保持高收益的能力。现将五种力量分述如下。

1. 潜在竞争者进入的能力

新加入该行业的企业势必要占领新的市场,与现有企业竞争,一方面可能导致生产能力扩大,产品价格下跌;另一方面则可能引起行业原材料资源竞争,从而生产成本提高,无论哪一方面都造成行业获利能力下降。

对于任何一个产业来说,潜在进入者对于产业内现有企业的威胁的大小取决于进入与退出壁垒的高低及潜在者可能受到的来自在位企业的反击程度。

(1) 进入壁垒。从广义上看,市场进入壁垒是指产业内已有的企业对准备进入或正在进入的新企业的一种比较优势或新企业进入产业时所遇到的壁垒因素或限制。进入壁垒可分为结构性壁垒与行为性壁垒两种。

决定企业进入壁垒大小的主要因素有以下几个方面。

① 规模经济。生产单位产品的成本随生产规模的增加而降低,其作用是迫使行业新进入者必须以大的生产规模进入,并冒着现有企业强烈反击的风险;或者以小的规模进入,但要长期忍受产品成本高的劣势。这两种情况都会使进入者望而却步。在钢铁行业中是存在规模经济的,大企业的生产成本要低于小企业的生产成本,这就有了进入壁垒的客观条件。

规模经济形成进入壁垒。首先,表现为企业的某项或几项职能上,如在生产、研究与开发、采购、市场营销等职能上的规模经济,都可能是进入的主要壁垒。其次,表现为某种或几种经营业务和活动上。如钢铁联合生产中高炉炼铁和炼钢生产中较大的规模经济。第三,表现为联合成本，即企业在生产主导产品的同时能生产副产品，使主导产品成本降低，这就迫使新进入者也必须能生产副产品，不然就会处于不利地位。如钢铁联合生产中，炼焦可产生可利用的煤气，高炉产生的高炉煤气及炉渣都可以利用。规模经济形成进入壁垒还表现为纵向联合经营，如从矿山开采、烧结直至轧制成各种钢材的纵向一体化钢铁生产。这就迫使进入者必须联合进入（这有时是难以做到的）。若不联合进入，势必在价格上难以承受。

② 产品差异优势。是指原有企业所具有的产品商标信誉和用户的忠诚性。造成这种现象是由于企业过去所做的广告、用户的服务、产品差异或者仅仅因为企业在该行业历史悠久。产品差异化形成的壁垒，迫使新进入者要用很大代价来树立自己的信誉和克服现有用户对原有产品的忠诚。这种努力通常是以亏损作为代价，而且要花费很长时间才能达到目的。如果新进入者进入失败，那么在广告商标上的投资是收不回任何残值的。因此这种投资具有特殊的风险。

③ 资金需求。企业在购买生产设备、提供用户信贷、存货经营等情况下，往往需要大量资金。资金需求所形成的进入壁垒，是指在行业中经营不仅需要大量资金，而且风险性大。进入者要在持有大量资金，冒很大风险的情况下才敢进入。

④ 转换成本。是指购买者从一个供应商的产品转到另一个供应商的产品所支付的一次性成本。它包括重新训练业务人员，增加新设备，检测新资源的费用及设备的再设计等。如果这些转换成本高，那么新进入者必须为购买者在成本或服务上作出重大的改进，以便购买者可以接受。

⑤ 销售渠道。一个行业的正常销售渠道，已经为原有企业服务，新进入者必须通过广告合作、广告津贴等来说服这些销售渠道接受他的产品，这样就势必会减少新进入者的利润。产品的销售渠道越有限，它与现有企业的联系就越密切，新进入者要进入该行业就越困难。

⑥ 与规模经济无关的成本优势。多数情况下，原有的企业在其他方面还具有独立于规模经济以外的成本优势，新进入者无论取得什么样的规模经济，都不可能与之相比。这些包括专利产品技术、独占最优惠的资源、占据市场的有利位置、政府补贴、具有学习或经验曲线及政府的某些限制政策等。

(2) 退出壁垒。退出壁垒是指迫使那些投资收益低，甚至亏损的企业仍然留在产业中从事生产与服务经营活动的各种因素。产业内退出壁垒的高低也会影响到企业进入市场的决策：如果企业退出产业的成本太高，企业进入市场的动机就会削弱；如果企业退出该产业市场的成本很低，企业就可以迅速退出。形成退出壁垒的主要因素如下。

① 资产的专用性程度。当资产涉及具体业务或地点的专用性程度较高时，会使清算价值变低，或转移成本较高，从而难以退出产业。

② 政策法律的限制。政府考虑到失业问题及对地区经济发展的影响，有时会出面反对或劝阻企业轻易退出的决策。

③ 违约成本和信誉损失。企业退出某产业往往视同为竞争力不足，会使企业损失信誉，给下一步融资造成很大困难，从而无形中提高了企业融资的成本；另一方面，企业的退出会

造成无法履行某些合同，产生相应的违约成本。

2. 行业内竞争者的竞争能力

现有竞争者之间采用的竞争手段主要有价格战、广告战、引进产品及增加对消费者的服务和保修等。竞争的产生是由于一个或多个竞争者感受到了竞争的压力，或看到了改善其地位的机会。如果一个企业的竞争行动对其对手有显著影响，就会受到报复或抵制。如果竞争行为和反击行为逐步升级，则行业中所有企业都可能遭受损失，使处境更糟。在如下的情况下，现有企业之间的竞争会变得很激烈。

（1）行业中有众多势均力敌的竞争者。当行业中的企业为数众多时，必然会有一定数量的企业为了占有更大的市场份额和取得更高的利润，而突破本行业规定的一致行动的限制，采取打击、排斥其他企业的竞争行为。这势必在现有竞争者之间形成激烈的竞争。即使在企业数量不多的情况下，如果各企业的实力相当，彼此都有支持竞争和进行强烈反击的资源，也会使现有企业间竞争激烈化。

（2）行业增长缓慢。由于整个行业增长缓慢，企业为了寻求发展，会将力量放在争夺现有市场的占有率上，从而使现有企业的竞争激烈化。而在行业快速增长的条件下，行业内各企业可以与行业同步增长，而且企业还可以在增长的过程中充分地利用自己的资金和资源，相对来说，竞争就不会激烈。

（3）行业具有非常高的固定成本或库存成本。当行业固定成本较高时，企业会通过增加产量来降低单位产品的固定成本，这会导致价格迅速下跌。与高固定成本有关的一种情况是产品的库存问题。若行业生产的产品库存起来非常困难或费用极高，为尽快把产品销售出去，企业就不可避免地采取降价的策略。

（4）行业的产品同质或没有行业转换成本。当产品或劳务缺乏差异时，购买者的选择是价格和服务，这就会使生产者在价格和服务上展开竞争，使现有企业之间的竞争激化。同样，转换成本低时，购买者有很大的选择空间，也会产生相同的作用。

（5）行业的总体生产规模和能力大幅度提高。新的生产规模不断增加，就必然会经常打破行业的供需平衡，使行业产品供过于求，迫使企业不断降价销售，强化了现有企业之间的竞争。

（6）竞争者在战略、目标及组织形式等方面差异较大。如果企业将市场当作解决生产能力过剩的渠道，就会采取倾销过剩产品的办法。对于多元化经营的企业，若把某行业经营的产品视为厚利产品，它就会采取扩大或巩固销售量的策略，尽力促进该行业稳定。小型企业为了保持经营的独立性，可能会安心于取得低于正常水平的收益，所有这些都会导致行业竞争的激化。

（7）行业对企业兴衰至关重要。一个多元化经营的公司可能将成功的重点放在某一特定产业中，以推动公司整体战略的成功。或者，一个跨国公司为树立其在全球市场上的声望或技术方面的优势，可能会认为需要在某一外国市场上建立稳固的市场地位。在这样的情况下，这些公司的目标可能不仅是多样化，而且更加带有突破性，因为它们具有只求扩张并含有牺牲其利润的潜在意向。

（8）行业退出壁垒高。当退出壁垒高时，经营不好的企业只能继续经营下去，现有企业间的竞争就会激化。退出壁垒的主要来源有：具有高度专门化的资产，其清算价值低或转换成本高；退出的费用高，如较高的劳动合同费、安置费、设备备件费；战略的协同关系、如果企业某一经营单位退出，就会破坏这种协力；感情壁垒，如退出行业经营会影响职工的忠诚，使其对个人的事业前途充满畏惧等；政府和社会的限制。政府考虑到失业问题、地区经济问题，有时会出面反对或劝阻企业退出该行业。

企业之间现有竞争强度分析包括：现有企业的数量和力量对比分析、成本结构分析、产品或服务差异分析、退出障碍和转移成本分析、产品或服务生产扩大方式的分析、竞争者类型分析及产业投资目的分析。

针对行业内的主要竞争对手，通常要分析目标、假设、当前战略和潜在能力，如图 2-4 所示。

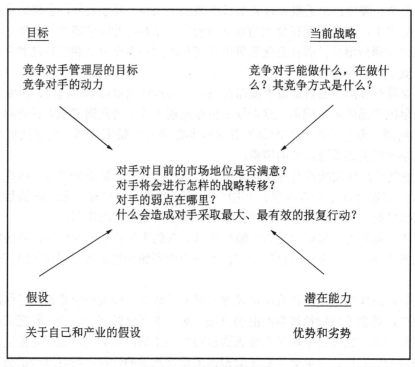

图 2-4　竞争者分析模型

3. 替代品的替代能力

替代产品是指那些与本行业的产品有同样功能的其他产品。其价格如果比较低，在投入市场时就会使本行业产品的价格上限处在较低的水平，从而限制了本行业的收益。替代产品的价格越有吸引力,这种限制作用也就越牢固,对本行业构成的压力也就越大。正因为如此,本行业与生产替代产品的其他行业进行的竞争,常常需要本行业所有企业采取共同措施和集体行动。下述的替代产品应引起行业的注意:替代产品在价格和性能上优于该行业的产品;替代产品产自高收益率的行业。在后一种情况中,如果替代产业中某些发展变化加剧了该行业的竞争,导致其价格下跌或其经营活动的改善,替代产品会立即崭露头角。

4. 购买者讨价还价的能力

从购买者的角度来说,他们在购买产品或服务时,倾向于要求降低购买价格,要求高质的产品和更多的优质服务。行业的竞争者为满足其需求而展开惨烈的竞争,会导致行业利润下降。在下列情况下,购买者有较强的讨价还价能力。

(1)购买者相对集中且大量购买。如果购买者集中程度高,由几家大公司控制,就会提升他们的重要地位。如果行业急需补充生产能力,那么大宗的购买者就更具有特别有利的竞争地位。

(2)购买的产品占购买者全部费用或全部购买量中的比重较大。这时,购买者愿意花费必要的资金购买,购买者讨价还价的能力就大。反之,若只占购买者全部费用的一小部分,购买者通常对价格不很敏感,无须讨价还价。

(3)购买者的行业转换成本低。高的转换成本将购买者固定在特定的销售者身上。相反,如果转换成本低,购买者讨价还价能力就大。

(4)购买者的利润很低。这样,他们会尽量压低购买费用,要求降低购买价格。高盈利的购买者通常对价格不大敏感,同时他们还可能会出于长远考虑,主动维护与供应商的关系。

(5)若购买者有采用后向一体化的倾向,宁愿自己生产而不去购买,会对销售者构成威胁,从而提高自己的议价能力。

此外,销售者的产品对购买者的产品质量或服务的重要性及供求双方信息的充分性也会影响购买者的讨价还价能力。如果销售者的产品对购买者的产品质量影响很大,购买者一般在价格上不太敏感。同样,若购买商掌握供应商的充分信息,便会在交易中享有优惠价格,而且在受到供应商威胁时会进行有力的反击。

5. 供应商的讨价还价能力

供应商的威胁手段一是提高供应价格,二是降低供应产品或服务的质量,从而使下游行业利润下降。在下列情况下,供应商有较强的讨价还价能力。

(1)供应行业由几家公司控制,其集中度高于购买者行业的集中度。这样,供应商能够在价格、质量的条件上对购买者施加相当大的影响。

(2)供应商无替代产品的竞争。如果存在着与替代产品的竞争,即使供应商再强大有力,他们的竞争能力也会受到影响。

(3)对供应商们来说,所供应的行业无关紧要。在供应商向一些行业销售产品且每个行业在其销售额中不占很大比例时,供应商更易于应用他们讨价还价的能力。反之,如果某行

业是供应商的重要主顾，供应商就会为了自己的发展采用公道的定价、研究与开发、疏通渠道等援助活动来保护购买商的行业。

（4）对购买者来说，供应商的产品是很重要的生产投入要素。这种投入对于买主的制造过程或产品质量有重要的影响，就会增强供应商讨价还价的能力。

（5）供应商所在行业的产品是有差别的，购买者由此会建立起很高的转换成本。

（6）供应商对买主行业来说构成前向一体化的很大威胁。

这样，购买商行业若想在购买条件上讨价还价，就会遇到困难。例如矿石公司想要自己用铁矿石炼铁，则对炼铁公司来说便会构成很大的威胁。

2.4 行业中战略集团分析

行业分析的另一个重要方面是要确定产业内所有主要竞争对手的战略各方面的特征，波特将之称为战略群或战略集团。具体地说，一个战略群是指一个产业内在某个战略方面采用相同或相似战略的各企业所组成的集团。它们具有相似的能力，满足相同细分市场的需求，提供具有同等质量的产品和服务。

2.4.1 战略集团的特征

波特在《竞争战略》一书中，提出了用于识别战略集团特征的一些变量。这些变量包括：产品的服务质量，产品或服务的差异化或多样化程度，组织的规模，各地区交叉的程度，细分市场的数量，所使用的渠道情况，品牌的数量，营销的力度，纵向一体化的程度，技术领先程度（领先者/追随者），研究开发能力，成本定位，能力的利用率，价格与设施设备水平，所有制结构，与政府、金融界等影响集团的关系等。

在识别战略集团时，首先要从以上变量中找出两到三个变量[①]，然后按上述差别化特征将产业内所有的企业列于一张双因素变量图上。把大致落在相同战略空间的企业归于同一个战略集团，最后给每个战略集团画一个圆，使其半径与各战略集团所占整个行业销售收入的份额成正比。这样就可以得到一个双变量的战略集团图。

例如，图2-5是20世纪80年代欧洲食品生产行业的战略集团图。通过使用地区覆盖和营销力度两个变量将4个集团清楚地分开了。A1是拥有知名品牌，进行全球化经营的跨国公司群体，如联合利华（Unilever）、雀巢（Nestle）、BSN（现在的达能）和Grand Met；A3是具有较强品牌和较高的营销能力的国内公司，其经营范围比A1要小；如联合饼干（United Biscuits）和Unigate公司；B2在国内经营，但不是市场领导者，如Colmans和英

---

① 出于分析的方便，通常是找出两个关键变量。常用的变量有：价格或质量区间（高/中/低；豪华/中等/经济）、地区覆盖面、多元化程度、产品线宽度、分销渠道的应用、服务的程度等。

国联合食品集团（ABF）；C3 的产品有自己的品牌，且致力于降低成本，如 Hillsdown 和 Booker。

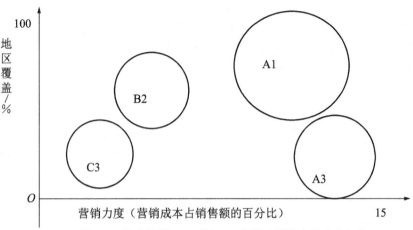

图 2-5　战略集团：20 世纪 80 年代欧洲的食品生产行业

2.4.2　战略集团分析

行业战略集团分析用来解释在同一行业中，企业之间在经营上的差异及这些差异与它们的战略地位的关系。为此，应按照行业内各企业战略地位的差别，将企业划分成不同的战略集团，分析行业内各个战略集团之间的关系，从而进一步认识该行业及其竞争的状况。

战略集团分析具有三个方面的用途。

首先，有助于很好地理解战略集团间的竞争状况，了解某一集团与其他集团有何不同；其次，它提出了这样一个问题：一个组织怎么从一个集团转到另一个集团？集团间流动要考虑进入壁垒的大小和阻力的强弱；第三，利用战略集团分析图还可以预测市场变化或者发现市场机会。

总之，通过战略集团分析可以使企业的管理者以最接近的竞争对手的绩效为标杆/基准，有针对性地对价格、产品或服务、品牌、顾客忠诚、盈利水平、市场份额等几个方面进行分析。

1. 战略集团内的竞争

在战略集团内，企业的优势不同会形成彼此之间的竞争。一般来说，各企业的经济效益主要取决于经济规模，规模大的企业就处于优势地位。另外，企业的资源与能力不同决定了他们的战略实施能力的差异。能力尤其是创新和学习能力强的企业会占优势，处于较为有利的地位。

集团内企业可以选择的战略方向包括：①巩固企业在所处战略群组中的地位；②向另一个市场地位更有利的战略群组发展；③通过战略创新，创造出独有的战略特征，使企业自身成为一个新的战略群组。

2. 战略集团间的竞争

在一个产业中,如果存在两个以上的战略集团,它们之间可能就会为对方设置障碍,导致群体间的竞争。如服务业内的里兹·卡尔顿、圣·瑞吉斯、凯悦、喜来登等所在的豪华饭店群体与假日饭店、福朋饭店、诺富特等所在的中档群体的竞争。战略群的竞争结构也决定了它们之间竞争与对抗的激烈的程度。

一个行业中如果出现两个或两个以上的战略集团,则可能出现战略集团之间的竞争,也就是说会有价格、广告、服务及其他变量的竞争。战略集团之间的竞争激烈程度不仅影响着整体行业的潜在利润,而且在对付潜在的产业进入者、替代产品生产商、供应商和销售商讨价还价能力方面表现出很大的差异性。通常情况下,下列四个因素决定着一个产业中战略集团之间的竞争的激烈程度。

(1) 战略集团间的市场相互牵连程度。所谓市场牵连程度就是各战略集团对同一顾客进行争夺的程度,或者说是它们为争取不同细分市场中的顾客进行竞争的程度。当战略集团间的市场牵连很多时,战略集团间将有剧烈的竞争。例如,在化肥产业中,对所有战略集团来说顾客(农民)都相同。当战略集团将目标放在差别很大的细分市场上时,其竞争就像是在不同产业集团间进行一样。

(2) 战略集团数量及它们的相对规模。一个行业中战略集团数量越多且各个战略集团的市场份额越相近时,战略集团间的竞争就越激烈。战略集团数量多就意味着集团离散,某一集团采取削价或其他技术攻击其他集团的机会可能就多,从而会激发集团间的竞争。反之,如果集团的规模极不平衡,如某一集团在行业中仅占很小的份额,另一集团却有很大的份额,则份额的不同不会对战略集团之间的竞争方式造成很大的影响。

(3) 战略集团建立的产品差别化。如果战略集团采用各自不同的战略使顾客区分开来,并使他们各自偏爱某些品牌,则战略集团间的竞争程度就大大低于集团所销售的产品被视为可替代产品时的情况。

(4) 各集团战略的差异。所谓战略差异,是指不同战略集团奉行的战略在关键战略方向上的离散程度,这些战略方向包括商标信誉、销售渠道、产品质量、技术领先程度、成本状况、服务质量、纵向一体化程度、价格、与母公司或东道国政府的关系等。在其他条件相同的情况下,集团间的战略差异越大,集团间就越可能只发生小规模的摩擦。集团奉行不同的战略导致它们在竞争思想上有极大的差别,并使它们难以相互理解他人的行为,从而避免茫然的竞争行为和反应。

上述四个因素的共同作用决定了行业中战略集团的竞争激烈程度。若行业中存在几个势均力敌的战略集团,各自奉行全然不同的战略并为争取同一类基本顾客而进行竞争,则集团之间竞争程度最激烈。反之,若行业中只有少数几个大的战略集团,它们各自为一定的顾客群进行竞争,所奉行的战略除少数几个方向并无差异,则该行业内竞争较为平缓。

3. 企业竞争对手的确认

在战略集团图上，战略集团之间相距越近，成员之间的竞争越激烈。同一个战略集团内的企业是最直接的竞争对手，其次是相距最近的两个群体中的成员企业，如餐馆业中麦当劳与肯德基之间的竞争。

总之，战略集团作为一种分析工具，既不同于行业整体分析方法，也不同于单个企业的个别分析方法。它是从不同企业的战略管理中找出带有共性的事物，更准确地把握行业中竞争的方向和实质，避免以大代小或以小代大所造成的缺陷。需要强调的是，在勾画战略集团图时，必须选取少数战略变量作为图轴。具体来说，应遵循以下原则。①用作图轴的最佳战略变量是那些对产业中战略集团的形成起决定作用的变量。②所选的轴变量不可一同变化。例如，如果一切实行产品差别化的企业都具有宽产品线，则不应当将这两个变量都选为图轴，而应把反映产业中战略组成多样化程度的变量选为图轴。③图轴变量无须一定是连续或单调的。④对一个产业可以勾画数个战略集团图，利用战略的各种组合来认识最关键的竞争问题。

本章小结

要制定出适合本企业的战略，必须首先对企业所处的外部环境进行分析。企业外部环境分为一般环境和行业环境两个层次。传统上，一般环境分析主要是针对企业或行业所处的政治与法律、经济、社会与文化、技术四个方面的因素进行分析，即所谓的 PEST 分析方法。此外，企业必须密切关注所处的行业环境。正如波特等人认为的，企业战略管理的一个重要方面就是选择所要从事的行业。因此，行业环境分析便成为企业战略分析的不可或缺的方面。S-C-P 方法和五种力量模型是行业环境分析的重要工具。行业环境分析使企业对一个行业内与企业有相关关系的各利益群体加以关注，但企业最关注的最终还是自己所处的直接竞争环境。一个产业内采用相同或相似战略的各企业所组成的集团即为战略集团。企业要清楚地认识到自己在产业内所处的战略集团，相关战略的状况，最终辨别出自己的竞争对手。至此，外部环境分析从一般环境到行业环境逐渐过渡到第 3 章所要进行的微观环境——企业自身的资源与能力分析。

复习思考题

1. 简述 PEST 分析的内容。试就你所感兴趣的某个行业或行业里的企业经营环境进行 PEST 分析。

2. 企业外部环境分析的核心和重点是什么，该分析的主要内容有哪些？

3. 简述行业结构的概念与度量。
4. 简述五种力量模型与 S-C-P 模型的关系及各自内容。
5. 举例说明行业中战略集团分析的主要内容。

第3章　内部环境分析：资源、潜能与竞争优势

学习目标

- 企业内部分析的重要性；
- 企业内部分析的内容；
- 资源、潜能与竞争优势；
- VRIO 内部分析框架的构成；
- 内部因素分析矩阵方法及应用。

海尔集团内部控制分析

海尔集团是世界第四大白色家电制造商。集团旗下拥有 240 多家法人单位，在全球 30 多个国家建立本土化的设计中心、制造基地和贸易公司，全球员工总数超过 5 万人，重点发展科技、工业、贸易、金融四大支柱产业，海尔已跻身世界级品牌行列，其影响力正随着全球市场的扩张而快速上升。

而在 1984 年海尔集团曾一度亏损 147 万元人民币，濒临破产倒闭，可是经过了 18 年的奋斗，到 2001 年海尔集团实现全球营业额超过 600 亿元人民币。目前，海尔集团在 49 个国家和地区拥有 18000 多个营销点，产品销往 87 个国家和地区。海尔是中国家电行业唯一一家五大产品全部通过 ISO 9001 国际质保体系认证和国内首家通过 ISO 14001 认证的家电企业，也是中国第一个列入美国 UL 认证名录的企业，并通过了欧盟 EN 45001 认证，是中国第一家产品在国内就可以获得国际认证的企业。2000 年 5 月海尔集团还被美国著名的科尔尼管理咨询公司和美国《财富》杂志社评为全球"最佳营运公司"。2005 年 8 月 30 日，海尔被英国《金融时报》评为"中国十大世界级品牌"之首。2006 年，在《亚洲华尔街日报》组织评选的"亚洲企业 200 强"中，海尔集团连续第四年荣登"中国内地企业综合领导力"排行榜榜首，发展成全球营业额超过 1000 亿元规模的跨国企业集团。2009 年，海尔冰箱入选中国世界纪录协会世界冰箱销量第一，创造了新的世界之最。

海尔集团能够在这么短的时间里取得如此的成就，其成功的经验是很多的，但是其中很重要的一个因素是海尔集团有非常健全的内部控制制度，而内部控制中的环境控制起到了重

要的作用。

首先，海尔集团的管理当局重视基础管理，有不断地组织变革的思想，注意把市场竞争机制引入企业内部，注重学习美国式的开放创新、个性舒展与日本的吃苦耐劳、团队精神，并将其与中国的传统思想创造性地结合起来，逐步形成了独具魅力的海尔管理体系，如实行OEC账表化管理，做到"日事日毕，日清日高，事事有人管，人人都管事，管人凭业绩，管事凭考核；坚持管理高质量，不做表面文章，注重管理实效，以法治厂，无一例外"。

其次，人事政策合理和有效。在企业的内部控制中人的因素是至关重要的。海尔集团通过实践，制定出了合理的员工聘用机制、考核机制、激励机制等。其用人的原则是：充分发挥人的潜能，让每个人不仅能感受到来自内部竞争和市场竞争的压力，而且能将压力转化为竞争的动力。海尔实行管理人员公开招聘，竞争上岗；对于在岗的干部每月考评一次，根据考评结果进行选拔上岗或淘汰降职；而工资的发放则分档进行，计效联酬。

第三，有合理的组织结构及明确的职责划分方法。海尔的管理当局认为合理的组织结构能够保证企业内部控制活动的有效进行。海尔集团从1984年开始，经历了几次重大的机构调整，从直线职能式管理经过矩阵结构管理到"市场链"管理，最终形成了责权明确的四个层次的管理体系，各个层次各负其责，形成了各部门、各单位之间相互联系、相互制约的内部控制体系。

（资料来源：http://www.law-manage.cn/Article_Show.asp?ArticleID=3786，http://www.apinpai.com/b611191）

3.1 企业内部环境分析的重要性

企业内部环境分析将侧重于如何寻找企业竞争优势的来源，构筑企业竞争优势的内在基石和获取企业的竞争优势。

若想在21世纪的竞争格局中获取战略竞争优势，企业必须不断寻求发展，不断转化思路。许多领导人意识到了改变思路的重要性，新的思路大部分来源于企业内部，其中很重要的一环是要有一种意识，即企业是多种资源、潜能及竞争力的混合体，这些资源、潜能即竞争力能为企业创造一种独特的市场地位。企业内部分析的目的首先是认识企业的资源和潜能，从它们的特性和对企业的作用上发现企业的竞争力，构建并获取企业的竞争优势，从而形成企业的战略竞争力。战略竞争力是企业能在激烈的市场竞争和动荡的复杂环境中生存和发展的关键。

国际上众多的成功企业有着共同的特征，即企业及企业的资源、潜能，相对于复杂多变的环境，具有一定的稳定性，企业拥有独特的资源和配置及使用资源的潜能，独特的资源和应用资源的潜能这两者的结合是企业克敌制胜的法宝。企业在制定战略时，更强调充分利用资源和潜能来确立竞争优势以赢得稳定的利润增长。因此，分析企业内部的资源和潜能显得尤为重要。公司的资源强势和弱势是什么，公司的潜能是否具有竞争性，公司的竞争力与资源和潜能的相关性如何，企业目前的战略运行效果如何等，这些都是企业资源和潜能的基本状态。只有对这些问题有了充分的认识，才能在企业原有基础上寻求资源和潜能的新拓展和提升。因此，认清企业的资源和潜能，为制定更为长远的战略提供了可能性。

企业内部分析的重要性还体现在，通过对企业内部资源和潜能的分析，可以掌握企业竞争优势的一般基石。企业的竞争优势是蕴涵在企业内的一种性质，它一般是隐藏的，不易被察觉的，但确实是企业所能拥有的、实实在在的、能为企业带来显性利益的，且优于其他竞争对手的一种力量。企业内部环境的分析就是要弄清企业竞争优势的来龙去脉，既要构建好竞争优势的基石，增强企业的竞争优势，又要发挥竞争优势的作用，促使企业获得稳定的利润和持续成长。

企业竞争优势的一般性基石主要有四个：效率、品质、创新和顾客回应，如图3-1所示。

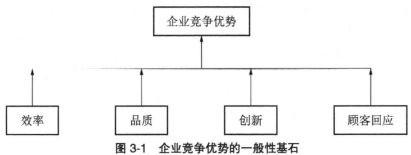

图 3-1 企业竞争优势的一般性基石

竞争优势的这些基石不是与生俱来的，而是企业在日常的生产经营活动中练就和积累起来的。随着企业之间竞争程度的加剧，高度发达的知识和科技水平使企业具有学习的潜能和相互模仿的潜能，企业之间没有绝对的优势，只有短期存在的相对竞争优势。企业的竞争优势必须有稳固的基石做支撑，否则已有的竞争优势在激烈的竞争中将会荡然无存。能达到竞争优势的企业，一般都擅长于上述四个基石或其中的至少一个。也就是说，这些基石是企业的竞争力、资源、运用资源的潜能等的产物。

3.2 企业内部环境分析的内容——资源与潜能

自20世纪80年代后期开始，战略管理领域的研究日益关注竞争的持久化问题。一批学者将目光转向了更深层次的企业用以维系持久竞争优势的某些潜能与资源。其中，以维纳菲尔特、格兰特（R.M.Grant）、巴尔奈（J.Barney）等人为代表的学者们对企业资源（Firm Resources）进行的研究，促成了战略管理理论一个新流派——资源基础学派（Resource-Based View）的产生。该学派的学说由于透彻地解释了许多企业成功的原因，受到理论界和企业界的广泛关注。他们的研究表明，竞争是一种多层次的对抗，决定竞争优势能否持续的

因素是企业的资源结构。资源基础学派（RBV）把竞争优势归因于企业的资源，为分析企业的深层次结构提供了一个很好的视角①。

3.2.1 企业的资源

资源基础观认为，组织的独特竞争力来自于两个互补的来源：组织的资源和运用资源的潜能。

资源是指企业所拥有的各种要素，包括设备、厂房、人员、土地、资金、商标、公司形象、技术、专利、文化等。这些要素是客观存在的，可分为有形资源（Tangible Resources）（土地、建筑物、工厂、设备）及无形资源（Intangible Resources）（品牌名、商誉、专利、技术或营销诀窍）。有形资源是指可见的、能够量化的资产；无形资源则是指根植于企业的历史、长期以来积累下的动态资产。企业的资源与自然资源有共同的特性，按是否具有再生性分为以下几种。①可再生性资源（Reproducible Resources）。如信息资源，其数据库可在不同时期、按不同的处理方法获得不同信息，而且在对信息资源进行补充和更新以后，有更大的应用价值，信息资源的这种价值增生就是其再生性。还有如技术资源、市场资源等。②不可再生性资源（Irreproducible Resources），这种资源是一次性资源，使用消耗之后就不能再生，原材料、能源、实物半成品等属于这种资源。企业资源的分类见表3-1。资源的划分不是绝对的，根据特定历史时期、特定技术条件及资源自身价值作用特性等将有不同的分类方式。

表3-1 资源类别

按资源的实物形态来划分	按资源的再生性来划分
有形资源	不可再生资源
财务资源（主要是资金资源）	物力资源
物力资源	知识产权资源
无形资源	半再生资源
信息资源	财务资源是一种流通资源
市场资源	人力资源是一种自生长资源
人才资源	可再生资源
知识产权资源	信息资源
形象信誉资源	管理资源
组织潜能资源	技术资源
技术资源	市场资源
基础结构资源	形象信誉资源

1. 按资源的实物形态来分——有形资源和无形资源

（1）有形资源。有形资源包括企业的财务资源和实体资源即物力资源，前者指企业生

---

① 王迎军，柳茂平. 战略管理. 天津：南开大学出版社，2003.

产经营所需的各类资金,包括自有资本金、留存利润和借入资金等;后者指企业的工厂、设备、土地、原材料等实体资源拥有量。

(2)无形资源。20世纪后半期,促进全球经济增长的中心资源发生了很大的转移,企业的无形资源对企业具有非常重要的意义,主要体现在三个方面:非物质性因素创造财富的比重超过了物质性因素所创造财富的比重;非物质性因素已经成为一个国家、地区、企业经济竞争力的主要指标;物质性因素的使用效率在很大程度上取决于非物质性因素的投入量和投入程度。

企业的有些无形资源常常是在企业的职能领域里建立起来的,或者通过在企业层次上将有形的、人力的及技术的资源结合起来而产生的。凭借这些资源,企业就可以提供高度可靠的服务,不断进行流程革新和产品革新,创造灵活的制造方式,提高对市场趋势的快速反应能力,缩短产品开发周期。无形资源主要有:技术资源(包括知识产权资源)、客户资源(包括已有客户、潜在客户的需求)、基础结构资源(包括企业的管理制度、企业文化、作业流程、行为原则和规范、质量保证体系、安全保证体系等)、形象信誉资源(包括企业及其产品在顾客中的形象、商业信誉、对社会的责任等)、人力资源(包括员工的适应能力、劳动生产率、学习能力、协调能力等)、信息资源(包括企业的商业信息、内部的数据库、信息网络等)、企业的组织能力(主要是企业内部各种被用来实现某一个预期目的的组织流程)等。以下只选典型的几种无形资源进行详细描述。

①市场资源。企业的市场资源是企业所拥有或控制的、同市场密切相关的资源要素,它来自于企业同市场与顾客建立的有利的相互关系。主要包括:企业的各种品牌、企业的既有客户及客户对企业服务/产品的忠诚态度、企业既有的销售渠道、各种有利的经营许可权,以及其他各种能够为企业带来竞争优势的合同关系。

企业的市场资源对企业获取竞争优势有着非常重要的意义。例如,企业品牌或者产品/服务的选择;企业顾客的信赖可以保证企业市场销售的顺利进行;既有健全的销售网络可以保证整个市场上所有可能的顾客都能够得到企业的产品/服务,最大限度地提高产品/服务的销售;各种有利的市场合同可以保证企业在进行相关市场交易时降低市场交易中的交易费用。

②技术资源。企业所拥有的专有技术包括专利、版权、专有知识、商业秘密、设计专有权及员工团队所拥有的技术技能。知识产权是保护企业资源的一种有效的法律机制。企业的各种技术可以受到一项或者多项专利的保护。由于企业的知识产权资源(如企业的专利、商标等)受到法律的保护,因此,企业在一定的期限内对受到保护的法律对象拥有垄断权,企业凭借这种垄断权可以将资源转化成企业竞争优势的源泉。企业必须对其资源进行整合,或者采取其他的方式将拥有的所有知识产权资源都转化成现实的竞争优势源泉,从而使得相应的知识资源不能商品化。

③人才资源。企业的人才资源指的是企业中体现在企业员工身上的才能,包括企业员工的专业技能、创造力、解决问题的能力、管理能力。在某些情况下,甚至还包括企业员工的

心理能力,因为企业员工的心理素质在很大程度上将影响其才能的发挥。人才资源和人力资源是有区别的。人才资源的考察角度是从蕴涵在企业员工身上的才能出发,而人力资源的考察角度则是从企业员工作为一种蕴涵各种技能和知识的载体出发。从资源的本质来看,一般认为应该采取前一种思维方式,把企业的各种资源都转化成一种非人化的要素。

④基础结构资源。企业的基础结构主要指企业的管理哲学、企业文化、企业内部的基本管理制度及企业与外界力量所达成的各种协议安排和制度安排,包括企业的道德、理念、精神、价值观、经营方针、宗旨目标、行为准则等。企业的基础结构具体运作起来就会形成一定的管理模式。之所以把企业的基础结构当成企业的一种资源,是因为它是企业经营运作的一个框架,对企业的经营绩效产生直接的影响。这种资源的创新、积累和升级将成为企业重要的竞争优势源泉。企业卓越的管理哲学和企业文化可以为企业建立卓越的市场地位,奠定企业获取竞争优势的良好基础。企业文化及企业文化所蕴涵的管理哲学和企业核心价值观确实形成了一个企业的企业人格,对于企业的经营行为起着至关重要的作用。

⑤组织能力。企业的组织能力指的是企业内部各种被用来实现某一个预期目的的组织流程。企业的组织能力往往以信息为基础,具有企业特定性(Frm-Specific),它们是通过企业内部各种其他资源复杂的长期相互作用建立起来的。这种资源可以被抽象地看作是企业创造的一种"中间产品",这种"中间产品"可以提高企业的竞争能力,从而成为企业竞争优势的源泉;也可以被抽象地看作是对企业最终产品或服务的战略性保护机制。企业的组织能力包括成本控制方法和流程、企业内部有机的信息交流机制、企业对品牌的管理方式、企业所建立的市场营销沟通技巧、企业的新产品开发管理流程、企业管理合资企业的基本机制、企业的创新管理机制、企业以各种技术为基础完成价值链活动的流程,这些都属于企业组织流程的范畴。

⑥形象信誉资源。一个企业也需要具有与众不同的形象。在市场经济的发展过程中,由于市场竞争日趋激烈,因此开发企业形象资源、塑造良好独特的企业形象,已成为企业占有市场、获取利润的法宝。企业形象具体包括企业及其产品在顾客中的形象、商业信誉和对社会的责任等,分为外观的物质形象和内在的精神形象。企业形象代表着企业的信誉,也代表着企业吸引力的大小。客户及社会公众对企业的评价和认同,对企业的生存和发展具有决定意义。企业与消费者、政府、媒体、社区、客户、金融单位甚至竞争对手保持良好的关系,将形成一种难以估计的无形资源,为企业带来长期持久的经济效益。好的企业形象会使消费者对企业充满信心,并对企业产品产生好感,激发购买欲望,为企业带来永久性顾客,创造新顾客。形象好的企业会赢得投资者的信任和支持。形象好的企业能使人充分施展才华,从而建立良好的协作关系,使企业的产品和服务成功地占领市场,有效地实现价值。良好的企业形象能增强企业凝聚力并规范职工行为,并使企业内部员工产生强烈的自豪感、荣誉感和归属感,使他们更加热爱企业,对企业未来充满信心,把自己的命运同企业的命运连在一起。

2. 按资源的再生性分——不可再生性资源、半再生性资源和可再生性资源

企业的资源和自然界的资源一样,也可分为可再生的、半再生的和不可再生的三类。可

再生性资源就是可以重复利用的资源,但是利用的速度要低于其生长速度。不可再生性资源就是不能重复使用的资源,是一种有限性资源,它们的使用要合理规划,不能盲目和浪费。当然这个分类标准也不是绝对的:设备、存货、场地设施已被认可为不可再生类资源,它们的再生经常以等值(资金)的补偿为条件;财务资源是一种流通资源,人力资源是一种自主(生长)资源,可以说是处于不可再生和可再生这两种性质之间;而市场资源、技术资源、客户资源、形象信誉资源、信息资源等是完全可以再生的资源。其实,或许用刚性和柔性来划分是否可再生性可能更贴切。设备、存货、场地、设施等物力是刚性资源;财力、人力是刚柔并济的资源;市场、技术、形象信誉、信息等是柔性资源。在上文已经详细介绍了几种资源,在此将重点描述企业的信息资源。

信息是指那些在特定背景下具有特定含义的数据。它具有三个维度:时间、内容和形式。作为时间特征它要求及时和新颖,作为内容它要求准确、相关和完整,作为形式它要求详尽和呈现。企业的信息资源包括信息、信息技术和人。

在知识经济时代,以知识形态为主体而存在的信息资源构成了社会财富的主要来源。信息以其无形的巨大能量,通过调控物质及其相互之间的有序组合运动,物化为现实的社会生产力,一定程度上决定着人类社会发展的形式和速度,决定着一切社会活动的兴衰与成败。随着信息经济的迅速发展,信息与能源、材料一起被视为现代经济的三大支柱,人们在努力开发自然资源的同时,越来越重视对信息资源的研究和开发利用。

企业的信息资源包括以下内容。

(1)产品结构信息,包括产品的物质和技术组成、产品的功能和效用、产品的生命,以及适应产品的注意事项等。

(2)客户基本信息,客户分为个人、企业、政府和社会组织或团体等,客户的信息则包括这些客户的名称、地址、产品需求偏好和需求变化、收入或购买产品的支出水平等。

(3)供应商基本信息,包括供应商名称、规模、供应品的种类、价格、质量、与本企业的距离、交易习惯,以及与产品相关的供应信息。

(4)企业人力资源信息,它包含企业员工的基本信息(含学历、职称、性格、个人爱好、特长、教育和培训背景等)、企业人力资源的培训和开发、企业对人力资源的需求,以及在不同时期企业人力资源的变化情况等,是一般企业最早进入现代管理系统的基本信息之一。

(5)财务信息,它包含的内容很丰富,一般涉及企业生产经营的财务状况都可归结为企业的财务信息。现代企业的财务信息的范围比这广泛得多,企业的投融资、借贷、企业资金的管理和运营等,都属于企业的财务信息范畴。

(6)技术信息,包括产品设计、开发、更新等技术,产品生产工艺、技术构成,企业项目管理技术等。技术信息的完善性和系统化,能有效地提高企业核心竞争力。有许多企业已把技术信息是否进入现代管理程序作为其现代化管理的重要标志之一。

(7)设备基本信息,包含企业设备的技术构成、使用、维护和更新改造等资料,不同行业的企业有不同的设备信息。

（8）原材料信息，指企业生产所需原材料的数量、质量、价格、采购地等基本信息。

（9）质量信息，包括各类产品的质量指标完成情况统计、质量参数信息、质量标准信息等。

（10）其他信息，包括生产任务情况、各类管理考核情况、档案管理、计量管理、各类事务性管理资料等。

以上10项是一个企业的基本信息资源，只是企业的一种静态资源。企业的动态资源则包含对上述资源在企业生产经营活动中的应用，以及上述资源的管理、开发和创新。

企业独特竞争力的资源，必须要既"独特"(Unique)又"有价值"(Valuable)。独特的资源是指其他企业所没有的。举例来说，如海尔文化能激活"休克鱼"，海尔文化就是海尔集团的一个独特的无形资源。有价值的资源则能为企业的产品创造强烈的需求。企业资源是企业所拥有的和可利用的价值。只有真正充分利用它们，才能体现出其价值。资源的战略价值由它们对企业的能力、核心竞争力及竞争优势所作贡献的程度来衡量。

3.2.2 企业的潜能

企业的潜能是指企业获取资源、分配资源和使用资源的效率，是企业用以识别和形成自我特殊技能的功能集合体。一般来说，企业的潜能就是企业的潜在能力，但比企业的潜能更能概括企业在知识经济环境下的这些功能。这些资源被有目的地整合在一起，以达到一种预想的最终状态。企业的潜能是通过有形资源和无形资源的不断融合而产生的。获得竞争优势和战略竞争力的关键在于将潜能建立在发展、积累信息和知识及在企业内部员工间交流信息与知识的基础上。在知识经济时代，成功企业的潜能反映在它们的知识积累上，知识积累根植于组织的行为当中。企业的潜能会在不断重复和实践中变得越来越强大，越来越有价值，知识的积累是竞争优势非常重要的来源。

按企业潜能的本质来分，企业潜能分为企业的核心潜能、企业的职能潜能和企业的拓展潜能三类。

1. 企业的核心潜能即内核潜能

它是指企业具有优势特性的、难以被竞争对手取代的潜能。

从交易、模仿、替代的角度来看，那些不可交易、不可模仿、不可替代的潜能应属于企业内核潜能。从潜能本质来看，企业文化、流程潜能属于企业内核潜能。企业文化是指企业员工或团队拥有的价值观、信念和行为规范，是伴随企业的成立、成长慢慢积累起来的，其形成时间更长，更不易模仿，更能反映企业的本质特征，具有明显的企业特性。流程潜能包括协调潜能、整合潜能、学习潜能、重组和改造潜能。总之，企业潜能系统的核心潜能是其目前和未来竞争优势的来源。

2. 企业的职能潜能

企业的职能潜能可从企业自身的实力、竞争需要、潜能大小、潜能的未来价值等角度来进行判断,是指企业完成某一活动的潜能。企业是由多个职能部门形成的生产组织,不同职能部门有不同的功能。各职能部门通过实施不同的功能来完成组织的各项任务,联合起来达成企业经营的目标。如图3-2所示,一般企业的潜能主要有公司管理潜能、信息管理潜能、研究和开发潜能、生产和制造潜能、营销潜能和服务潜能。

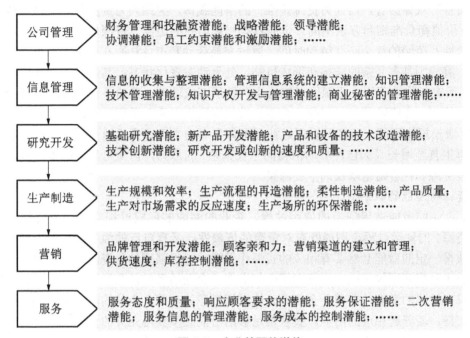

图3-2 企业的职能潜能

3. 企业的拓展潜能

企业拓展潜能是指由企业核心潜能和职能潜能延伸出来的潜能。企业扩张实质上是企业潜能的扩张,而潜能扩张的本质是核心潜能的扩张。企业潜能扩张的外化形态表现为导入市场的产品结构及其竞争力,资本扩张及其购并结构,以及企业竞争中表现出的独具魅力的优势特性。如海尔凭借其核心潜能——企业文化成功地收购和兼并多家国内企业,这种并购潜能就是企业文化这一内核潜能的拓展。

3.2.3 资源与潜能的关系

企业的资源和潜能是企业生存和发展的两块基石,二者缺一不可。它们之间既有明显的区别,又有着密切的联系。

1. 资源与潜能的区别

(1)在相互作用中的地位不同。潜能和资源是主体与客体的关系。潜能是社会主体的作用力;资源是社会主体的作用对象和作用产物。前者是主体;后者是客体。尽管有些资源如机器、仪器、计算机等也可以表现其作用力，但那不过是人的潜能的物化。而且这些工具实际发挥作用的大小还要由使用工具的人的潜能决定。

(2) 对人的依附性不同。其他资源均可以独立于人而与别的载体结合，例如，信息既可以装记忆在人的头脑里，也可以以纸、光盘、录音磁带等为载体；资本可以与纸、贵金属、厂房、设备等载体结合。而人力资源是唯一的潜能载体，因此人力资源是特殊的资源。

(3) 价值衡量准则和方法不同。资源具有相对清晰的边界。资源价值可以根据利用的目的、稀缺性及蕴涵的社会必要劳动时间，通过交易活动和市场法则在使用前客观地进行衡量和评估。潜能则具有复杂的结构和形成机制，处于动态变化状态，其价值难以评估。

(4) 所有权特性不同。资源可以实行永久性所有权转移，并给予产权以法律保护；潜能附着于人体内，在废除了奴隶制的社会中，潜能无法实现永久性所有权转移。

(5) 增长规律不同。潜能可以通过社会主体自身的学习行为迅速增长；资源和财富尽管也存在再生甚至增长（如自然界动植物的生长繁殖）的潜力，但无可置疑的事实是，人的潜能运用是资源和社会财富增长的主要源泉。

2. 资源与潜能的联系

(1) 企业的潜能体现资源的使用过程。企业的潜能的形成过程实际上也就是某种资产组合（资源）的营运过程。潜能既有对资源的依赖性，又有自己的独立性和对资源的反作用性。要获得一定的潜能必然要有相应的资源作保障，这里强调的是资源的可获得性。企业拥有一种或多种资源不等于企业就拥有了全部潜能。企业的潜能是在资源的使用过程中积累起来的，只有较强的潜能才能便于企业充分地发挥资源的功效。企业的潜能还需要通过寻求外部资源支持，培养起相应的潜能。要获得足够的潜能必须获得充分的资源，同时要提高资源向潜能转化的效率。最大化潜能的发挥既可以培养和提高潜能，还可以积累更多的资源，从而最终促进潜能的形成和提高。

(2) 资源和潜能的互相转化。资源可以形成潜能，反过来潜能在本质上也是企业的一种资源，也能促进资源的积累。首先，潜能可以直接促进资源的积累，如技术潜能的加强可以开发出更多新技术和新知识，可以有效增加技术与知识的储备；其次，潜能的发挥还可以间接促进资源的增加，如通过生产、营销等潜能的发挥将产品销售出去后，就可以获得资金，添置设备，雇用更多的员工。

资源向潜能转换需要一个过程，在这个过程中起关键作用的是人，人往往是最具有能动性的无形资源的载体，只有运营这些资产的人才可能激发无形资产的能动性，使有形资源与无形资源相互作用，从而形成潜能。组织制度和组织流程的管理，本质上是对有形资源与无形资源的相互作用并转化成潜能的标准和过程进行管理。优秀的企业能够设计出适应内外部环境的有效的组织制度和组织流程，保证和提高资源向潜能转化的效率，并能对这种管理进行持续不断的总结和提高。这种隐形资产的长期积累就形成了公司的独特的竞争力。实际上制度与流程往往隐含了一个公司在自己经营的领域内长期积累的知识与经验，对其进行不断的研究与提高本身就是在积累无形资源，锻炼公司的管理潜能，培养公司的文化。

3. 资源、潜能与环境

由于外部环境的迅速变化，企业的生存越来越受到环境的巨大挑战，适应环境的目标要求使得资源与潜能的转换过程还受外部环境的强烈影响。企业经济行为的选择不但受技术、信息和收入等因素的影响，还受社会性结构归置的影响，后者包括准则、习惯、风俗等。组织行为应适应社会环境的制约，企业要取得持续发展必须使其经济行为与环境约束相协调。企业的潜能不但表现在资源的应用方面，主动地适应环境，根据环境的变化来制定企业的发展战略和经营目标，也是企业潜能的表现。资源、潜能和环境共同促成了企业在经营活动中的成功。

3.3 资源、潜能与竞争优势：基于 VRIO 框架的企业内部分析[①]

3.3.1 VRIO 框架的提出

基于资源基础观，可以开发出许多工具，用于企业不同资源和潜能的分析，并进一步探讨其对企业竞争优势的可能贡献。通过分析，能较好地把握企业的内部优势和劣势，从而使战略的制定与实施更具科学性。VRIO 框架是由美国学者杰伊·巴尼等最先提出来的，VRIO 分别代表企业在进行内部分析时必须慎重思考的四个问题：价值（Value）、稀缺性（Rarity）、可模仿性（Imitability）和组织（Organization）。

表 3-2 企业内部分析：VRIO 视角

类 别	问 题
价值问题	某项资源是否有助于企业开发外部环境中蕴涵的机会和/或化解环境中存在的威胁？
稀缺性问题	某项资源是否仅被少数行业参与者所掌握？
可模仿性问题	缺乏某项资源的企业是否面临资源获取或开发的成本劣势？
组织问题	企业政策和其他活动是否围绕着有效地利用其有价值的、稀缺的和难以模仿的资源加以组织？

3.3.2 价值问题

在用价值问题这一维度进行分析时，可以通过"某项资源是否有助于企业开发外部环境

---

① 本节内容改编自：巴尼，赫斯特里，李新春．战略管理．北京：机械工业出版社，2008：65-80．

中蕴涵的机会和/或化解环境中存在的威胁"这一问题展开，若回答是"是"，那么可以初步断定，这项资源和潜能对企业来说就是有价值的，并且可以被视为企业的优势。相反，则该资源和潜能即为企业的劣势。需要注意的是，对资源、潜能的价值性的判断必须以企业竞争力的提升为依据。也就是说，同样的资源和潜能在某种情形下是企业的优势，但在另一种情况下完全可能变成劣势。

1. 价值的判断

对于一项资源的价值性的判断是一件非常困难的事情。首先，这往往需要足够的信息，而有时却无法获取此类信息。例如，要评价一个企业消防部门对企业的贡献度，在不发生火灾的情况下，贡献度几乎为零，但不能因为没有失火，就说这个部门是可有可无的，因而是没有价值的。只能说，这类资源是有价值的，但其价值的大小很难确定。其次，资源和潜能对企业面临的外部机会和威胁的影响很难在短期间内体现出来，这会对我们对资源的价值性的判断产生一定的影响。如自主创新的技术到底是有助于企业开拓市场，还是有可能限制企业引进更有效率的其他技术，并最终危害了市场拓展，这有时也是比较难回答的问题。最后，资源的价值还要视具体状况尤其是技术的发展状况而定。同一资源在某些情况下对企业取得竞争优势很有帮助，但在另一种情况下，却可能没有帮助，甚至会使企业陷入困境。例如，VCD 的引入使得 VCR（录像机）的技术价值大打折扣，电子表的引入使机械表的技术价值受到很大冲击，数字通信技术的发展使模拟技术的价值大大降低等。

要有效地评估企业资源和潜能对机会开拓和威胁规避的影响，一种行之有效的方法就是检验使用这些资源和潜能给企业的收入和成本带来的影响。总的来说，相比起没有使用这些资源和潜能，如果企业使用这些资源和潜能来开拓机会或规避威胁，要么其净收入表现为增加，要么其净成本表现为减少，或两者兼有，那么可以说这项资源是有价值的，反之即是缺乏价值的。也就是说，一旦企业开始使用这些资源和潜能来开拓机会或规避威胁，这些资源和潜能的价值将表现为更高的收入或更低的成本，或两者兼有。

2. 利用价值链来分析有潜在价值的资源与潜能

价值链提供了识别与确认由企业控制的具有潜在价值的资源和潜能的有效方法。借助于价值链分析，大部分企业都识别出能够利用机会和规避威胁的资源和潜能，这些资源和潜能也能够帮助企业获得更多的收入或降低更多的成本。企业的价值链是由产品和服务的开发、生产及营销等一系列的商业活动所构成。价值链中的每一环节均需要不同资源和潜能的运用与整合。由于不同企业对可采用的价值链活动存在多种选择，因此，它们最终可能开发出不同的资源和潜能。因此，价值链分析可以帮助企业更详细地理解基于资源的竞争优势来源。鉴于价值链分析在企业内部分析中的重要性，本书将在第 4 章进行详细论述与介绍。

3.3.3 稀缺性

尽管有价值的资源有助于企业显著降低成本或提高收益，但当某一特定的资源为大量企业所掌握时，该资源就很难成为企业竞争优势的源泉。因此，资源是否处于供应短缺状态，是影响企业竞争优势的另一个重要条件。若资源供应充分,任何竞争对手都能够获得,这意味着拥有相似资源的其他企业也可以采取相同的战略,显然这对企业竞争优势培育是没有任何帮助的。

那么,资源到底需要多稀缺才能给企业带来竞争优势呢?这要视竞争对手及产业结构而定。如果一个企业有价值的资源和潜能明显不同于目前或潜在的竞争对手,它们就能给企业带来竞争优势。同样地,行业中如果有一小批而不是只有一家企业拥有特殊的有价值的资源和潜能,这些企业仍然能获得竞争优势。一般来说,在一个行业中,只要拥有特殊价值资源或潜能的企业数目少于达到完全竞争状态所需的企业数目时,这类资源或潜能就可被视为稀缺的,并且有可能成为企业竞争优势的来源。

3.3.4 可模仿性

拥有有价值且稀缺资源的企业通常是战略创新者,借助这些资源,企业能够设计并实施那些不具备此类资源的企业所无法实施的战略,获得先发优势,其他企业由于缺乏相关资源和潜能,对此只能望而却步。

有价值且稀缺的组织资源能否给企业带来持续的竞争优势,关键在于那些不具有此类资源的企业在尝试获得或开发此类资源时是否面临成本劣势,如果其他企业需要付出极高的成本才能取得这些资源,这些资源就给现有企业创造了获得持续竞争优势的可能。从这个意义来说,此类资源就是难以模仿的。从而引出了可模仿性问题:"缺乏某项资源的企业是否面临资源获取或开发的成本劣势?"

一般来说,假设一个企业的资源具有价值和稀缺性,但如果竞争对手通过学习可以仿效,那么这种资源只能给企业提供短暂的竞争优势。随着模仿企业不断加入竞争,供给的增加将降低该资源的价值,虽然此时企业的先发优势表现得较为明显,却无法保证获得持续的竞争优势。因此,企业的资源具有的难以模仿性,可以成为获取持续竞争优势的另外一个重要条件。

1. 模仿的方式:直接复制或替代

一般来说,模仿存在两种方式:一是直接复制,二是替代。模仿企业可尝试直接复制使用已获得竞争优势的企业所拥有的资源,如 2005 年后诸多地方电视台纷纷推出了仿效湖南卫视"超级女声"的节目,就种模仿大多属于直接复制。模仿企业也可尝试用其他资源替代已获竞争优势的企业所拥有的资源,如网上书店借助网络销售图书以替代传统书店的分销渠道,即为一种替代战略。如果某项有价值的稀缺资源和潜能有其他的资源可以替代,且模仿企业在获得替代资源时无须面临成本劣势,则该资源和潜能带给企业的竞争优势只会是暂时的;但是,如果这些资源无法被替代,或者获得这些替代资源将比直接使用原始资源要花费更多的成本,那么建立在这些资源和潜能的基础上的竞争优势将是持续的。

2. 难以模仿的资源或潜能的特征

研究发现,造成企业资源难以模仿的因素主要有特定的历史条件、因果不明、社会复杂性及专利权四个方面,具体见表 3-3。

表 3-3　难以模仿的原因

原　因	说　明
特定的历史条件	受时间、空间因素的影响，部分企业能以较低的成本获取或开发资源，而其他企业将难以做到，面临着高昂的模仿成本。先发优势和路径依赖都能创造特定的历史条件
因果不明	当竞争者不能明确地辨别企业为何能获得竞争优势时，这种优势是难以模仿的。因果不明要么是因为竞争优势难以验证，要么是因为竞争优势源于一系列复杂的相关能力
社会复杂性	若企业用于获得竞争优势的资源和潜能与人际关系、信任、文化及其他社会资源联系在一起，短期内对此进行模仿就会比较困难
专利权	只能在部分行业中成为持续竞争优势的资源，如药品及专业化学产品

3.3.5　组织问题

仅是简单地满足以上三个条件的资源很难能确保企业获得持续竞争优势。企业拥有竞争优势的潜力在于企业资源和潜能的价值、稀缺性及可模仿性。但是，为了全面了解其潜力，必须将企业各构成部分组织起来去开发这些资源和潜能。如果没有一个好的组织系统来利用有价值、稀缺和难以模仿的资源，它们也不会给企业带来竞争优势。在这个意义上，组织因素（如正式的管理控制系统、激励机制等）构成了企业获取持续竞争优势的另外一个因素。组织的功能在于将资源价值（或者说对租金的潜在贡献）转化为实现的利润，起到桥梁作用。

与企业的组织问题有关的有企业的正式报告制度、正式和非正式的管理控制系统及薪酬政策。企业的正式报告制度是指组织中谁向谁汇报，通常体现于企业的组织架构图之中。管理控制系统包括了一系列正式和非正式的控制机制，以此来明确管理者的行为是否与企业的战略保持一致。正式的管理控制包括了企业的预算及汇报系统，这使得处于较高组织位置的人能了解、把握处于较低位置的人的行为。非正式的管理控制则包括了企业的文化及员工间对行为互相监督的意愿。薪酬政策是指企业向员工支付薪酬的方法，这些政策有助于在某种程度上激励员工以恰当的行为行事。

企业组织的这些要素通常被称为补充性资源和潜能，因为从独立运作角度来看，它们对创造竞争优势的贡献非常有限。但是，一旦与其他资源和潜能结合起来，它们就能够帮助企业实现对竞争优势潜力的全面开发。

3.3.6　VRIO 框架的应用

将价值、稀缺性、可模仿性及组织问题合在一起，即构成了有助于企业开发资源或潜能的收益，同时也说明了 **VRIO 框架**与组织优势和劣势之间的关系。VRIO 框架如表 3-4 所示。

第3章 内部环境分析：资源、潜能与竞争优势

表 3-4　VRIO 框架

资源或潜能				对竞争力的影响	强势或弱势
是否有价值	是否稀缺	是否模仿成本高	是否被组织利用了		
否	—	—	↑否 ↓是	竞争劣势	弱势
是	否	—		竞争均势	优势
是	是	否		暂时竞争优势	优势及独特潜能
是	是	是		持续竞争优势	优势及持续独特潜能

如果企业拥有的资源或潜能缺乏价值，则该类资源或潜能将无法支撑企业选择或实施能利用优势或规避威胁的战略，组织开发这种资源和潜能只会增加企业的成本，减少其收入。在这种情况下，此类资源是企业的弱势，企业在选择或实施战略时需要避免使用此类资源或对它们进行修补。如果企业利用了此类弱势资源和潜能，那么与那些不拥有无价值资源，或尚未将它们应用于构建和实施战略的企业相比，将处于竞争劣势地位。

如果资源或潜能是有价值的，但是并不稀缺，则利用此类资源来制定和实施的战略将给企业带来竞争中的均势地位。利用此类资源通常不会给企业带来竞争优势，但是，如果企业无法利用这些资源，它们将在竞争中处于劣势地位，换句话说，这些资源尽管不能给企业带来竞争优势，但若忽视了它们，企业将陷入困境。因此从这个意义上讲，有价值但并不稀缺的资源可被视为组织的优势。

如果资源或潜能是有价值的、稀缺的，但极易模仿，那么开发此类资源将给企业带来暂时的竞争优势或先发优势。但是，一旦其他企业发现这种竞争优势，他们将在与先发企业相比没有成本劣势的情况下，通过直接模仿或替代来获得或开发所需资源，进而实现其战略。随着时间的推移，先发企业获得的任何竞争优势都会因其他企业对关键资源的模仿而消耗殆尽。因此，这类资源或潜能可被视为组织的优势及独特潜能。

如果资源或潜能是有价值、稀缺且难以模仿的，那么开发此类资源将产生持续竞争优势。此时，竞争企业在模仿成功企业的资源和潜能时会面临巨大的成本劣势。正如前面提到的，这类竞争优势会反映出成功企业特定的历史、资源优势的因果不明、资源和潜能的社会复杂性或拥有的专利优势。在任何情况下，试图开发、利用此类资源以获取竞争优势的竞争性努力，将不可能给模仿企业带来竞争优势或者竞争均势，即使企业能获得或开发此类资源或潜能，但为此所付出的巨大成本也将使其处于竞争劣势。因此，这类资源和潜能是组织的优势与持续独特潜能。

在 VRIO 框架中，组织问题通常被视为调节因素。例如，如果一个企业拥有有价值、稀缺且难以模仿的资源和潜能，但是却未能将其组织起来进而充分利用这些资源，那么一些潜

在的竞争优势可能消失。极度混乱的组织可能使得拥有潜在竞争优势的企业最终只获得竞争均势，甚至处于竞争劣势。

3.4 企业内部因素评价矩阵

企业内部环境分析的目的在于通过对内部资源与潜能的评估，判断企业自身的优势与劣势所在，从而为企业战略的制定打下坚实的基础。在上一章中，介绍了外部环境中的机遇与威胁的分析方法，并引入了外部因素（EFE）矩阵。与之相对应，内部因素评价矩阵（IFE）是对企业内部战略管理分析的总结，它总结和评价了企业各职能领域的优势与劣势，并为确定与评价这些职能之间的关系提供了基础。与外部因素评价矩阵相似，内部因素评价矩阵分析也可以按以下五个基本步骤来进行。

（1）识别出内部战略条件中的关键战略要素，按优势和劣势分别列出，数量在 10～20 个之间为宜。

（2）为每个战略要素赋予一个权重以表明该要素对企业经营战略的相对重要程度。权重取值范围从 0.0（表示不重要）到 1.0（表示很重要），必须使各要素权重值之和为 1.0。无论关键要素是内部优势还是内部劣势，对企业绩效有较大影响的因素应该得到较高的权重。战略要素的权重系数因企业所在行业的不同而不同。

（3）对各要素进行评分。分别用 1、2、3、4 来表示，劣势用 1 或 2 表示：1 分代表重要劣势；2 分代表次要劣势；优势用 3 或 4 来表示：3 分代表次要优势；4 分代表主要优势。战略要素的评分因企业不同而有差异。

（4）根据各要素的权重和评分计算出各要素的得分。将每一要素的权重与相应的评价值相乘，即得到该要素的加权评价值。

（5）计算企业内部战略条件的综合加权得分。将每一要素的加权评价值加总，就可求得企业内部战略条件的优势与劣势情况的综合加权评价值。

需要说明的是，无论 IFE 矩阵中有多少个战略要素，最终计算出的总加权分数的值域是 [1，4]，平均分为 2.5 分。一般来说，总加权分数低于 2.5 分的企业内部状况处于劣势，反之，超过 2.5 分的企业则处于强势。如果某种因素既构成优势又构成劣势，将会在 IFE 矩阵中出现两次，并分别被赋予不同的权重和评分。

表 3-5 是第 2 章提到的 Monkey River Village 的内部因素评价矩阵。可以看出，该地区的主要优势在于基层组织、距离机场的位置、当地居民的友好及良好的自然资源，主要劣势在于电力的供应不足，以及森林与海滨的过度开发。总加权分数 2.35 说明该景区的总体内部优势略低于平均水平。

表 3-5　Monkey River Village 内部因素评价矩阵

关键内部因素	权重	评分	加权分数
优势			
1. 基层组织	0.05	4	0.2
2. 距离机场较近	0.1	4	0.4
3. 知识丰富的导游员	0.05	3	0.15
4. 与相关机构的关系	0.05	3	0.15
5. 友好的当地居民	0.075	4	0.3
6. 广阔的自然资源	0.1	4	0.4
劣势			
1. 内部冲突与竞争	0.025	2	0.05
2. 缺乏为了最好地利用资产所需要的培训	0.075	1	0.075
3. 不能随时供电	0.15	1	0.15
4. 森林与海滨的过度开发	0.1	2	0.3
5. 产品的宣传与沟通不力	0.075	1	0.075
6. 缺乏市场控制	0.1	1	0.1
	1		2.35

本章小结

　　企业内部环境是指企业能够加以控制的因素。企业战略目标的制定及战略的选择不但要知彼，即客观地分析企业的外部环境，而且要知己，即对企业内部资源、能力及核心能力加以正确的估计。企业内部环境是企业经营的基础、制定战略的出发点、依据和条件，是竞争取胜的根本。企业内部环境分析的目的在于掌握企业目前的资源、能力状况，明确企业的优势和劣势，进而使选定的战略能最大限度地发挥企业的优势，避开或克服企业的劣势，最终使企业战略目标得以实现。

复习思考题

1. 简述企业内部环境分析的重要性。
2. 简述企业竞争优势的四个基石及其相关关系。
3. 企业的资源如何分类？
4. 企业的潜能如何分类？
5. 简述企业的资源与潜能的关系。
6. 如何分析一家企业的资源与潜能是否能为其带来持续竞争优势？
7. 以一家你所熟悉的企业为例，用内部因素评价矩阵分析其优势与劣势。

第4章 价值链与竞争优势

 学习目标

- 价值链的概念与价值链理论的演变；
- 传统价值链理论的主要内容；
- 全球价值链理论的主要内容；
- 价值链治理模式；
- 价值链与企业竞争优势的关系。

 **开篇案例**

吉列公司的价值链战略

吉列（Gillette）公司成立于1901年，总部设于美国的波士顿，目前有雇员3万余人，主要从事剃须产品、电池和口腔清洁卫生产品的生产。提到"吉列"，人们就会想到世界上最好的剃具。"掌握全世界男人的胡子"的吉列剃刀产品，在美国市场占有率高达90%，占全球市场份额的70%以上。有人曾经做过估计，在北美每3个男性中就有1个使用吉列速锋Ⅲ剃须刀。

虽然无论在成长速度还是市场份额方面，吉列都是行业的一个重要领先者，但吉列却面临着一个无法回避的现实，即无法有效地把产品配送到客户手中。公司内部同样是争论激烈：销售人员推销新产品受挫，客户们却在抱怨传统产品的供应不足；供货人员感到库存太多，却无法解释其中的原因。吉列经常遇到这种情况，产品充足而库存积压。由于价格因素，客户一直在订陈旧淘汰的产品，而新产品却鲜有人问津。吉列在和竞争对手宝洁、高露洁、联合利华等比较后发现，他们的成品和半成品库存周转率比吉列高出至少50%。于是，在2002年，吉列公司首席执行官James Kilts提出了一项旨在改善企业各项功能的改革方案。在这个方案的指引下，吉列公司展开了一场调查，以比较自己在运营方面与行业对手之间的差距。

1. 公司价值活动的重新审视

该次调查的结果发现，吉列公司的存货水平高、服务水平相对低下。为了找出这些问题的根源，吉列公司开始了一个为期6个月的项目，来分析自己的供应链流程。通过分析这些流程，发现了如下问题。

（1）计划的弹性问题。一般来说，吉列公司的库存水平都是比较恰当的。但由于一些必要的数据没有能够在企业内部进行很好沟通，很多库存都没有被保存在正确的位置。例如，需求计划人员通常都根据当月第三个星期的数据预测下一个月的情况。但是生产计划通常都是在当月的第二个星期就制定出来了。在这种安排下，如果预测的情况发生变化，就往往很难对生产计划作出相应的改变。

（2）职能部门之间的协调问题。职能部门在对某些概念理解方面存在偏差。比如，存货计划人员是按照标准的库存循环周期来补充库存的，当他们要求补充库存时，希望存货能够按照他们预期的期限到达。但是，配送部门则是按照货物在途运输的时间来衡量他们是否准时送货的，而不关心运输时间是否符合库存的实际要求。这种脱节必然导致产品不能准时到达分销中心。

（3）有效信息问题。吉列公司得到的市场信息较多，但是可用信息却很少。比如吉列公司也定期发布管理报告，但报告中很少指出问题的根源所在。

（4）责任分工不清。每个人都在抱怨吉列欠佳的服务水平，但没有人为此承担责任。不同的职能部门只是"自扫门前雪"，查找自己的问题。没有人站出来直面所有的终端问题，而是相互指责，搪塞推诿。

此外，吉列公司的供应链中还存在着一些不必要的复杂性。如吉列仓库里还有许多不适用的货物储存单元，造成许多产品因为滞销而堆积在仓库里，阻止了吉列公司对市场变化作出更为迅速的反应。

2. 价值活动的重构——定位"价值链"锐意革新

为了向顾客提供更多的价值，获得更多的市场份额，吉列公司针对价值链上的价值活动，对内部业务流程和组织结构等进行了重新调整。

（1）业务流程化繁为简。通过调查发现，低效的工作流程极大地制约了吉列供应链的有效运作。比如，吉列有大量的客户SKU（特定客户的简称），加拿大市场也有广泛的SKU需要做特定的安排。这让吉列意识到低效的流程导致无序的复杂，一场灾难将不可避免。吉列启动了一个全面的计划，精简了数千个SKU并使之有条不紊。还建立了一套全新的汇报系统，每个月它能从SAP系统提取数据，并自动标出未能解决问题的SKU。这些表现不佳的SKU中有30%的会被淘汰出局，这样一来，供应链中"死掉的"SKU就寥寥无几了。调整工作初见成效，生产计划制定者的注意力开始提高，生产流程也更具有弹性，库存周转也越来越快。过去3年间，吉列产品的库存周转率提高了25%。

（2）调整供给计划。吉列经常是随意从配送中心调货。2002年，吉列有11%的货物从"临时配货中心"调出。这导致一些配送中心库存猛增，而另一些配送中心库存下降，使得预测失去准确性，从而引起整个配送系统库存的失衡。今天，吉列临时配送中心的调货量下降到1%，这不但使计划的准确性增加，而且使客户心中有数，可以预测配货的抵达时间。

（3）组织结构的变化。为了支持流程的改变，在进行流程改善之前，吉列公司就在组织结构上作了一些必要的变化。在过去，需求计划、供应计划、促销管理和配送都有各自的副总裁，分别由首席执行官直接管理。现在，这些副总裁首先要向 Duffy 汇报工作，让他能够对供应链具有足够的预见能力和控制能力，以便在存货、成本和客户服务之间进行权衡。

在重组的过程中，吉列公司还重新调整了部门经理的工作目标和激励机制，以便让他们也能够支持价值链概念的实施。Duffy 说，以前有的人会根据自己的目标作出决定，而不考虑整个体系的利益，重组的目的就是把整个公司的员工凝聚在一起。

3. 价值链上价值活动调整的结果

很快就有迹象表明，吉列公司根据客户价值观对流程和组织结构的改变，不仅给客户带来了价值，而且也给吉列公司自身带来了非常积极的效果。首先是配送中心的生产预测准确率，由以前的 46% 飙升到 71%。其次，吉列公司还通过放弃不符合财务标准的产品而减少了 7% 的货物储存单元。此外，他们还通过采用北美的包装标准，废除了专门用于加拿大市场的货物储存单元，这样需要运送货物的目的地数量也减少了 30%。

总的来讲，这些措施都大大地减少了库存水平。在 2002 年第二季度，吉列公司还有 126 天的库存量。在 2003 年第二季度，则只有 115 天的库存量了。另外，在同一时期，按订单交付给客户的满意率也从 90% 上升到了 98%。现在的库存水平比方案实施前降低了 24%，与此同时，吉列公司 2003 年的营业收入也一下子增长到了 92.5 亿美元。

（资料来源：http://www.ppxxw.com，http://wiki.mbalib.com，http://www.biglw.com）

4.1 价值链理论的演变

价值链（Value Chain）概念由迈克尔·波特（Michael E.Porter）首先提出。最初，波特所指的价值链主要是针对垂直一体化的公司，强调单个企业的竞争优势。随着国际外包业务的开展，波特（1998）进一步提出了价值体系（Value System）的概念，将研究视角扩展到不同公司之间，这与后来出现的全球价值链（Global Value Chain）概念有了一定的共通之处。寇伽特（Kogut，1985）也提出了价值链的概念，他的观点比波特的观点更能反映价值链的垂直分离和全球空间再配置之间的关系，对全球价值链理论的形成起着至关重要的作用。

在 20 世纪 90 年代中期以后，为了研究全球范围内企业之间的合作关系，以格里芬（Gereffi，1994）为代表的一些学者以价值链理论为基础，提出了一种新的研究理论——全球商品链（Global Commodity Chains）理论。在整个 20 世纪 90 年代，格里芬等人的理论没有摆脱商品这一概念的局限，并没有突出强调在价值链上运营的企业在价值创造和价值获取方面的重要性。

2001 年，格里芬在分析全球范围内国际分工与产业联系问题时，在全球商品链基础上提出了全球价值链（Global Value Chain）概念。全球价值链概念的提出提供了一种基于网络的、用来分析国际性生产的地理和组织特征的分析方法,揭示了全球产业的动态性特征,考察价值在哪里、由谁创造和分配。

20世纪下半叶以来,随着经济全球化进程的不断推进,国际生产模式发生了深刻的变化,从初始的内部化国际生产变为后来的外部化国际生产,再到目前的网络化国际生产。在这一过程中,产品生产过程逐渐变得碎片化,不同的国家和地区参与到同一种产品的生产过程中来,但位于产品价值链的不同阶段。在这一背景之下,全球生产网络(Global Production Networks,GPN)开始逐渐兴起和发展。

综上所述,价值链理论始于传统价值链理论,经由片断化和空间重组理论发展到全球价值链理论,然后深化成全球生产网络。

4.2 传统价值链理论

1985年,哈佛商学院的波特教授在其所著的《竞争优势》一书中,首次提出"价值链"这一概念。他提出的价值链被认为是传统意义上的价值链。对价值链含义的理解源自于"价值"这一概念。

4.2.1 价值的含义

人们通常所理解的价值,是指客体所具有的促进主体生存和发展的属性和能力。马克思政治经济学意义上的价值是指,凝结在商品中的无差别的人类劳动。价值量的大小取决于生产这一商品所需的社会必要劳动时间的多少。

波特认为:从竞争的角度来讲,价值是买方为某个公司的产品愿意支付的货币数量。价值是由总收入衡量的,它反映了企业产品得到的价格和销售产品的数量。如果一个企业所得的价值超过了它创造产品的成本,那么它就会盈利。这里,我们采用的是波特对价值的定义。

4.2.2 传统价值链

波特在分析公司行为和竞争优势的时候认为,每一个企业都要为产品的设计、生产、营销、交货及支持进行一些活动,这些活动的集合就形成了价值链。上述这些活动之所以能构成价值链,是因为它们都对产品价值的形成具有正向的作用,这些活动被称为价值活动。可以把企业的价值活动分为两类:基本活动和辅助活动。传统价值链如图4-1所示。

1. 基本活动

基本活动是指与实物产品的制造、产品的销售、产品向消费者及助销人员的转移相关的活动,包括内向物流、生产运营、外向物流、营销和销售及服务等。

(1)内向物流。与投入物资的接受、储存和分配相关的活动,如原材料处理、仓储、库存控制、车辆调度和向供应商退货。

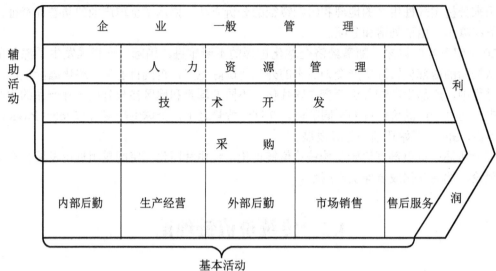

图 4-1 企业基本价值链

（2）生产作业。与把投入转换成最终产品相关的活动，如机械加工、包装、组装、设备维护、检测、印刷和设施的运作。

（3）外向物流。与集中、储存及运送产品实物给买方相关的活动，如成品的仓储、物料的处理、送货车辆的调度、订单处理和进度安排。

（4）营销和销售。与提供一种可以让顾客买到产品的方式并引导他们购买产品相关的活动。如广告、促销、销售队伍、报价、渠道选择、渠道关系和定价。

（5）服务。与提供服务以增加或保持产品价值相关的活动，如安装、维修、培训、零部件供应和产品调整。

每一种类型的活动对于竞争优势都可能是至关重要的，但不同类别的企业可能侧重点不尽相同。例如，对批发商而言，进货和发货的物流管理最为重要；对于饭店或零售点等服务企业而言，外向物流可能在很大程度上根本不存在，而运营则是关键；对于一个致力于为企业贷款的银行而言，营销和销售活动对竞争优势起重要作用，如客户关系工作人员工作的有效性及贷款的打包[1]和定价方式等；对于一个高速复印机生产企业而言，服务则成为竞争优势的关键来源。总之，不管企业的类型如何，基本活动都在一定程度上存在并对竞争优势的构筑发挥作用。

---

[1] 贷款的打包：有一种贷款叫做"打包贷款"。打包贷款是出口地银行向出口商提供的短期资金融通。具体做法是：出口商与国外进口商签订买卖合同后，就要组织货物出口。在此过程中，出口商可能出现资金周转困难的情况。例如，出口商用自有资金购买货物，存放在仓库里，资金积压占用。在这种情况下，出口商用进口地银行向其开发的信用证，或者其他保证文件，连同出口商品或半成品一起，交付出口地银行作为抵押，借入款项。出口地银行在此情况下向进出口商提供的贷款就称为打包贷款。

2. 辅助活动

辅助活动包括采购、技术开发、人力资源管理和一般性管理。

（1）采购。采购是指购买企业价值链所需投入品的活动，而不是指购买的投入品本身。购买的投入品包括原材料、补给及其他易耗品，也包括各种资产，如机器、实验设备、办公设备和建筑物。

企业各部门都需要采购活动。某些物品如原材料是由传统的采购部门购买的，而其他物品或服务则由其他部门的人员购买。如工厂经理从事机器购买，临时性招工由部门经理进行，食宿费用等由销售人员进行，战略咨询服务则公司由总裁购买。

尽管通常情况下，企业的采购部门服务于很多价值活动，而且采购政策在全公司范围内都是适用的，但是一次特定的采购活动则常常与一项具体的价值活动或它所辅助的活动相联系。尽管采购活动本身的成本在总成本中所占比重也较低，但它对企业的总成本和差异化经营有很大的影响。例如，在巧克力行业和供电行业，可可豆和燃料的采购就成为决定其成本地位的最为重要的因素。

（2）技术开发。每项价值活动都包含着技术成分，如技术技能、程序，以及工艺设备中所体现的技术等。大多数企业所应用的技术的范围非常广泛，从文件的准备、商品的运输，到产品本身，都包含了技术。此外，大多数价值活动所使用的技术会涉及不同的学科分支。例如，机械加工包括了冶金、电子和机械等学科的技术。

技术开发活动大体上可以被分为两类，一类是用于改善产品，另一类则用于改善流程。波特将这些活动称为技术开发，往往与工程部门或开发小组相联系，企业的许多部门都存在技术开发活动。订货登记系统中所应用的电子通信，会计部门的办公自动化，都要用到技术开发。

技术开发对所有行业中的竞争优势都很重要，在某些行业中甚至起到核心作用。例如，在钢铁行业，企业的工艺技术是竞争优势中最为重要的因素。

（3）人力资源管理。人力资源管理包括人员的招聘、雇用、培训、开发和薪酬发放过程中的各种活动。人力资源不仅对单个的基本活动和辅助活动起到辅助作用，而且对整个价值链也有同样的作用。人力资源管理决定员工的技能和积极性及雇用和培训的成本，从而影响企业的竞争优势。在一些行业中，它对竞争优势起关键作用。例如，世界领先的会计公司亚瑟·安德森（Authur Anderson），其竞争优势来自于对成千上万的专业人员进行招聘和培训的过程。该公司曾在芝加哥附近购买了一个以前的大学校园，并大量投资。在这里，他们将其实践经验编纂成册，并定期将遍及世界各地的职员召集到这个学校进行培训。这加深了员工对整个公司的工作方法及实践经验的认识，从而大大提升了对全国和国际顾客的服务水平。

（4）企业的一般性管理。企业的一般性管理由大量活动组成，包括综合管理、计划、财务、会计，与法律、政府有关的事务和质量管理。企业的一般性管理就像是一幢房子的钢筋结构，又像是人体的骨骼，没有它，整个企业就会坍塌。在企业的一般性管理方面，全企业可以采用一个完整的体系，也可以在业务单元和母公司中采用不同的体系。在多元化经营的企业里,一般性管理中的活动往往被划分为业务单元和公司两个层面。

以上内容介绍的是波特提出的价值链。他还提出了价值体系这个概念,指的是企业的供应商价值链、企业自身价值链、企业的销售渠道价值链及买方价值链共同组成的一个系统。价值系统这个概念与下面要介绍的几种理论有相似之处,因为它们都超越了企业自身的边界,研究的触角伸向了企业以外的各项活动。

4.2.3 价值链分析实例

为深入理解价值链理论的内涵,这里以咨询公司为例,通过分析它们的行为来解释价值链分析的应用。

在中国,咨询业的发展犹如"雨后春笋"般兴旺,国际和国内的咨询公司共同争夺中国企业咨询的市场。咨询公司都是通过从所掌握的信息中提取有价值的信息的方法为客户提供附加值的,以下分析咨询公司的业务流程。

1. 收集原始资料

收集原始资料是咨询类公司项目流程的第一环节,这决定了最终被应用的信息价值。收集渠道往往有两种:利用书籍与报刊、企业内部资料、政府部门资料、登记资料、调查报告等收集第二手资料,通过市场调查获取第一手资料。根据先前的关于价值链和竞争优势理论,下面对该环节的竞争优势源泉予以详细分析。

(1)横向关系。信息收集在某种程度上是一项社会活动。咨询业务的范围通常很广,所需资料涉及方方面面,包括了客户本身信息及向政府机构、学术界及其他渠道索求的信息。为了采集丰富完备的信息,咨询企业往往必须保持并完善与各方面的横向联系。

因此,广泛优良的横向联系成为这类公司保证采集的资料信息的全面性、动态性和时效性的关键,也是这类企业竞争优势的表现之一——保证公司以低于或者等同于竞争对手的成本收集全面优质的信息。美国波士顿咨询公司就特别注重与学术界等其他部门及公司客户的不定期交流活动,关注关系网络的拓展。经过多年发展,它已经触及经济生活的各个领域,保证公司现在和未来能够经济而及时地收集信息。

同时,由于咨询业具有与客户交互及定制的特点,公司对客户资料的收集实质上是与客户共同完成的,在此过程中客户不再是被动的购买者,而是价值的创造者。所以,咨询公司必须充分关注与客户的联系,充分认识到客户对项目成功的核心作用,密切注重双方信息沟通的方式,避免产生错误资料,这其实也是咨询公司的竞争优势来源之一。

(2)授权。咨询公司员工是公司与顾客唯一的接触媒介,员工的正确工作对公司非常重要。为保证员工在缺乏直接监控的条件下行为恰当,且具有灵活性,须要对员工进行广泛授权。

授权要以组织内适当分权和组织成员信息共享、知识共享、利润与报酬共享为前提,适当分权可以因其权责明确而给员工一定的压力,同时,信息、利润与报酬共享则给予员工动力。

例如，由于信息收集中往往会遇到困难，包括目前中国许多信息资料是组织内部资料，不可对外公开，同时那些公开的数据资料往往也有"水分"或过时。在这样的行业背景下，授权可以使员工更认真地对待收集资料的工作，主动克服障碍。

又例如，资料的动态性要求员工及时反映、灵活多变，因此授权可以发挥员工的机动灵活性。

适当的授权的管理功能对很多企业家来说并不陌生，但是真正有效利用这个工具的企业却不多。而那些已经在此方面做得比较成功的企业已经形成了这方面的竞争优势。

（3）规模。规模经济对咨询公司的意义表现在两方面。

一方面，公司可以用不同的方式和更高的效率进行大范围的资料收集活动，在规模上保证信息收集的全面性。

另一方面，成本在大范围活动中的分摊。

规模是咨询公司竞争优势的重要来源之一，这是因为咨询产品的创新没有专利，为了从创新中获取效益，公司必须有适当规模。同时，咨询业进入壁垒较低，规模经济也可以成为有效战胜对手的武器。

（4）地理位置。地理位置不仅导致公司在管理研究人员、基础设施及其他因素上的成本各不相同，同时还影响客户对产品的需要及开展信息收集活动的方式。总之，咨询业需要接近客户群，因此地理位置非常重要。良好的地理位置，也是竞争优势的源泉之一。

2. 加工信息

针对第一阶段收集信息资料的零星分散、相互孤立、真实度和准确度低的弊端，需要对收集到的原始资料进行整理。同时，在加工信息阶段也能够及时发现资料缺漏，有针对性地进行补充搜集和剔除过时信息。该阶段咨询公司竞争优势的驱动因素如下。

（1）组织结构。资料整理超越各部门界限进行，因此扁平化的组织结构有利于企业在团结气氛中有效运转，利于部门之间的交流和信息共享；否则，部门之间的交流可能不畅，导致信息整理成本过高。

（2）支持性设备及程序系统。先进的支持性设备及程序系统显著提高整理效率、避免人工失误。因此，国外大型咨询公司一般都配备了好的硬件设施。研究表明，先进的程序系统等软件设施可以明显增加整理环节的价值含量。

3. 信息提炼阶段

把对咨询项目没有价值或价值不大的信息删除，保留有价值及高相关性的信息，有利于有效控制信息储量、提高信息有用性。

（1）联系。价值链内部联系和与信息提供者及顾客价值链之间的纵向联系为降低总成本创造了机会。首先，在价值链内部，提炼信息是前阶段的初步总结，是后续活动的必要条件。成功地提炼信息充分体现前面环节的价值，同时极大提高后续阶段——综合阶段的效率。降低了综合环节的成本。其次，纵向联系也至关重要。由于信息的动态性和时效性，纵向联系有利于协调、降低总成本。

(2)学习。信息提炼需要方法和技巧,定量与定性结合。首先,要学习先进的数据处理技术,针对资料的不同特征需要用到系统工程、统计学等相关学科知识,努力争取用最先进的方法进行准确提炼。其次,要求研究人员不断扩大知识面,增强信息容量,提高信息敏感度。

4. 综合阶段

(1)创新。咨询最困难的一点就是识别资料背后存在的一系列连带事实,捕捉连带事实中隐藏的"解释因素"并提出解决方案,因此创新显得格外重要,一个可以不断创新的企业必然具备强劲的发展潜力,这就是优势。

创新包括技术创新和观念创新。在咨询业,观念创新更为重要。要明确,已有信息所表达的更大程度上是未来事物的预兆。综合阶段要求用新观念去看待这些信息以追求得出积极结论,发现资料背后潜在的实质性内容,从中把握真谛。

目前咨询界广泛采用的诸如头脑风暴法、缺点列举法、希望列举法及哥顿法等都体现了观念创新的实质。

(2)无形产品有形化。咨询服务是无形的,同时咨询建议的实行有效性也需要观察时间,因此,必须注重咨询产品的有形化。具体方法可以是,公司在递送咨询报告同时,传递一些有形产品。例如,根据客户情况赠送适宜的企业应用软件,软件上标明咨询公司的特征标记,以强化客户记忆;利用公司信息网定期向客户发送公司手册等。

(3)客户关系管理。对于咨询业,客户关系管理非常必要,以客户为中心,为每位客户设定直接管理者,企业设立"顾客库",与"顾客库"中的客户建立良好关系,根据公司准则判定出顾客价值,最大限度提高客户价值。

4.3 全球价值链理论

全球价值链概念源于传统价值链概念,波特认为,价值链是指一种商品或服务在创造过程中所经历的从原材料到最终产品的各个阶段或者是一些群体共同工作,不断地创造价值、为顾客服务的一系列过程(波特,1985)。寇伽特(Kogut, 1985)则认为价值链基本上就是技术、原材料和劳动融合在一起形成各种投入环节的过程,然后通过组装把这些环节结合起来形成最终商品,最后通过市场交易、消费等最终完成价值循环过程。2001年,格里芬在分析全球范围内国际分工与产业联系问题时,提出了全球价值链概念。Kaplinsky和Morris(2002)认为,全球价值链是各项行为从概念到产品的完整的实现过程,包括几个基本环节:技术研发与设计环节、生产环节、销售环节和售后服务环节。联合国工业发展组织(UNIDO, 2002)公布的《2002/2003产业发展报告》中强调,全球价值链是指为实现商品或服务价值而连接生产、销售、回收处理等过程的全球性跨企业网络组织,涉及原材料、运输、半成品和成品的生产与分销,直至最终的消费和回收处理的整个过程。该报告统一了关于全球价值链的概念,并提出地方产业集群参与全球竞争的发展战略就是提升和支持地方产业集群融入全球价值链，并由此获取沿着价值链不断升级的机会。

全球价值链理论研究很多方面的内容，本教材只介绍全球价值链的动力机制及全球价值链中的产业升级。

4.3.1 全球价值链的动力机制

全球价值链的动力机制有两种模式——购买者驱动和生产者驱动。前者强调全球购买者（包括大零售商、渠道商和品牌商）通过全球采购和委托加工（OEM）在跨国商品流通网络的设计、生产、销售和市场的合作协调中扮演领导角色，如服装、鞋子、玩具、陶瓷等行业；后者强调跨国公司或产业中的大型龙头企业在控制全球生产网络[①]（包括前向和后向联系）中的领导作用，在汽车、计算机、半导体和重型机械等资本和技术密集型行业中广泛存在。一般而言，以劳动密集型企业为主的发展中国家，主要嵌入于全球价值链的低端——生产环节；拥有广阔的市场、雄厚的资本和关键性技术的发达国家的企业则成为这两种全球价值链形式的主要治理者。此外，目前在世界范围内有一种从生产者驱动模式向购买者驱动模式转变的趋势。这种趋势在汽车、计算机等行业中尤为明显。

4.3.2 全球价值链中的产业升级

产业升级是指产业结构的改善和产业素质与效率的提高。前者表现为产业的协调发展和结构的提升；后者则表现为生产要素的优化组合、技术水平和管理水平及产品质量的提高。升级就是制造更好的产品、更有效地制造产品或者是从事需要更多技能的活动。产业升级可分为四个层次：① 在产品层次上的升级，即从简单到复杂的同类型产品；② 在经济活动层次上的升级，包括不断提升的设计、生产和营销能力；③ 在产业内层次上的升级，如从制造环节到具有更高附加值的环节；④ 在产业间层次上的升级，即从低价值、劳动密集型产业到资本和技术密集型产业。

全球价值链理论关注的是本地产业与外部组织在全球生产和销售系统中的纵向联系和相互作用，着重强调外部关联，强调价值链的全球联系对提升链条上行为主体竞争力的重要性。因此，全球价值链理论不但可以用来对价值链条中的企业升级进行分析，而且可以分析地方产业或产业集群升级的问题。

4.4 全球生产网络

20世纪下半叶以来，随着经济全球化进程的不断推进，国际生产模式发生了深刻的变

[①] 全球生产网络：指生产和提供最终产品与服务的从高端到低端一系列经济活动中所形成的企业关系。后文还会对此概念有详尽的阐述。

化，从初始的内部化国际生产变为后来的外部化国际生产，再到目前的网络化国际生产。在这一过程中，产品生产过程逐渐变得碎片化，不同的国家和地区参与到同一种产品的生产过程中来，但位于产品价值链的不同阶段。在这一背景之下，全球生产网络开始逐渐兴起和发展。

全球生产网络是指跨国公司将产品价值链分割为若干个独立的模块，每个模块都置于全球范围内能够以最低成本完成生产的国家和地区，进而形成的多个国家参与产品价值链的不同阶段的国际分工体系。全球生产网络至少有如下几个特点：① 其生产活动涉及同一产品内多个不同生产环节在空间上的分散化，以充分利用不同地区具有比较优势的资源；② 其在地理分布上往往超出一国国界，在全球范围内重组优势资源进行生产活动；③ 在组织治理方式上较为灵活，富有弹性，组织基础是不同企业间的领导和合作关系。

人们往往从企业、制度、关系、空间等关注全球生产网络，并以技术、时间为外在影响变量，围绕价值创造、权力来源与实施及网络嵌入性等几个要素进行探讨。如，特定产品R&D、设计、生产和营销的企业网络的形成方式，全球和区域组织的实现；网络中企业权力的分配与变化情况；劳动力与价值的创造、转移机制和过程；生产网络对纳入网络中不同企业和地方的技术升级、价值增加和获得的重要意义；等等。

4.4.1 全球生产网络中的价值

全球生产网络中的价值问题包括价值创造、价值增值和价值获取三个方面。

1. 价值的初始创造

关注劳动能力通过劳动过程转化为实际劳动力的条件，如雇佣关系、技能、工作条件、生产技术等问题，以及劳动力再生产的社会和制度问题。价值初始创造还涉及不同形式租金的产生问题，如技术租金、组织租金、关系租金、品牌租金等①。

2. 价值增值问题

在全球生产网络中，要实现价值增值，必须关注知识和技术流入与流出的过程、范围及其反映的实质。如网络里的领先企业与供应商、外包商为提高产品质量和技术成熟度而实现的竞合程度；网络建设过程中对技术的需求是否会增加，地方企业的组织租金、关系租金和品牌租金的创造问题。此外，诸如政府机构、贸易协会、工会组织等制度因素对价值增值也会有决定性影响。

3. 价值获取问题

主要关注当地创造的价值能否为当地获取并提升当地福利，如收益能否回到企业所属国的法律治理结构问题，企业国有化的程度即合资企业中的资产分配问题及基于利益相关而非

---

①技术租金主要是指对关键产品和制造过程技术的把握；组织租金指特殊组织和管理技巧；关系租金是指融入生产组织中的多企业间关系，如战略联盟的发展或者同产业集群的关系；品牌租金则是指在主要市场建立品牌优势等。这些租金的形成均属于企业特定制度背景下的价值创造问题。

股东控制原则的公司治理程度问题。

4.4.2 全球生产网络中权力的来源与实施

全球生产网络中权力有三种表现形式。

1. 公司权力

公司权力体现在两个层面：① 全球生产网络中的领先企业是否有能力来影响网络中权力与财富的分配，这种影响及其持续时间对于网络中其他企业有决定意义；② 当权力在网络中分配不均衡时，二级企业会为了实现在价值链环节的升级而充分发挥自主权。如中小企业集群作为工业区域融入全球生产网络中，并表现出相当的活力。

2. 制度权力

制度权力具体包括五个方面：国家和地方政府的权力；区域国际组织的权力；"布雷顿森林"制度，国际货币基金组织、世界银行和世界贸易组织的权力；各类联合国机构的权力；国际信用评级公司的权力等。

3. 集体权力

集体权力是指在特定区位中，影响企业发展策略的一些机构的行动，如企业母国政府、国际行动者（如 IMF，WTO 等）、贸易协会、工会组织、各种非政府组织等。它们会对特定网络里的特定企业或企业群体直接实施反倾销、反补贴税等措施，或对国家政府、国际行动者机构实施间接影响。

4.4.3 全球生产网络中的嵌入性

全球生产网络不仅在功能和地域上将企业联系在一起，同时也连接了企业嵌入的社会和空间网络。在嵌入过程中，企业既受母国既有的制度架构和社会文化背景的影响，同时还要受到东道国制度框架和社会文化的制约。但对于企业发展、战略制定及优势构筑而言，国家和地方发展的相关政策和相关制度（税收政策、人才培训等）仍然是最重要的影响要素。在不同尺度和内容的考察中，有两种形式的嵌入最为重要。

1. 地域嵌入

全球生产网络往往会嵌入在经济发展动力强劲的地区，有两种基本存在形式：① 全球生产网络中的领先企业进入，以契约形式利用产业集群建立次级合同制造或辅助生产；② 领先企业在特定区位通过外包业务吸引新的企业进驻，创造一个新区域社会经济关系网络。嵌入因而也就成为地方经济增长和获得全球化机会的一个关键要素。国家和地方政策（税收政策、人才培训等）的差异会进一步促进全球生产网络中的特定部分在特定区域的嵌入，从而形成全球网络中的新节点。地域嵌入的模式是全球生产网络对特定区域的承诺，对于区域价值创造、增值和获取都是十分重要的。

2. 网络嵌入

网络行动者之间通过建立起各种正式和非正式关系，从而构筑了嵌入网络。网络嵌入对于网络中稳定关系的建构十分重要，而网络行动者之间关系的持久性、稳定性，决定了行动者网络嵌入及全球生产网络作为一个整体的结构。

4.5 价值链治理

价值链治理就是对价值链中不同价值链环节之间经济活动的非市场化协调。在价值链环节片断化和空间重组的过程中，占据战略价值链环节的发达国家企业凭借技术和资本优势，决定着价值链环节片断化和空间重组的进程和幅度，从而主导着价值链的治理。

2005年以来，格里芬吸取了Humphrey等学者对价值链治理模式研究的精华，提出了五种价值链治理模式，即市场型、模块型、关系型、受制型与层级型。

4.5.1 市场型价值链治理模式

市场型价值链治理一般都存在于发达国家与发展中国家价值链分工体系形成初期，或者发展中国家拥有核心技术和竞争优势的产品中，其原因在于，发展中国家获得了某种产品的技术势力、市场势力或者某种生产要素的独特禀赋。市场型价值链治理模式的特点有：信息交换的复杂程度比较低，各种交易很容易被识别；产品的规范也非常简单，供应商不需要购买者提供投入要素就能够生产出产品；不存在资产专用性，其运行的核心机制就是传统的价格机制，市场上处在全球价值链中不同环节的各个经济行为主体通过货币买卖各种商品和服务，这种分工交易关系是基于市场契约的保持距离（Arm's length）方式的；在市场交换中，购买商根据买方制定的规范和提供的产品作出自己的选择；由于信息交换的复杂程度比较低，因此交易基本上不需要外在的协调力；此外，该治理方式最重要特点之一就是寻找新的合作伙伴的变更成本对双方来说都必须是比较低的，其转换成本是五种模式中最低的。市场型价值链治理模式如图4-2所示。

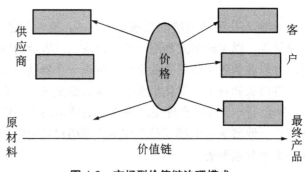

图4-2 市场型价值链治理模式

4.5.2 模块型价值链治理模式

当对价值链中各种规范的识别变得复杂时，模块型的价值链就出现了。这种价值链通常都出现在具有模块结构特征的产品中，并且通过减少各组成部分的多样性及统一零部件、产品和工序规范使得买者和卖者的交流更加简单化。模块价值链中典型的供应商会根据客户的各种要求来生产产品，而且客户对于产品会有比较详细的要求。但是当提供的是关键性的服务时，供应商就要对所采用的生产技术是否有竞争力承担全部责任，并且要为客户制定各种组件和原材料的资本支出，依托自身的加工技术和限制投资专用性来为客户提供关键性的产品和服务。这种模式下的供应商通常都有能力提供完整的模块，这样就使信息识别内部化，降低了资产专用性，购买商就不再需要直接监督和控制制造商，从而整个交易过程所需要的监督和控制程度都很低。

与市场型价值链相比，模块型价值链虽然也具有市场型价值链的诸多优点——速度、弹性及能够获得低成本的投入要素，但是它却不是建立在价格机制的基础之上的，而是建立在信息的可识别性的基础上的。由于这种可识别性的存在，复杂的信息不需要外在协调就能够进行交换。因此，与市场型价值链相似，模块型价值链下寻找新的贸易伙伴的转换成本是很低的。模块型价值链下，发达国家的购买商或者跨国企业与价值链分工协作体系的发展中国家本土企业或者网络之间，几乎不存在相互控制关系，而是一种能力互补、技术交流比较充分、市场共享的双边合作关系。模块型价值链治理模式如图4-3所示。

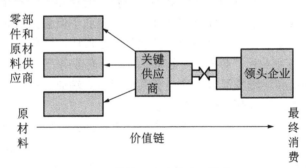

图4-3 模块型价值链治理模式

4.5.3 关系型价值链治理模式

关系型价值链的存在，需要满足以下三个条件：① 交易复杂，资产专用性比较高；② 产品的规范很难被识别；③ 供应商具有较高的供给能力。由于隐性信息的存在，买方和卖方之间必须进行面对面的交流，同时高度竞争的原材料和零部件供应商的存在也使得领头企业有动力把各种业务外包，从而形成互补性的竞争优势。由此，买方和卖方之间的关系日益复杂，资产专用性也不断加强。

买卖双方的关系可以通过声誉和信用来维持，也可以通过地理空间的接近性或者是通过家庭和家族关系来维持，一般会表现出很强的社会同构性、空间临近性、家族和种族等特性。关系型价值链的治理中，复杂信息的面对面交流及较高的外在协调，导致了更换合作伙伴的高成本。关系型价值链治理模式如图4-4所示。

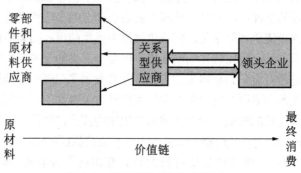

图 4-4　关系型价值链治理模式

4.5.4　受制型价值链治理模式

当行业内信息识别能力和产品专业化规范的复杂程度很高，而供应商的供给能力却很低时，受制型价值链治理关系就会出现。受制型价值链治理模式源于复杂的产品和产品规范下中小企业的诉求，即行业中竞争力不强的众多中小企业要求领头企业介入并且实施一定的监督和控制。为了避免其他企业从中分享到好处，领头企业不但会介入而且还会锁定供应商，中小企业供应商对领头企业在交易上的依赖性也就随之形成。这些供应商就面临着较高的转换成本，也就是被领头企业所"俘获"。受制型的供应商业务范围往往受限，比如主要从事一些简单的组装、制造和运输物流等工作，在其他很多高端业务和流程上，如设计、物流、零部件采购及工序技术升级等都依赖于领头企业。

受制型价值链模式下，发达国家的大购买者或者跨国企业成为价值链的主导者，设计包括技术、质量、交货、库存及价格等的各种参数及其标准，而发展中国家只能以代工者的身份严格执行这些参数与标准。受制型价值链治理模式如图4-5所示。

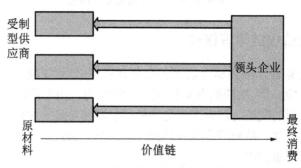

图 4-5　受制型价值链治理模式

4.5.5 层级型价值链治理模式

和市场型的治理相似,层级型也是常见的世界经济基本组织形式之一。当产品比较复杂,专业化的产品规范不能够被识别,并且不存在高度竞争的供应商时,领头企业被迫在企业内部通过内部组织行为完成产品的开发和生产,从而出现层级型的价值链治理模式。在全球价值链的背景下,出于开拓发展中国家市场或者降低生产成本、获取国际市场竞争优势的目的,发达国家的母公司利用对外直接投资的形式在发展中国家设立子公司,母公司以垂直一体化层级型方式实施对子公司的控制和运作。其治理的最主要方式就是上级对下级的控制,包括经理对下属的控制,或者总部对分支机构和关联公司的控制。

该模式的最大特点就是垂直一体化,以企业制为典型,运行的核心就是管理控制,其存在的基础是雇佣关系。层级型价值链治理关系的出现,一方面是由于价值链上各个环节之间信息交流的需要,另一方面是由于投入品和产出品形成了一个复杂的网络关系,为了要有效管理这种网络关系,同时控制好各种资源,特别是知识产权。

4.6 价值链与竞争优势

在第 3 章中,已经对竞争优势作了较为详尽的介绍。在这一节中,将探讨一下如何用好价值链这一工具,分析、构筑并维护和发展企业的竞争优势。企业如果能使用好价值链这一工具,就可以正确地分析自身的竞争优势。如果企业不具备竞争优势,可以通过改进价值链而构筑竞争优势;如果企业已经具备了一定的竞争优势,也可以通过价值链的创新维护和发展竞争优势。

4.6.1 用价值链分析竞争优势

用价值链分析竞争优势有以下基本步骤。

(1) 识别价值活动。纵观整个价值链,需要识别有显著差别的、相互独立的各种价值活动。这个价值链既包括企业自身的,也包括全球价值链和全球价值网络。企业首先要弄清楚自己所在的全球价值网络和全球价值链都有哪些价值活动,自己又处于哪个位置,其次要识别出本企业的各项价值活动。

(2) 确定活动类型。在上述提及的各种基本活动和辅助活动中,有以下三种不同类型。
① 直接活动:直接为用户创造价值的活动。
② 间接活动:能使直接活动持续进行的各种活动。
③ 质量保证(监督控制):确保其他活动质量的各种活动。

(3) 确定特定企业的价值链。为判定竞争优势,必须定义企业的价值链。该层次所指的价值链是完整的价值链。它与先前所谈的价值链的区别在于增加了一个分解的环节。所谓分解，就是将技术上和经济效果上不同的企业活动分离开来。例如，市场和销售是广义的价值链一环，可以进一步分解为市场和销售下所进行的子活动。这样做的目的是为了对企业的价值链结构有更为清晰的认识和了解，便于从中寻找适宜的增值环节。分解的基本原则包括：① 具有不同的经济性；② 对差异性产生很大的潜在影响；③ 在成本中比例很大或所占比例在上升。

（4）分析竞争优势。用价值链分析竞争优势的关键是要学会识别企业的关键价值链环节和优势价值链环节。尽管每一个价值链环节都是必不可少的，但是有些价值链环节是能够决定企业成败的，这些环节尤其重要，可以被称为战略价值链环节，也就是前述的关键价值链环节。另外一种环节是优势价值链环节。顾名思义，优势价值链环节是指在企业所有价值链环节中被运作得最好，最具有优势的环节。这里的优势有两个含义：① 相对于企业内的其他价值链环节具有优势；② 相对于别的企业的同一环节具有优势。只要上述两条中至少满足一条，就可以把这个价值链环节称为优势价值链环节。不过，企业的优势价值链环节却不一定是战略价值链环节。比如，一个化妆品制造企业的优势价值链环节是包装，而这显然不是该企业的战略价值链环节。用价值链分析竞争优势时，要正确地识别出上述两种价值链环节。

4.6.2 通过改进价值链构筑竞争优势

改进价值链以构筑竞争优势的策略主要有以下两种。

1. 整合价值链

价值链理论认为，企业间的竞争不只是某个价值环节的竞争，而是整个价值链的竞争。整合价值链有两种含义：整合企业内部的价值链；整合企业所处的全球价值链或全球生产网络。不管是哪一种整合，都要求企业把价值链看成一个完整的系统，不要为了某个价值环节的进一步发展影响到其他价值环节。企业的上下游资源能否相互配合，充分发挥作用，对于企业竞争优势的构筑至关重要。比如，如果企业的上游企业——原材料供应商提高了原材料的价格，而企业的下游企业——销售商又拼命压低产品的进价，那么处在中游的企业就会陷入困境。处在中游的企业处于联结上下游企业的关键位置上，它们一旦陷入困境，会破坏整条价值链，处在这条价值链上的每一个企业都要受到牵连。因此，垂直一体化成为许多著名企业的必然选择。通过垂直一体化，企业的边界得以扩展，降低了交易成本，有效地整合了价值链。除此之外，还有一种整合价值链的方法，那就是建立虚拟组织。虚拟组织是指在有限资源的条件下，为取得最大的竞争优势，企业以自己拥有的优势资源为中心，将本企业和若干规模各异、拥有专长的其他企业通过信息网络和快速运输系统联结起来而形成的开放性组织。如戴尔（Dell）电脑公司以"戴尔"品牌为核心，以及时供货为要求，从外部选择可靠的供应商并建立伙伴关系，使外部供应商成为戴尔的一部分，彼此之间共享数据库、技术、信息和其他各类资源，从而显著加快了戴尔将新技术推向市场的速度。

2. 改进价值链上的每一项活动

竞争优势来自价值链上的每一项活动,没有哪一家企业是凭借一两项核心能力就能获得长久持续的竞争优势。从采购到销售,从行政到人事,从研发到生产,企业每一项活动都应创造价值。这些价值活动之间并不是独立的,它们相互关联。每项活动对企业创造价值的贡献大小不同,进行该活动所需的成本也因驱动因素的不同而各异。通过对各价值活动的评估和成本分配,可以了解各价值链环节对价值生成所作贡献大小和所耗用成本大小及其增减趋势,同时与竞争对手的价值和成本分布比较,就可以找出差异和改进的方向。

根据木桶原理[①],企业价值链中最薄弱的一环会制约整条价值链的价值创造水平。因此,企业在发展优势价值活动的同时,也要注意改进薄弱的价值活动。总之,企业应该重视并设法改进价值链上的每一项活动,应该使各环节均衡发展,绝不能顾此失彼。

4.6.3 通过价值链创新维护和发展竞争优势

通过价值链分析,建立竞争优势后,为了使企业竞争优势不被对手轻易模仿,企业必须进行价值链创新,常用的价值链创新的策略有以下几种。

1. 提高价值链的环境适应性

企业必须不断地与环境进行物质、能量和信息的转换活动,才能提高价值链系统的开放性,从而提高环境适应性。具体来说,① 要及时了解竞争对手价值链的动向、技术发展水平等信息,并迅速地采取措施;② 在合作伙伴的选择上要坚持动态性和开放性原则,积极寻求战略性合作伙伴,组成价值链同盟。根据自己已有的能力系统和外部环境,选择价值链上的关键环节,集中资源,建立相对竞争优势,使企业内部价值链的强效部件与其他企业强效部件实现组合;③ 减少价值链中间环节、缩短价值链,实现企业内外部价值链结构的不断优化,使价值链系统具有良好的环境适应性。

2. 提高价值链的差异化程度

第3章中提到,当企业拥有不易被模仿且不易被替代的资源时,企业就能获得持续的竞争优势。因此,企业不仅要重视资源的内部积累和培育,还要重视从外部战略要素市场获取资源,尤其是要重视网络关系的利用。在网络关系构建过程、资源获取的方式和手段、向顾客传递价值途径方面,注重路径的选择与特质性的强化。要勇于和主动跨越企业边界,把网络关系作为企业资源的一个重要来源,利用网络组建动态联盟,为更好地获取稀缺资源以开展动态联盟间竞争。

3. 发挥信息技术的信息集成作用

价值链中的信息流动和价值链间的信息集成必须得到企业的重视。由于信息将贯穿整个价值链系统,因此,必须保证价值链中的每一个实体或节点,都能及时调整自己的行为,从而提高市场的适应能力。此外,从产品的设计环节来看,要求设计的质量、速度不断提升,

---

① 木桶原理:木桶的容量取决于最短的那块板的长度。喻指一个整体中最薄弱的那部分制约了整体的水平。

这对企业及其联盟提出了更高的资源共享和协作要求，即信息和资源的共享配置的灵活性、共享资源的种类、共享的性能等方面，必须完全满足企业的需要。

4. 构建虚拟价值链

虚拟经营体现出企业面对市场全球化、经营一体化和商品经营微利化竞争的适应性。其优点包括，有利于企业间的合理分工，充分发挥各自的特长和优势，相互配合；有利于分散经营与投资风险，更好地利用社会资源；有利于企业借助外力，特别是运用外部科技和智能创新发展企业。此外，虚拟经营注重对资源的利用，而非控制资源；它是生产功能的扩张，而非生产设施的扩张；是销售功能的扩张，而非销售组织的扩张。虚拟经营的关键是虚拟价值链的构建，价值链构建的核心是合作性竞争。虚拟组织中的成员企业组织结构将更具开放性和灵活性，运作方式也将高度弹性化，其内外向配置的核心业务会紧密相连，形成一个关系网络，即虚拟经营组织。企业的运作和管理也将由"控制导向"转为"利用导向"，企业间从排斥性竞争走向合作性竞争。

5. 由价值网到创新网

不同网络的效率不同，对创新的作用也不相同。将价值网构建成创新网的关键是要引导价值网从弱连带阶段、与核心企业的双边强连带阶段向多边的强连带阶段进化，并开发建立出一些共享知识的子网络，从而建立和发展与其他成员共享知识的义务关系。价值网关系的发展过程与企业战略、产品生命周期、创新过程、企业规模、经营环境均有密切关系，也是信息交换的过程、适应过程和社会交换过程。

6. 优化价值链，提高企业核心竞争力

企业要增加竞争力，就要从顾客角度定义价值，在价值链的每一环节做到价值增值。从仅仅实现本企业增值的传统企业管理，向价值链创新管理跨越，将上下游企业整合成产业链，组成一个动态的虚拟的网络，真正做到降低企业的采购成本、物流成本和经营成本，在网络的每一个节点实现最合理的增值。

本章小结

价值链在经济活动的各个层面广泛存在，上下游关联的企业与企业之间存在行业价值链，企业内部各业务单元的联系构成了企业的价值链，价值链上的每一项价值活动都会对企业最终能够实现多大的价值造成影响。价值链最初是由哈佛大学商学院教授迈克尔·波特在1985年提出的。价值链最初主要是针对垂直一体化的公司，强调单个企业的竞争优势。随着经济活动的进一步发展及理论的深入，价值链的相关概念和理论也在不断深化中，逐渐由传统价值链理论演变到了全球价值链和全球生产网络。本章在介绍价值链理论的基础上，概述了全球价值链及全球生产网络理论的形成及发展，并就价值链与企业竞争优势的关系进行了阐述。

复习思考题

1. 价值链理论在企业竞争优势分析中的主要应用是什么？
2. 企业如何在变化的环境中创造和维持竞争优势？
3. 虚拟价值链和传统价值链之间的关系如何？
4. 价值链和竞争优势理论在战略管理中居于怎样的地位？
5. 试用价值链理论分析我国制造业的产业地位。
6. 试以一家你所熟悉的知名企业为例，分析其价值活动，并用所掌握的价值链理论对其经营提出建议。

第5章 确立企业经营方向：愿景、使命与目标体系

 学习目标

- 企业愿景的含义与作用；
- 企业使命的含义及内容；
- 企业经营目标的含义及内容；
- 企业经营目标体系的构成；
- 企业愿景及目标的形成。

 **开篇案例**

吉利愿景：引领国际汽车潮流

早在步入汽车领域之初，李书福董事长就为吉利指出了"造老百姓买得起的好车，让吉利汽车走遍全世界"的发展方向。此后，吉利采取的一切战略管理，全部都是围绕着这一愿景展开的。

2006年，吉利进一步提出阶段性的战略目标。

研发，到2010年，实现"158663ES"规划，即15款全新车型，8款发动机，6款手动变速器，6款自动变速器，3款电子无级变速器，一个油电混合动力项目和一个赛车项目。

产能，到2010年，实现产销100万辆目标，吉利汽车成为国内经济型轿车首选品牌；2015年，实现产销200万辆，其中三分之二出口，吉利汽车成为国际知名品牌。质量，从经济型轿车进入中高级轿车行列，继续保持同类汽车性价比领先的地位。

宏伟的愿景和触手可及的战略目标，激发了吉利人强烈的使命感。8年来，吉利人坚持走自主创新之路，艰苦奋斗，顽强拼搏，终于为中国本土汽车工业开辟出了一片新天地。

1. 环境氛围：促成独辟蹊径的发展思路

吉利汽车一"出生"就面临着与国内其他汽车企业截然不同的生存环境：对于民营企业造汽车，当时政策尚未开放，吉利既得不到政府的有力支持，更享受不到金融和财税方面的优惠政策；业内并不看好，吉利造车曾经成为汽车界的笑谈；部分媒体不仅不支持，还极尽冷嘲热讽。吉利本身也是"先天不足"：缺资金，缺人才，缺技术，缺场地，缺产品"准生证"。

这种环境和氛围，对吉利来说，显然是严峻的考验。然而吉利高层特别是董事长李书福，冷静客观地对中国汽车市场的现状进行了分析，从中找到了吉利生存和发展的空间。

其一，当时的中国汽车领域，合资浪潮席卷了所有的国有汽车企业，全世界的汽车跨国公司几乎全部进入了中国市场。吉利发现，这种状态虽然造成了中国本土汽车工业的集体"失声"，但合资企业表面的强大，使得它对民营企业造车采取了忽视的态度，这样反而给中国汽车自主品牌留下了萌生和发展的余地。

其二，当时的中国汽车市场，合资企业的汽车价格高得离谱，如夏利车的售价在13万元左右，普通桑塔纳更是高达20万元。这种昂贵的产品价格给吉利造车提供了有利的竞争空间，成为吉利汽车占领市场的一个重要机会。

其三，当时的中国汽车市场，还是"商务车"、"公务车"和用于提供给部分先富起来人群的"豪华车"的天下，所有合资汽车企业都没有将普通人纳入服务对象。在社会上，轿车还是地位和财富的象征，汽车作为代步工具进入中国普通老百姓家庭，还是一个遥远的梦。这一现状为吉利开辟廉价的家用轿车市场提供了难得的契机。多年后李书福在谈到这一点时就直言不讳："吉利进入汽车领域是恰逢时机，早三年不成，晚三年也不成。"

有鉴于此，并经过早期的摸索，吉利高层提出了独辟蹊径的发展思路：以自主创新为手段，从低起点（经济型轿车）、低成本（自主研发）、低价位（三万元）入手，造中国老百姓买得起的好车。

这一发展思路的确定，很快打开了吉利汽车的局面。

2. 战略三步走：目标直指"国际化一流企业"

根据李书福董事长提出的愿景目标和发展思路，吉利在战略管理上实施了"三步走"。

第一步，采取"低价取胜"的战略管理。在这个阶段，吉利迅速形成了经济型轿车的批量生产能力，以吉利汽车为代表的经济型轿车开始进入中国普通家庭，一个新的汽车市场逐渐形成，并且日益兴旺，合资品牌轿车价格不得不大幅下降，坚冰一块的价格体系得到了瓦解。这一阶段使得吉利的知名度迅速鹊起，企业在市场上站稳了脚跟，但随着形势的变化，吉利的价格优势逐渐减弱，促使企业必须改弦更张。

第二步，采取"质量取胜"的战略管理。2004年初，吉利借全新产品"自由舰"投产之际，投入5亿元，对原有生产线进行大规模技术改造，在关键工序使用了大批国际先进设备，包括高精冲压设备、全自动底盘传输线、机器人自动焊、激光焊等，辅之以SAP软件为基础的ERP系统，大大提高了生产自动化程度，提升和保证了产品品质。这一阶段使得吉利产品的美誉度大幅度上升，舆论普遍认为吉利已经发生了脱胎换骨的变化。

第三步，采取"全面创新"的战略管理。从2005年开始，结合企业发展"十一五"规划的制订，吉利提出了全面创新、与国际先进水平接轨的目标，规范了产品开发模式，明确了企业发展方向，从产品创新、技术创新、管理创新、流程再造等方面着手，打造一个全新的现代化企业。这一阶段目前仍在进行之中。

吉利制定的战略目标，采取的战略管理，着眼点始终不离开"让吉利汽车走遍全世界"

的宏伟愿景。吉利人认为，只要在既定的发展方针上坚定不移，毫不动摇，就一定能够将吉利打造成一流的国际化企业。

3. 一个未来之梦：引领国际汽车潮流

作为中国汽车领域著名的企业家，李书福董事长以浪漫的情怀为吉利描绘出一幅诱人的愿景：在世界的各个角落都能看到吉利汽车！

许多人都以为吉利是在"痴人说梦"，殊不知这个"梦"显示的，却是一个企业家不寻常的远见和洞察力。

在中国造汽车还需要"准生证"时，李书福拿着三五亿元资本宣称要造轿车，汽车"大腕"们对此很不屑，然而吉利却成功了！当中国轿车还没有低于10万元的价位时，李书福居然说要为老百姓造3万元的轿车，人们将此作为笑谈，然而吉利却成功了！当造车还处在"描红、造句"阶段时，李书福又说要自主研发发动机、变速器等汽车核心部件，有关专家断言"中国人造不出"，然而吉利却成功了！当去年吉利刚卖出近50万辆车时，李书福又宣布2010年销量要达100万辆，2015年达200万辆，而且要将其中的三分之二卖到国外去！这一次，极少有人再放言质疑。当李书福进一步提出，经过一两代人的努力，吉利汽车研发水平将赶上并超越世界先进水平，实现中国汽车成为国际汽车核心技术引领者的目标时，人们报之以热烈的掌声！

吉利的成功是必然的，因为吉利不仅有雄心勃勃、激动人心的宏伟愿景，更有脚踏实地、具体可行的战略目标。吉利独具特色的战略管理和经营实践，以及把梦想变成现实的信心和能力，已成为中国汽车领域的宝贵财富。在未来的岁月里，它将引领吉利"走向世界"，并且将为中国汽车工业开启一扇实现振兴的成功之门。

（资料来源：上海证券报，2007-09-17）

5.1　企业愿景的确立

管理大师德鲁克认为，企业要思考三个问题：第一个问题，我们的企业是什么？第二个问题，我们的企业将是什么？第三个问题，我们的企业应该是什么？这也是思考我们企业文化的三个原点，这三个问题集中起来体现了一个企业的愿景，即企业愿景需要回答以下三个问题：①我们要到哪里去？②我们未来是什么样的？③目标是什么？

现代企业的竞争范式已经从传统的静态竞争演变为动态竞争。在静态竞争条件下，环境要素以一种平稳的步伐演化，其变化是渐进的而不是革命性的。而动态竞争环境往往以对现有要素的创造性破坏为特征。由于环境要素的随机变化，企业很难界定竞争对手战略选择的范围，也不易预测竞争对手的每种战略选择可能带来的后果。动态竞争中企业成功的关键因素之一是拥有企业愿景，愿景指出企业的生存领域，以及未来一段时间内应该成为什么样的企业，它能促使企业的经营资源形成一体，并就未来的前程达成共识。愿景是团队行为的精神和动力,企业只有依据愿景订出切实的团队执行目标及战略,才能促使组织的团队与个人朝共同的方向迈进。

5.1.1 企业愿景的含义及其与使命的关系

企业愿景经常和企业理念、企业哲学、社训、企业原则、企业精神、企业使命、企业座右铭、行动纲领等概念联系在一起,但这些概念只反映了愿景的部分内涵,或者说属于次一级概念。

卡明斯和沃赖认为,愿景是叙述组织未来渴望发展的状况,它提供组织的价值取向与组织变革行动的指南,也是促使组织成员全力实现共同理想的原动力。卡卡巴德斯认为愿景是领导者为获得广泛支持、应对挑战的方案,它说明、叙述组织未来发展的本质,愿景是成功规划、执行战略前的灵魂、火花。对企业而言,愿景是组织的蓝图和理想,反映了组织对未来的看法。台湾学者施振荣认为愿景好像是一种梦想,但是较之后者具备更强的可实践性和可操作性。愿景不是一个具体目标,而是值得大家长期去追求的理念。愿景可以为整个组织塑造出每个人都很乐意去追求的使命;也就是说,愿景的重要性就是大家都为它而努力,为它拼命。综上所述,企业愿景是指企业的长期愿望及未来状况,组织发展的蓝图,体现组织永恒的追求。

随着经济全球化与市场竞争的日益加剧,越来越多的企业已经深刻认识到建立企业愿景对于企业生存与发展的重要意义。事实上,企业愿景已经成为世界上很多优秀企业走向成功的基石,并不断激励他们继续获得成功(见表5-1)。

表5-1 世界优秀企业的愿景

企业名称	愿 景
联想集团	未来的联想应该是高科技的联想、服务的联想、国际化的联想
麦当劳	控制全球食品服务业
柯达	只要是图片都是我们的业务
索尼公司	为包括我们的股东、顾客、员工,乃至商业伙伴在内的所有人提供创造和实现他们美好梦想的机会
通用电气(GE)	使世界更光明
微软公司	计算机进入家庭,放在每一张桌子上,使用微软的软件
福特公司	汽车要进入家庭
中国移动通信	创无限通信世界,做信息社会栋梁
迪斯尼公司	成为全球的超级娱乐公司

续 表

企业名称	愿 景
苹果电脑公司	让每人拥有一台计算机
华为公司	丰富人们的沟通和生活
万科	成为中国房地产行业领跑者
麦肯锡公司	帮助杰出的公司和政府更为成功
惠普公司	为人类的幸福和发展作出技术贡献
戴尔计算机公司	在市场份额、股东回报和客户满意度三个方面领先世界
腾讯	成为最受尊敬的互联网企业
AT&T公司	建立全球电话服务网

企业愿景与使命既有区别又有联系。区别在于：愿景是解决"企业是什么"的问题，告诉人们企业将做成什么样子，是对企业未来发展的一种期望和描述。愿景是企业在大海远航的灯塔，只有清晰地描述企业的愿景，社会公众和公司员工、合作伙伴才能对企业有更为清晰的认识。一个美好的愿景能够激发人们发自内心的感召力量，激发人们强大的凝聚力和向心力。企业使命是企业存在的理由和价值，即回答为谁创造价值，以及创造什么样的价值。简单说，使命就是必须做的大事、一定要完成的任务。由于企业的使命一般涉及多方利益，各方利益的主次轻重必须在使命陈述中明确。如果不明确，当各方利益发生冲突时，就会无所适从。联系在于：构筑愿景是企业发展战略规划的重要支撑点，是企业做强、做大的不竭动力。而一个企业要想长寿不衰，实现美好的愿景目标，第一重要的是全体员工的使命感不衰。如果缺少这一条，企业就会失去成功的希望。由此可见，企业既不能将愿景当作使命，也不能将使命当作愿景，更不能截然分割开。

5.1.2 企业愿景的作用

科林斯和帕里斯在其著作中将企业划分为两种类型：一种是有明确的企业愿景，并成功地将它扎根于员工之中的企业，这些大多是排在世界前列的广受尊敬的企业；另一种类型的企业认为只要增加销售额便万事大吉，而没有明确的企业愿景，或企业愿景没有扩散到整个企业，这些企业绝不可能位居世界前列。只有具备全体员工共同拥有的企业愿景，这个企业才有了成长为优秀企业的基础。在当今的企业活动中企业愿景的作用主要体现在以下六个方面。

1. 提升企业的存在价值

企业的存在价值是企业存在的理由和信念，而企业愿景的终极目标是将企业的存在价值提升到极限。这与财务报表上的利润或"近视"的期望值存在显著区别。传统观念认为，企业的存在价值在于它是实现人类社会幸福的手段与工具，是在寻找新的财富来源的过程中体现的。在经济一体化和全球化的背景下，企业愿景的内涵也进一步扩大，具体表现为在以往企业活动的基础上增加了保护自然环境和对国际社会负责等内容，使企业存在价值的内涵更加完整。

企业愿景的内涵包含了三个层次：最高层是企业对社会的价值，中层是企业的经营领域和目标，下层是员工的行动准则或实务指南。企业对人类社会的贡献和价值是企业赖以存在的根本理由，也是其奋斗的方向，它是最高层次的企业愿景，具有最高效力；企业的经营领域和目标是低一层次的概念，指出企业实现价值的途径和方式；行动准则和实务指南是在这个过程中应该遵循的经济和道德准则。愿景所处的层次越高，效力越大，延续的时间越长。

2. 协调利害关系者的利益

对于某个特定组织来说，利害关系者通常是指那些与组织存在利益关系的个人或者群体。利害关系者就是指能够对组织任务的完成或者对组织任务的实现产生影响的群体或者个人。如果组织忽略了某个或者某些能够对组织产生影响的群体或者个人，就有可能导致经营失败。正像利害关系者会受到企业的决策、行动的影响一样，这些利害关系者也会影响该企业的决策、行动，两者之间存在着双向的影响和作用力。企业与利害关系者之间实质上是一种互动的共生关系。企业在制定企业愿景时，必须界定利害关系者的类型、利害关系的具体内容及相应的策略。如何识别利害关系者及其利益，并通过企业愿景加以反映和协调，是企业高层管理人员的重要任务。如果利害关系者的利益不能在愿景中得到尊重和体现，就无法使他们对企业的主张和做法产生认同，企业也无法找到能对他们施加有效影响的方式。

3. 实现个人愿景与企业愿景的整合

现代社会的员工尤其是知识员工非常注重个人的职业生涯规划，都有描述自己未来的个人愿景。要使企业员工都自觉、积极地投入到企业活动中，就需要利用企业愿景对员工的个人愿景进行整合。与西方的先进企业相比，中国企业很少用明确的企业愿景或行动指南指导员工并贯彻到实践当中。这是因为中国企业通常把企业愿景理解为企业宗旨、企业文化、企业精神、信条等抽象的概念或形态，并且过于看重"人和"、"诚实"等过于含蓄的非规定性的潜意识力量，对企业的使命、存在意义、经营方针、事业领域、行动指南等没有明确的描述。而国外企业极其重视企业愿景的具体化、明确化，强调对个人愿景的引导和融合。这是因为它们需要融合不同民族、文化等异质要素以实现共同的目标。

在现代社会中的企业，不应仅仅从经济利益或交换的角度去理解个人和企业的关系。相对于经济利益，员工往往更加重视个人能力的提升和自我价值的实现。在制定愿景时，企业应当激发员工的自觉参与意识，理解和尊重员工的个人愿景并将其恰当地融入到企业共同愿景当中。通过这种方式产生的企业愿景能够获得员工的认同和响应，企业愿景与个人愿景的统一会促使员工在充分发挥个人能力去达成企业共同愿景的同时能够实现自我。

另外，企业愿景能在一定程度上弥补中国企业治理制度的缺陷，对其经理人形成有效的制

约。因为,如果企业愿景融合了经理人的个人愿景,个人利益和企业利益之间就能形成长期的一致性,企业变成了帮助他们实现自我价值的平台,这可以极大地减少经理人为私人牟利的情形。

4. 有效应对企业危机

关键环境要素的复杂多变是动态市场竞争的一个重要特征。企业的生存与发展时刻面临着巨大的挑战,处理不慎就可能演变为致命危机。

企业应对危机、摆脱困境迫切需要愿景的支持,因为明确的企业愿景是动态竞争环境中企业应对危机的必要条件和准则。一方面,企业不能停留于简单的刺激—反应模式,光顾着埋头救火而忘记进行长远规划。如果以未来的不可预测性或情况紧急为托词而不去明确企业愿景,只是在危机到来时被动应付,那么即使能勉强度过难关,最终也会因迷失方向而无所适从。另一方面,已经拥有愿景的企业在制定危机处理方案时,必须努力遵循经济理论、社会道德,必须从企业愿景出发去寻找行动方案,考虑所采取的行动应当与企业一贯的方针和自身承担的使命和社会责任相一致。只有基于愿景的危机处理方案才能保证企业的长远利益和社会认同。

企业愿景还有可能实现危机与机遇的转化。机遇是那些同企业环境建立良好的、建设性的互动关系;而危机常以某种方式出现并迫使企业必须处理好的环境问题,否则就会在财务、公众形象或者社会地位方面受到损害。但是危机如果处理得当,就可能转变为企业的机遇。世界上很多成功的企业在面对危机时,往往为了保证愿景的贯彻而不惜牺牲巨大的当前利益,这些负责任的举动为它们赢得了广泛的尊重,无形中提升了企业形象,从而提高了在消费者心目中的地位,这些都为以后的市场开拓提供了便利。

5. 提升知识竞争力与应变能力

企业愿景日益受到重视的另一个原因是组织知识、组织学习等"知识竞争力"作为企业竞争力要素开始受到广泛关注。这些要素作用的发挥取决于企业愿景这种基于知识资源的管理体系的建立。传统观念的企业竞争力是由产品或服务的生产能力、销售能力、资本的调配和运营能力等与企业利润直接相关的要素决定的。知识经济背景下,企业开始重新审视竞争力的来源,组织知识和组织学习因而受到广泛关注。而企业愿景对于知识和能力的获取具有不可替代的推动作用。

许多学者把企业看作知识的主体,把知识创造力看作企业的竞争力要素。组织知识是企业多年以来周而复始地开发、应用、总结而形成的,是组织内部学习与外部吸收的结果,它具有路径依赖的特性。路径依赖性越高,对手越不易模仿,企业的竞争优势更能有效地维持。企业如能制定明确的、长期的愿景,保持战略的稳定性和连续性,并保证一切战略战术行动均围绕愿景而展开,就能使组织知识拥有长期的战略积淀和深厚的文化底蕴,从而提高其路径依赖性、增强对手模仿的难度。

企业愿景是战略规划的最终目的和根本依据,其长期性和预见性为企业提供了规避风险的线索。因为在动态竞争条件下,如果不能创造性地、柔韧地应对环境变化,企业本身的生存发展就会出现问题。科学明确的愿景决定了企业战略的选择范围,在保证战略方向正确性的同时留有回旋的余地,这有助于提升企业应对环境变化的能力。

5.1.3 企业愿景的创建

愿景创建是一个具有结构性和系统性特征的过程,该过程能帮助企业从宏观和微观两个层面把管理者的战略和期望结合起来以创造新成就、迎接新挑战。虽然企业愿景被人们视为是一种神秘、无法控制的力量,但企业愿景的建立确实有一些原理和工具可以协助。

如图 5-1 所示的一个操作流程可以为企业愿景的创建过程提供指导。设计这一流程的目的就是为看似无序的愿景创建活动提供一个可供操作的结构框架,它有助于推动企业形成自上而下的推动和自下而上的共识。

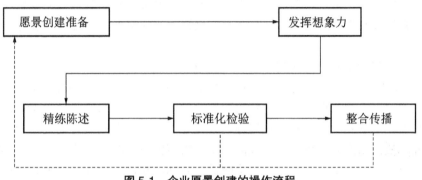

图 5-1 企业愿景创建的操作流程

1. 愿景创建的准备

由于企业愿景是对该企业的未来具有方向性、吸引力且切合实际的描绘或说明,企业致力创建的愿景应该是获得各层次员工及利害关系者的广泛认同,并能激发他们为之实现竭尽全力的共同愿景。为确保愿景具有先进的创意和广泛的代表性,创建愿景需要成立具有代表性的 5~7 人组成的团队。如果少于 5 人,获得的创意就可能太少、代表性太低;多于 7 人时,边际效益递减规律就会起作用。因为人数越多,就越有可能陷入冗长低效的讨论难以自拔,取得一致意见的时间越长。在建立团队的基础上,应该综合使用问卷调查、深度访谈、座谈会等多种方式广泛搜集和了解各层次员工及外部利害关系者对于企业愿景的建议和看法。对他们的询问一般包括以下问题:① 环境对企业有哪些要求?② 如何建立适应环境的企业文化?③ 企业愿景如何体现员工成长与发展的需求?④ 员工的价值观和规范包含哪些内容?⑤ 利害关系者的利益在企业愿景中应如何体现?⑥ 理想的企业应该具有怎样的特点?

2. 发挥想象力

愿景创建的合理性取决于企业对现实的理解和对未来的把握,这极大地受到既有价值观的影响。所以愿景创建团队要尽可能抛开任何可能干扰这一过程的因素,将自身的想象力发挥至最大,将左脑思维(逻辑的、连续的、分析的)和右脑思维(直觉的、想象的、跳跃的)统一起来,综合经验、概念、信息、判断和直觉等诸多因素,超越过去和现在而面向将来。

企业愿景最初的灵感来自员工心中的梦想，即个体或团队期望变为现实的东西。创建愿景不是为了得到一个哲学观、战略目标或一项组织使命宣言，而是试图清楚地描述企业所期望的未来，并且鼓励人们重新思考什么是可能的。愿景创建团队的成员首先要向其他成员表述他理想中的自身及企业的价值观、抱负和期望，以探索创建愿景的不同思路及这些思路对自身和企业的意义。为避免创意的枯竭，可以经常在讨论过程中适时地插入通过问卷调查收集到的员工和利害关系者的意见或期望，以此激发新一轮的讨论高潮，直到所有的想法都得以呈现。

每个成员对愿景的内涵及其创建过程可能存在不同的看法，所以创建团队需要通过深度会谈来讨论和协商。这是一个内部反映的过程，通过交流与共享，使团队成员能够理解相互的立场和观点。在这个过程中愿景小组要充分认识到"倾听"的重要作用。共同愿景是由个人愿景的互动而形成，愿景若要能够真正实现共享，需要不断倾听他人的梦想与期望，让每一个成员都有充分发表看法的自由，在倾听的过程中逐渐实现各种想法的融合。

3. 精练陈述

这一步先要将调查和讨论过程中产生的大量的意见和想法进行压缩，使其便于管理但又不能丢失核心内容。通过亲和图法（Affinity Diagram）可以推动这个步骤的实施。先对这些意见和想法进行检查并淘汰重复内容，然后利用亲和图将这些创意按照自然关系或亲密程度进行分组，对那些无法归类的特殊意见进行单独记述；接下来淘汰所有被判定为不恰当的意见和想法；最后根据创意的分组，选取最能体现该组整体思想的词语或是句子并将它们记录下来；然后将记录集中起来清楚列出，并不断进行归纳、整理，找到有关企业愿景的每一关键构成部分的描述，包括企业的宗旨、核心价值观、信仰与使命等，从而形成企业愿景的草稿。

然后从一个全新的视角认真地对陈述草稿进行精练，对内容和风格的关键处加以改进，将愿景陈述形象化并最终形成一幅理想组织的生动图景（企业愿景）。措辞和修饰在这里十分关键，必须追求最恰当的表达，因为企业正是借助它们创造出生动的心理图景，激发员工的蓬勃热情。因此，愿景小组应该在这个步骤投入较多的时间和精力。

4. 标准化检验

在愿景获得认可之前，应利用前文提到的标准对被提议的愿景进行检验。① 是否能有助于提升企业的存在价值。即企业愿景是否阐明企业的存在理由和信念，是否能提高社会福利，促进企业与自然环境和人文环境的共生。② 是否充分考虑和融合利害关系者的利益。一个能成功实现的愿景，应该反映利害关系者的观点和期望，尊重和体现利害关系者的利益，融合他们的力量，其完善和发展要与利害关系者进行正式和非正式的商讨，并与现实进行比较验证。③ 是否有效整合个人愿景。即企业愿景和员工个人愿景是否形成长期意义上的一致性，是否给员工以鼓励使他们敢于做一些事情，是否有利于员工自我价值的实现和个人能力的提升。④ 是否考虑危机情境。即愿景能否创造性地、柔韧地应对环境变化，是否为企业的灵活应变留有张力和柔性。⑤ 是否能提升知识竞争力和应变能力。愿景是否具有长期性，是否具有启发性，是否能够指明组织知识、学习能力等"知识竞争力"的提升路径，帮助其累积和发挥效用以应对环境变化。

当相对合理的企业愿景形成后，愿景小组就可以把它呈现给整个组织，并且和所有利害关系者交流这个愿景。如果这个愿景得到了企业员工和利害关系者的认可，那么他们就会承担实现愿景的责任。愿景小组寻求认可的过程也是他们向企业说明自己的工作流程、阐释愿景内涵和开诚布公地接受改进意见的过程。企业员工和利害关系者提出的所有意见都应该得到尊重。如果所提的愿景没有通过标准化检验，就要经由"反馈"重复前面的步骤，但主要是对那些尚未满足标准的部分进行改进。

5. 整合传播

当企业愿景通过检验之后，便可以形成正式文件并经董事会通过。与此同时，需要以一种使目标群体感到兴奋并且具有吸引力的方式来推销愿景，以实现企业内外的共鸣。企业可以借助整合营销传播理论制定企业愿景的整合传播策略。整合营销传播理论强调了解直接和间接利害关系者的需求并反映到战略中，有效地、阶段性地整合诸多传播手段和传播活动，实现向利害关系者传达"一致的声音"的效果。对企业愿景进行整合传播可采取如下措施。① 基于利害关系者导向的传播过程：企业愿景的整合传播以利害关系者需求为基础，采取由外而内的视角，这在愿景的制定过程中已经得到贯彻。愿景的传播计划要求与利害关系者密切相关，吸引和鼓励他们接近传播，而各项传播工具的使用，必须考虑目标群体的接受程度，选取对其最具亲和力、最有效的方式。② 使用所有可能传递企业愿景信息的渠道。在这个过程中，企业应该更为注重效果而非效率，精心选择与目标群体接触的关键点，使企业愿景易于被目标群体感受到，并且有时间、地点和人物标准，综合利用书面的、口头的和多媒体的报告形式，以及实地演示考察，人员轮换方案，培训和教育方案等来促进这一过程的进行。③ 保持传播口径的一致性：紧密结合所有传播工具以维持并传达单一、共享、清楚的形象、定位、主题和信息。通过对企业愿景的信息进行清晰、鲜明的定位，使其与其他信息区别开来，用形象的比喻把利害关系者与企业联系在一起。企业领导者对愿景的投入必须能够被感受到，领导者的行为方式应与他们所宣称的价值标准保持一致。愿景的解释以及从中得出的价值要明确，从而保证各项传播工具口径的一致性。④ 施加对行为的影响：企业愿景的整合传播不仅要让目标群体对企业愿景产生吸引力，最重要的是要激发目标群体实践愿景的行为。在企业与利害关系者的交互过程中，应该向他们提供他们想要得到的信息，创造出一种实现愿景的紧迫感和对它的激情，使全体员工时刻把愿景放在心中，并最终使他们的行为举止与愿景保持一致。愿景要自然地帮助个人决定他们的行动，帮助人们摆脱约束，在工作中做到积极主动。同时，企业需要通过行动而不是通过口头的或者表象的交流来证明愿景的作用。⑤ 与员工和利害关系者建立关系：企业通过与员工和其他利害关系者建立关系，使员工和其他利害关系者对企业产生忠诚。企业愿景以企业与员工和其他利害关系者的共享价值为基础，双方之间持续维持"予"与"取"的关系，并且在每次交换中实现"双赢"的目标并推动关系的强化。

5.2 企业使命的形成

5.2.1 企业使命的含义及其与企业文化的关系

1. 企业使命的含义

企业使命是指企业开展各种经营活动的依据。企业使命是构成企业理念识别的出发点，也是企业的原动力。没有这个原动力，企业将会处于瘫痪状态，企业即使在营运，也将是没有生气的、走向破产的边缘。

对于企业而言，企业使命至少有两层含义。其一是功利性的、物质的要求。也就是说，企业为了自身的生存和发展，必然要以实现一定的经济效益为目的。如果企业丧失了这一使命，就失去了发展的动力，最后逐步萎缩直至破产。其二是企业对社会的责任。因为企业作为社会的一个构成、一个细胞、一个组成部分，它必须担负社会赋予它的使命。企业如果只知道追求经济效益、追求利润，而逃避社会责任，必然遭到社会的报复，直至被社会所抛弃。要使企业取得成功与成就，其领导人所具有的事业的理想、社会的责任感是十分重要的，企业的理念往往是这种理想和使命的延伸。仅仅靠发财的欲望是无法支撑一个真正成功的大企业的。

企业是社会的细胞，可以看作是社会系统中的一个子系统。它在整个社会系统中担负着何种使命、起何种作用，这是企业在经营战略规划中必须首先确定的问题。企业的经营使命就是企业在社会中赖以存在的根据。就我国目前情况来说，企业承担社会责任是构建社会主义和谐社会的重要基础。企业的社会责任包括企业的法律责任、伦理责任和自由责任。企业承担社会责任的对象范围逐渐扩大，企业承担社会责任的程度也逐渐深化。企业承担社会责任的具体体现是实施伦理经营，伦理经营由伦理纲领和伦理实施系统构成。一个企业的存在会与社会中各种人群发生利害关系，其中最主要的是与企业所有者、用户和企业的职工发生利害关系。

2. 企业使命与企业文化的关系

企业文化是企业在长期发展过程中形成的，是企业信奉并付诸实践的价值理念，并通过外在的行为表现和一切有形的物质反映出企业的特殊气质。

更进一步而言，对企业文化的这一阐述，实际上还蕴涵了企业文化的核心层、制度层、物质层这三个基本层面内容的构成，系统地反映了企业文化在企业组织中的具体意义。

企业文化的核心层为企业文化的深层内涵，亦是所有企业文化的根基或出发点，及形成企业文化制度层和物质层的基础。核心层界定企业的核心价值观与整体价值导向，并因此引申出特定企业完整的价值体系。

企业文化的制度层为企业文化的有形载体，依据企业文化的核心层内容，反映出特定企业组织的游戏规则，即企业日常运营的制度化管理体系。制度层内容是企业文化理论研究与企业实际运作结合最紧密的部分，是对企业文化核心层内容的具体物化。

企业文化的物质层为企业文化的外在表现和企业文化建设工作的表层成果体现，并反映出企业的大众传播形象。物质层内容不仅包括一般所理解的企业形象系统，亦包括企业制度层作用于企业各运营环节的直接或间接结果，还包括企业的生产资料、产品构成等要素。

企业文化的三个层面内容之间有着严密的逻辑关系和科学的因果关系，系统而完整地反映了企业文化的一种"体系"概念。

在有关企业文化的研究中，常常会用到图5-2所示的"企业文化同心圆"，它比较形象和深刻地演绎了企业文化核心层、制度层、物质层三个层面的系统性辩证关系。

"企业使命"是企业之所以存在的根本原因，表现在公司的任务陈述中，常说的"企业目标"是"企业使命"的阶段性构成。"企业核心价值观"是完成特定企业使命所应秉承的价值认知、道德认知和对事物的根本态度。"经营理念"是企业为完成企业使命，在具体的企业经营过程中所秉持的对企业价值和基本经营思想、经营思路的认识，受企业核心价值观的制约，同时，企业核心价值观也主要是通过经营理念表现出来。"企业精神"是指在完成具体业务时，员工工作态度（包括客户服务态度）、精神风貌等内在规范，是经营理念的内在要求和具体表现。

实质上，企业文化统一性的核心表现在企业使命及核心价值观的统一上，而在经营理念及精神上则主要体现具体的业务（及地域等）特征。

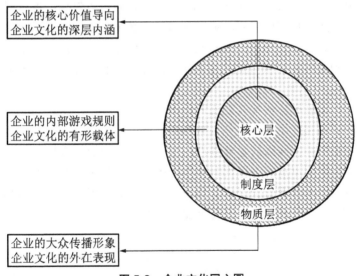

图 5-2　企业文化同心圆

5.2.2　企业使命的内容

企业的创办人或高层领导人在创办一个企业或在原有企业面临重大转变时，应对企业的使命作出广泛的意向性的规定,以指导企业的全部生产经营活动。企业使命一般包括以下几个方面的内容。

1. 企业的经营范围

企业的经营范围所要回答的问题是本企业将从事何种事业,用户是谁及如何为用户服务。任何一个企业都必须确定它将从事于何种产品(服务)的生产经营,相应的采用何种主要技术,面向哪些市场,亦即经营范围。一个汽车制造企业公开声明的经营范围或许是汽车及其零配件的制造和经销,而事实上的经营范围和重点可能只是其中的一部分。

要想获得一个在战略的角度上清晰明了的业务界定,必须包括下面三个要素。

(1) 目标顾客。需要满足的对象是谁?企业定位的顾客群是什么?顾客群这个因素之所以重要,是因为他们代表了一个需要提供的市场,即企业打算在哪些地理区域内展开竞争及企业追逐的购买者类型。

(2) 顾客的需求。企业需要满足的需求是什么?仅仅知道企业所提供产品和服务是远远不够的。顾客需要的不是产品和服务本身,而是产品或服务提供的功能,而这种功能能够满足他们的某种需求。没有需求或需要,也就没有业务可言。

(3) 技术和活动。企业在满足目标市场时所采用的技术和开展的活动。这个因素表明企业是如何满足顾客需求的,以及企业所覆盖的活动是行业的生产－分销价值链的哪些部分。例如,大型的跨国石油公司(如埃克森石油公司)所做的业务包括:租赁采油场,钻油井,实地采油,用自有的油轮和管道将原油输送到自己的炼油厂,通过自己的品牌分销商和服务分店网络销售石油和其他精炼产品。这些业务覆盖了整个行业生产－分销价值链的所有各个阶段。而有些公司则是专业厂商(如沃尔玛),它们只集中经营行业整个生产－分销价值链的某一个阶段。

2. 企业的生存、发展和盈利及其相互间的关系

企业的生存、盈利和发展三者是相互依存的。企业没有生存的活力,就谈不上发展,而企业的盈利既是企业生存和发展的必要条件,又是企业对所有者和职工作出贡献的前提。在动态的环境中,企业需要在发展中取得持久生存的活力或扩大盈利。但这三者之间也存在着矛盾,例如不恰当地追求近期盈利或许会危及今后的生存与发展,雄心勃勃的发展宏图所带来的风险或许会影响当前的盈利以至威胁企业的生存。

3. 企业的理念

企业的理念反映了一个企业为其经营活动所确定的信念、价值观、行为准则及期望实现的抱负。企业是一种什么样的文化、一种什么样的价值观,使顾客或者其他的利益相关群体达到某种吻合。有些企业学日本的模式,星期一早上,训话,做操,这在中国不能够持久。美国在管理上采用文本主义,把每件事都写出条文来,面面俱到,不是那种留一定空间、实行中庸的管理。它们各有各的特色,但是一定要清楚,各种管理方法,会带来什么样的效果。再如洛克菲勒,在创建标准石油公司时就抱着在炼油行业中形成垄断的宗旨,为了恪守这条宗旨,他不惜采取各种手段来击败其对手,并在很大程度上取得了成功。

4. 公众形象的树立及社区服务的提供

一个企业通过其生产经营活动在社会上形成了一定的形象。例如，一些企业注重绿化的问题、环境的问题。环境问题不仅仅是环境保护，而且有环境管理。最典型的，企业在全面质量管理上再加上环境问题。加入WTO后，绿色壁垒在贸易中也是很重要的问题了。出口的罐头产品、玩具、服装都有一个环保的问题。企业试图建立一个怎样的社会形象，是企业使命的一项重要内容。

5. 企业的社会责任

所谓公司的社会责任就是指公司不能仅仅以最大限度地为股东们赢利或赚钱作为自己的唯一存在目的，而应当最大限度地增进股东利益之外的其他所有社会利益。这种社会利益应该包括雇员利益、消费者利益、债权人利益、中小竞争者利益、当地社会利益、环境利益、社会弱者利益及整个社会利益等内容。作为一个合格的企业，除了要为企业的投资者着想，也要为企业内部的职工，企业所在的国家、社区、消费者着想。追求利润是企业的经济责任，利润来自于社会，还应回归社会，除了缴纳一定的税收之外，企业还应该承担更多的社会责任。

企业的社会责任是对企业的一种全新的认识，是对追求利润作为企业唯一界定的修正和发展。企业作为社会组织也是社会的成员，除了要实现自己的经济目标外，还应该关注社会及其他的社会成员利益，为全社会的发展承担起应有的责任，也就是企业的社会责任。从事各种类型的慈善活动是企业参与社会生活，承担社会责任的一种重要的表现形式。

企业使命体现了企业根本目的和意向。没有这种目的和意向的规定，在制定企业经营目标和经营战略时就会无所适从。企业使命是一种广泛的意向，既体现了企业创办者或高层领导的追求和抱负，又反映了企业在一定程度上受到内外部环境条件的制约。为此，在确定企业使命时，还必须识别企业外部环境中的机会和威胁，以及企业具有的长处和短处，在此基础上再提出更为具体的、在特定期限内实施企业使命所要达到的程度和取得的经营成果，亦即制定企业的经营目标。

企业使命阐明了企业的前进方向和对未来的业务展望，应当适时对它进行修改。正如德鲁克所说，"关于一个企业的宗旨和使命的定义，很少有维持到三十年的，更不用说五十年了，一般的只能维持十年。"所以，他认为企业要经常分析环境和内部条件，审视自己的使命，问一问"我们的企业将会成为什么样子？""我们的企业应该是什么？"惠普公司以前这样描述自己的使命：设计、制造、销售和支持高精密电子产品和系统，以收集、计算、分析资料，提供信息作为决策的依据，帮助全球的用户提高其个人和企业的效能。多年来，在这个使命的指引下，惠普公司主要在六个领域内经营，即计算机系统；信息产品（计算机、打印机、扫描仪）；测量、测试仪器；医疗仪器；化学分析仪器；电子元器件。面对信息时代的到来，惠普公司重新修订了自己的使命：创造信息产品以便加速人类知识进步，并且从本质上改善个人及组织的效能。

表5-2展示了界定企业使命可选的角度。表5-3列举了全球若干著名公司的使命。

表 5-2 界定企业使命的角度

角度	范例
以产品	苹果机提出的 PC 机进入家庭,福特提出的轿车进入家庭
以顾客需求	索尼公司以顾客需求,提出"你需要的电子产品是由数码来界定的"
以市场范围	麦当劳界定国际化的、全球化的范围,实现一种全球化的标准战略,从而使它的成本降低,以实现低成本的优势
以科技含量	我国的民营企业考虑高新技术,利用高新技术注重促进新的项目,提高科技含量;而部分国有企业则注重改进原有产品
以分销渠道	宝洁的分销渠道,GE 的刀片
以企业的特殊(核心)能力	在商场、考场的竞争中由于所表现的竞争力不同,从而产生了不同的结果

表 5-3 全球著名公司之企业使命集锦

企业名称	企业使命
万科	建筑无限生活
海尔	创造世界名牌
联想	为客户利益努力创新
华为	聚集客户关注的挑战和压力,提供有竞争力的通信解决方案和服务,持续为客户创造最大价值
中国移动通信	创无限通信世界,做信息社会栋梁
索尼	体验发展技术造福大众的快乐
IBM	无论是一小步,还是一大步,都要带动人类的进步
通用电气	以科技及创新改善生活品质
迪斯尼	使人们过得快活
苹果电脑	借推广公平的资料使用惯例,建立用户对互联网之信任和信心
荷兰银行	透过长期的往来关系,为选定的客户提供投资理财方面的金融服务,进而使荷兰银行成为股东最乐意投资的标的及员工最佳的生涯发展场所
微软	致力于提供使工作、学习、生活更加方便、丰富的个人电脑软件
惠普	创造信息产品以便加速人类知识进步,并且从本质上改善个人及组织的效能
耐克	体验竞争、获胜和击败对手的感觉

续 表

企业名称	企业使命
沃尔玛	给普通百姓提供机会，使他们能与富人一样买到同样的东西
宝洁	提供名优产品，真正改变客户的日常生活

5.2.3 企业使命管理

1. 企业使命管理的功能

企业使命管理是指企业通过使命的制定强化来指挥和影响企业成员为实现企业目标而作出努力的过程。企业使命具有导向、激励、协调、凝聚、约束、辐射等功能。

（1）导向功能。组织就是由两个或两个以上的人组成的有特定目标和一定资源并保持某种权责结构的群体。组织的特征可以概括为三点：有明确的目标，拥有资源，保持一定的权责结构。企业是一个组织，因而企业使命既是企业存在的理由，也是企业努力的方向。企业的发展是一个不断由低层次目标向高层次目标飞跃的过程。管理的意义也就在于引导下属不断追求企业目标的实现。企业使命是对企业高层次目标的概括，贯穿于企业活动的始终，像海上一盏永不熄灭的导航灯，引导企业这艘航船不断地朝目的地进发。

（2）激励功能。心理学家认为，人的行动是由某种动机引起的，而动机是一种精神状态，对人的行动起激发、推动、加强的作用。人类有目的的行为都是处于对某种需求的追求，未满足的需要是产生激励的起点，进而导致某种行为。现代管理的一项关键任务是充分调动管理者和广大员工的工作积极性，即激励问题。激励是指推动人朝着一定方向和水平从事某种活动，并在工作中持续努力的动力。"方向"指的是所选择的目标，"水平"指的是努力的程度，"持续"则指的是行动的时间跨度。激励问题一直是管理心理学的核心内容和研究热点之一。管理心理学把激励看成"持续激发动机的心理过程"。通过激励，在某种内部或外部刺激的影响下，使人始终维持在一个兴奋状态中。通过宣传教育，让企业使命根植于企业员工的心中，起到良好的激励作用。当员工的行为符合企业使命所倡导的价值观时就起一种正强化的作用，否则就起一种负强化的作用。

（3）协调功能。管理工作就是设计和保持一种环境，使身处其间的成员能够在企业内协调的开展工作，从而有效的完成企业的使命，取得协同效应。协调贯穿于管理的全过程，是管理的核心。如果管理主题没有强有力的协调能力，就会使管理过程产生很多不稳定性，从而影响企业目标的实现。通过企业使命的确立、强化和履行，既能培养出团队合作精神，又能强化个体成员与企业整体目标的协调与反馈，使分散性的个体行为与企业整体行动协调一致，从而保证管理目标的实现。

（4）凝聚功能。通过培育企业成员的认同感和归宿感，企业使命能建立成员与企业之间的相互依存关系，使个人的行为、思想、感情、信念、习惯与企业的目标有机地统一起来，形成相对稳固的文化氛围，凝聚成一种无形的合力与整体趋向，激发企业成员努力去实现企业的共同目标。企业使命的这种自我凝聚、自我向心、自我激励的作用，构成了企业生存发展的基础和不断前进的动力。使命这种凝聚功能不是完全牺牲个人一切的绝对服从，而是在充分尊重个人价值、承认个人利益、有利于发挥个人才干的基础上凝聚起来的群体意识。

（5）约束功能。使命能改变成员旧的观念，建立新的价值观，使之适应企业正常活动的需要。一旦企业使命所倡导的价值观念和行为规范被成员认同或接受，成员就会在不知不觉中作出符合企业要求的行为选择。成员倘若违反了企业规范就会感到内疚、不安或自责，就会自动修正自己的行为。由于成员分散性的个人行为常常与企业整体目标发生冲突，为了保证企业目标的实现，就需要规范约束员工的分散行为。对成员行为的约束既可通过规章制度这种"看得见的手"硬性规定，也可以通过企业使命的创设和灌输，把企业的共同价值观不断地向个人价值观渗透，使企业自动生成一套自我控制机制，以"看不见的手"软性约束规范成员的行为。从实践来看，以尊重个人感情、思想、人格为基础的企业使命，往往比规章制度这种硬性规定有着更强、更持久的控制力，更能促使企业目标自动地转化为个体成员的自觉行动，达到个人目标与企业目标在较高层次上的统一，变被动适应为主动适应。

（6）辐射功能。使命除了导向、激励、协调、凝聚、约束等功能外，还有强有力的辐射作用。这就是说，企业使命不仅仅是在企业内部发生作用，它还会反作用于企业所处的外部环境。

2. 企业使命管理的途径

（1）把个人愿望和企业使命结合起来。个人愿望是指个人对自己未来发展的一种期望，包括对家庭、企业、社区、民族、国家甚至世界未来的看法及对个人未来利益的期望。企业的发展应把确立"以人为本"作为首要条件，围绕着充分调动人的积极性、主动性和创造性去展开企业的一切管理活动，要按照优势理论发挥人的长处，识别人的长处，寻找个人愿望和企业使命相结合的人才，并在适合他们的位置上发展起来，力求以适合自己特色的企业文化凝聚人、引导人、尊重人、理解人、关心人。在管理组织上，应改变过去那种等级分明、单向传输式的金字塔结构，转向阶层模糊、双向协调的太阳系结构。管理人员应当站在企业员工的角度，引导他们思考生命价值、该做什么、如何完成目标等重大问题，并把企业管理的策略和目标同每个员工的人生信念紧密结合起来，使个人的理想和奋斗目标有机的融入到企业的总体目标中。在管理目标上，企业不应该单纯追求短期的利益或利润，而应该真正的以人为本，通过促进员工的全面发展来实现企业的长期发展。

（2）明确企业方向，塑造使命整体图像。这里所说的图像是指企业在创立自己的使命时，务必考虑企业未来究竟向何处去，要达到什么状态。这种方向既可以指示企业将成为什么样的企业，也可以指示企业在未来社会中的地位。这些图像如果比较明确，那么企业使命也就比较鲜明了。使命整体图像可以让成员明白企业的未来，从而起到内在激励作用。在方向明确的条件下，结合个人愿望塑造企业使命整体图像十分重要。

（3）把核心价值观融入企业使命。核心价值观，首先它是企业独有的，不可替代的价值观。具有"买不来、偷不走、拆不开、带不走"的特点，也就是说它不是从外部学来的，而是内部长期积累起来的东西，它已融入到企业的肌体和血液中。其次它是企业本质的、起决定作用的价值观。据调查，《财富》100强中，55%的公司声称"诚信"是它们的核心价值观，44%的公司倡导"客户满意度"，而40%的公司信奉"团队精神"。在2002年中国企业文化年会中评选出来的企业文化建设30强的核心价值观数据分析中，"创新"、"奉献"、"诚信"、"团结"、"艰苦奋斗"等词语出现频率较高——当然，这里约77%为国有企业。这反映了不同文化的企业和不同发展阶段的企业，它的核心价值观是不一样的。

核心价值观看起来是"虚"的，其实是"实"的，它是为实现使命而提炼出来并予以倡导，指导公司员工共同行为的永恒准则；它是深藏在员工心中，决定影响员工行为，并通过员工日复一日表现出来的处事态度。正如惠普公司共同创始人威廉·休利特所说的："回顾一生辛苦，我最自豪的，很可能是协助创设一家以价值观、做事方法和成就，对世界各地企业管理方式产生深远影响的公司。"惠普和康柏的合并，最困难的不是机构的重建、人员的调整和流程的梳理，而是两家公司不同文化和价值观能否有机融合。

（4）培养共同语言。企业使命是在个人愿望的基础上提炼出来的，其本身就应该用企业全体成员的共同语言来表示。共同语言是指企业成员一直使用的语言，或是指企业成员特定使用的语言。共同语言的存在对于企业使命的形成和完成来说非常重要。一般而言，共同语言的形成有两种方式：一种是在企业运行过程中，注意将企业某些团体的具有很好的内涵并与企业的价值观相符的共同语言，归纳引申为整个企业的共同语言；另一种是将企业制定的语言强制性地灌输给全体员工，最终形成以此为基础的共同语言。

（5）开展团队学习。世界已经进入学习型组织的时代，真正的学习型组织，才是最有活力的企业。所谓学习型组织，是指通过培养弥漫于整个组织的学习气氛、充分发挥员工的创造性思维能力而建立起来的一种有机的、高度柔性的、扁平的、符合人性的、能持续发展的组织。这种组织具有持续学习的能力，具有高于个人绩效总和的综合绩效。团队学习对于形成和完成企业使命很重要。

（6）号召成员实现自我超越。"自我超越"是彼得·圣吉创建学习型组织五项修炼中的第一项修炼，指的是学习不断认识并加深个人的真正愿望，集中精力培养耐心，并客观地观察现实，了解目前的真实情况。自我超越是学习型组织的精神基础。彼得·圣吉认为精熟"自我超越"的人，能够不断实现自己内心深处最想实现的愿望，而他们对生命的态度就如同艺术家对待自己的艺术作品一样全身心投入、不停地创造和超越。这是一种真正的终身"学习"。实现"自我超越"可以让企业员工清楚所处环境，了解理想与现实的距离，并能够把不利因素转化为前进动力，利用机会，而不是抗拒这些力量。自我超越能够激发员工个人对企业使命的追求，对于提高企业与团队的凝聚力有极大的推动作用。

3. 企业使命管理中应注意的问题

（1）可行性与挑战性。企业使命是对企业目标的高度概括，反映了企业的追求和未来。与企业的某一具体目标相比较而言，尽管显得抽象，但是它仍然应具备良好的目标特征，即目标的可行性与挑战性。确立企业使命时要考虑企业自身能力和周边环境的约束，注意它的可行性和挑战性。既不能脱离实际情况，也不能降低对企业自身的要求。

（2）全员性与通俗性。从上面的论述中可以看出，企业使命的完成，既不是单独靠某个部门，也不是单独靠某个成员（包括领导人），而必须依赖于企业所有成员的共同努力。要做到企业使命被成员普遍接受，比较好的做法是以讲故事的形式向成员灌输企业使命，这样可以照顾企业员工的不同文化素质。

（3）稳定性与动态性。企业使命一旦形成就应该保持其相对的稳定性，这样有利于企业使命功能的发挥，减少或避免决策失误，提高企业运营效益。由于企业使命都是在特定的外部环境和内部条件下形成的，随着外部环境或内部条件的变化，企业会面临新的机遇和威胁，企业必须调整原有的使命，以谋取动态上的平衡，争取经营管理上的主动。

5.3 企业经营目标与目标体系

5.3.1 企业经营目标的含义及其内容

企业经营目标指的是企业在特定期限内，考虑其内外环境条件的可能性，在实施其使命过程中要求达到的程度和要求取得的成效。基于所涉及的时限的长短，企业经营目标有长期和短期之分。基于所涉及的范围的不同，企业经营目标又有整个企业的和战略经营单位的经营目标之分。以企业使命为依据的企业的长期的整体经营目标是指导企业制定经营战略及战略经营单位制定近期经营目标的基础。而各经营单位的近期经营目标又是制定企业各个领域职能政策、编制预算和开展日常经营活动的基础。

提出目标，用以指导为达成目标所进行的各项活动，并不是战略管理的特有办法。早在20世纪50年代，在战略管理概念形成之前，目标管理的概念已经形成，并被人们所广泛接受。事实上，不仅对企业，对任何个人或组织来说，确定一个在一定期限内要求达到的明确的奋斗目标都能起到重要的指导和激励作用，而且这种作用是显而易见的。

1. 企业的长期经营目标

企业的长期经营目标时限通常是 3～5 年，甚至更长。它除了具有指导企业经营战略和近期经营目标，调动企业成员协同为实现目标而努力工作以外，还是企业在分配资源时分清主次和轻重缓急的依据，指导企业作出各项管理决策时择优的准则，以及衡量企业工作成效和企业内部工作绩效的标准。

企业的长期经营目标，一般包括以下几个方面。

（1）盈利能力。长期经营成功的企业，无疑具有一个恰当的盈利水平。通常用利润、投资收益率、每股平均收益、销售利润率等来表示。例如，4年内使税后的资金利润率从目前的 12% 提高到 15%，5 年内使税利总额增加到 500 万元。

(2)生产率。企业的发展通常与其生产率的提高有直接联系。生产率及生产效率指的是单位时间的产出，或单位投入的产出。它通常以年产量、资金产值率、单位产品成本和劳动生产率等来表示。例如，4年内使产量提高15%，3年内使每个工人的班产量提高10%，等等。

(3)市场竞争地位。企业在市场的相对竞争地位是衡量企业经营成效的重要标志之一。它通常以总销售额和市场占有率来表示。例如，3年内使市场占有率从目前的15%提高到17%，4年内使产品的年销售量增加到50万单位，等等。

(4)研究开发和技术领先程度。企业在本行业中在技术上将置身于何种地位，亦即在技术上的领先程度，构成企业长期经营目标的一个重要方面。技术领先程度与企业的研究开发工作直接相联系。企业提出的目标可以是争取技术上的领先地位，也可以是只保持某种技术上的追随地位，运用得当都可以取得经营的成功，但二者在研究开发工作和其他工作上的重点和部署却有明显的不同。

(5)企业的生产规模和组织结构。企业提供的产品（服务）在种类上的增加或淘汰，各类产品生产能力的扩大或压缩，相应的物质设施的增添和紧缩，以及组织机构的变革，等等，都是企业长期经营目标的组成部分。

(6)人力资源。企业的发展在很大程度上取决于其职工的素质和积极性。为企业员工提供培训和发展的机会，造就和吸引人才，是企业长期经营目标的主要内容之一。它通常以人员流动率、培训人数、各类人员的培训计划等来表示。

(7)用户服务。为用户和顾客提供良好的服务，对每一个企业都是一个重要目标，它通常以交货期、用户反馈的不满意见数等来表示。

(8)社会责任。企业作为社会中的一个子系统，对社会负有一定责任，因此企业只履行自身的经营责任是远远不够的，它还要考虑到社区、消费者、相关企业、社会整体及国家的利益。企业的社会责任包括两个层次：第一个层次是企业生产经营的直接关系，主要是指与企业直接发生的多种社会关系，主要包括企业与职工、企业与供应企业（包括能源、原材料、零部件、设备、技术、资金等供应企业）、企业与销售企业（批发与零售企业）、企业与消费者、企业与竞争企业的关系等。企业要实现自己的经营目标，要使自己的产品得到市场实现，就必须调整好与供应企业、销售企业、消费者、竞争企业的关系，并支持他们的工作；第二个层次是企业生产经营的间接关系，主要是指企业的社会影响或企业的非市场关系，主要包括企业与国家各级政府、企业与各种社会团体组织（如妇联、工会、消费者协会、环境保护组织、宗教团体等）、企业与传播媒介（如报界、广播电台、电视台等）、企业与企业界赞助支持的组织（如体育界的各种组织、残疾人组织、教育组织等）、企业与所在社区、企业与国际上的各种企业、团体组织的关系等。企业在力所能及的范围内也要支持政府及各种社会团体组织的各项工作。

(9)职工福利。职工福利待遇的满足状况对企业生产经营有直接的影响，是企业经营的内在动力，也是衡量企业经营效果的一个尺度，因此提高职工福利待遇是企业长期经营目标的一个组成部分。这方面指标有：在未来几年内企业人均工资水平的提高，职工资金水平的提高，对有贡献的技术人员及其他人员的奖励水平的提高，职工生活福利设施加住房、幼儿园、小学、中学、食堂、浴室等条件的改善。

以上这九项指标并没有把作为企业长期发展目标的全部内容都包括进来，每个企业仍可根据自己的具体情况列出适合于本企业的长期发展目标，也不是每个企业部需要按照上述九个方面的问题列出自己的发展目标，而应该根据企业的具体情况有重点地突出几项对企业未来发展具有关键作用的发展目标，这样可以集中企业力量把要办的事情办好。

2. 企业的近期经营目标

企业的近期经营目标是指时限在1年以内的执行型的目标。近期经营目标和长期经营目标在所包括的各个方面的内容上并无根本区别，只是长期经营目标更多是规划型和综合型的，它着重于确定企业在竞争环境中未来的地位；而近期经营目标则主要是执行型的，其重点在于确定企业各个经营单位的功能，在近期内应取得的成就和应完成的具体任务。由于涉及的时限较短，面临的不确定因素较少，近期经营目标应该而且有可能更为明确、更为具体，可以直接作为考核工作业绩的标准。

5.3.2 企业经营目标的特性与衡量标准

1. 企业经营目标应该具备的特性

企业的经营目标作为指导企业生产经营活动的准绳，必须是恰当的。不恰当的经营目标，非但难以起到应有的指导作用，而且还会对在各种内外条件制约下本来就已十分复杂的企业经营增添人为的矛盾和摩擦。

经营目标应具备哪些特性才是恰当的并能有较多的实现机会？以下几个方面可以在制定经营目标时作为评价其优劣的准则。

（1）经过磋商并能为有关方面所接受。企业经营目标的制定在企业内部涉及一系列纵向的和横向的相互关系。企业的目标不仅应为企业内部各方面所接受，而且要考虑到社会可接受性。当企业的目标与社会对企业的要求相符时，目标就易于实现。

（2）可衡量的且有时限上的约束。提出的目标应当是明确可衡量的，而不应该是模糊不清的。目标应该有时限上的要求，即要求实现的日期，特别是近期目标实现的日期更为重要，否则长期目标是否达成无法判断。

（3）稳定性和动态性结合。企业目标事关企业的发展，是对企业未来的一种规划，具有一定的超前性。企业目标一旦形成就应保持其相对稳定性，这样有利于企业使命功能的发挥，减少或避免决策失误，提高企业的运营效益。由于企业目标都是在特定的外部环境和内部条件下形成的，随着外部环境和内部条件的变化，企业会面临新的机遇和挑战，企业必须调整原来的目标，以谋求动态上的平衡，争取管理上的主动。

（4）应当既是先进而有挑战性的，又是现实可实行的。

先进的、具有挑战性的目标能激励人们为达到目标作出努力并不断前进。作为行动指南的目标必须切实可行，也即是经过努力可以实现的。不切实际的目标会受到漠视或使人沮丧，从而挫伤人们的积极性。但由于目标是指向未来的，特别是长期目标指向较远的未来，在这段时间的内外部条件的动态发展中有许多可能影响目标可行性的不确定因素。所谓"切实可行"总还是要建立在一些假设前提的基础之上的。

（5）所有的目标应是一致的，同时又有主次、轻重之分。目标的一致性意味着长期经营目标应与企业使命相一致，与近期经营目标相一致。与企业使命不一致的目标将对企业经营起破坏作用。

2.衡量企业经营目标质量的标准

企业在确定经营目标时，不仅要考虑上述内容，而且要考虑经营目标内涵的质量。衡量经营目标的质量一般有以下标准。

（1）适合性。企业中的每一个经营目标应该是企业使命的具体体现，违背企业使命的经营目标往往只会损害企业自身的利益。

（2）可度量性。企业在制定经营目标时，要尽可能明确而具体地规定经营目标的内容及实现经营目标的时间进度。含混不清的经营目标既容易引起误解，又无法衡量。正如惠普的合伙创始人比尔·休利特（Bill Hewlett）所说："对于您测量不了的事情，您是管理不了的……那些能够被测量的东西才能被完成。"对于某些社会责任目标，也应当作出明确的定性解释。

（3）合意性。即所制定的经营目标要适合企业管理人员的期望和偏好，使他们便于接受和完成。此外，有的经营目标还要能使企业外部的利益群体能够接受。

（4）易懂性。企业各层次的战略管理人员都必须清楚地理解他们所要实现的经营目标，以及评价这些经营目标效益的主要标准。为此，企业在阐述经营目标时，要准确、详细，使其容易为人们所理解。

（5）激励性。企业经营目标要有一定的挑战性，激励人们去完成。在实践中，不同的个人或群体对经营目标的挑战性可能有着不同的认识。在这种情况下，企业要针对不同群体的情况提出不同的经营目标，以达到更好的激励效果。

（6）灵活性。当经营环境出现意外的变化时，企业应能适时调整其经营目标。不过，有时企业在调整经营目标时，会产生一定的副作用，如影响员工的积极性等。为了避免或减少这种副作用，企业在调整经营目标时，最好只是改变经营目标实现程度，而不改变经营目标的性质，以保证其可行性。

另外，在制定经营目标时，应特别注意以下两点。

① 把握好战略地位目标与财务目标的关系。建立一个更加强大的长期竞争地位相对于改善短期的盈利能力能够更长期地为股东带来利益。许多企业为了实现短期的财务利益而不断放弃那种能够加强公司长期竞争地位的机会，那么，该企业就可能面临以下危险：竞争力降低，失去在市场上的锐气，损害企业能够抵挡来自那些雄心勃勃的挑战的能力。所以，即使财务目标也应该更关注长期财务目标。企业的繁荣几乎总是来自这样一种管理行为：先考虑提高长期的经营业绩，而后再考虑提高短期的经营业绩。

② 长期经营目标应具有挑战性。关于这个问题是有争论的,有人认为企业的长期经营目标既不要高不可攀,又不要唾手可得;而有人则认为,企业长期经营目标应该大胆、积极、有相当难度,这样就可以挖掘出更多的组织创造力和能量。通用电气公司的前首席执行官杰克·韦尔奇是持后一种观点的人,他深信制定那种看起来"不可能的"目标可以给公司提出挑战,使其为完成这种目标而努力。在20世纪60—80年代,通用电气的营业利润率一直在10%左右,而平均存货周转率大约为每年5次。1991年,杰克·韦尔奇为公司1995年制定了16%的营业利润率和10次的存货周转率。他在1995年的年度报告中给股东的信里提道:1995年又过去了,虽然我们的22万名职员作出了巨大的努力,我们还是没有如期完成这两个目标,营业利润率为14.4%,存货周转率为7次,但是,在过去的五年中在我们竭尽全力完成这两个"不可能的"目标时,我们学会了如何以更快的速度做事,而不是追随那种"能够做到"的目标,我们现在很有信心为1998年制定至少18%的营业利润率目标和高于10次的存货周转率目标。

5.3.3 企业经营目标的制定

目标管理是以目标的设置和分解、目标的实施及完成情况的检查、奖惩为手段,通过员工的自我管理来实现企业的经营目标的一种管理方法。目标管理的核心是:让员工自己当老板,自己管理自己,变"要我干"为"我要干"。企业目标的制定具体来讲,它包含了四个相关联的主要阶段,即目标分析阶段、目标选择阶段、目标实施阶段和目标控制阶段(如图5-3所示。)

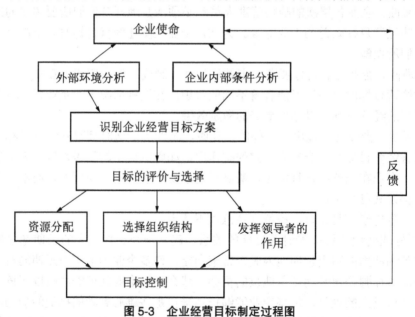

图5-3 企业经营目标制定过程图

1. 制定企业经营目标体系应注意的问题

企业经营目标的制定首先要以企业的经营方向为依据。此外，它还要受以下三个方面的制约：企业的外部环境、企业的内部环境和企业的行业环境。制定企业经营目标时要考虑将企业的内部环境与外部环境相匹配。外部环境是企业生存的基础，内部环境由企业内部的物质条件和文化环境构成，行业环境主要分析影响行业竞争的结构。

企业在制定经营目标之前，首先要明确自身的状况，应当对企业内部经营条件进行分析（见表5-4），判断目前本企业在行业中所处位置，找出企业优劣势。与此同时，对企业国际环境、宏观环境、中观环境及微观环境进行分析，对最可能影响本企业发展的关键因素利用各种预测方法作出发展趋势预测，找出外界环境变化对本企业经营的影响，从而定出在这种内外形势下本企业的发展趋势及目标。在制定企业经营目标的过程中，企业目前普遍存在两种倾向：其一是对本企业实力估计偏高，因而提出超过实际可能的或比较冒进的企业经营目标；其二是思想偏于保守，害怕竞争，对外部环境变化敏感及反应能力差，不会分析外界环境给本企业可能带来的机会和威胁，对本企业存在的巨大潜力不能做充分估计，经营目标的制定过于保守，这使企业丧失了许多发展机会，甚至永远处于亏损边缘。因此实事求是地对内外环境进行分析预测是制定企业经营目标的关键步骤。

表 5-4 企业的内部条件分析

管理职能项	考察项目
市场营销	市场研究的能力； 当前产品的市场需要，和它所处的产品生命周期阶段及其市场份额； 价格结构与市场价格水准的比较； 分销渠道的效率
研究与开发	研究与开发方面的支出； 产品开发或生产工艺的改进； 产品开发方面的收益； 企业用于研究与开发方面的资源条件
生产管理	生产工艺设备同竞争者工艺设备的比较优势； 生产能力状况及规模经济水平； 对生产过程中原材料、零部件、在制品和成品管理的有效性； 生产过程中的全面质量管理水平； 同整个行业相比，企业设备价值、功能、使用时间及维修状况； 员工的组织与激励状况
财务	财务预算； 对盈利或亏损，资产与负债，现金流量等状况的预测及其运用； 财务信息对管理控制的支持

续 表

管理职能项	考察项目
人力资源	企业员工个人与组织的关系； 企业哲学与企业文化； 员工素质、能力和数量； 企业在雇用、培训、调动、辞退等方面的政策； 企业在工资、奖金、福利等方面与同行竞争者的比较； 在战略决策及其实施过程中，企业员工被置于的地位及企业中员工自己认为其所处的地位

另外，由于客观环境变化的不确定性、预测的不准确性，在制定企业经营目标时应制定多种方案。一般情况下，可制定出在外界环境及企业发展比较理想、不太理想、很不理想等三种情况下的企业经营目标的各项指标，在此基础上分析实现各种目标方案的可能性及其利弊得失，再根据企业实际情况提出一种方案供企业领导人定夺，这样才能做到防患于未然。在多方案企业经营目标的分析比较中，很重要的一环就是进行资源分析，即要研究企业在今后的战略期间内的资金、人力、技术等资源供应能不能满足理想经营目标方案的要求。

2. 如何制定企业经营目标体系

如何制定企业经营目标及设立目标的过程要比目标本身重要得多。对于管理者而言，首先应关注如何设立目标；对于员工而言，参与目标的设立过程要比简单的知晓目标要重要得多。实际上，让员工参与目标的设立过程就是让员工了解价值创造的过程，就是让员工明晰目标方向的过程，就是管理者与员工相互承诺的过程。

企业领导人与员工共同商定战略目标。企业领导人可预先提出一个预定的目标，再与各职能部门及职工讨论制定，也可由下级和员工提出，再由上级汇总，这两种形式相结合也可以。总之，必须由企业领导人与职工共同商量决定企业经营目标，但作为企业领导人必须对面临的形势及企业能够完成的目标有一个清醒的估计，做到心中有数。

整个企业经营目标的制定应该是一种参与式的、民主的自我控制的过程，在此过程中，上下级的关系是平等、尊重、信赖、支持，下级在承接目标和被授权之后是自觉、自主和自治的。总之，在目标明确的条件下，人们能够对自己的工作负责。企业经营目标的制定要注意以下问题。

（1）目标体系横向流程化制定。目标体系横向流程化制定体现在其内在的合理性上——流程产出结果。基于此种假设，以体现在流程上的价值增值过程为目标制定路径和目标标识就是建立目标体系合理性的依据之一。另外目标体系横向流程化制定的合理性还体现在"公平"上。目标管理的横向公平就是说在同级员工中目标的制定必须公平合理。在企业同一个部门，甚至说在同一个企业内，员工往往容易把离自己最近的人作为参照，如果员工之间发现工作之间的分配有失公平，工作的分配并不平等，员工的积极性就会受到极大的影响。

（2）目标体系纵向逻辑化制定。目标体系的纵向合理性体现在层级目标的逻辑化制定上。企业层与层的结合所组成的立体结构构成企业的整体。企业作为整体的存在，加上企业的核心竞争力，才是企业在激烈的市场竞争环境中生存的基础。一个层下面分有几个分层，目标的这种纵向的结合，构成企业的目标体系。企业目标的实现，依托于各个层目标的实现。但是如果企业的目标体系在逻辑关系上支离破碎，它可能不会直接影响企业的结构，但最大的直接影响是企业无法形成"核心能力"，因而谈不上企业的竞争优势。因此，核心能力的建立从形式上来说是企业在追逐和达成目标的过程中形成的，可本质上却是在目标的方向、路径及目标的逻辑关系等内在因素的作用下达成的，这些因素恰恰是目标逻辑性的关键所在。所以，建立目标体系时一定要注意纵向逻辑的合理性。

（3）企业目标与个人目标在目标体系中的关系处理。企业在制定目标体系时应注意与个人目标相协调。员工不仅仅是实现企业目标的载体，他们也会有自己需要完成的个人目标。也只有当企业目标与个人目标达到完美重合时，发挥出来的创造力才会有如排山倒海。

（4）目标的确立仅仅是目标管理的一个环节。企业目标是否实现，很大程度上还取决于执行过程中的指导与调控。制定了目标体系后，在目标执行过程中必须适时地进行适量的指导与调控。不要以为目标管理只管结果，过程就可以完全放弃，这是对目标管理的误解。管理更为重要的是过程。

企业经营目标的制定包括四个阶段。

① 确定企业经营目标。企业经营目标必须明确具体，可以计量，并在实际工作中可以达到。经营目标过分抽象或有不同的理解，则经营目标难以执行。

② 拟定备选经营目标。备选经营目标，又称可行性方案，它必须具备三个条件：方案的排他性；方案符合企业内外环境并且有可行性；方案必须完整。

拟定备选经营目标通常是从提出设想开始的，它具有三个基本要素：方案的排他性；方案的设想必须充分利用外部环境提供的条件；方案的设想必须能最佳地利用企业的内部资源。

③ 评价和选择经营目标。评价和选择经营目标，是指对每个备选经营目标的效果进行充分论证，在此基础上作出选择。如果说，确定经营目标是前提，拟定备选经营目标是决策的基础，那么，经营目标的评价与选择是决策最关键的一步。因此，在此阶段要解决两个最根本的问题，即确定评价标准和选择经营目标的方法。

④ 经营目标的执行与反馈。经营目标一经选定，就要组织实施，落实到具体责任人。只有在执行中才能发现经营目标的不足，才能发现新的问题，才能对经营目标进行修正和完善。特别是反馈，能对经营目标采取调整措施，使其更趋合理。

推行企业经营目标体系要有一定的思想基础和科学管理的基础，要教育员工确立全局观念、长远利益观念，正确处理好企业、个人之间的关系，否则容易滋长急功近利和本位主义倾向。没有一定的思想基础，就可能出现只顾本部门、本车间、本班组的利益而不顾企业整体长远利益的现象。同时要求企业各项规章制度比较完善，信息比较畅通，才能做到相互配合、协调一致。

本章小结

企业愿景（或企业宗旨）是指企业长期的发展方向、目标、目的、自我设定的社会责任和义务，主要内容包括企业的经营范围，企业的生存、发展和盈利及其相互间的关系，企业的理念，树立公众形象，企业的社会责任五个方面。企业使命管理是指企业通过使命的制定强化来指挥和影响企业成员为实现企业目标而作出努力的过程。企业使命具有导向、激励、协调、凝聚、约束、辐射等功能。企业的经营目标指的是企业在特定期限内，考虑其内外环境条件的可能性，在实施其使命中要求达到的程度和要求取得的成效。基于所涉及的时限的长短，企业经营目标有长期和短期之分。

复习思考题

1. 公司的使命是否随时间、环境而产生相应的变化？为什么？
2. 企业高层管理人员的目标与董事会的目标是否一致？为什么？
3. 企业的目标可度量、可考核是否重要？为什么？
4. 如何有效地实现企业的使命管理？有哪些途径？
5. 企业整体战略的目标是什么？这些目标的类型、结构和范围怎么样？
6. 企业的经营目标体系由哪些具体内容组成？这些内容随着环境的变化会产生怎样的相关变化？

第6章　企业战略管理三维关联分析

 学习目标

- 企业战略的三维关联分析的内容；
- 企业三维关联的战略定位功能；
- 企业战略危机及预警机制。

百年柯达痛苦转型

曾几何时，一句"你只要按下按钮，其余的都交给我们！"的口号享誉全球。作为全球最大的感光材料的生产商，柯达在胶卷生产技术方面的领先已无须再用语言来形容，柯达更多地把拍照片和美好生活联系起来，让人们记住生活中那些幸福的时刻。

在"胶卷"时代，柯达设计了冲洗和打印负片的体系，令拍照变得十分简单。在此基础上，柯达通过低价甚至赠送一次性相机来拉动相机销售，再从相片冲印所需的药水和相纸等易耗品中获取最大利润，从而缔造了一个处于绝对垄断地位的影像王国。

但蓦然间，我们发现柯达已经不再是照相的代名词了，因为数码相机出现并风靡全球了。胶卷不再是我们所渴求和不可代替的东西了，数码相机的流行，数码冲印的实现，使我们都快忘记了还有一个柯达胶卷的存在。

其实柯达早在1976年就开发出了数字相机技术，并将数字影像技术用于航天领域；1991年柯达就有了130万像素的数字相机。但柯达在向数字化转型的过程中远没有富士果断和坚决。犹豫使柯达错过了向数字化挺进的最佳时机，使柯达为日后的转型付出痛苦的代价。

众所周知，在数码这个概念还未深入人心的时候，柯达在中国市场上可谓是一帆风顺。统计数据表明，2003年，柯达在中国的市场占有率已超过60%，快速冲印店从1500家增加到8000多家，稳居中国感光市场品牌第一位。

然而，伴随着数码影像市场在中国飞速拓展，富士凭借其独有的激光曝光技术卷土重来，并且着手全面提升它的销售网络。当柯达进军数码冲印领域时，已经被富士落下了一大截了。而且，这8000多家柯达冲印店正在成为柯达战略转型的包袱。优势就这样被逆转了。

2005年，柯达公司向外界宣布了一个消息：公司将于2007年停止传统的Kodachrome Super 8胶卷的生产，柯达的声明无疑是给彩色胶卷判了死刑。

1. 柯达的战略失误

从当年当之无愧的行业龙头老大，到近几年的尴尬困境，可以说是柯达战略上失误的必然。其实柯达在很早就预见到数码时代的到来，甚至在胶卷时代就已经优先掌握了很多独特的数码技术。那是什么导致了柯达今天举步维艰、痛苦转型的困境呢？

首先，柯达长期依赖相对落后的传统胶片部门，而对于数字科技给予传统影像部门的冲击，反应迟钝。柯达一厢情愿地认为数码时代离自己还很遥远，甚至在其北美市场遭遇数码时代来临的冲击后，还大举投资中国胶卷市场，然而在其竞争对手的数码技术压力下，辛辛苦苦建立起来的优势马上变成了不得不转型的重大包袱。

其次，管理层作风偏于保守，满足于传统胶片产品的市场份额和垄断地位，缺乏对市场的前瞻性分析，没有及时调整公司经营战略重心和部门结构，决策犹豫不决，错失良机。2000年底，胶卷需求开始停滞。柯达出现判断性失误，认为这种状况是整体经济衰退造成的。多年行业的绝对垄断地位与优势，已经让它失去了对危机的敏锐反应力。管理层作风保守，担心在整个数码产业还没有成熟的情况下就立马转型会影响到既有核心业务的优势，这个考虑是比较合理得的。但是在整个数码产业已经飞速发展甚至全数码时代已经完全到来的情况下，还没有及时调整公司经营的战略重心，寄希望于相对不成熟的市场，这绝对是管理层的重大失误。柯达因此错失可以一举击退其竞争对手的良机，导致了目前几乎没有核心技术的危险境地。

2. 柯达的艰难转型

直到2002年底，柯达才真正意识到，传统的胶卷市场的辉煌已经一去不复返了，如果再不及时转型进军数码世界，以后的日子会越来越艰难。2003年9月25日，柯达在纽约市举办了一个投资者会议。在会议上，柯达明确了扩展战略的细节：公司以消费者、医疗和专业胶片影像产品和服务为根基，发展成为一家更平稳和多元化的公司，成为影像数码市场上的领导者。自此，柯达转型正式拉开序幕。柯达已然开始逐渐走出胶卷市场笼罩的光环，开始在数码市场争羹。

在转型后的一年中，柯达展开了一系列活动：并购Algotec系统公司、SCITEX数字印刷公司，与VERIZO WIRELESS建立战略合作关系，完成对NEXPRESS和HEIDELBERG公司的并购，从美国国家半导体购买图像传感器业务，购买OREX公司，卖掉AUNTMINNIE.COM业务，购买CREO公司等。柯达希望这一新的战略转型将导致业务更为多元化，并预期这个新战略将会让公司每年以5%～6%的速度增长。在2006年以前可能达到160亿美元的年收入。

显然，预期过于乐观了。自2005年起，柯达开始亏损，但是2005年在柯达的历史上，也是一个具有历史意义的转折点，在2005年的财务报表中，柯达数码业务的销售额首次超过传统业务,数码业务的利润增长也超过传统业务下降的幅度。这些都将成为公司转型过程中的重大事件。

虽然遭遇了意想不到的困难,柯达公司始终坚持着转型的战略。而一旦这种转换完成后,柯达公司的规模将会变得小很多,预计员工人数会在25000人左右,销售额20亿美元,总资产也就20亿美元。在美国门罗县,柯达公司的人员和资产已经减少了至少1/3,在这家工厂,柯达现在的职工总数是第二次世界大战以来的最低数。

在经济评论家眼中,相当比例的观点是柯达转型起步太晚,付出的代价太大,裁员、重组、将数码相机生产业务外包,通过一系列手段缩减战略调整之后的成本难以消化。在2006年末,柯达公司将旗下的医疗影像部门以23.5亿美元出售给加拿大的投资公司。当时,舆论哗然,很多新闻评论柯达这一举措带有壮士断腕的悲壮色彩。其实,此举只是使柯达公司的未来发展目标更加清晰。

面对外界的关注与普遍的怀疑,柯达认为,如果由此就看低公司的未来发展,将是错误的。柯达当时表示,他们正在不断发掘印刷和摄影领域的市场机遇,而公司的技术、品牌和销售能力在这些方面拥有很好的施展空间。柯达对于占领数码市场颇有信心。

3. 转型数码的成功

而到了2007年2月,柯达的艰辛终于有了回报。伊士曼柯达公司在纽约宣布,在执行数码业务战略方面取得令人瞩目的进展。预期其目标业务模式在2009年将实现28%~29%的毛利率,经营利润将达到收入的8%~9%。

在经历了持续8个季度的亏损之后,柯达终于迎来了数码业务的春天。柯达公司高级管理层认为在过去三年的艰难转型中,他们已经在创建新柯达方面取得了显著和重大的进展。

作为数码技术的早期投资者,柯达积累了颇为可观、价值极高的知识产权,现在新柯达致力于通过运用这些知识产权推动业务合作,为公司提供进入新市场和更多技术的途径,以及获得利润和现金,并由此为这些资产创造价值。公司预计2007年至少有2.5亿美元的收入和利润将来自知识产权许可项目。

柯达正在朝向梦想——在2008年转型为一家数码公司一步步靠近,但是,这个过程并非一帆风顺,曾经风光无限的影像王国在数码时代的冲击下,逐渐瘦身,在市场份额的逐渐萎缩下,开始艰难地转型,从曾经的霸主地位到台下的挑战者,柯达经历了太多的伤痛考验。

而这一天,距离柯达开始实施数码转型已经整整过去了三年半的时间。而这本来是可以通过战略危机预警机制和灵活的应对措施来避免的。柯达为其战略上的反应迟钝付出了沉重的代价,如果不是新任CEO及整个管理层的果断转型,柯达几乎就成为了历史。

(资料来源:印科网:http://www.keyin.cn/plus/view.php?aid=12600
世界营销评论:http://mkt.icxo.com/htmlnews/2006/07/26/886262_0.htm)

6.1 企业战略管理三维关联分析概述

6.1.1 企业战略管理的核心因素

对企业战略的研究是从20世纪中期在欧美国家开始的。在企业战略理论发展的过程中,由于研究的角度不同,产生了两个立场截然不同的学派:外部环境学派和内部资源学派。这两个学派的观点在前几章中都有所涉及,本节主要从比较研究角度,系统地展开论述。

1. 外部环境学派(又称产业组织学派)

外部环境学派兴起于20世纪60年代。该学派的代表人物是哈佛大学教授迈克尔·波特,他的著作《竞争战略》和《竞争优势》成为企业制定战略的宝典。

外部环境学派的基本观点如下:企业的外部环境(特别是行业和竞争环境)决定着企业能否赢得高额利润;企业的资源和能力优势不具有长久稳定性,其他企业通过模仿或购买,同样可以获得;外部环境是企业成功地制定战略的决定性因素;企业的内部资源和能力必须服从于外部环境中存在的机会和威胁并进行调整。根据上述基本观点,战略管理的首要任务是寻找并进入有吸引力的行业。

2. 内部资源学派

内部资源学派兴起于20世纪80年代后,"核心能力"理论是这一学派的代表。

内部资源学派的基本观点是:每个组织都是独特资源和能力的结合体,这种独特的资源和能力是伴随组织的发展过程而积累起来的,其他组织难以通过模仿、购买之类的手段获得。并不是公司所有的资源和能力都有潜力成为持续竞争优势的基础,只有当资源和能力是珍贵的、稀有的、不完全可模仿的和不可替代的,这种潜力才能变成现实。当公司的资源和能力能增加公司的外部环境机会或减少威胁时,这种资源才是有价值的。

3. 两种观点的对比

外部环境学派对多元化经营持比较积极的态度,它认为外部环境中的机会是企业制定战略的基础,企业应适时地将资源向有利于利用外部更有吸引力的市场机会转移。也就是说,当有比目前的主导业务更有吸引力的市场机会时,企业为了利用机会,调整战略资源进入新的事业——也就是开展多元化经营——是一种明智的战略选择。

内部资源学派更主张企业专注于已有的核心业务,除非原有主导业务所属的产业已走向衰落。它认为企业已有的战略资源及在发展过程中所获得的能力是企业制定战略的基础,是企业赢得竞争优势的源泉,因此不主张轻易涉足不相关业务,而使企业的核心业务受到削弱。企业应抵制某些看起来利润潜力诱人的机会的诱惑,专心做自己擅长的业务。

外部环境学派在20世纪七八十年代占据着主导地位,当时的经济、市场环境的特点是:不同产业的竞争程度不平衡,企业间竞争的激烈程度相对来说较低,企业经营的复杂程度也相对较低,领先进入新兴产业的企业由于跟进者的速度较慢,其优势可维持较长时间。

在这样的经济市场环境背景下,外部环境学派的观点是适宜的。而90年代以后,尤其是近几年来,情况有了很大的变化:几乎所有产业的企业都面临激烈的竞争。企业经营管理的复杂性前所未有,每当一个明显有利可图的产业出现,就会引来一大批企业迅速跟进,先入者的优势在极短的时间内消失殆尽,企业只能凭综合实力去赢得优势。在这样的背景下,内部资源学派逐渐兴起并在近十年渐成主流。

外部环境学派与内部资源学派分别从外部环境和内部实力的角度分析了企业战略管理的核心要素。而从组织管理的角度看,新创办一个企业,或对一个原有的企业作重大调整,首要的任务就是规定企业的基本目的、性质和经营指导思想,也即确定企业的经营方向或企业的使命。企业经营方向的陈述应是战略规划中最公开的部分,它是一种综合和广泛的意向说明,内容一般包括:企业的经营范围及市场和技术的范围,企业的生存、发展和盈利的程度,企业遵循的哲学思想,企业的社会责任和形象,企业的自我意识等。一个企业不一定在其成文的经营方向中阐明上述的全部内容,但在企业内部,特别在经理人员中,对这些问题应有一个统一的认识,以便指导企业的全部生产经营活动。

因此,经营方向的选择是一个企业制定战略的核心问题。经营方向的选择正确与否,直接关系到企业今后发展的前途命运。特别是在以经济和科技为主要特点的综合国力较量成为国际竞争的主要方面的国际背景下,公司和企业成为竞争的主体,企业经营方向的选择对企业的生存更有着生死攸关的作用。只有明确企业的经营方向,才能据以确定经营目标,制定经营战略。

规定经营方向对企业具有以下作用:保证企业内部成员对企业的生产经营认识一致,便于协同行动;为资源的调配使用提供基础和标准;形成企业员工的共同语言和企业文化;指导企业确定经营目标和制定经营战略,并具体化为各项工作任务。

企业经营方向既是基于企业外部环境和内部实力而制定的战略的具体表现之一,又深刻的影响着企业战略的动态发展。

综合战略理论两大学派和组织管理学的观点,在企业进行战略管理的过程中,企业外部环境、内部实力、经营方向始终是三大核心要素。

6.1.2 战略三维关联分析

由上所述,战略管理过程中,企业的外部环境、经营方向、内部实力是需要考虑的最主要因素,通过对这三种要素的确定来制定、选择、实施、评价和调整企业战略。综观诸多的战略理论和实践,企业战略的确定和战略目标的实现主要由上述三维向量因素所决定,它们的关系为:

$$E = f(S, e, d, a) \tag{6.1}$$

式中:E——战略效果(战略目标的实现);

S——战略;

e——企业外部环境;

d——企业经营方向；

a——企业内部实力；

f——函数规则，指战略实施过程（包括战略评价、战略调整等）。

实践中，S 同时又是三维变量即企业外部环境、经营方向、内部实力的函数：

$$S = S(e, d, a) \tag{6.2}$$

即战略随着外部环境、经营方向和内部实力的变化而进行相应地制定、调整或转移，经营环境的变化要求企业的战略管理进行范式转变。

由上可知：

$$E = f(S(e, d, a), e, d, a) \tag{6.3}$$

进行简化得到：

$$E = F(e, d, a) \tag{6.4}$$

公式 6.4 就是三维变量影响战略效果的函数表达式，F 是综合了 S 和 f 的函数，即所有决定战略实施效果的规则，如企业组织结构、企业文化等。与战略相适应的组织结构和企业文化等对战略实施有正的强化作用，同样，不适应的则对战略有负的强化作用。在制定和实施战略前，就应该认识到组织结构和企业文化等因素对战略的潜在作用，应该提前采取措施使它们与战略相一致，尽管会有些变化，但都处在控制范围之内，因此把它们假定为战略效果函数的不变函数规则。

因此，影响战略实施效果的主要变量就是外部环境、经营方向和内部实力。而外部环境、经营方向和内部实力三者之间存在一定的互动关系。如图 6-1 所示，企业外部环境按与企业经营的关系及其自身的变动程度，在良性和恶性之间变化；经营方向根据与企业经营目标和其他两维向量的关系，在明确/正确和模糊/不正确之间变化；企业内部实力在强与弱之间变化。环境是变动最大的变量，影响着企业经营方向的确立和内部实力的提高，是一种外生变量。而一定时期内的经营方向和企业实力为企业所带来的经营成果，将对企业的内外

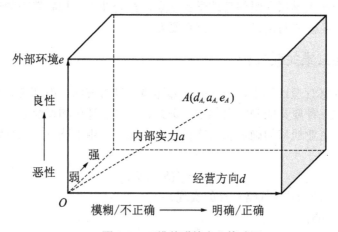

图 6-1 三维关联的企业战略图

部环境产生一定的影响,改变环境的变动趋势,特别是企业内部环境。

企业外部环境和内部实力及经营方向,分别代表着不同的维度,具有相对的独立性。其中,外部环境这一维度包括的内容其实可以扩展成一个平面的环形图,由一般环境至直接环境,如第3章中所述。在第3章中相对定性地分析了外部环境的机会和威胁,而在此企业战略的三维关联模型中,为了便于定量分析,本书纳入外部环境指标体系,并对其中的关键指标根据企业所在具体行业的不同赋予相应合适的权重,同时可以采用该外部环境指标在行业水平历史上达到的最劣点和最优点分别作为该环境指标的0与1的数值点,这样对每一个企业的而言,就可以建立一个相对所处行业的清晰外部环境指标数值,对企业的战略管理具有重要的参考价值。可以发现,企业外部环境指标数值是一个相对独立的项,是通过一般环境因素中的经济、社会、政治、技术及直接环境因素中的同行竞争、劳动力素质、资源的供应、消费者状况加权平均得来的。

根据内部资源学派的观点,企业的内部实力来源于所拥有的他人难以购买或复制的资源和能力。在第4章中,已经分析过企业内部实力的内容:资源和能力。在此模型中,为了简化分析,可以采用企业所在行业水平历史上资源和能力的最劣点和最优点分别作为该项指标的0与1的数值点,根据该指标对企业保持竞争地位、价值创造的重要性和贡献的份额来赋予相应的权重,经过加权平均,就得到了内部实力的指标数值。由此也可以观察到,内部实力这一维度也是相对独立的。

企业经营方向这一维度具有一定的特殊性,经营方向既是企业战略在经营层次上的具体体现,又对企业战略管理的制定、选择、实施、评价和调整起着方向性的作用。如果把企业比作一艘在惊涛骇浪中航行的船只,惊涛骇浪就是企业的外部环境,船只本身的抗风浪能力就是其内部实力,那么经营方向就是这只船的舵。由于战略的长期性、预见性,经营方向所固有的惯性,使得经营方向的调整相对而言过程比较漫长,在每一阶段制定好了现有战略后,经营方向就是一个相对固定和独立的项,是上阶段战略调整的直接结果。值得注意的是,在此模型中,经营方向的维度并不是指企业目前的具体的经营方向,而是指企业经营方向与其他两个维度是否匹配,以及目前的经营方向与企业的整体战略是否匹配。因此,企业经营方向的改变并不一定引起模型中经营方向维度数值指标的改变,而经营方向的始终不变,也并不代表模型中经营方向维度数值指标的不变。经营方向这一维度,兼具企业现有战略的体现与匹配其他两个维度的功能,带有很大的定性成分。评价这一维度的数值可以通过企业的价值创造速度与本行业平均水平、国民经济增长率、本企业预测指标等数据进行。因此,在某种程度上,经营方向这一维度的数值也可以视为企业战略管理效果的评分。因此在企业战略的整个过程中,经营方向这一维度始终发挥着战略风向标和战略效果监测手段的双重作用。

6.1.3 三维关联的战略定位功能

传统的战略管理理论认为,战略就是对一个经营者单位在一个行业中进行定位,并假定整个行业结构是稳定的、可识别的。因此战略分析的重点是要人们关注已存在的稳定的组织。战略模式的制定，通常是基于对各种技术经济关系的线性假定和比较静态分析，因为结构参数的微小变化将导致最终平衡状态结果的小的改变。但从现实来看，经济系统是混沌的，是动态、变化不定的，战略效果的长期预测是不可能的，以上所有公式都是非线性的，是隐含时间变量的动态系统，具有动态特征。

因此，企业经营战略的制定者、实施者及评价者都应该认识到战略的这些复杂性和动态性，充分利用企业外部环境、经营方向和内部实力的三维关联分析方法来处理战略问题，确保战略与企业的经营目标一致，为企业带来巨大的效益，同时为战略的创新准备条件。

1. 两极点的战略定位

从三维图中看，在靠近原点的地方，企业环境复杂，变化不定，对企业来讲是一个恶性的环境，企业内部实力弱，经营方向不明确或与企业经营目标相比不正确。在这样严峻的状况下，企业所采取的战略应该是一种紧缩性战略，当企业已采取非紧缩性战略时，应该向紧缩性战略转移。处于逆境状态的企业如能及时退却，则可减少损失，还可以等待时机东山再起。

三维向量分别沿正向方向达到良性、明确/正确、强的位置时，三位坐标（良性，明确/正确，强）所确定的区域是另一个极端，这种状况是一个企业扩张发展的最佳时机，因此所采取的战略应该是一种扩张性的战略。

2. 战略定位与三维关联互动

在时机中，企业的三维向量所确定的战略更多地处在上述两个极端之间。现实中的企业宏微观环境处在一种无序的混沌状态，经营方向不是一成不变的，企业内部实力也在强与弱之间徘徊。因此，必须以动态演变的指导思想来监控和管理企业的经营战略，在制定和实施战略时，要密切关注这三维向量的变动，根据企业的经营目标进行相应的战略调整或战略转移，使战略与企业目标一致。

从图 6-1 中可以看到（良性，明确/正确，强）所确定的区域是企业发展和盈利的最佳时机，因此应当采取措施，改变变量的变动趋势，使之向（良性，明确/正确，强）位置靠近，为战略的顺利实施和创造良性效果准备条件。

在战略管理过程中，可以发现，三个维度中任何一个维度的变化都会引起其他两维的相应变化。比如，企业外部环境中同行业竞争加剧，整体经济形式恶化，都会影响到企业内部实力中对资源的控制能力，迫使企业提升自己的核心能力，而外部环境的恶化，也意味着现有的经营方向存在调整、改变甚至完全转型的必要，而企业外部环境这一维度的变化，并不是任何一个单一维度所能应对的，需要内部实力与经营方向两个维度的联动，才能使企业的发展和盈利变成现实。同样，对于内部实力，也需要根据外部环境和企业经营方向来发挥优势，规避劣势，当内部实力增长时，如果行业内其他企业内部实力增长幅度远远超过本企业，或者本企业的内部实力增长并没有使企业的优势在现有的经营方向上发挥出来，反而暴露出企业的劣势，那也会使企业遭遇危机和不利后果。经营方向这一维度也是一样，必须使外部环境与内部实力相匹配；同时，经营方向这一维度的变化也需要其他两个维度的共同作用来配合。简单而言，在此模型中，任何一个维度都不可能单独对战略产生影响，而需要和其他两维配合起来。任何一个维度要发生作用，都会引起其他两个维度的关联变化，从而形成三维关联互动。

在此模型中，战略三维关联互动并不是一个一次性的静态的过程，而是一个动态循环往复的过程。外部环境的变化引起内部实力、经营方向的联动，而内部实力与经营方向的变化又反过来影响外部环境，而内部实力与经营方向也存在互动，这也会引起三个维度之间的进一步联动。这一循环往复的动态过程在企业战略的制定、选择、实施、评价和调整过程中起着非常重要的作用。而战略三位关联互动的动态过程类似于物理学上的三个振动中心在湖面上的共振过程，一个振动中心的波动引起其他两个振动中心的振动，继而三个振动中心一起振动，而且振动产生的"波纹"相互影响，相互干扰，直至形成一个动态平衡过程或者随着能量的衰减而趋于静态平衡。而战略三维关联互动也有类似的动态平衡过程，在每一次战略调整引起的"振动"或者某个维度的急剧变化引起的"振动"后，三个维度之间开始关联互动，互相影响，互相作用，形成联动的动态平衡，并在企业战略的前瞻性指引下趋向于有利于企业的方向"波动"，最终实现企业的战略目标而趋于静态平衡。

当然，根据企业的三个维度的信息，还可以将企业置于战略三维关联图中进行定位，而这与传统的战略定位有着一定的区别。传统的战略理论认为："战略是对公司实力与机会的匹配，这种匹配将一个公司定位于他所处的环境中。"（安德鲁斯语）这是战略定位思想的起源。而后，如前文所述，外部环境学派与内部资源学派对战略定位进行了内外匹配的分析。但是，传统的战略定位理论只是解决了战略管理中的"做什么"的问题，而忽视了"怎么做"的问题，只是从静态的角度假定未来外部环境与内部实力的相对稳定性与可预测性。正如前文所言，现实的商业环境是急剧变化的，处于混沌状态，因此长期的预测基本是不可能的。在这种情况下，战略管理应该更加注重现有经营战略与外部环境、内部实力的三维关联互动，而不是停留在静态的角度上，却忽视了企业战略三维关联互动的演变这一动态过程对战略管理的重大影响。在此模型中，既包括了传统战略定位理论的思想，纳入了外部环境与内部实力这两个维度，更重要的是加入了经营方向这一维度，使得实时监测、检验战略效果及全方位立体观察企业战略演变过程具有了可行性。

总的来说，战略目标的实现效果是由战略与经营方向、环境和内部实力等三个变量共同作用的结果。

6.2　企业战略危机预警与管理

企业战略危机是指由于外部环境突变或者内部条件（包括经营方向和内部实力）的改变，企业的战略没有对此作出应变或者应变不当而使企业无法实现既定目标的状态。由于企业内外部环境的动态性和复杂性，企业的长期性的战略很难与环境条件或内部条件等保持一致,战略危机的出现是必然的,战略危机爆发的危害也是严重的。

战略危机预警实际上包括对战略管理过程中的管理行为的预警和预控的管理,即建立对战略管理活动的识错、防错、纠错和治错的机制,具体包括监测、诊断、警报方式、信息、早期控制、对策库和失误矫正。

企业和环境的复杂性和动态性决定了企业经营战略是一个动态性的战略,这体现在战略制定阶段中的多个战略的比较和选择,战略实施阶段中的战略评价和战略调整,以及战略的创新。战略的动态性或动态性的战略预示着,在总的战略目标不变的前提下,战略和战略效果会经常变动,战略的变动是有目的的人为施加,而战略效果却不能轻易控制,有时也难以观察到战略效果的产生和变化。由于战略的惯性和人们反应的迟缓性,当我们实实在在感觉到战略效果发生时,战略效果已经带来了深刻的作用(良性或恶性),特别是战略的负效果(恶性)。因此,要想战略效果如我们所愿,只有采取前馈控制方法,三维关联分析对战略的实施有着前馈的预警功能。

如前文所述,战略三维关联分析的每一维度都是定性分析与定量分析的结合,在相对成熟的行业或有一定发展历史的行业,可以通过行业历史数据建立基准点来进行比较分析。但是在一些新兴产业中或特殊行业中,行业历史数据的收集比较困难,或者数据收集没有太大的参考价值,此时,可以采用德尔菲法来预测并设定一个标准值或标准区间,然后可以根据企业目前的数据分析企业的经营状况和战略效果。其实,无论采用哪种数据与信息收集方式,都会根据各个关键要素在实际商业环境中的重要性来赋予相应的权重,并采用定性分析与定量分析相结合的方法来尽可能精确地预测与评估企业的战略态势。在商业环境中,三维关联充分模拟了战略的动态性过程,在战略调整与三维关联动态互动的过程中,变化的绝对值固然重要,而变化的比率也有着重要的战略参考价值。在三维关联的战略预警系统中,引

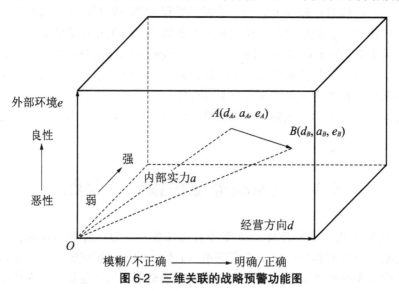

图 6-2 三维关联的战略预警功能图

入了弹性这一精准测量相对变动的指标,可以帮助企业在现实生活中明确三个关键向量的变化情况和需要采取的相应措施。

如图 6-2 所示,设有 A、B 两点,它们的坐标分别为 (d_A, a_A, e_A),(d_B, a_B, e_B)。为了更好地描述战略的动态性,我们加上时间变量 t,则 (d_A, a_A, e_A) 是初始时刻 t_0 的三维向量组合,(d_B, a_B, e_B) 是 t_1 时刻的三维向量组合。

设在点 A 处有一战略 S 刚刚开始实施,经过时间 Δt($\Delta t=t_1-t_0$),影响战略运行的三维变量到达 B 点。由于变量 d,a,e 均为可测的或可以估计出来的(假定它们都是无量标变量),因此它们在时刻 t_0 和 t_1 的值都可知。

6.2.1 战略危机的预警指标系统

1. 各维变量的变动幅度和战略效果的变动量

$$\Delta d = d_B - d_A;\quad \Delta a = a_B - a_A;\quad \Delta e = e_B - e_A$$

若以 A 点为基点,可以算出各维变量的变动率 r:

$$r_d = \frac{\Delta d}{d_A} \tag{6.5}$$

$$r_a = \frac{\Delta a}{a_A} \tag{6.6}$$

$$r_e = \frac{\Delta e}{e_A} \tag{6.7}$$

一个企业根据以往的经验,可以确定函数规则 F,则在 t_0 时刻,$E_A = F(d_A, a_A, e_A)$,在 t_1 时刻,$E_B = F(d_B, a_B, e_B)$,变动幅度

$$\Delta E = E_B - E_A \tag{6.8}$$

E 的变动率为:

$$r_E = \frac{\Delta E}{E_A} \tag{6.9}$$

2. 战略效果的经营方向弹性系数、内部实力弹性系数和环境弹性系数

战略效果的经营方向弹性系数为:

$$l_d = \frac{\Delta E / E_A}{\Delta d / d_A} = \frac{\Delta E}{\Delta d} \cdot \frac{d_A}{E_A} \tag{6.10}$$

战略效果的内部实力弹性系数为:

$$l_a = \frac{\Delta E / E_A}{\Delta a / a_A} = \frac{\Delta E}{\Delta a} \cdot \frac{a_A}{E_A} \tag{6.11}$$

战略效果的企业环境的弹性系数为:

$$l_e = \frac{\Delta E / E_A}{\Delta e / e_A} = \frac{\Delta E}{\Delta e} \cdot \frac{e_A}{E_A} \qquad (6.12)$$

6.2.2 三维关联的战略危机预警

1. 变动幅度的战略危机预警

根据企业经营的实践数据和对未来发展的预测，可对以上预警指标的安全变动给予假定。

(1) 假定可以承受的经营方向变动的上限 $\Delta d_{max} > 0$，当 $|\Delta d| > \Delta d_{max}$ 时是危险的（需要变革的信号），当 $|\Delta d| \leq \Delta d_{max}$ 时是安全的。

(2) 假定可以承受的内部实力变动的上限 $\Delta a_{max} > 0$，当 $|\Delta a| > \Delta a_{max}$ 时是危险的（需要变革的信号），当 $|\Delta a| \leq \Delta a_{max}$ 时是安全的。

(3) 假定可以承受的环境变动的上限 $\Delta e_{max} > 0$，当 $|\Delta e| > \Delta e_{max}$ 时是危险的（需要变革的信号），当 $|\Delta e| \leq \Delta e_{max}$ 时是安全的。

(4) 假定可以承受的战略效果变动的下限 $\Delta E_{min} < 0$，当 $\Delta E < \Delta E_{min} < 0$ 时，三维变量的变动所造成的战略效果是不利的，相当危险；当 $\Delta E_{min} < \Delta E < 0$ 时，战略效果是不利的，但可以调整；当 $\Delta E_{min} > 0$ 时，则战略效果是有利的，需要保持和进一步提高。

由三维变量的变动和战略效果的变动，以及三维变量之间的互动关系，可以对实施中的战略进行动态管理，随战略实施时间的推移实现对战略及其效果的实时监控；可以从容的在战略危机到来之前研究应对措施，避免战略危机给企业带来恶性效果，努力引导企业经营战略沿着对企业的正强化方向运行。

2. 弹性的战略危机预警

战略危机的弹性预警指标主要考虑战略效果的三维变量弹性，即经营方向弹性系数 l_d、内部实力弹性系数 l_a 和环境弹性系数 l_e，这里将三种弹性系数总称为弹性系数 l，则有：

(1) 当 $|l| > 1$ 时，则富有弹性；

(2) 当 $|l| = 1$ 时，则为单一弹性；

(3) 当 $|l| < 1$ 时，则缺乏弹性；

(4) 当 $|l| = 0$ 时，则为完全无弹性；

(5) 当 $|l| = \infty$ 时，则为完全弹性。

在战略的三维关联预警系统中，三维向量的具体数值及设定的标准并不是唯一正确的，这依赖于所采用的数据分析方法与设定的初始水平值，但是弹性这一去除了数值绝对大小影响的指标对于企业评估其战略效果与战略的动态性过程具有很大的参考价值。

6.2.3 三维关联的战略危机预警应用

弹性系数预警指标有助于动态地检测战略的变化，并根据弹性系数的大小，可以预知战略在不同时期的危机及其发生的概率。

（1）新成立的企业，战略效果的经营方向弹性系数 l_d 比其他两个弹性系数大，因此确立正确的经营方向尤为重要。另外，快速成长中的企业的战略效果经营方向弹性系数也较大，此时企业的经营方向处在一个动荡徘徊的过程中，经营方向错误导致危机时常发生，预防和化解危机的着眼点是使战略沿着有利于企业发展方向调整和转移。

（2）在一个竞争激烈的市场或行业中，企业要想在竞争中立于不败之地，必须凭借很强的企业实力，企业实力是其克敌制胜的法宝。在这里战略效果的内部弹性系数 l_i 在三个弹性系数中应该是最大的，因此战略危机预警的重点是对企业内部实力的评价、内部实力的变化和根据变化趋势采取的预防措施。

（3）一个从事全球经营业务的跨国公司，它的战略效果的环境弹性系数 l_e 相比其他两个弹性系数而言就比较大。因此，它应该优先关注环境因素的变化对其业务的影响，建立完善的战略危机预警系统，化解潜在的不定因素带来的战略危机，如美国的"9·11"事件等。

在一般情形下，三维关联预警系统中，三个维度的互动与联动在战略的演变中起着更为重要的作用，企业在分析相关数据信息时，不仅要关注每一个维度的变化及变动率，更要关注三个维度联动引起的战略效果的变化。在前文已经简要叙述了三个维度的联动关系，在实际环境中，显然过程更加复杂多变，参与演变的因素更多，在这里就不一而足了。

企业在运用三维关联预警系统进行战略管理时，可以根据实践数据获得各变量的变动率和战略效果的变动率及三维变量的弹性数据，建立战略危机的预警指标。根据这些指标实施战略危机预警，通过对战略危机的预警，不断修正和调整企业的战略，化解危机，使之成为一个"柔性"的战略，也就是战略既能适应初始的环境、经营方向和内部实力，又能根据三维向量的变动得到相应的调整，从而带来持续性的良性战略效果。

本章小结

战略管理过程中，企业的外部环境、经营方向、内部实力是需要考虑的最主要因素，通过对这三个要素的确定来制定、选择、实施、评价和调整企业战略。这三个因素的不同组合影响和决定企业战略管理的内容与过程。根据三维变量的变动和战略效果的变动，以及三维变量之间的互动关系，企业可以对实施中的战略进行动态管理，随战略实施时间的推移实现对战略及其效果的实时监控。企业可以利用弹性系数预警指标动态地检测战略的变化，并根据弹性系数的大小，预知战略在不同时期的危机及其发生的概率。

复习思考题

1. 企业经营方向、外部环境和内部实力与企业战略的关系怎样？三者之间的关系怎样？如何根据三者的变化来分析企业的战略？
2. 企业战略三维关联图中，企业外部环境、内部实力和经营方向是如何相互作用的？
3. 在企业战略三维关联图中，经营方向有什么特殊的含义？这与传统的战略管理理论有什么区别？
4. 为什么会发生企业的战略危机？导致战略危机爆发的因素是什么？如何根据企业战略的三维关联进行战略危机管理？
5. 选一家你感兴趣的行业里的企业，收集足够的相关资料，对其作三个维度的分析。
6. 运用本章的知识与理论，试图解释IBM、施乐、苹果等公司的战略转型过程。

第7章 战略分析工具

学习目标

- SWOT分析法的步骤与评述；
- 生命周期理论的功能与特点；
- 经验曲线分析概述及评价；
- 行业吸引力与企业竞争力矩阵及应用；
- 市场增长与市场份额矩阵及应用。

方太厨具

宁波方太厨具有限公司（简称方太）创立于1996年1月，专业生产以方太牌吸油烟机、灶具、餐具消毒柜、热水器、集成厨房为主导的厨房系列产品，是国内厨具市场的领导者。方太公司将其企业使命确立为：让家的感觉更好！其愿景为：成为受人尊敬的世界一流企业。

方太的主打产品是抽油烟机，方太从1996年的行业倒数第一到两年后的位居第二，再到现在成为国内厨具的领先者，其成功固然有幸运的成分，但其对市场机会与行业状况的准确把握也是重要原因；同时，方太也面临着激烈的行业竞争。

1. 抽油烟机行业

进入20世纪80年代后期，随着中国居民生活水平的大幅度提高，住房条件的进一步改善，人们追求健康生活的愿望日趋强烈，家用抽油烟机开始进入居民家庭，逐渐成为改善厨房环境必备的家用电器，并在90年代得到迅速发展。一方面，随着我国住房建设投资力度的不断加大，房屋的装修，尤其是厨房的装修正在成为人们的消费热点，作为厨房设备中重要角色之一的抽油烟机自然会引起消费者越来越多的关注；另一方面，目前国内抽油烟机的市场拥有量还不高，而且档次较低；从使用寿命来看，抽油烟机平均寿命为7年，我国城镇居民有一定数量的家庭抽油烟机使用年限已经超过10年，更新换代也为抽油烟机提供了广阔的市场；我国西部地区居民拥有量比东部地区低，中西部地区农村居民家庭对耐用消费品

的消费仍处于起步阶段，农民家庭对抽油烟机有潜在需求。

除抽油烟机外，厨具行业包含的产品还有灶具、消毒碗柜、洗碗机、微波炉、橱柜等。这些产品市场的竞争态势不尽相同，如抽油烟机行业领先者是帅康和方太，灶具行业为华帝和万家乐，微波炉行业是格兰仕。总之，厨具行业大多数企业规模较小，由于品牌众多，新产品层出不穷，消费者的忠诚度并不高，基本上属于充分竞争的态势。

2. 抽油烟机行业竞争情况

与中国市场上其他大家电产品不同，抽油烟机在2002年以前基本上是国货的天下，国产抽油烟机的国内市场占有率几乎达到100%。市场上国外品牌产品大多数定位在高档市场，价格较贵。到了2002年，伊莱克斯、西门子和松下等国外大家电生产企业也相继进入厨具行业，参与抽油烟机市场的角逐。同时，国内的大家电企业如海尔、科龙、美的等斥巨资进入抽油烟机行业。还有一些新兴民营中小企业进入抽油烟机行业，如德意、普田等。众多竞争者在抽油烟机的产品质量、性能、外观、服务及与整体厨房相匹配等方面展开全面竞争。目前，抽油烟机企业可以分为四类。

（1）专业厂家。这些厂家从建立之初即专业生产抽油烟机，它们的规模也随着抽油烟机行业的发展而壮大。经过十余年的发展，已经在市场中占据一定的地位。产品技术先进，经营网点多而广，售后服务完善，市场占有率和厂家认知度比较高。代表企业有帅康、方太、老板等。

（2）其他厨具产品的专业生产厂商。国内一些原来生产其他厨具产品的企业如华帝、万家乐、格兰仕等考虑到与抽油烟机产品的关联性，也相继进入了抽油烟机行业。其中华帝利用其专业品牌优势、专业技术优势、营销优势及规模优势力争在未来三年内做到行业前三名。在专业技术上华帝与清华大学合作，使其抽油烟机等产品的设计在创作思路上和概念上有了很大的突破。这些企业借助于已有的品牌知名度和家电产品经营的经验，对专业厂家的市场地位形成了威胁。

（3）大家电集团军。2000年，大家电企业开始瞄准小家电领域。抽油烟机的低技术含量、高回报利润及巨大的市场空间吸引了海尔、美的、科龙、格力、荣事达、小天鹅等大家电集团军纷纷加入这一行业。他们利用品牌、资本和营销资源优势，对抽油烟机行业造成了较大的冲击。其中发展较快的当数海尔和美的。

（4）国外大家电企业。2002年，国外大家电企业伊莱克斯、西门子及松下大举进军中国厨具市场，蚕食国产品牌的市场份额。伊莱克斯作为世界知名家电品牌之一，同时也是欧洲最大的专业厨用电器制造商。德国西门子作为全球最大的嵌入式厨房电器生产商，同大小品牌橱柜商、房地产开发商密切合作，以求尽快在整体厨房方面成为标准的制定者。

面对国内大家电企业、国外家电巨头及民营企业的不断挑战，抽油烟机行业将展开新一轮的群雄逐鹿。作为国内厨具的市场领先者，方太将会采取什么战略措施来应对这种挑战呢？

（资料来源：http://www.bxcg.com/，http://www.scopen.net，http://www.brandbulo.com.cn/，http://fotile.sp.1798.cn/）

7.1 SWOT 分析

SWOT 分析方法又称 TOWS 方法,是战略管理中非常重要的一个分析工具。SWOT 分析方法是指在进行战略分析时,着重分析企业的优势(Strength)、劣势(Weakness)、机会(Opportunity)和威胁(Threat)四个方面。从整体上看,SWOT 可以分为两部分:第一部分为 SW,主要用来分析内部条件;第二部分为 OT,主要用来分析外部条件。利用这种方法可以从中找出对自己有利的、值得发扬的因素,以及对自己不利的、要避开的东西,发现存在的问题,找出解决办法,并明确以后的发展方向。根据这个分析,可以将问题按轻重缓急分类,明确哪些是目前急需解决的问题,哪些是可以稍微拖后一点儿的事情,哪些属于战略目标上的障碍,哪些属于战术上的问题,并将这些研究对象列举出来,依照矩阵形式排列,然后用系统分析的思想,把各种因素相互匹配起来加以分析,从中得出一系列相应的结论,而结论通常带有一定的决策性,有利于领导者和管理者作出较正确的决策和规划。

7.1.1 SWOT 分析法的步骤

SWOT 分析是用表格表示的,即将构成企业的优势、劣势的因素及企业面临的机会和威胁因素在表中一一列出。需要提到的是,不同的行业其影响因素也不一样。即使相同一个事件对于不同的企业来说,其含义也不同,甚至会出现相反的情况。

进行 SWOT 分析,一般要经过下列步骤。

(1) 进行企业外部环境分析,列出对于企业来说外部环境中存在的发展机会(O)和威胁(T)。

(2) 进行企业内部环境分析,列出企业目前所具有的优势(S)和劣势(W)。

(3) 绘制 SWOT 矩阵。如图 7-1 所示,这是一个以外部环境的机会和威胁为一方,企业内部环境中的优势和劣势为另一方的二维矩阵。在这个矩阵中,有四个相连或四种 SWOT 组合,它们分别是优势-机会(SO)组合、优势-威胁(ST)组合、劣势-机会(WO)组合、劣势-威胁(WT)组合。

(4) 进行组合分析。对于每一种外部环境与企业内部条件的组合,企业可能采取的一些策略原则如下。

① WT——减少劣势,回避威胁。企业应尽量避免处于这种状态。然而一旦企业处于这样的位置,在制定战略时就要减少威胁和劣势对企业的影响。一方面,企业要充分考虑到风险因素,按部就班,循序渐进;另一方面,企业应该吸取同类竞争对手教训,建立风险应对机制。

② WO——利用机会,克服劣势。在这种情况下,企业已经鉴别出外部环境所提供的发展机会,但同时企业本身又存在限制利用这些机会劣势。在这种情况下,企业应通过外在的方式来弥补企业的劣势,最大限度地利用外部环境中的机会。如利用宣传应用效果,扩大市场影响;利用大众对该品牌产品不熟悉的情况,认真策划,实现后来者居上;以利润为中心,管理和品牌全面跟进。如果不采取任何行动,实际是将机会让给了竞争对手。

	优势——S 1. 2. 3. 4.	劣势——W 1. 2. 3. 4.
机会——O 1. 2. 3. 4.	SO——发挥优势，利用机会 1. 2. 3. 4.	WO——利用机会，克服劣势 1. 2. 3. 4.
威胁——T 1. 2. 3. 4.	ST——利用优势，回避威胁 1. 2. 3. 4.	WT——减少劣势，回避威胁 1. 2. 3. 4.

图 7-1　SWOT 分析矩阵

③ ST——利用优势，回避威胁。企业应巧妙地利用自身的优势来对付外部环境中的威胁，其目的是发挥优势而减少威胁。但这并非意味一个强大的企业，必须以其自身的实力来正面回击外部环境中的威胁，合适的策略应当是慎重而有限度地利用企业的优势。以下是可供企业参考的一些策略：通过准确市场定位，重点市场营销，建立自身的竞争优势和稳定盈利模式；利用高效性能和全面技术，高位定价，逐步降价，保持价格竞争余地；利用品质和管理，建立品牌，应对未来的品牌竞争等。

④ SO——发挥优势，利用机会。这是一种理想的组合。任何企业都希望凭借企业的长处和资源来最大限度地利用外部环境所提供的各种发展机会。如利用政策优势，做好品牌优势；利用地区优势，由点至面，推广产品；利用用途广泛优势，试用产品，树立品牌效应等。

7.1.2　SWOT 分析方法评述

SWOT 分析方法的优势体现在以下几个方面。

（1）结构化与系统性。与其他的分析方法相比较，SWOT 分析从一开始就具有显著的结构化和系统性的特征。结构化方面，在形式上，SWOT 分析法表现为构造 SWOT 结构矩阵，并对矩阵的不同区域赋予不同意义；在内容上，SWOT 分析法的主要理论基础也强调从结构分析入手对企业的外部环境和内部资源进行分析。系统性方面，虽然早在 SWOT 诞生之前的 20 世纪 60 年代，就已经有人提出过 SWOT 分析中所涉及的内部优势、劣势，外部机会、威胁这些变化因素，但只是孤立地对它们加以分析。SWOT 方法的重要贡献就在于用系统的思想将这些表面独立的因素相互匹配起来进行综合分析，使得企业战略计划的制定更加科学全面。

（2）直观性。SWOT 方法自形成以来，广泛应用于战略研究与竞争分析，成为战略管理和竞争情报的重要分析工具。分析直观、使用简单是它的重要优点。即使没有精确的数据支持和更专业化的分析工具，也可以得出有说服力的结论。

SWOT 分析方法的缺陷也同样比较明显。

（1）精度不够。正是由于 SWOT 分析方法具有前述的直观性和简单性，它不可避免地带有精度不够的缺陷。SWOT 分析主要采用定性方法，通过列出 S、W、O、T 的各种表现，形成一种有关企业竞争地位的模糊描述。以此为依据作出的判断，不免带有一定程度的主观臆断。由此，在使用 SWOT 方法时要注意方法的局限性，在列出作为判断依据的事实时，要尽量真实、客观、精确，并提供一定的定量数据弥补 SWOT 定性分析的不足。

（2）未能考虑企业改变现状的主动性。和很多其他的战略模型一样，SWOT 模型也是由麦肯锡提出很久了，带有时代的局限性。如果说以前的企业可能比较关注成本、质量，那么现在的企业可能更强调组织流程。例如，以前的电动打字机被印表机取代，企业应该如何实现转型？开发印表机还是其他与机电有关的产品？根据 SWOT 分析的结果，电动打字机厂商优势在机电，但是开发印表机又很有潜力。结果企业之间开始发生分化，有些企业从事印表机生产，有些企业开发机电相关产品，如生产剃须刀。从实践的结果来看，从事印表机生产的企业几乎全军覆没，而从事剃须刀生产的企业就获得了成功。原因在于，企业的战略选择，是采取以机会为主的成长策略，还是要以能力为主的成长策略。同样是 SWOT 分析出来的结果，企业的实践大相径庭，充分体现了 SWOT 没有考虑到企业改变现状的主动性的缺陷。以上分析启示我们，企业可以通过寻找新的资源来创造企业所需要的优势，从而实现过去无法达成的战略目标。

7.2　生命周期分析

生命周期分析法最早是由亚瑟·科特尔咨询公司提出的，该方法选择行业生命周期和企业竞争地位两个参数作为评价指标，将公司中各个单位所处的位置分为支配地位、强大地位、有利地位、防御地位和软弱地位。该方法已被战略管理学界所接受。

7.2.1　生命周期的定义和特征分析

1. 生命周期的定义

很早以前，生命周期概念就被视为一个分析产品和行业演变的有力工具。有关企业生命周期的研究始于 20 世纪 50 年代，繁荣于七八十年代，在 90 年代末出现了新的高潮。

六十多年来，人们从理论和实践上对企业的生命周期作出了不同的概括和定义。1989 年，美国著名学者伊查克·爱迪思（Ichak Adizes）提出了企业生命周期理论，并对企业的发展、老化和衰亡进行了多年的细致研究。该理论主要从企业生命周期的各个阶段分析了企业成长与老化的本质及特征，把企业生命周期形象的比作人的成长与老化过程，即孕育期、婴儿期、学步期、青春期、盛年期、稳定期、贵族期、官僚化早期（即内耗期）、官僚期、死亡期，如图7-2所示。爱迪思的生命周期理论是企业生命周期的基本规律和企业生存过程中基本发展与制约关系的一种人性的管理理论。

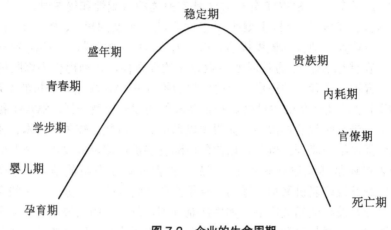

图7-2 企业的生命周期

企业生命周期理论出现以后，众学者均在尝试对企业生命周期的发展阶段进行简化，如哈佛大学拉瑞·葛雷纳（Larry E. Greiner）教授提倡的是企业成长五阶段模型，他将企业的生命周期分为创业阶段、集体化阶段、规范化阶段、精细化阶段和合作阶段。现今通用的生命周期理论则把企业的生命周期分为四个阶段：投入期、成长期、成熟期和衰退期。现代优秀企业所倡导的生命周期模型如图7-3所示，即企业的经营不是简单的投入期、成长期、成熟期和衰退期直至企业的消亡的依次轮流。本模型的最大特点在于企业采取各种经营措施促使企业一直处于增长状态，从而无限期地延长企业的生命。

世界上很多著名的企业的生长轨迹正如图7-3所示，如瑞士的劳力士公司和美国的杜邦公司（企业历史都超过200年）、美国的通用汽车公司和西方电气公司（企业历史100多岁）。在2002年《财富》杂志发布的"中国企业百强"排行榜中，排名第三的中国移动、第四的中国联通、第六的联想集团、第二十的青岛海尔等国内大型企业都只有二三十年的历史。根据爱迪思的理论，国内部分企业只能算刚刚度过学步期进入青春期，而绝大多数企业还处在婴儿期与学步期的初级阶段。如何让中国的企业长寿，延长其生命周期，朝更前的方向发展，是当前中国企业家的主要任务之一。

探讨企业生命周期理论的目的是要揭示出影响企业生命周期的因素，进而说明如何改善企业的生命周期。企业的生命周期与产业生命周期和企业经营周期二者密切相关，同时还受技术进步、技术替代、消费者收入、就业水平、税收政策、未来通货膨胀预期、利率、货币政策及其他各种政策等的影响。就企业经营周期来说，其变化方向基本上与企业生命周期的变化方向一致，但它在很大程度上受企业的劳动生长率的影响。企业的生命周期不同于生物

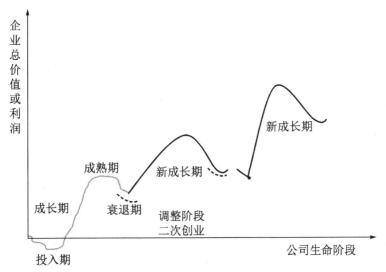

图 7-3 现代优秀企业的生命周期

的生命周期在于,后者具有不可逆性,不可能是一个循环的过程,而前者有着低谷和高潮的不断起伏,是一个动态的过程,其较好的运行轨迹,呈现出如图 7-3 所示的模式。

2. 生命周期阶段的特征

根据图 7-3,生命周期一般可分为投入期及早期成长期、成长期、成熟期和衰退期。各阶段及其特征如下。

(1) 投入期和早期成长期。企业处于投入期的特征是需求增长较快,市场增长率较高,技术变动较大,企业致力于开辟新用户,占有市场。企业产品单一,企业领导人承担管理企业的所有重大责任。企业通常通过技术进步、创新或企业家精神而粗具形态,获得细分市场并获利。本阶段内企业主要关心如何获得足够的资金投入以确保生存与谋取发展。组织结构表现为非正式沟通、简洁、集权和个性化。

(2) 成长期。企业处于成长期的特征是高速增长,用户、市场占有率和技术渐趋明朗并走向稳定,进入壁垒提高。企业一般在成长期能生产多种产品,并开始涉足不同的业务领域,不断扩大规模,企业经营不断显现复杂性。企业内部出现管理和决策的波动,经营计划的制定和实施比较困难,建立规章制度和维持组织结构的稳定性成为需要。组织结构开始规范化、专业化和职能化。

(3) 成熟期。企业处于成熟期的特征是增长率不高,技术、用户和市场占有率大体上都是稳定而清楚的;企业的规章制度已经成型,组织结构僵化,缺乏应变能力。制度化提高了企业早期发展阶段的稳定性,然而又降低了企业创新能力和灵活性,以及对未来动荡环境的适应性,这会导致企业以后的衰落。成熟期的企业一般会寻求矩阵结构,健全信息系统,开发多种产品线,以及分权与多元化。

(4)衰退期。企业处于衰退期的特征是需求下降,竞争者数目和产品品种减少。企业内部表现为盲目乐观、缺乏沟通、战略保守、群体思维和互不信任。组织结构的僵化、对变革的抵制使企业不可能感知重要的环境变化,因而,组织结构、决策过程、信息管理程序会越来越不符合组织的需要。

衰退阶段之后,企业要么死亡,要么进入复苏和再发展阶段。如果企业能采取激烈的措施扭转局势,它将能继续生存下去。

3. 生命周期阶段的危机表现

在经济全球化的大环境下,尽管不同地区和行业的不同企业,其经营状况是各不相同的,总会出现一些营销战略危机、企业目标愿景危机、企业管理理念危机等,但从生命周期理论来看,一般的企业在其生命历程中,都会明显地表现出如表7-1所示的一些危机特征。

表7-1 生命周期阶段的危机表现

投入期	创业者不能得到足够的支持;在忙乱与疲惫中失去信心;长期缺乏流动资金,导致夭折或长不大;缺乏主要的获利业务
成长期	未经审慎评估便盲目扩张;未能建立功能团体;过早分权容易失控
成熟期	缺乏具有综合管理能力的高级人才;过于自傲自满,缺乏危机意识;领导班子过早退休,传承失败
衰退期	注重形式,忽略目的与本质,重视做事过程的对错;失去创业精神,趋于保守,害怕犯错误;制度严密,但缺乏创新文化配合,导致活力丧失

7.2.2 生命周期理论的功能

在产品开发、营销策略、环境保护、企业管理、行业竞争等领域生命周期理论得到了大量运用,提高了管理的针对性。生命周期模型能预测企业成长各个阶段的特征,可以帮助企业领导者设计企业的未来成长之路,识别企业成长的关键转折点,对必要的变革预先有所准备,适当调整战略和组织结构来减轻成长带来的压力。企业生命周期理论分析能使管理人员知道何时应该放弃那些会妨碍未来成长的战略和文化,能帮助企业明确应该如何发展、有哪些易犯的错误、员工需要何种技能、怎样管理才能激发未来成长。企业生命周期理论还可以用于更广的领域。

此外,生命周期对企业战略制定也有重要的意义。把行业的生命周期阶段和企业的竞争地位即实力作为两个维度构成的矩阵如图7-4所示。业务如果位于矩阵左上方则环境有利,有宽广的战略选择余地;位于矩阵中阴影部分的业务应审慎地、有选择性地发展;位于矩阵右下方的,处境可危,应考虑战略转移或退出。

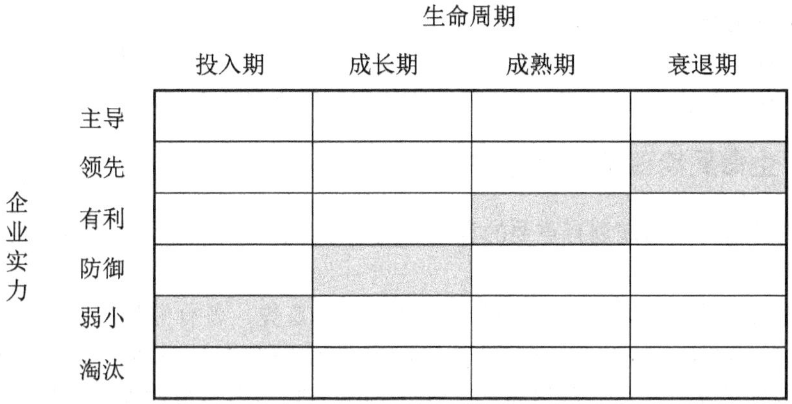

第7章 战略分析工具

```
                        生命周期
              投入期    成长期    成熟期    衰退期
        主导 ┌────────┬────────┬────────┬────────┐
            │        │        │        │        │
        领先 ├────────┼────────┼────────┼████████┤
    企      │        │        │        │        │
    业  有利├────────┼────────┼████████┼────────┤
    实      │        │        │        │        │
    力  防御├────────┼████████┼────────┼────────┤
            │        │        │        │        │
        弱小├████████┼────────┼────────┼────────┤
            │        │        │        │        │
        淘汰├────────┼────────┼────────┼────────┤
            └────────┴────────┴────────┴────────┘
```

图 7-4 生命周期与企业实力关系矩阵

对公司所经营的业务在矩阵中进行定位,先要解决以下问题。

1. 业务划分

对所经营业务的划分不同的公司可以有粗细的不同,但划分业务的准则主要应根据企业的外部因素,也就是应在市场上具有竞争对手、价格和用户等方面的共性。

2. 识别业务的生命周期阶段

识别某项业务在生命周期中所处阶段的主要标志有:市场增长率、需求增长潜力、产品品种多少、竞争者多少、市场占有率的状况、进入壁垒、技术变革和用户购买行为等。

多数行业由投入期、成长期进入成熟期。只是有的成熟期很长,而有的则很短。而由于各种技术、社会、经济等因素的变化,也会有些行业从成熟期又回到成长期。

3. 识别经营业务的竞争状态

企业的竞争状态指的是企业在行业竞争中所处的地位,即主导地位、领先地位、有利地位、防御地位或弱小地位。主导地位指的是企业享有独占的或受到保护的领先地位,行业中具有支配地位的企业至多只有一个,或者没有。领先地位指的是企业能按本身的意愿作出战略选择,不需要考虑同行中其他企业将如何作出反应,其相对市场占有率超过1.5,但还未达到支配地位。同样,并非所有的行业都有占有强大地位的企业。有利地位指的是企业享有某些方面的优势。尤其是在一个较分散的行业中,如果企业具有某些方面的优势,那么在竞争中,其更易于处于相对有利的地位。防御地位指的是企业在某些方面出现某些落后的现象,但经过努力可以克服,如果集中力量使用其资源仍可保持盈利。弱小地位指的是企业或是由于太弱小,难以持久的生存和盈利,或是由于经营失误导致竞争地位的严重削弱。它具有过渡性质,或是得到改善,或是变为无法生存。

此外,还可以分别按各业务的销售量、利润、资产、资金利润率对在矩阵中有关各区域间的分布作进一步的分析。这种分析所提供的信息对策略规划十分有用。

企业生命周期还有如下几项功能。

(1)用于对市场占有率、投资、资金流、利润作出战略定位。

（2）用于制定基本战略方针。
（3）用于评价各项业务的经营成效。
（4）用于风险分析。

7.2.3 生命周期理论的优点与不足

生命周期分析对战略规划有重要的意义，但也存在着不少在应用上的局限性，主要表现在以下几方面。

（1）生命周期是一条经过抽象典型化了的曲线。首先，各行业按实际销售量绘制出来的曲线远不是这样规则；其次，不同行业的生命周期各阶段的长短不同，因此在特定的时刻要确定某项业务处于哪一阶段是很困难的，当识别不当时，容易导致战略上的失误，特别是容易导致过早地放弃某些暂时需求下降但尚有盈利能力的业务。

（2）行业演变并不总是遵循"S"形曲线，有的行业衰退后又重新振兴，有的行业会跳越某个阶段。另外，要区分整个经济中的周期性现象和某个行业的演变也不是件容易的事。

（3）在生命周期－企业实力矩阵中，生命周期被视为不可控的外部因素。但是在实际管理中，企业却能通过革新产品等措施影响其生命周期。

（4）在生命周期的各个阶段，不同行业的竞争特性很不相同。例如，有的行业从分散演变到集中，有的行业则从集中演变到分散，这就提出了是否有适用于生命周期中某个阶段的通用的战略这样的疑问。

7.3 经验曲线分析工具

20世纪70年代到80年代末，哈佛商学院的一个发现彻底改变了企业的经营方式。那就是，在许多行业、公司和经营单位中，市场份额对盈利起着强有力的积极作用。研究还发现，市场领先者取得的回报率比第五位以后的公司高三倍。波士顿顾问公司（Boston Consulting Group）则更进一步将这一发现演变成当今十分著名的"经验曲线"，进而向全球推广。经验曲线在生产研究中被广泛运用，许多单位都有反映产量、总工时及平均工时的统计数据，可以从这些数据中分析出单位产品平均耗时的经验曲线，并用之对以后的生产进行预测和规划。

7.3.1 经验曲线的定义

经验曲线（Experience Curve）的概念起源于学习曲线。1936年，美国康奈尔大学赖特（T.P.Wright）博士在对众多企业进行研究时发现，当企业生产重复程度提高时，工时随之下降，他于是提出了"学习曲线"（Learning Curve）的概念。经验曲线的概念产生于第二次世界大战。当时，美国军队对飞机的生产效率问题进行了研究。这项研究表明，随着飞机装配的数量增多，单位劳动成本下降。后来，BCG（波士顿咨询公司）和其他许多学者对这一问题进行了深入研究。1966年，波士顿咨询公司的亨德森在研究数千种产品成本时，发现与学习曲线相类似的规律：当累积产量增加一倍时，产品单位成本将呈现固定比例的下降，通常为20%～30%，亨德森博士称其为经验曲线，并采用下式表示其变化规律：

$$y = ax^{-k} \quad (a>0, k>0) \tag{7.1}$$

式中：y——产品单位成本；

a——第一件产品的成本；

x——累积产量；

k——经验系数。

由公式（7.1）可知，随着累积产量的增加，单位产品成本逐渐下降。一般认为，能够形成单位成本下降的趋势有以下原因。

（1）劳动的效率。随着员工反复地重复某一活动，他们知道如何操作及如何更好地操作。因此，劳动的效率大大提高。这一点，不仅仅体现在装配生产上，在各个层次的管理职能上也是如此。

（2）专业化分工的深化。产量增加，规模化大生产促使专业化分工成为可能，可以通过使用专业化的加工工具，提高生产率。

（3）产品和工艺改进。随着累积产量增大，产品和工艺改进的机会不断增多。企业可以通过各种改善方式，生产出更标准化的产品。企业改进工艺的范围也很广，既可以改进现有的生产方法，也可以彻底地改善所用的设备甚至工厂。经验曲线也会使会计部门设置出更完善的控制系统，使市场营销系统更好地利用广告媒介。

（4）技术创新。企业效益的提高和经营的多样化，将方便企业购置先进的技术设备，引进先进的工艺流程，从而提高生产效率，降低单位产品成本。

（5）合理的投资。对一些有发展前景的项目加大投资强度也是形成经验曲线的一个重要原因。

在半导体等行业中，产品生产中的学习和经验效应非常明显，累积产量增加一倍，单位生产成本往往会降低20%左右。这样，如果第一批100万件产品的单位成本为100元，那么当产品累积达到200万件时，单位成本就是80元（100元×80%），当累积产量为400万件时，单位成本就是64元（80元×80%）。如果某一行业的特点是生产制造过程中的经验能够取得巨大的经济效益，那么，当该行业中的某个公司首先生产某种新产品，然后成功地制定和实施某种战略而获取了最大的市场时，它就可以成为一个低成本生产商，获得由此带来的持久竞争优势。如图7-5所示，经验曲线效应越大，累积产量最大的公司所获得的成本优势就越大。

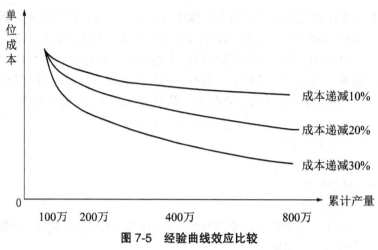

图 7-5 经验曲线效应比较

7.3.2 经验曲线的实践含义

在产品不断同质化的今天，企业竞争日益加剧，管理者已经深深地认识到，能否有效地控制企业的生产成本将直接关系到企业长期盈利目标的实现。从战略角度出发，成本的意义不仅在于它是生产和销售中各种费用的总和，而且在于它标志着一个企业运用其内部资源的盈利能力。企业的长期盈利能力在很大程度上依赖于企业能否生产出比其他企业成本更低的产品来满足用户的需要。通过以上分析可以看出，经验曲线主要用于评价企业在成本方面的实力。作为经营战略的一种评价技术，其含义可以通过以下几方面的关系来理解。

1. 经验曲线与市场占有率

累积产量的增加导致单位产品成本下降，这使市场占有率成为在一个行业中确定一个企业的战略地位的突出因素。其逻辑关系如下：高市场占有率→高累积产量→经验曲线效果→低单位产品成本→高盈利。

2. 经验曲线与价格和成本

通过经验曲线虽然能相当合理地预见成本的趋势，但价格却是另一回事。在产品生命周期的投入期和成长期中，可以设想价格大体上能保持稳定。领先进入这个行业的企业，因经验效应导致成本逐步下降，将享有一定时期内的较优厚的利润。而这种较优厚的利润往往吸引更多的企业进入这个行业，引起竞争加剧和价格下降的局面。产品从成长期转入成熟期中间，往往有一个调整阶段，在这个阶段价格下降较快，使一部分企业遭到淘汰（归并或退出），剩下一部分效率较高的企业留在成熟期。这时价格又趋向平稳，大体上保持与成本同步下降的趋势。

一个首创某种产品的企业常面临一个重要的战略性决策，即把初始的价格定得较高，并在一段时期内保持这种高价，以便获取较高的利润。但与此同时却引来众多新的竞争者，只得把价格定得较低或在成长期内随着成本下降而主动调低价格，以提高进入壁垒，阻碍新竞争者的加入。如果进入壁垒低，引来了强有力的竞争者，则会加剧调整阶段中的竞争，以致首创企业都遭到淘汰的事例也屡见不鲜。

3. 经验效应与增值链

一项生产经营业务中的每个步骤和功能如研究开发、采购、零件制造、装配、批发、零售等在生产的过程中都创造了新的价值，从而依次地形成一个增值链。增值链的每个步骤都有经验效应，但由于各个步骤的工作性质不同，其经验效应也未必是同样的。此外，多种经营的企业还会有各个步骤的累积产量的不同。由于以上两方面的原因，增值链上各个不同环节在成本优势上所处的地位是不一样的。因此，在比较不同企业的市场占有率及相应的成本优势时，不只是简单地对某种最终产品进行比较，还需考虑到增值链中各个环节中的不同状况。就某种产品而言，一个企业可能是一个新进入者，但如果它过去长期经营的业务的营销性质和这种产品是相类似的，那么它在营销这个环节的经验曲线上不是处于开始的上端，而是处于远离开始的下端。

7.3.3 经验曲线的应用

经验曲线可用于产品单位成本的预测，进而为产品报价提供可靠的依据；也可用于考核生产工人技术熟练程度；同时，也是企业通过横向购并实现规模经济的重要理论依据。本部分以其在企业定价中的应用加以分析。图7-6显示的是一条具有85%经验效应的经验曲线。图中横轴表示累积产量，纵轴表示单位产品成本。从该图可知，当累积产量每增大1倍，生产这种产品的成本将下降一个固定的百分率。当累积产量从100增至200时，单位产品成本从100下降至85；当累积产量再增加1倍至400倍时，单位成本再下降至72.25（＝85×0.85）。

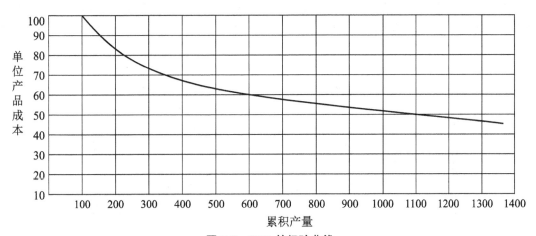

图7-6　85%的经验曲线

如果把累积产量和单位成本的关系以双对数坐标轴表示，则单位成本和累积产量之间可以用一个简单的负指数关系式表达如下：

$$C_t = C_0 \left(\frac{P_t}{P_0}\right)^{-\alpha}$$

式中：C_0 和 C_t——在时刻 0 和 t 的单位成本；

P_0 和 P_t——在时刻 0 和 t 的累积产量；

α——一个取决于各行业不同情况的常量。

对于 85% 的经验效应，若产量翻番，即 $P_t/P_0 = 2$，由 $C_t/C_0 = 0.85$，可以得到 $0.85 = 2^{-\alpha}$，求得 $\alpha = 0.234$。不同行业的经验效应是不同的。对降低成本的潜力具有最大影响的因素是行业的经验效应及市场需求量的增长速度。

以上介绍了 85% 的经验曲线，在实践中，不同行业中的不同企业，甚至不同的产品都有自己的经验曲线。因此，经验曲线分析工具值得深入研究。具体来说，经验曲线的应用可以体现以下几个方面。

1. 行业的成本分析

分析业内各个企业的经验曲线对于行业分析具有非常重要的意义。可以试想一下，当行业内所有的企业都适用一条相同的经验曲线时，它们相互之间在成本上的实力地位取决于其市场占有率的大小。拥有最高市场份额的企业将享有最低的成本，从而保证了它在该行业中的竞争优势。而规模较小的企业将处于严峻的竞争劣势中，因为它们的较高成本将使它获利较少。图 7-7 描绘了这一行业结构前景。可供这些低市场份额的企业参考的战略方案就是，通过提高市场份额来提升它们的竞争地位。在实践中，低产量/低利润企业往往很难增加市场份额，所以 BCG 提出了"三和四规则"。一个稳定的行业或市场很少会有三个以上的主要竞争者，最小的企业所拥有的市场份额少于最大企业市场份额的 25%。在图 7-7 中，较低产量的 D 企业与行业中最大的三家企业 A、B、C 相比，成本完全处于劣势。对于众多像 D 这样的企业来说，要么在某种程度上增加市场份额，要么继续亏损经营，要么寻求一个合适的

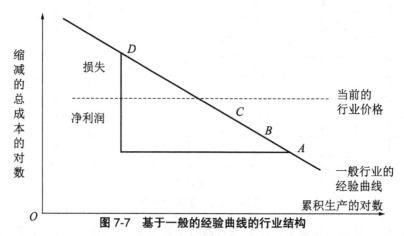

图 7-7 基于一般的经验曲线的行业结构

（资料来源：弗莱舍，本苏桑. 战略与竞争分析. 王俊杰，等译，北京：清华大学出版社，2004.）

获得策略，要么退出该行业，中止损失。20世纪70年代，通用电气公司就是这一战略的坚决扶持者，其授意其战略委员会，要么处于市场份额的前两位，要么就退出该行业或市场。

当然，对于一个处于成熟期的行业来说，如果新进入者以新的技术即以一条不同的经验曲线打入，虽然起始时在市场占有率上处于劣势，但能迅速取得成本优势，并很快扩大其市场占有率。

2. 匡算企业的成本发展趋势

在一些经验效应较大的企业中，当考虑投标或承接一笔较大的订货需报价时，需从经验曲线上对成本进行匡算。因为，如果任务能够落实，随着累积产量的增加，单位成本将沿着经验曲线向右下端移动。在报价中应考虑这个成本下降因素才能有竞争力。一旦报价被接受，企业必须把这种成本匡算转化为成本控制的机制，因为，经验曲线上所显示的经验效应不是不经努力就会全部自动实现的。

在这里，对经验效应的正确估计起着关键性的作用。估计不足，报价过高，有失去订单的危险。另外需要指出的一个问题是，由于某种技术创新，或者是间断性地扩大生产能力，在一些较长的时间段内，经验曲线在双对数坐标上未必总是一条直线，也可能是几条折线的组合。

3. 经营策略的选择

扩大市场占有率，利用经验效应取得成本领先地位，是企业取得经营成功的有效途径，但并不是唯一的。使用经验曲线还可以进行模拟和分析行业结构、同时也是市场进入决策、定价等的重要依据。

例如，经验曲线提供的战略意义与企业生命周期的概念密切相关。对于生命周期的每个阶段，经验曲线都提供了战略分析。如在进入阶段，企业要么设定高价以获取高额利润；要么根据不断降低的成本来降低价格，以获得市场份额，也有效地阻止了潜在的竞争者获得市场份额。在成长阶段，会使企业成本降低，且降低的速度会远快于竞争者，最终，行业内许多企业将被削弱。在成熟和衰退阶段，只有低成本的企业才能存活下来，其中就包括那些经验曲线走势较低，市场份额较大的企业。

7.3.4 经验曲线分析的劣势与局限

经验曲线作为一种概念框架是非常有用的，如果运用得当，它可以很好地洞悉一个行业的成本结构，以及如何支撑企业及其竞争。一般来说，经验曲线分析要在以下条件下，才能起到较好的作用。

- 分析一个较长的时间段。
- 在分析的行业中规模、技术和经验因素是重要因素。
- 可以识别出最重要的"成本减少因素"。
- 该行业具有低的技术创新风险。
- 该行业具有低的政府调控风险（如托拉斯）。

- 该行业具有低的外部引进新技术的风险。
- 产品的需求价格弹性较高。
- 顾客对于产品具有较高的成本意识。
- 行业中含有标准化的产品。
- 制造费用占产品附加值的大部分。
- 所有竞争对手都会面临相似的行业或市场通胀率。
- 存在快速成长的市场。
- 企业有能力和资源实现高速成长。

当上述条件中的一些或全部不能满足时,其应用就会遇到众多困难。经验曲线不仅要求条件较多,其自身具有的一些缺陷也限制了它的广泛应用。

1. 缺乏战略灵活性

经验曲线分析的最大缺陷就在于其缺乏战略的灵活性。如果经验曲线分析成为企业战略的唯一焦点,那么企业所有的努力都以降低成本为中心。与之相适应,企业必须最大化其规模,雇员必须成为专业人士,企业的文化也必须培育一种由经验曲线产生的绝对忠实于效率的规范。通过运用已确立的技术来严格依靠成本控制来降低经验曲线的走势,必然会造成企业对不断变化的市场条件缺乏反应和灵活的应对。由于关注不是顾客和市场,企业会以技术为前提,从而被成本所牢牢束缚住。这样会在以下几个方面形成企业的战略盲点。

首先,竞争对手的技术创新。竞争者引入更为先进的技术可能会迅速使得企业原来已确立的经验曲线失去意义。其次,不断变化的顾客偏好。经验曲线分析的假设之一是顾客偏好低成本,以这个假设为前提的战略能导致企业提供较竞争对手更为便宜的产品,且产品拥有一整套更为丰富的特性(如更深或更广)。对顾客来说,他们关注新产品为他们所提供的边际价值可能会多于附加特性的边际成本。老顾客的转移会对企业带来毁灭性的后果。再次,潜在竞争者的侵入。仅仅关注经验曲线会使得企业忽视别的行业中可能转换的技术的真实威胁,使它们侵入现有市场并夺走顾客。最后,忽视扩大顾客群。仅仅关注经验曲线逻辑还可能使企业错过向其他行业的顾客提供服务的机会。

2. 假设的现实性

在系统地应用经验曲线分析时,至少需要三个方面的限制性假设:所有的竞争对手制造相同的标准化产品;所有的竞争对手以同样的要素成本使用同样的技术;所有的竞争对手服从于同样的通货膨胀率。

很显然,完全满足这三个条件的公司几乎是不存在的。如果分析中不包括这些现实性,那么战略建议也许就会有误区。艾格和戴(David A. Aaker and George S. Day, 1986)提出了几个累积经验很少能够反映竞争企业之间的成本差异的原因:跟进者可以通过各种途径从现行的错误中汲取经验,如采取相反的策略、雇用关键的员工及进行市场研究;通过使用更新、更为先进的技术进入一个行业，从而造成技术的"交互跃进"；在许多行业中，竞争对手可以从供应商传递的成本效率中获益；跟进者可能拥有不依赖于经验曲线效果的竞争性成本优势，如地方保护主义等。

3. 计量和实施问题

经验曲线分析在实施中，面临着以下两个方面的挑战。

（1）如何定义产品市场。用经验曲线分析，很难准确地划分市场、行业和产品的界限。现实情况是，很难出现同一个行业中的所有竞争者共同追求同一类顾客群体的情况，他们会以行业内不同的顾客群为目标市场。因此，从逻辑上，用同一条经验曲线去代表某个行业或市场的概念本身就是错误的。将经验曲线的战略意义归于市场份额，似乎也缺乏严谨，尤其是当某个关键的分析数据（如对市场份额的定义）出现错误时更是如此。

（2）成本的分散问题。整个产品成本是由许多不同的成本发生因素构成的。每个成本发生因素可能存在于完全不同的经验曲线上。有效的经验曲线也必须包含这些因素。由于共同成本的存在，很难为独立的成本发生因素界定一个独立的经验曲线。

总之，经验曲线作为分析者的一个重要工具，在使用过程中的关键是，将它使用在恰当的环境之中，并意识到以上讨论到的不足。最适当地运用经验曲线的逻辑是要确定在追求低成本战略和通过创新制造差异化战略之间的某种平衡。

7.4 行业吸引力-企业竞争能力矩阵

行业吸引力-竞争能力分析法是由美国通用电器公司和麦肯锡咨询公司（McKinsey & Co.）共同发展起来的。其指导思想是根据行业吸引力和经营单位的竞争能力，用矩阵来定出各经营单位在总体经营组合中的位置，据此来制定出不同的战略，该矩阵称为行业吸引力-企业竞争能力矩阵，也称 GE 矩阵。

7.4.1 行业吸引力和企业竞争能力

1. 行业吸引力的概念

行业吸引力是进行行业比较、选择的价值标准，也称为行业价值。行业吸引力分析是在行业特征分析和主要机会、威胁分析的基础上，找出关键性的行业成长和发展因素，通过定性、定量的分析，确定其吸引力的大小。影响行业吸引力大小的因素主要是外部环境因素，即与该业务有关的各种不可控的外部因素，评价指标包括市场潜力、销售增长率、行业生产规模、竞争结构、行业盈利水平、政府对行业的政策、相关科技发展的趋势等。

2. 企业竞争能力的概念

企业的竞争能力是企业满足市场和在市场中生存的能力，它取决于内部可控因素，如市场占有率、制造和营销力量、研究开发力量、财力、质量和管理素质等。同样需要识别哪些是关键因素，并以此与主要竞争对手相比较评价企业的能力。

7.4.2 行业吸引力—企业竞争能力矩阵

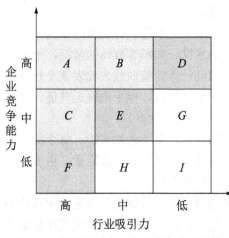

图 7-8 行业吸引力—企业竞争能力矩阵

根据行业吸引力与企业竞争能力的组合，以及该组合所形成的各种可能情况在总组合中的位置，可以对不同战略进行评估。按照前文所述，行业吸引力的评估因素有市场潜力、销售增长率、行业盈利水平、政府对行业的政策、相关科技发展的趋势等方面。企业经营的竞争能力的评估因素包括市场占有率、制造和营销力量、研究开发力量、人力资源、财力、质量和管理素质、企业文化等方面。如图 7-8 所示，行业吸引力被划分为高、中、低 3 个等级，同样，企业竞争能力也被划分为高、中、低 3 个等级，它们共组成 9 个矩阵（又称九格矩阵），每个矩阵都可以用来对战略进行评估。

企业内的所有经营单位可归结为三类，不同类型的经营单位应采取不同的战略。

1. 发展类

这类经营单位包括处于 A、B 和 C 位置的经营单位。对于这一类经营单位，公司要采取发展战略，即要多投资以促进其快速发展。因为这类行业很有前途，经营单位又具有较强的竞争地位，因此应该多投资，以便巩固经营单位在行业的地位。

2. 选择性投资类

这类经营单位包括处于 D、E 和 F 位置的经营单位。对这类单位，公司的投资要有选择性，选择其中条件较好的单位进行投资，对余者采取抽资转向或放弃战略。

3. 抽资转向或放弃类

这类经营单位包括处于 G、H 和 I 位置的经营单位。这类单位的行业吸引力和经营单位实力都较低，应采取不发展战略。对一些目前还有利润的经营单位，采取逐步回收资金的抽资转向战略；而对不盈利又占用资金的单位则采取放弃战略。

7.4.3 行业吸引力—企业竞争能力矩阵的应用

分析现状，对各项业务的定位是以行业吸引力和企业竞争能力的历史与现实数据的分析为基础的。而未来处境的分析则是根据外部环境的预测，制定与之相适应的战略，从而将各项业务定位于矩阵中所期望的区域。

1. **分析关键的外部和内部因素**

在众多的内外因素中识别那些与各项业务有关的关键因素不是一件轻而易举的事,它需要丰富的经验、卓越的见识和有关该项业务及其所处行业的专业知识。

2. **外部因素的评价**

如图7-9所示,对一个外资企业所处的行业吸引力进行评估,评估的因素有税收、汇率、原材料供应、工资水平、技术、人员招募、市场容量、市场增长率和行业盈利能力即行业盈利率。对已识别的关键性的外部因素,应逐个予以评价。这里按其对某项业务的经营的有利程度分为5级:非常有利(++),有利(+),无利(中),不利(-)和非常不利(--),图中的实线就是各评估因素的大致走势。这种评价的目的在于确认行业吸引力。在这里需要将所有的关键因素分为两大类:一类因素如市场容量、市场增长率、行业盈利能力等,它们对行业中的所有企业都起着同样的作用和影响;另一类因素如技术、劳动力资源、汇率等,它们对行业中不同的企业具有不同的影响。例如,行业的技术变革对一些企业是有利因素,而对另一些企业则是不利因素。再如,汇率变动对行业内中外合资企业和国有企业的影响是不一样的。对后一类因素应与其主要竞争对手相比后评价其吸引力的等级。

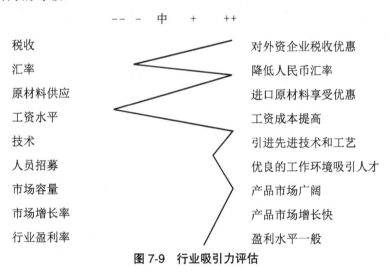

图7-9 行业吸引力评估

接下来要把对每个因素评出的等级综合起来求出对行业吸引力的全面评价。表7-2显示一种加权评分的方法。以10分表示非常不利,以20分表示不利,依次到以50分表示非常有利,并对各个因素按其重要程度给予一定权数。表7-2中的各个因素的评价可用这种办法汇总,得出总分为36.3。如果把总分在矩阵中进行定位,则可把10~23.3分列为低,23.4~36.6分列为中,36.7~50分列为高。这样,本例中的行业吸引力应定位在"中"。

表 7-2　以加权计分法评价行业吸引力的示例

评估项目	权数	评分	加权分
税收	0.06	30	1.8
汇率	0.07	30	2.1
原材料供应	0.10	50	5
工资水平	0.09	20	1.8
技术	0.08	40	3.2
人员招募	0.13	50	6.5
市场容量	0.16	30	4.8
市场增长率	0.13	30	3.9
行业盈利率	0.18	40	7.2
小计	1.0		36.3

上述这种加权计分法可得出定量的数字，从而可以在矩阵中确切地定位。它表面似乎是客观的，但实际上却在相当程度上是人为的。轻信这种方法包含着一定的危险。更好的办法是经理人员在此基础上对每项因素再进行讨论，作出评断，综合各项因素进行定性分析有时反而更切合实际。如上例中的总分接近于"中"的上限，则到底应该定位在"中"还是"高"是可以作一番探讨的。

3. 内部因素的评价

在识别了关键的内部因素以后，对每个关键的内部因素也可按其是否有优势分为 5 级：严重劣势（− −），劣势（−），相等（中），优势（+），显著优势（+ +）。然后用与评价外部因素相似的办法，对每个因素作出评价，并将各个因素综合起来作出对该项业务实力的全面评价，以便在矩阵中定位。

这里需指出的是，这种评价是将其与一个最强的竞争对手相对比而得出的。注意不要把各个因素分别与各个在某一因素上最强的竞争对手相对比，这样做会导致低估本企业的实力。

4. 每项经营业务的现状在矩阵中的定位

对每一项经营业务的外部因素和内部因素的现状作出评价后，在矩阵中进行定位是简单的。如果上例中内部实力的评价结果也是"中"，则在矩阵中定位于 E 的位置。

5. 预测各个外部因素的发展趋势

目的在于确定企业某项业务所处行业的吸引力在今后几年（如 5 年）的变化趋势。图 7-10 仍以前述的中外合资企业的某项业务为例，说明这种对外部因素发展趋势的预测。运用前述的加权计分的方法，可求得对行业吸引力的 5 年后发展趋势的评价，即从现状的"中"提高到今后的"高"。

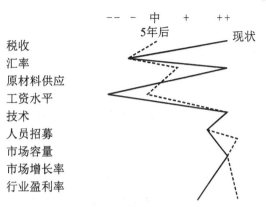

图7-10 行业吸引力的发展趋势和现状比较

有时，在这一步中不能辨认出一个明朗的前景，得出的只是几种可能的前景。如果是这样，就有必要制定权变方案。

6. 定出各个内部因素今后要求达到的实力地位

在确认了某项业务所在行业吸引力后，接下来对这项业务的企业竞争能力的未来发展进行定位。这首先要确定对每个关键内部因素应采取何种行动以达到所要求的实力地位。

用类似于上述把外部因素的现状和发展相对比的方法，也可对各内部因素确定其未来的实力地位，即预测各个关键的内部因素，如营销、研究开发、生产等方面的力量，与同行最强的竞争对手比，在5年内将发生哪些实力地位变化；再把各内部因素综合起来，得出企业5年后在该业务上要求达到的全面实力地位。

7. 确定每项业务在矩阵中未来将占据的位置

完成了行业吸引力的预测和企业实力的定为后，就可以直接在矩阵中对这项业务的未来进行定位了。如果上例中的企业实力仍要求继续保持在"中"，则该业务在行业吸引力－企业竞争能力矩阵中的位置为第4矩阵。

在实践中，第6步和第7步是交叉进行的，也就是在确认了行业未来的引力后，要考虑这项业务在矩阵中未来的位置，再辨认每项内部因素的未来地位能否实现这种总的实力地位，两者经过反复平衡后才能确定。

8. 制定每项业务的战略

上述步骤中分析了制定各项业务的发展战略中各有关的因素。从内、外因素的分析中得出企业应采取的战略不外乎两个方面：① 如何利用外部机会，防止外部不利因素对企业影响的战略行动方案；② 如何增强企业实力，制定发挥企业长处，改善、克服企业弱点的战略行动方案。前者更为复杂，从而要求有更多的创见。特别是针对不确定的、不可控的外部因素往往需要有一定的权变方案。需要为外部因素的不确定性制定权变的战略方案，再组织内部应设计启动机制，以便在外部因素发生足够大的变化而需采取应变措施时，能够及时发出信号并作出反应。

7.4.4 行业吸引力—企业竞争能力矩阵评价

行业吸引力-企业竞争能力矩阵提供了进行战略分析的另一重要工具。同任何分析工具一样，在具有一定优势的同时，它同样存在着许多制约其适用范围的局限。

1. 优势

（1）这一工具中包含了大量的分析变量。在界定行业吸引力和企业竞争能力时，大量变量的引入使得经营分析更为有效和准确。此外，相对于波士顿矩阵来说，GE矩阵还考虑了一些将来潜在的应用变量。GE矩阵与经验曲线密切相关，且将经营优势与行业吸引力、竞争对手的弱点统一起来，使得该矩阵更容易为人所接受。

（2）相对于波士顿矩阵，GE矩阵可以提高分析人员在分析时的灵活性。原因有二：①在界定经营优势和行业的吸引力时，引入了不同的变量，因而可以进一步进行详细的分析；②分析时，可以赋予已选择好的变量不同的权重，这就更符合每个战略经营单位的特殊情况。

（3）GE矩阵在应用的时候更为直观。尽管没有波士顿矩阵那么生动、形象，但GE矩阵仍然很直观，在应用中相对简单。

2. 劣势

GE矩阵的假设存在一些问题，如对战略经营单位的定义、变量选择时的偏差甚至错误及对潜在风险的忽略等；另外，GE矩阵很容易发生被误用的情况。如下所述。

（1）战略过分简化。GE矩阵所提供的三个基本的战略可能会限制人们突破这个思维框架。在新的市场中，由于要准确评估新行业的吸引力的难度的客观存在，该矩阵被误用的可能性会更高一些。

（2）静态分析。GE矩阵仅仅给出了战略经营单位在某个时点的竞争情况，持续监控变量中的任何变化对动态分析来说是必需的。

（3）在界定战略经营单位或行业时不正确。即使是微小的失误，在界定战略经营单位和行业的边界时，也会使战略经营单位在九格矩阵中的定位不正确。如果变量不能正确界定，就会增加分析结果出现误差及产生错误战略的概率。

7.5 市场增长与市场份额矩阵

市场增长与市场份额矩阵又称波士顿（BCG）矩阵，是制定公司层战略最流行的方法之一。该方法是在20世纪70年代初由波士顿咨询公司为美国米德纸业公司进行经营咨询时提出的。它以企业生产经营的全部产品或业务的组合为分析、研究对象，通过分析企业相关经营业务之间现金流量的平衡问题，寻找企业资源的生产单位和这些资源的最佳使用单位。BCG矩阵的发明者、波士顿公司的创立者布鲁斯认为"公司若要取得成功，就必须拥有增长率和市场份额各不相同的产品组合。组合的构成取决于现金流量的平衡。"如此看来，

BCG 的实质是为了通过业务的优化组合实现企业的现金流量平衡。

7.5.1 市场增长率和占有率的概念

1. 市场增长率

矩阵中的市场增长率是根据历史资料计算的。即市场增长率为某期的总销售额减去上一期总销售额的差，与上一期总销售额的百分比率。在比较前后两期的销售额时，应消除价格变动因素。

市场增长率所代表的是某项业务所处的行业在市场上的吸引力，它与本公司该项业务所处的地位无关。选它代表市场的吸引力是出自产品生命周期的概念。如前所述，产品生命周期理论主要是从市场销售量的变化来划分产品的投入、成长、成熟和衰退四个时期的。这种概念对战略规划具有重要的意义。在一个增长迅速的行业中，企业可以在市场上积极渗透，扩大其市场占有率而不致严重威胁其竞争对手的总销量，最终行业中大部分成员都能扩大其销售量，竞争则不是很激烈。相反，在一个处于成熟或衰退期的行业中，企业要在不减少竞争对手的销售量的条件下扩大市场占有率，困难就大得多了。

如何确定高增长和低增长的分界线？如果企业所经营的多种业务属于同一行业，则可以把行业的平均增长率作为界限。在分界线之上的，可以看成是处于投入或成长期，在分界线以下的，则属于成熟或衰退期。如果公司经营的各种业务很分散，缺乏共性，则可以把国民生产总值（或全国、全省、全市的工业总产值）的增长率作为分界线，也可以以各项业务的加权平均的增长率作为分界线。还有以全公司的目标增长率作为分界线，以此来区别拉高或拉低全公司增长率的业务。

2. 市场占有率

市场占有率是反映企业在目标市场区划中地位的首要指标，市场占有率高的企业所能享受到的低成本、资金循环加快和高利润，要优于其他竞争者。衡量市场占有率的常用方法有整体市场占有率（销售量占整个产业总销售量的比例）、服务市场占有率（企业销售量占服务市场的总销售量的比例）、相对市场占有率（企业的市场占有率与其他若干最大竞争企业的比率）、对比市场占有率（销售量与最大的竞争者的比率）。市场占有率有绝对市场占有率和相对市场占有率之分。

（1）绝对市场占有率，是指企业生产的某种产品在一定期间内的销售量占同类产品市场销售总量的份额。绝对市场占有率可以从产品大类、顾客类型、地区及其他方面来考察，即以顾客渗透率 C_p，顾客忠诚度 C_l，顾客选择性 C_s，以及价格选择性 P_s 四个因素进行分析。产品市场占有率 T_{ms} 表示为：

$$T_{ms} = C_p \cdot C_l \cdot C_s \cdot P_s$$

上式中，顾客渗透率表示购买产品的顾客的组成结构，顾客忠诚度可以用现有顾客购买本企业产品的数量在其全部购买产品（包括企业竞争对手的产品、企业产品的替代品等）中所占比重来衡量，顾客选择性表示购买企业产品的现有顾客规模，价格选择性指企业产品的价格相对于竞争者产品价格的可比性,即与竞争产品相比,本企业产品的性价比。

(2)相对市场占有率,是指本企业某项业务某期销售额与同行中最强的竞争对手该业务该期销售额的比率。由于各行业的集中程度不同,直接以市场占有率来表示一个企业某项业务在同行业中的地位是不确切的。应用相对市场占有率来代表企业某项业务的实力,是以倍数而不是以百分数表示的。例如,相对的市场占有率等于1.5,意味着本企业某项业务的销售额是最强的竞争对手的1.5倍。显然,当划分实力强弱的分界线时,把相对市场占有率等于1定作分界线是合乎逻辑的,因为高于1就是在市场占有率上的领先者。但由于市场占有率是动态发展的,通常把分界线定在1~1.5之间,以此来划分的处于分界线左端的业务享有稳定的实力地位。

市场占有率理论指出在一个适当界定的目标市场区划中,产量最多的制造者,即市场占有率高的企业所能享受到的低成本和高利润,要优于其他竞争者。

首先,根据资金筹集、商品生产、市场和成本等因素,占有率高的企业获得较高的收益是很好理解的,因为这反映了企业经营规模的作用。如果对某一特定市场进行简单的考察,则拥有50%市场占有率的企业,其规模为具有同样生产技术的拥有25%市场占有率的企业的一倍。由于经营规模大,经营效果也自然比占有率为25%的企业大,这是理所当然的。

其次,占有率高的企业之所以获有比占有率低的企业较高的收益率的另一个原因是竞争力强,即资金雄厚、成本较低、推销得法,即便稍稍降低价格也会取得收益,而且可以左右价格。

最后,在市场占有率与收益率的关系中,两者共同的内在因素是经营者的能力。优秀的经营者之所以使本企业的商品在市场上获得高的占有率,是采取了成本管理的措施并最大限度地提高了员工生产的积极性,同时进一步研制新产品,因为开拓新市场领域,从而取得本行业带头人的地位。在兢兢业业继续前进的状况下其他企业更难以赶上。

然而,企业也不能自认为赢得了市场占有率的提高,就会自动地改善企业的收益率。事实上,这还要视企业为取得市场占有率的提高所采取的策略而定。为了获得更高的市场占有率,而使所花费的成本远远超过其收益价值,显然是不值得的。

3. 市场占有率的应用

根据行业中企业市场占有率的分布情况,可以经验总结行业市场的竞争状况,以及企业在同行业中的竞争地位。如表7-3所示,当企业的市场占有率达到74%时,本企业处于市场的绝对垄断状态,不管其他市场的市场势力怎样,本企业在市场上是非常安全的。一般情况下,达到这么高市场占有率的企业都会努力维护现有的市场份额,而不会去争夺其他企业占有的市场,因为剩下的顾客差不多是其他企业的忠实顾客。如果企业的市场占有率达到42%,则企业是市场的领先者,处于市场的优势地位,同时又处于相对安全状态。当企业的市场占有率为26%时,企业可有两条出路,其一是从竞争对手中脱颖而出;其二是在竞争对手的冲击下,逐渐失去市场份额。当在行业中有多家(3家以上)企业时,只要有一家企业的市场份额是其余的1.7倍,那么这家企业在市场竞争中处于绝对安全状态。

表 7-3 市场占有率与竞争表现

市场占有率	竞争特征
74%	市场占有率的上限，属于绝对垄断
42%	市场占有率的中限，属于市场领先者，表现突出
26%	市场占有率的下限，容易受到攻击，不大稳定

假设某行业有 6 个企业，在不同的时期内，各企业在产品市场上的市场占有率如图 7-11 所示，依次出现 A、B、C、D 四个状态（状态 A 中，企业 6 的产量为 0，即市场份额也为 0）。在状态 A 中，企业 1 的市场占有率为 82%，超过表 7-3 中的 74%，因此状态 A 的竞争结构属于完全垄断市场。在状态 B 中，企业 1 的市场份额最大，但是小于 26%，与其他各企业产品的市场份额比率小于 1.7，因此本行业各企业力量均衡，竞争激烈。在状态 C 中，企业 1 的市场份额最大，超过 42%，且与企业 2（具有 20% 的市场份额）的比率大于 1.7，因此企业 1 在市场中处于寡头垄断地位，但同时受其他企业的竞争威胁。在状态 D 中，企业 1 和企业 2 分别占据市场份额的前两位，前两者之间相差不大（比率在 1.7 之内），市场上的竞争主要发生在企业 1 和企业 2 之间，企业 2 有超越企业 1 的可能，在实践中，这种情况会出现企业 1 和企业 2 战略联盟的趋势。

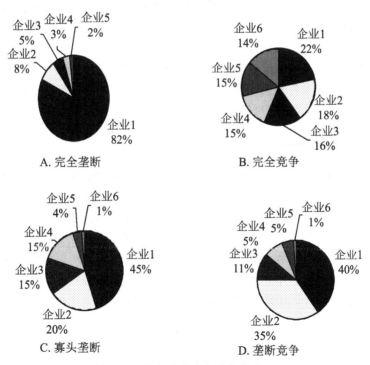

图 7-11 市场占有率与竞争表现

7.5.2 波士顿市场增长—市场份额矩阵产生的背景

战略规划的核心是在组织的目标、自身的能力及所处环境之间寻求一种平衡。战略任务的战术表达就是将组织的资源配置给最有利的机会。对于专业化的企业来说,这是一项巨大的挑战。对于多元化经营的企业来说,并不是一件十分困难的事情。20世纪五六十年代,人们对多元化经营的认识还仅限于多元化可以分散风险并给企业带来更多的发展机会上。人们对专业管理技巧非常推崇和信任,认为这些管理技巧可以在不同类型经营单位之间通用。与此同时,许多MBA课程开始把管理视为科学,认真系统地将一些基本原则应用到广泛的经营领域中。MBA课程的毕业生自信MBA背景将有助于制定日益复杂的、多层面的经营战略,并开始涉及不同行业中彼此毫不相干的业务,并将这些业务整合成一个集团。就公司战略层面来看,人们认为,业务单位的集团化将比其他形式的所有权结构所组合的公司更有价值。这种观念的驱动源则来自于对管理技能的推崇。

到了20世纪60年代后期,许多集团化的公司面临长时期的利润下滑的局面。不同集团的经营目标、能力和竞争环境之间行业适应性的日益复杂,专业管理人员的能力受到了极大的挑战。这时需要一个实用的框架来指导如何在投资组合中的不同业务单位之间有效地配置资源,然后在总体上形成企业的总体战略。业界迫切需要一种管理理论来重新指导这种行为,其目标是,不管环境变得如何复杂、混乱,管理者仍可以用大量的分析和通用的管理原则来管理好各种集团公司。于是,波士顿增长矩阵应运而生,通过实用的模式,使日益复杂和多样化的公司战略得以简化。

早在20世纪60年代,通用电气的管理咨询顾问麦肯锡就提出了战略经营单位的概念。不久,波士顿咨询公司将增长-份额投资组合矩阵引入了管理学界。1969年,BCG在对客户Mead公司进行咨询服务时应用了该方法。BCG矩阵生动、直观的效果和有力的量化分析,引起了战略规划人员的强烈兴趣。

7.5.3 波士顿市场增长—市场份额矩阵

市场增长-市场份额矩阵如图7-12所示,某企业经营多种产品,横坐标表示某项产品(或业务)的相对市场占有率,它代表企业在该产品上拥有的实力;纵坐标表示该产品的市场需求增长率,它代表此产品的市场吸引力;每个圆圈的面积相当于该产品的销售收入,说明该产品在企业所有产品中的相对地位和对企业的贡献。用来说明各产品对企业的贡献指标不只是销售额,其他指标如利润额等也可以起类似的作用。之所以采用销售额指标是因为它容易取得而且很少出差错。本企业和竞争对手的准确的销售额数据往往是现成的。而要取得竞争对手的利润资料却是困难的,即使是本企业的利润资料包含有一些在各经营业务间费用分摊的合理性问题,导致在比较中产生偏差。

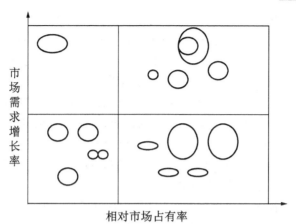

图 7-12 市场增长－市场份额矩阵

7.5.4 市场增长—市场份额矩阵的功能

市场增长－市场份额矩阵的最突出的优点是简单明了,它试图用只有三个参数的图示来分析一个公司经营结构的复杂性质。该工具可以用来作为定期检查企业战略可行性和有效性的一个有效的监控工具,它主要应用于以下几个方面。

1. 分析各经营业务间的资金流向关系

把企业从事的多种经营产品按 4 个区域分类,各区域中的产品因资金流向的角度不同而各有不同的特征。在图 7-13 中处于矩阵左上角的业务称为"明星",它们是吸引力很强的业务,具有较高的市场增长率和较高的市场占有率。由于它们所处的优越地位,能回收大量资金。但企业如果要在迅速增长的市场中保持其优势,也需投入大量的资金。两者相抵,资金的净投入或净回收结果都将是不多的。

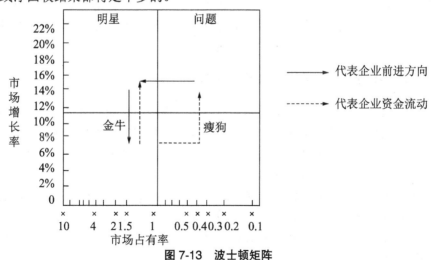

图 7-13 波士顿矩阵

矩阵左下角的业务被称为"金牛",它们是企业资金的主要来源。这些业务企业具有强大的实力而又处于一个走下坡路的市场。它们能回收的资金大于再投资的需要,因此,它们能提供投入其他业务的资金。当然,这要以资金由企业集中高度为前提,否则经营这些业务的部门将继续把回收的资金投入本部门而造成次优化。

矩阵右上角的业务被称为"问题",它们是待开发的机会。这些业务由于市场迅速增长而具有吸引力,但企业没有在这个市场上占有适当的地位。企业需要作出的决策是在其中选出一部分能成功地提高到依靠地位的业务,这要求投入大量的资金。对一个市场迅速增长的业务来说,要取得领先地位,这样做是必不可少的。反之,对一些企业认为无力推进的业务,即使它很有吸引力,也不得不作出退出的决策。

矩阵右下角的业务被称为"瘦狗",它们既没有吸引力又处于软弱的地位,回收的少量资金往往只够维持其经营的开支。要改变这种软弱地位,往往要不断投入资金,这样它们就会成为资金的"无底洞"。所以,如果在最近的将来没有发生转机的迹象,合乎逻辑的决策是尽量利用,只回收而不投资或转让。

2. 战略选择

市场增长-市场份额矩阵应用于战略选择,是基于这样一种指导思想:公司的主要经营目的在于发展和盈利,而一个经营多种业务的公司其主要长处在于它能把高盈利、低发展潜力的业务的资金投向有长期发展和盈利潜力的、有吸引力的业务中去,能够通过资金的平衡调度达到系统的总体优化。

在市场增长-市场份额矩阵中对每项业务定位所用的两个维度,具有形成资金和使用资金的含义。高相对市场占有率和经验曲线相联系,它包含有高占有率、高盈利、多形成资金的含义,而高市场增长率则意味着需要使用更多的投资以适应市场需求的增长。

对应于矩阵中的4个区域,从市场占有率的角度出发可以有4种战略方针,即扩大市场占有率,保持市场占有率;挖潜利用,允许市场占有率下降;耗用现有实力,务求短期内回收资金;转让退出。当然,只从市场占有率角度考虑的战略方针显得简单化,但它无疑是企业在竞争环境中所要着重考虑的一个主要方面。

7.5.5 市场增长-市场份额矩阵的不足

市场增长-市场份额矩阵分析方法运用的假设前提是:行业的吸引力由市场增长率来表示,企业实力由市场占有率来表示;企业销售量大小和盈利的多少是一致的,公司在各项业务间的资金回收和资金投入应当是平衡的。所有这些假设大体上是合理的,却不是无懈可击的。正是这些假设中的缺陷,限制了这种方法的应用。

(1)市场份额不过是企业总体竞争地位的一个方面,市场增长率也不过是表明市场前景的一个方面,而且仅仅按高、低两档来划分四个象限,这些都太简单化了。

(2)计算相对市场份额时只同最大的竞争对手联系起来,而忽视了那些市场份额在迅速增长的较小的竞争者。

(3) 市场份额同盈利率之间不一定有密切的联系，低市场份额也可能有高盈利；反之亦然。

(4) 瘦狗单位不一定就应当很快放弃。在衰退产业中，一些市场份额低的产品如果需求稳定并可以预测，则仍有较稳定的收益来源；如果竞争者都退出，则该产品的市场份额还会增长，甚至可能成为市场领先者，变成金牛。

后来，汤姆森（Arthur A.Thompson）和斯迪克兰德（A.J.Strickland）发展了波士顿矩阵。他们将处于不同象限中的经营单位可以采用的战略列入象限中，从而使战略的选择变得更为清晰。他们的战略方案如图7-14所示。

业务增长率	明星 1.单一经营 2.纵向一体化 3.同心多样化	问题 1.单一经营 2.横向一体化合并 3.放弃 4.清算
	金牛 1.抽资 2.同心多样化 3.复合多样化 4.合资经营	瘦狗 1.紧缩 2.多样化 3.放弃 4.清算

（纵轴：高→低 业务增长率；横轴：高→低 相对市场份额）

图7-14 发展了的波士顿矩阵

从以上的讨论可知，市场增长－市场份额矩阵由于简单明了，对战略规划具有多方面的启示而得到广泛的应用。但也正是这种简单化容易导致决策不周密。它与经验曲线一样，较多地强调市场占有率和降低成本的作用而忽视其他因素，因而需要用其他的评价方法来加以改善和补充。

本章小结

本章阐述了生命周期曲线、经验曲线、行业吸引力—企业竞争力矩阵、市场增长－市场份额矩阵等企业经营的分析工具。从分析和举例来看，以上各种分析工具各有优缺点。企业的生产、发展和生存的一切过程都处于一个变动的复杂环境中，这要求企业经营者学会应用不同的经营战略分析工具，从不同的角度探清企业的优势、劣势、环境状态、同行业竞争状况等，在各种力量的权衡和比较中，选择适合企业发展的战略模式。

复习思考题

1. 简述 SWOT 分析方法的过程与优缺点。
2. 在生命周期各阶段中，市场占有率、企业投资决策的战略定位应如何？
3. 以一个产品的销售增长率作纵轴，投资报酬率作横轴，作出产品生命周期过程中这两个变量的典型轨迹曲线。
4. 经验曲线是描述什么情况的？与规模经济的关系如何？
5. 市场增长－市场份额矩阵与新波士顿矩阵的异同点？
6. 行业吸引力－企业竞争能力矩阵的外部因素、内部因素如何评价？在战略规划中有何应用？
7. 市场增长－市场份额矩阵前提是什么？在实际应用中，有什么局限性？

第 3 篇　企业战略选择

战略分析的主要目的是帮助企业了解企业外部环境中存在的机会和威胁，以及企业相对于竞争对手的优势与劣势。明确企业目前所处的状况是企业进行战略选择的先决条件。在第 3 篇中，将讨论企业为了未来的发展所实施的战略选择。

战略选择通常涉及三个阶段：

1. 提出企业未来发展可供选择的战略方案；
2. 评价备选方案；
3. 确定一项最可行的方案。

从企业整体或各个业务单位的角度看，企业的发展既可以通过内部增长——发展战略来实现，也可以通过外部增长——竞争与合作战略来实现。而在多数情况下，这几种类型的战略是综合运用的。企业总体战略经过层层分解最终是由各职能部门来实现的。在本篇中，主要介绍企业的发展战略、竞争战略、合作战略、动态竞争战略及行业演变中的战略选择。本篇内容如下图所示。

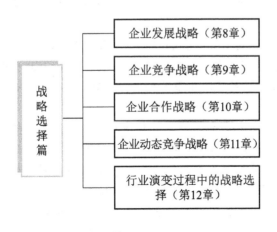

第 8 章　企业发展战略

- 发展战略的三种类型；
- 纵向一体化与横向一体化战略的适用条件、实现方式与实施风险；
- 多元化战略的分类；
- 不同类型多元化战略的概念、动因、实现方式、绩效评价与实施风险；
- 全球化战略的发展动因、特征、战略优势与劣势及实现的战略途径；
- 虚拟经营的概念和要旨、竞争优势、发展动因和实现方式。

Cendant 公司的成长战略

HFS 是一家多元化经营的公司，经营的领域包括房地产、酒店和汽车服务业，1997 年 12 月，HFS 与营销公司 CUC 合并建立 Cendant 公司。

Cendant 公司成立后，开展的业务包括旅馆、房地产、出租汽车、税款准备服务、按揭贷款、移民、假期互换和出租服务。通过公司层战略与相关多元化和不相关多元化战略相结合，Cendant 公司迅速发展。同时 Cendant 公司也采用合资与特许经营的方式，发展其战略目标。

Century 21、Coldwell Banker Commercial 和 ERA 加盟了 Cendant 公司房地产的特许经营，这些公司在房地产佣金市场中都具有一定声望。此外，Cendant 公司是美国最大房地产经销抵押服务的开创者，在开展的多元化服务之中，房地产服务所创造的营业收入大约占总营业收入的 40%。

在旅游服务业中，Cendant 公司拥有广泛的住房特许经营，其中包括 Days Inn、Howard Johnson、Super 8 等。Cendant 公司出售其度假场地的所有权之后，购买了 Fairfield Resorts 公司。"9·11"事件后，为弥补旅游业务方面的不足，Cendant 公司并购了伽利略国际公司，为旅游业提供全球电子预购服务。来自 115 个国家的顾客，都可以使用伽利略服务系统来获得行程和费用信息，进行预订和获取车票等服务，与 43000 家旅行社与 550 条定期航线、37 家汽车出租公司、47000 家旅馆和 3 条主要的巡航路线相连接。最近 Cendant 公司并购

Cheap Tickets 公司，提供网上订票的服务，从而赢得了更多的机遇。Cendant 公司通过并购获得一定的实力，能够与如 Travelocity.com 和 Priceline.com 这样的在线旅游网站进行竞争，Cendant 公司的旅游业务为公司创造约 28% 的营业收入。

Cendant 公司有一个车辆管理部门，Avis Rent System、Budget Car、Truck Rental 和 Wright Express 等著名品牌组成该车队的核心业务，该业务群体为 Cendant 公司创造约 17% 的营业收入。

Cendant 公司的金融服务部门，包括保险和信用等级领域的 Jackson Hewitt Tax Service，Benefit Consultants and Financial 及 Long Term Preferred Care 等著名公司。公司的金融服务为其创造了约 15% 的营业收入。

发展与成长是企业追求的重要目标，成长的公司，其成本收益率高，公司市值也相应提高，因此公司长期成长的重要性超过短期的获利率。任何成功的企业都应当经历长短不一的发展战略实施期，因为依据企业的生命周期，只有发展战略的实施才能使企业不断扩大规模，使企业从竞争力较弱的小企业发展成为实力雄厚的大企业。

竞争优势几乎总是通过采取成功的战略性行动而获得，如获得成本优势、培养差异化优势、产生资源或潜能优势等。确立竞争优势所花的时间越长，竞争对手就越有可能准确地发现你所采取的行动而制定一些应对措施。发展战略能很快地建立公司的竞争优势，让竞争对手来不及研究你的战略措施，从而获得竞争优势力量。

（案例来源：www.cendant.com）

8.1 企业发展战略概述

8.1.1 发展战略的概念与特征

企业发展战略又称增长型战略，即在企业现有战略基础水平上向更高一级的方向发展。它以"发展"作为企业的核心内容，引导企业不断地开发新产品，开拓新市场，提高销售量，扩大市场占有率，扩大经营规模与范围，降低财务成本，提高盈利能力，采用新的生产方式和管理方式，使企业的各项经济技术指标达到或超过同行业的先进水平，提高企业的竞争地位。

实施发展战略的企业通常具备下述特征。

（1）企业的发展速度往往高于其产品所在市场的总体发展速度。

（2）企业往往能够获得远远高于社会平均利润率的利润水平。

（3）企业倾向于采用非价格竞争手段同竞争对手抗衡。

（4）与简单的适应外部环境不同，发展战略高度强调创新职能；企业倾向于通过创新产品或创造需求来改变外部环境并使之适合自身。

8.1.2 企业实施发展战略的优势

采取发展战略的目的是取得整体业绩的明显提高,以更快的速度压倒和战胜竞争对手,从而发展扩大自身价值,获得更多的市场份额和绝对财富。发展战略的实施成果在某种程度上会增加企业员工财富、荣誉和责任感,对员工的工作行为有很大的激励作用,成为企业进一步发展的动力。

发展战略通过发现和争取以前不具有的新的市场机会,避免组织老化,使企业总是充满生机和活力。发展战略使企业通过不断变革来创造更高的生产经营效率与效益,保持企业的竞争实力,获得特定的竞争优势。发展战略还可以帮助企业扩大规模和销售,利用经验曲线或规模经济效益降低生产成本。

8.1.3 发展战略的类别

随着全球经济一体化程度的加深和竞争环境的加剧,发展战略可细分为企业在本行业内成长的一体化战略、跨越其他行业寻求成长的多元化战略、跨越地区和国家寻求成长的全球化战略及突破有形界限、保留关键职能的虚拟经营战略等类型。

8.2 一体化战略

一体化战略是指企业充分利用自己在产品、技术、市场上的优势,根据物资流动的方向,使企业不断地向深度和广度发展的一种战略。一体化战略包括纵向一体化、横向一体化和混合一体化三种类型。其中纵向一体化又可分为前向一体化和后向一体化两种类型。

前向一体化是指企业的业务向其消费对象所在的行业发展,而后向一体化是指企业的业务向其资源提供者所在的行业扩展。纵向一体化的战略利益在于有助于企业实现规模经济,降低经营成本,稳定供求,规避价格波动,提高产品差异能力。纵向一体化的战略成本在于弱化激励效应、加大管理难度、加剧财务紧张、降低经营灵活性及难以平衡生产能力等方面。

8.2.1 纵向一体化战略

1. 纵向一体化战略的概念与实现方式

纵向一体化战略,亦称垂直一体化(Vertical Integration)战略,是指将企业的业务范围后向扩展到供应源或者前向扩展到服务用户。垂直一体化旨在同一个行业之中扩大企业的竞争范围,没有超出原来行业界限,唯一的变化是行业价值链体系中,企业的业务单元跨越了若干个阶段。纵向一体化战略可以使企业获得对销售商和供应商的控制。

纵向一体化可以是行业价值链的所有阶段的整体一体化,也可以是进入整个行业价值链某些阶段的部分一体化。纵向一体化的实现方式可以是在行业活动价值链上，通过企业自身前向或后向的整合完成，也可通过购并已经开展某项经营活动的公司来实现。一般而言，纵向一体化的实现方式包括：①企业内部壮大；②与其他企业实现契约式联合联营；③兼并、收购其他企业。

（1）前向一体化战略。在价值链上，位于制造过程的后续环节通常是再生产或分销。前向一体化（Forward Integration）战略，是指企业与其产品用户联合，或自行向该经营领域扩展的经营战略。当今越来越多的制造商（供应商）正在通过建立网站向用户直销来实现前向一体化，很多提供原材料或半成品的企业，也根据市场需要和生产技术可能的条件，充分利用自己在原材料、半成品上的优势和潜力，决定实现前向一体化，由企业自己制造成品或与成品企业合并，组建经济联合体，以促进企业的更快成长和发展。

实施前向一体化战略的一种有效方式是特许经营（Franchising），在美国大约 50 个不同的产业中，有 2000 多家公司以特许经营的方式销售其产品或服务，企业可通过特许经营方式迅速扩展业务。美国每年以特许经营方式实现的销售额大约为一万亿美元。

通常，适合企业采用前向一体化战略的情况如下。

① 企业现有销售商提供产品的成本高昂且不可靠，或不能满足企业的销售需要。

② 现有经销商或零售商的利润较高，前向一体化的实现可以使企业获得销售利润，并可为自己的产品制定更具竞争力的价格。

③ 开展网上直销，可以降低交易成本，提高交易效率，增加交易机会。

④ 高质量的销售商数量有限，采取前向一体化的公司可在销售领域建立新的竞争优势。

⑤ 企业参与竞争的产业明显快速增长或预期快速增长，并且企业具备销售自己产品所需要各项资源。

⑥ 通过前向一体化，企业可以更好地了解、预见市场需求，从而进行稳定的生产。

（2）后向一体化战略。在价值链上，位于制造过程的前置环节通常是生产所需各项资源的供应。后向一体化（Backward Integration）战略，是指企业与其原材料供应单位联合，或自行向该经营领域扩展，以获得供货方公司的所有权或加强对它们的控制。生产者和零售商均需要从供货方得到原材料和商品。如果企业产品在市场上拥有明显的优势，可以继续扩大生产，打开销路。如果现有供货方不可靠、供货成本过高或不能满足企业需要，影响企业的进一步发展，那么企业可以依靠自己的力量，扩大经营规模，采用后向一体化战略，由自己生产材料或配套零部件，或者向后兼并供应商。亦可与供应商合资兴办企业，组建联合体，统一规划和发展。

在某些情况下，通过整合进入整个价值链中更多的阶段，对先前采用外部寻源的活动进行内部生产之后，可以排除依靠供应商提供关键零配件或支持服务所带来的不确定性，降低公司面对不断寻求提价的强大供应商时所潜伏的脆弱性；或者能够提高产品或服务质量，改善客户服务的能力，增加能够提高客户价值的特色；或者从其他方面提高企业最终产品的性能；或者更好地掌握对战略起着关键作用的技术，增加企业以差别化为基础的竞争优势。

通常，适合企业采用后向一体化战略的情况如下。

① 企业处于其供应商客户优先秩序的下端。

② 企业现有供应商成本很高且不可靠，或不能满足企业对零部件、组装件或原材料的需求。

③ 企业对原材料用量需求很大，足以获得供应商所拥有的规模经济，而且在不降低质量的前提下可以赶上或者超过供应商的生产效率。

④ 供应商数量少而有需求的竞争者数量多。

⑤ 企业参与竞争的产业迅速发展。

⑥ 企业具备自己生产原材料所需的各项资源。

⑦ 价格的稳定性至关重要，可通过后向一体化战略控制原材料的成本，从而稳定其产品的价格。

⑧ 供应商利润丰厚，所在产业具备高盈利性。

⑨ 企业需要尽快地获取所需资源。

⑩ 由供应商供应的产品是关键零部件，具有相当可观的利润率，且进行后向整合所需要的技术无壁垒。

2. 纵向一体化战略的战略优势

纵向一体化战略的实施可以从以下七个方面有助于企业确立战略优势。

（1）经济性。如果产量足以达到有效的规模经济，企业则可通过控制生产、销售、采购和其他相关活动获得经济性。经济性的优势进一步表现在以下几方面。

① 分销成本的节约。某些情况下，前向整合可以直接进入产品向最终用户的销售，省略分销环节，带来明显的成本节约，降低产品的销售价格。

② 内部控制和协调经济。如果企业实现纵向一体化，则安排协调交货时间及对紧急事件的反应成本都可能降低，并实现原材料的更稳定供应和及时交货，提高企业的生产效率。

③ 信息经济。一体化经营可以降低市场信息的获取成本。监控市场、预测供求及产品的固定成本可以由一体化企业共同承担，而在非一体化企业中将由各个实体企业独自承担。

④ 交易成本的节约。通过纵向一体化，企业可以节约销售、谈判和交易成本。

⑤ 提高企业的总投资回报率。

（2）差异化的提升。一般来说，位于行业价值链前端的产品通常是同质产品，所涉及的技术规格基本上是一样的（如原油、家禽肉类、钢板、水泥及纺织纤维）。同质产品的市场竞争通常是激烈的价格竞争，随着供需平衡的摆动，利润也随之起伏。通常，在整个行业价值链中离最终消费者越近，企业就越有机会打破同质化的竞争环境，通过设计、质量、特色、服务等方式对自己的产品进行差别化。同价值链中其他一些创造价值的活动相比，产品差别化常常可以获得高的溢价，提高其利润水平。

（3）稳定性。由于上下游企业都知道其采购和销售关系是稳定的，因而能够建立起彼此交往的更有效的专业化程序，而这在供应商或顾客是独立实体的情况下是行不通的。同时，关系的稳定性将使上游企业可以根据下游企业的特殊要求，在产品的质量、规格等方面加以微调，密切上下游企业的配合，从而大大提高相应价值环节的整体效率。

（4）实物期权的获得。在某些情况下，纵向一体化战略的另一个潜在利益是提供了进一步熟悉上游或下游单位相关技术的机会。这种信息或技术的获得对基础事业的开拓与发展非常重要，可以通过管理层控制的范围内，提供一系列的额外价值来改进本企业区别于其他企业的能力，这些为未来的发展提供了宝贵的实物期权。

（5）可控性。纵向一体化战略能够确保企业在产品供应紧缺时得到充足供应，或在总需求很低时能有一个产品输出渠道。在能够实现提高生产能力利用率或者加强品牌形象的情况下，制造商有时可以自己投资建立分销机构，组建特许经销商网络或零售连锁店等来获取更大的利益。但是，一体化战略能保证的需求量以下游需求单位所能吸收上游单位的产量为限。很明显，下游单位销货的能力依赖于市场及竞争条件对下游单位的影响，如果下游单位的需求不旺，下游单位的销量也会很低，对相应的内部供应商的产量需求也很低。因此，一体化战略可以减少企业随意终止交易的不确定性。

（6）统筹性。如果企业在与其供应商或顾客的议价过程中，供应商或顾客拥有更强的议价能力，且其投资收益超过整合资本的机会成本，那么，即使整合不会带来其他益处，企业也值得整合。通过消除供应商或顾客的议价实力不仅有助于降低供应成本或者提高价格，而且企业通过消除与具有很强实力的供应商或者顾客所作的无价值活动，使企业经营效率更高。抵消议价实力的后向整合还有另一个潜在益处，即提供投入的供应商的利润内部化能够表明这种投入的真实成本。企业可以调整其最终产品的价格以提高整合前两个实体的总利润。企业可以通过改变下游单位在生产过程中所需各类投入的组合来提高企业效率。

（7）防卫性。如果竞争者是垂直一体化的企业，那么一体化战略就具备防御意义。竞争者的广泛一体化能够占用许多供应资源或者拥有许多称心的顾客和零售机会。在这种情况下，没有纵向一体化战略的企业面临必须抢占剩余供应商和零售商的竞争局面，甚或面临被封阻的处境。与没有纵向一体化战略的企业相比，整合企业通过垂直一体化还可以得到某些战略优势，如较高的价格、较低的成本或较小的风险，从而提高了产业的进入壁垒。

3. 纵向一体化战略实施的风险

纵向一体化战略实施在具备上述战略优势的同时，应用失当也会给企业带来各种潜在与现实的风险，具体包括以下内容。

（1）移动壁垒成本的增加。对于保护自己对技术和产品设施的现有投资，纵向一体化企业有着既得利益。但纵向一体化战略要求企业克服移动壁垒，在上游或下游产业的竞争都需要付出成本，如克服规模经济、资本需求等引起的壁垒。

（2）资本投资无法支撑。纵向一体化要耗费资本资源，建立一个独立实体部门需要投入不小的资本。纵向一体化有时会妨碍企业将资源调整到更有利用价值的地方。

（3）运作灵活性降低。和某些独立实体相比，纵向一体化战略提高了改换其他供应商及顾客的成本。在投资下降的产业中，一体化战略还会削弱企业进行多元经营的能力。所以，全过程一体化企业对新技术的采用要比部分一体化企业或非一体化企业慢一些。

（4）市场响应速度下降。由于企业面临更多的业务，在市场环境发生变化时，企业需要调整的部门更多，涉及的环节也更多，调整的速度更为缓慢。

（5）阻碍与供应商及顾客的交流。不管是前向一体化还是后向一体化，企业都会迫使自己依赖内部活动而不是外部供应，随着时间的推移，这样所付出的代价可能比外部寻源更高昂，同时降低企业满足顾客产品种类方面需求的灵活性，封阻研究供应商及顾客的技能通道，切断来自供应商或顾客的技术流动和信息沟通。

（6）企业平衡失控。纵向一体化战略需要在价值链各个阶段进行平衡的能力。价值链上各个活动最有效的生产运作规模可能大不一样，在每一个活动交接处都达到完全的自给自足是例外而非一般情况。如果内部能力过剩，必须为过剩的部分寻找顾客；如果产生了副产品，就必须进行处理。整合体中上游单位与下游单位的生产能力必须保持平衡，否则就会出问题。纵向链中有任何一个有剩余生产能力或剩余需求量的环节，企业就必须在市场上销售一部分产品或购买一部分投入，否则将损害其市场地位。

（7）技术和管理的挑战。不管是前向整合还是后向整合，都需要拥有完全不同的技能和业务能力。零配件的生产、装配、分销都是不同的业务，需要不同的关键成功因素。因此，一系列普通的管理方式和一系列的普通假设不一定适合于纵向相关业务。

（8）经营杠杆倾斜。纵向一体化战略增加了企业的固定成本部分。如果企业在某一市场上购买某一种产品，那么所有成本都是变动的，但如果企业整合自己的产品，即使因某些原因降低了产品需求，企业也必须承担生产过程中的固定成本。关联业务中任何一个引起波动的因素也在整个整合链中引起波动，进而经营周期、市场开发等都可能引起波动。因此，纵向一体化放大了企业的经营杠杆，使企业面临生产、销售上较大的波动和周期变化，从而增加了企业的经营风险。

（9）激励失效。纵向一体化战略意味着通过固定的关系来进行购买与销售。在向整合体内部另一个单位购买产品时，企业不会像与外部供应商做生意时那样激烈地讨价还价，因此，内部交易会减弱激励功能。

4. 纵向一体化战略的判断

正如上述分析，纵向一体化战略的实施，对企业而言并非意味着必然的成功，选择失当也会使得一体化的成本大于收益，形成风险，因此企业能否采用一体化战略主要应从以下几方面作出客观的判断。

（1）能否提高具备关键战略意义的业务业绩，降低成本或者加强差别化。

（2）能否协调更多价值链环节间的投资成本、灵活性、反应时间及管理杂费所产生的影响。

（3）能否创造竞争优势。纵向一体化战略所涉及的核心问题在于企业如果想要成功，哪些能力和活动可以在企业内部展开，哪些可以安全地转给外部去完成，如果无法获得巨大的经济利益，纵向一体化战略就不应成为战略首选。

8.2.2 横向一体化战略

与纵向一体化战略相对应的是横向一体化（Horizontal Integration）战略，又称水平一体化战略。横向一体化战略已成为当今战略管理的一个最显著的趋势，在很多产业中已成为最受管理者重视的战略。竞争者之间的并购和接管提高了规模经济和资源与能力的流动，通过并购可以获取竞争对手的市场份额，迅速扩大市场占有率，增强企业在市场上的竞争能力。另外，由于减少了竞争对手，尤其是在市场竞争者不多的情况下，可以增强议价能力，以更低的价格获取原材料，以更高的价格出售产品，从而扩大企业的盈利水平。

1. 横向一体化战略的概念与发展动因

横向一体化战略是指把价值链上处于同一阶段的单位联合起来，形成集团，以获得与本企业竞争企业的所有权或加强其控制，以促进企业实现更高程度规模经济和迅速发展的一种战略。

推动横向一体化战略的动因包括企业对市场份额、效率、行业主导权及经济收益的追逐，经济全球一体化程度的加剧，法律法规限制的减轻，互联网等信息技术的飞速发展，电子商务的拓展及股价高涨等，这些对于横向一体化战略在全球范围内的迅猛发展起到了推波助澜的作用。

2. 横向一体化战略的适用条件与实现方式

通常，企业适合采用横向一体化战略的情况如下。

（1）在不违反垄断法规的前提下，企业想要在特定地区获得一定程度的垄断。

（2）规模的扩大可以带给企业更大的竞争优势。

（3）企业具有成功管理更大的组织所需要的资源。

（4）市场经济日益发达，生产出现结构性过剩。

（5）规模小、产地多、成本高、资源浪费严重、项目重复建设等现象严重。

实施横向一体化战略的有效方式有两种：① 直接或有形的横向一体化战略，如竞争对手之间的合并、相互参股；② 间接或无形的横向一体化战略，如竞争对手通过战略联盟开拓新市场、降低成本或狙击竞争对手进入市场。

3. 横向一体化战略的战略优势

横向一体化的战略优势如下。

（1）规模经济。横向一体化战略通过收购同类企业达到规模扩张，在规模经济性明显的产业中，可以使企业获取充分的规模经济，从而降低成本，取得竞争优势。同时，通过收购，往往可以获取被收购企业的技术专利、品牌资产价值等无形资产。

（2）减少竞争对手。横向一体化战略是一种收购企业竞争对手的增长战略。通过实施横向一体化战略，可以减少竞争对手的数量，降低产业内的竞争强度，为企业的进一步发展创造良好的产业环境。

（3）较容易的生产能力扩张。横向一体化战略是企业生产能力扩张的一种形式，这种扩

张方式相对较为简单和迅速。

4. 横向一体化战略的风险

横向一体化战略的风险如下。

(1) 政策法规的不利改变。横向一体化战略容易形成行业内的垄断，因此各国法律都对此作出了限制。

(2) 并购后的整合不力。由于收购企业与被收购企业在历史背景、人员组成、业务风格、企业文化、管理体制、营销渠道等方面存在着较大差异，因此各方面的协调非常困难，实践表明，这是决定横向一体化战略能否成功实施的关键问题。

8.3 多元化战略

前面章节中的一体化战略本质上是分析企业如何实现在本行业内的成长问题，但受限于行业生命周期规律，企业无法在本行业内永远保持长期成长，因此实施多元化是企业成长的必经之路，实践中大多数的大型企业都是多元化的企业。在1900年美国股票市场前十二位公司均是单一经营业务的企业，如美国糖业公司、美国棉花公司等，一百年后，其中只有两家发展成为多元化企业的公司存活：通用电气（GE）和美国钢铁。虽然多元化失败的比率高达50%，但作为企业长久存活的必经之路，企业必须学会多元化战略的选择和实施。

8.3.1 多元化战略概述

世界企业发展史中曾出现过5次兼并高潮。其中20世纪60年代的兼并以大规模的非相关多元化为主，形成混合联合大企业。但经过数年的实践发现，由于管理幅度过广而造成效率不高，有一半以上的联合大企业效益下降乃至亏损；在20世纪七八十年代出现的第四次兼并高潮中，相关多元化兼并成为主流；90年代开始的第五次兼并高潮，则在相关多元化基础上，更出现了加强核心业务能力的趋势。

多元化的目的是有效利用现有资源，开展多元化经营可以规避风险，实现资源共享，创造更多的企业总效（Synergy），产生 1+1＞2 的效果，多元化经营是现代企业发展的必由之路。

1. 多元化战略的概念

多元化（Diversification）战略又称多样化经营或多角化经营，由著名的战略大师安索夫于20世纪50年代提出，是指企业为了获得最大的经济效益和长期的稳定经营，开发有发展潜力的产品或者丰富产品组合结构，在多个相关或不相关的产业领域同时经营多项不同业务的战略，是企业寻求长远发展而采取的一种成长或扩张行为。

2. 多元化战略的适用

一般而言，在下述情况下，企业可结合内、外部环境考虑实施多元化战略。

(1) 企业拥有相对富余的资源。

(2)企业原处行业处于生命周期的衰退阶段,同时拟进入的新行业处于快速成长阶段。

(3)企业具备实施多元化战略所需的管理技能。

3. 多元化战略的实现方式与绩效

一般而言,企业可以采取内部成长或外部并购的方式进行多元化。第一种方式是内部成长方式,内部成长方式是指企业自行进入新行业,发展技术,虽然需要花费的时间成本较多,但研究显示通过内部成长方式进行多元化所获得的利润水平较高;第二种方式是利用并购其他公司进入新行业,现实中3/4的多元化战略是通过并购的方式实现的,但通过并购方式实施多元化,平均而言其绩效水平并不理想。

利用股票市场操作并购其他公司,企业可以快速进入新产业,达到多元化的目的。以并购方式进行多元化的绩效较差,支付的代价也比较高,企业通常要支付超过市场价值20%~30%的溢价,而且并购企业一旦宣布要并购其他企业,目标企业股票立即上涨,并购企业的股票立即下降。研究表明,并购后绩效能超过成本的企业只有1/4,换言之有3/4的并购以失败收场。

相对来说以内部成长方式进行的多元化,虽然可能要经过数年才能看见盈利成果,但这是比较稳健的做法。虽然多元化可以获得运营、财务、营销、人事上的利益,但从绩效的标准来看,一般多元化的绩效并不佳,关联多元化的绩效比垂直整合与非关联性多元化的绩效要好。

研究表明,比较成功的多元化战略是并购生命周期在成长期的中小型企业,然后慢慢学习如何去管理另一个行业的企业,然后子、母公司随着新行业的成长共同发展。换言之,先以外部成长,再以内部扩张的战略进行多元化,这样,目标产业成长率高,日渐壮大的企业就可以分担进入新产业所支付的高额并购成本。简单而言,这就是"购买与自行开发(Buy and Build)"战略。

多元化战略分为三种基本类型:集中多元化战略、横向多元化战略和混合型多元化战略,下面分别加以讨论。

8.3.2 集中多元化战略

集中多元化(Concentric Diversification)战略,是指增加新的但与原有业务相关的产品与服务。近几年,西方国家兼并浪潮又起,一个最显著的特点就是以相关行业为主,尽可能追求业务的相关性。这里的相关性是指能够共享在市场、营销渠道、生产、技术、采购、管理、信用、品牌、商誉和人才等方面相关业务之间的价值活动。当企业将多元化经营建立在具有相关性的活动上时,其成功的机会就会较大。之所以容易成功,主要原因是企业的竞争优势可以扩展到新行业,实现资源转移和共享,在新行业容易站稳脚跟,发展壮大。多元化经营战略的理性方式应是在核心专长与核心产业支撑下的有限相关多元化经营战略。

集中多元化战略强调企业从内外搜寻、获取稀缺资源以支撑其核心竞争力。根据内部化理论,企业通过集中多元化战略不仅获得了稀缺资源,而且降低了交易费用,减少了不确定性,

更重要的是，将稀缺资源置于企业的直接控制之下，从而更好地保证核心竞争策略的实施。

集中相关多元化可以带来战略协同继而产生竞争优势。相关多元化使企业在各业务之间保持了一定的统一度，从而产生战略协同性，取得比执行单个战略更高更稳固的绩效，致使相关多元化产生 1+1＞2 的效果，成为竞争优势的基础。战略协同性产生的利益越大，相关多元化战略优势也就越大。战略协同转化为竞争优势主要依靠两方面：① 不同业务的成本分摊产生较低成本；② 关键技能、技术开发和管理诀窍的有效转移和充分利用。

适合于采用集中多元化战略的情况如下。

（1）企业参与竞争的产业属于零增长或慢增长的产业。

（2）增加新的、相关产品将会显著地促进现有产品的销售。

（3）企业能够以具有高度竞争力的价格提供新的相关产品。

（4）新的相关产品具有的季节性销售波动可以弥补企业现有生产周期的波动。

（5）企业现有产品正处于产品生命周期中的衰退阶段。

（6）企业拥有相应的管理能力。

8.3.3 横向多元化战略

横向多元化（Horizontal Diversification）战略是指向现有用户提供新的与原有业务不相关的产品或服务。这种战略不像混合式经营那样具有很大的风险，因为企业对现有用户已比较了解。例如，网上大型书商亚马逊通过进入玩具和消费电子产业实行横向多元经营战略。目前人们可以在 amazon.com 网站购买到由 300 家厂商提供的摄像机、照相机、DVD 唱机、电视机及玩具等商品。

技术的爆炸性发展使得企业不可能仅凭有限领域的服务和产品来满足不断变化的市场需求，客户更需要提供配套的、完整的系统集成式解决方案。在这种情况下，企业必须开展其核心领域以外的产业，通过横向多元化战略提供多元化的一揽子服务，最终加强其核心竞争力。IBM 在困境中看准在计算机技术飞速发展的背景下市场对整体服务的需求，从一家"营建＋操作系统"提供商拓展为电子商务软硬件的集成服务提供商，重塑蓝色巨人的传奇就是一个通过相关产业加强核心竞争力的成功案例。

特别适合采用横向多元化战略的情况如下。

（1）通过对既有客户增加新的、不相关的产品，企业从现有产品和服务中得到的盈利可显著增加。

（2）企业参与竞争的产业属于高度竞争或停止增长的产业，其标志是低产业盈利和低投资回报。

（3）企业可利用现有销售渠道向现有用户营销新产品。

（4）新产品的销售波动周期与企业现有产品的波动周期可以互补。

（5）企业在既有业务或产品线上进行拓展的边际成本很低。

8.3.4 混合多元化战略

混合多元化（Conglomerate Diversification）战略，亦称不相关多元化或联合大企业式多元化战略，是指增加新的与原有业务不相关的产品或服务。集中多元化战略和混合多元化战略的主要区别就在于前者是基于市场、产品和技术等方面的共性，而后者则更出于盈利方面的考虑；只要该行业或业务有确定的和足够吸引力的财务收益，混合多元化战略可以考虑进入任何行业或业务，寻求战略匹配关系则是第二位的。

1. 混合多元化战略的动因

尽管相关多元化战略会带来战略匹配利益，很多企业却选择了不相关的多元化战略。其主要动因是：加速企业成长，充分利用现有资源和优势，加强企业核心竞争力，调整产业结构。这四点不但是实施混合多元化战略的根本原因，也是混合多元化战略的战略目标。这四大多元化经营战略目标并不是完全独立和相互排斥的，它们殊途同归，最终都将实现企业和股东价值最大化。在不相关的多元化战略中，企业不需要寻求与其他业务有战略匹配关系的经营领域。实施混合多元化战略，企业可以进入有着丰厚利润机会的任何行业。如果说相关多元化战略是一种战略驱动方式，那么不相关多元化对于创造股东价值则基本是一种财务驱动方式，它通过灵活地调度企业的财务资源和管理技能，把握财务上具有吸引力的经营机会，是一种创建股东价值的财务方法。例如，上海锦江集团下属上海新锦江商贸有限企业、上海锦江房地产企业、上海锦江航运企业等，所涉及的产业之间基本不相关，属于混合多元化经营。

培育企业新的增长点也是混合多元化战略的一大动因。任何行业都面临一条生命周期曲线。当所处的行业步入成熟、即将衰退的时期，企业就必须思考两条道路：一条是通过技术上、市场上、管理上的不断创新，使行业从这条生命周期曲线过渡到另一条上升的生命周期曲线；另一条道路是将企业引导到别的新兴行业，用现有的资源创造未来的现金流。多元化经营目标就是要在恰当的时候，将企业引入更具发展潜力的行业而脱离原来饱和、衰退的行业。不相关多元化有时也是一项合乎要求的企业战略，当一个企业需要多元化以远离一种被危及的或没有吸引力的行业，并且没有明显可以转移到邻近行业的能力时，这一战略则值得考虑。另外，一般企业的所有者对于投资几项不相关业务比投资几项相关业务有着更强的偏好，这也成为混合多元化经营的一种缘由。

2. 混合多元化战略的优势

通过开展混合多元化经营，企业可从以下几方面增强竞争优势。

（1）分散经营风险。与相关多元化相比，混合多元化经营能更好地分散财务风险，因为企业的投资可以分散于有着完全不同的技术、竞争力量、市场特征和顾客群的业务之中。

（2）高效发挥企业财力资源。通过投资于有最佳利润前景的行业，将来自于低增长和低利润前景业务的现金流量转向高增长和高利润潜力的业务，可以使企业财力资源发挥最大作用。

（3）稳定企业盈利能力。除非整个市场景气度都很低，一个行业的艰难阶段可以被其他行业的昌盛阶段部分抵消。理想的情况是，企业某些业务的周期性下降可以与多元化进入的其他业务的周期性上升取得平衡，当企业能够洞察到价值被低估但具有利润上升潜力的廉价目标企业并对其实施并购时，企业价值就能增加。

3. 混合多元化战略的弊端

混合多元化战略的弊端如下。

（1）多业务管理的失控。混合多元化战略的明显弊端在于需要企业充分考虑不同行业中完全不同的经营特点和竞争环境，并有能力作出合理的决策。一个企业所涉足的经营项目越多，多元化程度越高，企业越难以对每个子企业进行监察和尽早发现问题，也越难以掌握评价每个经营行业吸引力和竞争环境的真正技能，判断各业务层次计划和战略行动也更加困难。

（2）无法获取协同优势。混合多元化战略对于单个业务单元的竞争力量没有什么帮助，每项经营都是依靠单独的努力建立某种竞争优势。由于没有战略匹配关系带来的协同优势，不相关的多种经营组合的合并业绩并不比各业务独立经营所获的业绩总和高。相比之下，相关多元化对于提高股东价值提供了一种战略方法，因为它是基于探求不同业务价值链间的联系以降低成本，转移技能和专门技术及获得其他战略匹配利益，其目标是将企业的各种业务间的战略匹配关系转变为各业务子企业靠自己无法获得的额外竞争优势。

4. 混合多元化战略的风险

企业实施多元化战略会造成人、财、物等资源分散，管理难度增加，效率下降，因此混合多元化战略并非适用于所有企业，其选择和实施的不当，可能为企业带来各种现实与潜在的风险，具体包括以下几方面。

（1）来自原有经营产业的风险。企业资源总是有限的，混合多元化经营往往意味着原有经营的产业受到削弱。这种削弱不仅是资金方面的，管理层注意力的分散也是一个方面，它所带来的后果往往是严重的。然而原有产业却是混合多元化经营的基础，新产业在初期需要原产业的支持，若原产业受到迅速的削弱，企业的混合多元化经营面临危机。

（2）市场整体风险。支持混合多元化战略的一个观点是"不要把鸡蛋放在同一个篮子里"。然而，市场经济的广泛关联性决定了实施混合多元化战略的各产业仍面临共同的风险，"鸡蛋只不过放在了稍大的篮子里"。至今没有足够的证据表明，高度混合多元化经营企业的合并利润，在萧条时期或经济困难阶段比混合多元化程度较低的企业的利润更加稳定或更少受到衰退的影响。在宏观力量的冲击下，企业混合多元化经营的资源分散反而加大了风险。对于今天我国的企业而言，外部环境已经发生了巨大的变化。短缺经济在绝大多数领域基本结束，部分行业生产相对过剩。在此情况下，绝大多数企业处于微利经营甚至无利经营的状态。企业如果无视环境的变化，一味为了多元化而多元化，不但达不到目的，反而会给企业带来更大风险。

（3）行业进入风险。行业进入不是一个简单的"买入"过程。企业在进入新行业之后还必须不断地注入后续资源,去学习这个行业新业务并培养自己的员工队伍,塑造企业品牌。另一方面,行业的竞争态势是不断变化的,竞争者策略也是一个变数,企业必须相应地不断调整自己的经营策略。所以,进入某一行业是一个长期、动态的过程,很难用通常的投资额等静态指标来衡量行业的进入风险。

（4）行业退出风险。企业在实施混合多元化战略前往往很少考虑退出的问题。然而,如果企业深陷一个错误的投资项目却无法做到全身而退,那么很可能导致全军覆没。一个设计良好的经营退出渠道能有效降低多元化经营的风险。

（5）内部经营整合风险。新投资的产业会通过财务流、物流、决策流、人事流给企业及企业的既有产业经营带来全面的影响。不同的行业有不同的业务流程和不同的市场模式,因而对企业的管理机制有不同的要求。企业作为一个整体,必须把不同行业对其管理机制的要求以某种形式融合在一起。混合多元化经营多重目标和企业有限资源之间的冲突,使这种管理机制上的融合更为困难,使企业混合多元化经营的战略目标最终趋于内部冲突的妥协。

（6）财务风险。企业若出现战略失误,比如错误判断行业的吸引力,或在新并购业务的经营中遇到意外问题,或对于将一家困难的子企业转危为安过于乐观,就会使企业盈利下降并降低母企业的市场价值。

（7）文化冲突。有时,从战略角度看好像合理的多元化行动却被证明缺少文化匹配。比如国内几家制药企业选择混合多元化战略进入化妆品和香水领域之后,发现与开发神奇的药物治愈疾病这一崇高任务相比,员工对于这类产品"轻浮"的本质缺少尊重。制药企业的医学研究和香水的化学合成技术之间缺少共同的价值观和文化和谐,化妆品经营的营销导向也与制药企业的营销模式格格不入,因此无法获得像进入有着技术分享潜力、产品开发融合关系和销售渠道部分重叠的业务时所能得到的结果。企业文化的冲突对于企业经营往往是致命的。

5. 混合多元化战略实施的关键环节

混合多元化战略作为一种战略,本身并没有问题,但其实施需要具备一定的条件。总体上必须综合考虑以下因素。

（1）企业规模和实力。混合多元化战略通常是大型企业的一种选择。

（2）主业市场需求增长情况。任何产品都有市场生命周期,企业总要寻找新的经济增长点。

（3）主业市场的集中度。它反映了一个行业的垄断程度。

（4）关联度。关联度越高,表明多元化程度越低,新旧产业之间联系密切,成功的把握性往往较大。

在具体操作上,一旦企业实施了混合多元化战略,并在大量不同的行业中经营着业务,企业战略的制定者们就要审视以下问题。

（1）确定混合多元化战略目标。企业在选择混合多元化战略时,首先要考虑多元化战略的战略目标。清楚了解企业多元化经营战略目标及其合理性,旨在探察不相关多元化业务组合中的强势和弱势,以及决定对战略进行哪些细微改进或重大变动做好准备。

（2）预测和判断拟进入行业所处阶段。任何产品都要经历投入期、成长期、成熟期和衰退期4个阶段。在行业或产品周期的不同阶段，产品经营的难易程度是不同的，企业所采取的战略也要有所选择。企业开拓新领域要力争进入处于投入期或成长期的行业或产品中，避免进入成熟期或衰退期的行业或产品中，这是由竞争能力、发展潜力和行业壁垒所决定的。

（3）检验行业吸引力。评价企业混合多元化进入的每一行业的吸引力包括：市场规模和市场增长率、竞争强度、显现的机会和威胁、需求波动情况、所需投入的资源需求、与企业既有价值链和资源能力匹配关系、获利能力、环境因素、利润率和投资回报率、风险度等。

（4）测度企业自身竞争力。竞争力包括但不局限于相对市场份额、相对于竞争对手的获利能力、靠成本进行竞争的能力、技术和革新能力、在质量和服务上能与行业对手匹敌的能力、与关键的供应商或顾客进行讨价还价的能力及品牌识别和信誉等。企业其他的竞争力指标还包括有关顾客和市场的知识、生产能力、供应链管理技能、营销能力、足够的财务资源和有效的管理技巧。

（5）甄选目标企业。寻求不相关多元化的企业几乎总是通过并购一家已建立的企业来进入新领域，而很少在自己企业的结构内组建新的子企业。之所以作出多元化进入某一行业的决策，是因为这一行业可以找到理想的并购对象。

（6）确定优先排序。在历史业绩和未来预期基础上，将拟开展的业务从最高到最低按优先级进行排序，再根据资源配置的优先权将业务单元进行排序，确定优先排序的目的是将企业资源投至有最大机会的领域。然后决定每一业务单元的战略姿态应是侵略性扩张、设防保卫、彻底修整重新定位，还是收获或剥离。

8.4 全球化战略

自从莱维特（Theodore Levitt）1983年发表极富启迪性的《全球化市场》（*Globalization of Markets*）一文后，全球化成了国际战略的一大主题。当今世界的潮流是大公司、大集团战略，如果说20世纪是跨国公司主导的世纪，那么21世纪则是跨国公司主宰的世纪。概观世界500强，无一例外都在进行着世界性的投资、世界性的生产和世界性的销售。美国电话电报公司总经理罗伯特·艾伦（Robert Allen）说："全球市场绝不仅是个空洞的名词，外国竞争者就在我们身边，我们也必须到他们那里去。"

近十年来，世界正在变成一个地球村。超音速飞机、国际电话、计算机网络，以及通过卫星进行全世界范围内的新闻传播，这些发达、便捷的交通和通信工具，使得我们对另一洲的通话和访问，比一个世纪前我们的祖先去临村访问朋友还快。距离和疆域国界作为商业交流的最大障碍正在迅速消失，世界从来没有像今天这样如此的国际化。冷战的结束和通信技术的进步把世界各地的国家、文化和组织更紧密地联结在一起。已有数百家美国公司的海外收入占到公司总收入的50%以上，这些公司包括埃克森公司、吉列公司、道氏化学公司、花旗银行、盖特－帕尔莫利夫公司及德士古石油公司（Texaco）。本土公司与外国公司进行合资经营或合作经营已经成为常规而不是例外。

实际上，全球所有产业的竞争都已经国际化。国际竞争已不仅是一种管理时尚，而是全球范围内的多发现象。如通用汽车、福特和克莱斯勒汽车公司在与丰田、戴姆勒－奔驰（Daimler Benz）和现代汽车公司（Hyundai）竞争；通用电气和西屋电气公司在与西门子和三菱公司竞争；固特异轮胎橡胶公司与米其林公司（Michelin）、布里奇斯通公司（Bridgestone）和比瑞利公司（Pirelli）进行竞争；波音和麦道公司在与空中客车公司（Airbus）竞争。

8.4.1 国际化与全球化战略

全球化比国际化层次更高、意义更广。如果一个国家与数个国家的经济往来可以称之为是国际化，那么全球化则将范围扩大到全球。这一概念的风行使许多人对之加以误用，因此可能当某企业谈到全球化战略时，实际上指的是国际化，说的只是一些与国外市场有关的、一般意义上的业务。

我们必须区分全球化战略与"多种国内市场"或"多种本地化市场"的国际化战略。后者在每一个国家或地区的竞争相对独立，而前者则采用跨国家和地区的整合协调战略。跨国企业是指跨越国界进行商务活动的企业，在多个国际市场经营，在不同的业务上采取不同的国际战略。

8.4.2 经济全球化的表征

对于绝大多数行业来说，全球化经营已不再是一种奢侈的事情，而是一种必要的措施。当今几乎所有的战略决策都要受到全球因素的影响。20世纪90年代以来，世界经济发展的新趋势就是全球化和信息化，这给企业的竞争环境、竞争规则带来了全新的变化。经济全球化是指所有的人为限制都被取消，各种生产要素可以在国际间自由移动，具体包括以下内容。

（1）资本国际化。发达国家的跨国公司在国际范围内的生产、经营活动日益兴盛，触角越来越广泛，成为经济全球化的主要推动者，企业创业周期和成长周期更短，越来越多的风险投资公司参与运作，有效地增大了这个变量的影响力。

（2）贸易自由化。世界贸易协议是一项国际多边条约，它调整的是国家间的贸易关系，并以各成员方的贸易政策作为其管理对象，其宗旨在塑造更开放、贸易壁垒更小的贸易环境。通过全球性的经贸运作机制，协调各国的经济活动，消除贸易壁垒、在最大限度和最广泛的范围内实现贸易自由，它将使企业竞争层面变得更为宽广，更为激烈。

（3）商务电子化。得益于信息技术的进步，现在全球商务活动已走上了电子化。企业可在全球范围内实现网络营销，既可以在自己的站点上直接销售，还可以加入计算机网络商场和虚拟电子商场。消费者决定购买时点击确定，并输入其信用卡密码。电子商务不受时空限制，没有任何地理障碍，网络经营可以全天候营业，并能迅速采集顾客购买意向，信息沟通更为充分。目前，已有成千上万的企业建立了自己的网站并在国际范围内从事着电子商务活动，几乎所有的产品都可以在网上进行采购。企业对企业的电子商务量是企业对消费者商务量的10倍。在网上收集、分析和发送信息已改变了企业的战略决策方式。

（4）全球本地化。最近几年间，世界500强企业极力主张调整它们的生产经营结构，使之同时具有全球性和本地化两方面的特征，即"全球本地化"。无论是防御还是进攻，全球本地化的500强企业都有进行品牌竞争的资源和基础。非全球本地化企业则不能将大量资金、专业技能与植根于不同国家和地区的不同环境的能力结合在一起。有研究表明：全球本地化比单纯的本地化或单纯的全球化更有可能赢得和维持其竞争领地。

（5）经营虚拟化。虚拟经营的精髓是将有限的资源集中在高附加值的功能上，而将附加值低的功能虚拟化。耐克公司就是经营创新"虚拟经营"的行家里手。现在这家公司的美国总部实际上什么都不生产，它们早已将做鞋的业务，以合同承包加工返销的方式转向一些低工资国家，而总公司则只控制产品的设计、开发、推广和市场营销。

耐克公司这么做的科学之处在于，合理区分并识别出制鞋行业获得成功的关键与非关键业务，即高档球鞋行业的战略环节是真正创立大量价值的产品开发设计和营销组织管理，而不是相对简单的制造环节。针对这一状况，耐克公司作出了外包（虚拟非核心业务）加工制造的决策，而将主要资源投入到核心业务所必需的产品设计和营销管理方面。

（6）经济一体化。随着地球村的出现，识别一个公司或产品的"母国"越来越困难。比如，人们常常认为本田公司（Honda）是日本企业，但它的Mercury Tracers牌汽车却产在墨西哥；一台摄影复制设备可在多伦多设计，在中国台湾制造其微处理集成电路芯片，在日本生产其机器外壳，在韩国进行组装，然后销售到墨尔本、伦敦、洛杉矶的各五金器材商店。一些"全部由美国人组成的"公司，如IBM、美孚石油、摩托罗拉等有一半的收入来自美国本土以外，而另一些全部由美国人组成的公司，如CBS唱片公司、通用轮胎等，事实上是由外国人经营的。

8.4.3　全球化战略的竞争优势与劣势

全球化战略的竞争优势主要体现在以下六方面。

（1）寻求增长，即为自己的产品和服务寻找到新的市场，进而提高企业的收入，增加收入与盈利是最普遍的企业经营目标，这往往是股东的期望所在，也是企业成功的标志。

（2）规模经济收益。通过全球化经营而不仅仅在本国市场经营可以实现规模经济收益。大规模生产和高效可以实现更多的销售和更低的价格。在国际竞争的情况下，一家企业的整体优势来自企业全球化的经营和运作，企业在本土拥有的竞争优势同企业来自于其他国家的竞争优势有着紧密的联系。一个全球竞争厂商的市场强势和以国家为基础的竞争优势组合成正比。埃克森企业的销售总额超过印度尼西亚、尼日利亚、阿根廷、丹麦这些国家的国民生产总值，规模经济收益由此可见一斑。

（3）全球化战略可能会使企业享受到低关税、低税收及更为有利的政治待遇。很多外国政府提供各种优惠措施（补贴、市场进入优惠及技术帮助等）以鼓励他国企业到本国特定的地区进行投资。

（4）如果一家企业参与国际竞争，在国内市场相对于各利益相关集团的力量和声誉便会明显提高。声誉的提高可以增大企业在与债权人、供应商、分销商及其他重要集团进行交易时的谈判力量。

（5）全球化战略可以利用东道国独特的自然资源、廉价的劳动力、过剩的生产能力，减少单位产品成本，并将经营风险分散到更多的市场。工资率、劳动率、通货膨胀、能源成本、税率及政府管理条例等因素往往会导致国家之间在制造成本方面的巨大优势。

（6）国外市场可能不存在竞争，或者竞争程度弱于国内市场。

实施全球化战略有许多现实或潜在的风险，具体如下。

（1）陌生性和复杂性。企业在从事国际商务时要面对不同的、对其知之甚少的东道国社会、文化、人口、环境、政治、政府、法律、技术、经济及竞争因素。对一个横跨20000km、员工使用5种语言的企业进行管理，自然比对同处在一个屋檐下、大家说同种语言的企业进行管理要困难得多。进行国际经营往往还需要对某些区域性经济组织进行了解，这也是困难的。这类组织包括欧洲经济共同体、拉丁美洲自由贸易区、国际复兴开发银行及国际金融企业。由于存在更多的变量与关系，国际企业的战略管理过程要更为复杂，而且，随着所生产的产品数量和所服务的地区数量的增加，上述因素的复杂性正在急剧增加。

（2）难以把握竞争对手。所在本国当地竞争者的弱点往往被夸大，而他们的优势却往往被低估。在进行国际经营时，由于信息不对称，保持对竞争者、消费者数量和特点及偏好的了解要更加困难。不同国家的购买者有着不同的期望与喜好，这个国家的竞争和那个国家的竞争是相互独立的，一地区市场与另一地区市场存在着很大的差别。从长远看，不能适应当地的环境条件，即使不至于完全失败，也会逐渐地减少市场份额，最后降低到很低的水平。面对这种状况，纯粹的全球性化企业可能会缺乏远见和反应迟钝，他们无法灵活、老练地应付东道国竞争者的挑战。

（3）文化冲突。各国间的语言、宗教、文化和价值体系方面均有所不同，这些会构成交流的障碍并带来人员管理方面的问题。地域、文化差异、国家差别及商务实践方面的不同往往使国内企业总部与海外机构间的沟通变得更为困难。由于不同的文化有不同的规范、价值观和工作道德，战略的实施也会更为困难。

（4）东道国的贸易政策。政府制定各种政策和措施来影响国际贸易及在其国家市场上进行经营和运作的外国企业。东道主国政府可能设置进口关税额度，对那些外国企业在国内生产的产品设置一些当地的要求，对进口的商品进行管制。另外，外国企业还可能面临一系列有关技术标准、产品证书、投资项目的批准事宜。有些国家还会给予本国企业以补贴和低利息的贷款来帮助本国企业与外国企业展开竞争。

(5) 外汇汇率的变动。国际经营涉及两种或更多种的货币系统，这会使商务活动更具风险性。外汇汇率的多变使地区和区域性成本优势变得不确定。汇率常常发生 20%～40% 的变动，这么大的变动可能会将一个国家的低成本优势完全抵消，也可能使原来成本很高的地方变成一个有竞争力的地方。

另外，国际经营可能会受到所在国民族主义势力的制裁。在海湾战争时期的科威特便发生过这种事情。

8.4.4　企业全球化经营的战略路径

企业参与国际竞争，必须特别关注国内和国外购买者的需求、分销渠道、长期的增长潜力、市场驱动因素及竞争压力等方面的差异。除了要考虑国家之间的基本差异外，还要考虑其他四个国际竞争所独有的形势性因素：国家之间的成本变化、外汇汇率的变动、东道国的贸易政策、国际竞争的模式。企业必须分析自己的竞争优势在哪里，根据优势选择并决定合适的战略路径。企业可选择的全球化经营战略路径如下。

1. 发放许可证——特许经营和管理合同

如果一家企业的技术诀窍很有价值或者其专利产品很独特，但是没有内部能力也没有内部资源去外国市场上进行有效的竞争，那么可以通过给国外的企业发放许可证，让他们去使用企业的技术或品牌，生产和分销企业的产品。在这种情况下，国际收入等于许可证协议的版税收入，从而企业至少可以通过版税等实现收入。

2. 海外投资

目前跨国企业的投资方式主要包括：股权式合资、非股权式合作、独资、跨国收购与兼并等。在向海外投资过程中，企业将面临许多问题，诸如采用什么样的创建方式，是兼并企业还是收购企业；如果采用收购方式，是全部收购还是部分收购；企业的资本构成怎样，是独资企业还是合资经营；支付方式是什么，是现金方式还是非现金方式；投资地区及市场如何选择等。

如果企业的主要目标是开拓和巩固国外市场，通过海外投资可以绕过关税壁垒，扩大出口，企业可以通过在一段时期内保本或微利经营，并提供完善的售后服务，努力实现市场份额的扩张。

如果企业的目标是转移国内闲置的或者未被充分利用的技术、设备，海外投资则要在投资的要素中充分考虑企业投资的各项成本，如劳动力、土地、运输、关税、汇率等，以降低成本，保证国内母体的利润水平。

如果企业的投资目标在于获取国外最新的经济和贸易信息或者获取国外先进的技术和管理经验，那么应在海外企业的投资地点上选择发达国家经济、技术、信息集中的地区，为国内业务的发展提供更好的保障，以提高管理和技术水平。

如果企业的海外投资是从分散和减少经营风险角度出发，那么就应在投资国别上选择风险较小的国家或地区。

如果企业的海外投资是基于利用国外的优惠政策，那么就应对所在国的各项吸引外资政策充分加以研究，尽可能地充分利用，以最大限度地减少成本。

如果企业的海外投资是出于企业全球化战略的考虑，那么就应从充分利用国内和国际市场，从利用国内和国际资源的战略高度来组织企业的海外投资，制定出战略规划、战略布局、战略实施和战略管理方法，在国际市场组织资金周转、技术开发、生产经营、市场营销，将既定的企业战略付诸实施。

3. 战略联盟

战略联盟是指企业之间超出一般业务往来，而又达不到合并程度的、在一定时期一定范围内的合作方式，通过合作各企业将各自的特定力量组合起来共同努力去实现某一目标。企业可以到海外建立销售、服务网络，直接参与国际化经营，培育自己的品牌和核心产品，最终与跨国企业结成对等投入、共同研发、合作生产营销的国际战略联盟。

4. 全球跨国企业

对全球跨国企业而言，区分国内贸易和国际贸易是没有意义的。餐饮企业中的麦当劳、肯德基就是全球跨国企业的典型代表。对这种企业而言，全球的每一地区都是重要的，在不同国家的经营运作意味着独立的利润中心，它们提供各自的产品和服务面对各自的竞争对手。全球跨国企业同时具有全球性和本地化两方面的特征，即"全球本地化"。在业务范围和影响区域方面，放眼全球；在市场关系上立足当地。全球跨国企业能够在两条战线上，同时展开生产经营活动，既植根于当地环境又超越环境，不把自己局限于当地社会中，审时度势，敏锐捕捉真正全球性优势的广阔前景，以营销组合服务全球市场，从而可以获得最大的全球规模经济效益，实现最大限度地利用其全球化优势进行资源配置。

8.5 虚拟经营战略

8.5.1 虚拟企业与虚拟经营

针对市场需求急速变化、产品周期日益缩短的现状，美国著名学者罗杰·内格尔在1991年首先提出虚拟企业的概念，指企业重心放在它们擅长的工作上，把其他工作交给外部完成。虚拟企业也许没有固定的资产设备或全职员工，但具有经营型企业应具备的其他要素，并建议采取企业内部和企业间的资源灵活重组，以企业联盟体形式共同应付市场挑战。

所谓虚拟经营，是指以信息技术为基础，由多个具有独立市场利益的企业集团通过非资本纽带媒介生成的一种（类）相对稳定的或者临时性的产品生产、销售和服务的分工协作关系，包括合同制造网络与策略联盟等主要形式。虚拟经营在组织上突破有形的界限，企业虽有设计、生产、营销、财务等功能，但企业内部没有完整的执行这些功能的组织，企业只保留最关键的功能，而将其他功能虚拟化。实际上虚拟经营是适应多变的需求与竞争环境的一种动态企业经营观的产物,以内外部资源的合理整合与善用为宗旨,以内部机构的精简和外部协作的强化为目标,以灵活与适应性为原则,通过建立供应商、顾客或竞争对手间的动态合作网络来创造财富和价值。

20世纪90年代以来,虚拟经营席卷全球,许多国际知名品牌企业正是通过虚拟经营,创造了辉煌的业绩。如美国的波音公司,作为世界知名的飞机制造公司,其本身只生产座舱和翼尖,其他都是靠虚拟经营完成的;荷兰的飞利浦公司本身并不具有生产线,主要靠虚拟功能生产,而企业的主要精力是创造品牌和经营市场。还有一些大的跨国公司,如IBM、戴尔、GE、康柏、福特、耐克也纷纷采用虚拟经营。在国内虚拟经营的理念也逐渐深入人心,为越来越多的企业所重视和采用。我国的春兰、小天鹅、TCL、青岛啤酒、海尔等企业,也都利用虚拟经营实现低成本获取外部资源。

关于虚拟经营的概念要注意以下两点。

从价值链的角度看,无论大企业还是小企业,没有一家在所有的业务环节上都具有竞争优势。所以,为保持和强化核心业务、使企业更具竞争力,企业可只保留最关键的核心业务环节,其他在本企业资源有限约束下无法做到最好的环节,让别人去做。虚拟经营的精髓是企业将有限的经济资源集中于关键性的、高附加值的功能上,而将次要的低附加值的功能虚拟化,从而发挥自身最大的优势并最大限度地提高竞争能力。从理论上讲,如果在供应链上的某一环节不是世界上最好的,如果这不是核心竞争优势,如果这种活动不至于与客户分开,如果能以更低的成本获得比自制更高价值的资源,那么就把它外包给世界上最好的专业企业去做。在该模式下,外包方叫"核心企业",承包方叫"专家企业"。例如,在20世纪90年代,美国饭店业最盈利的企业是一种称为廉价饭店(Budget Hotel)的企业,这些饭店是成本节约型的,它们基本是B&B饭店,只提供睡眠和简单的早餐,人力、设施设备基本上完全外包出去。

虚拟经营作为一种全新的经营模式,是对传统的企业自给自足生产经营方式的一种革命,是新型的独特的经营模式和管理方式的融合。虚拟经营是企业为了实现其经营规模扩张之目的,以协作方式,将外部经营资源与本企业经营资源相结合所进行的跨越空间的功能整合式经营。虚拟经营所实现的是生产功能、销售功能、新产品开发功能、管理功能、财务功能的扩张,而不是生产设施、销售人员、科研机构、管理队伍、固定资产的扩张。概言之,虚拟经营所实现的企业经营扩张是技术、生产、管理和销售等功能的延伸扩大,而不是追求这些功能载体的最终占有。只要这些载体的功能与企业整合,为其所用,实现企业管理幅度的扩大、销售规模的扩大、新产品开发速度的加快、企业利润的增加,企业扩张大目的就实现了。虚拟经营改变了传统的企业扩张途径,也就改变了传统的企业规模标准,企业规模的大小不再主要以资产和组织规模的大小为衡量的尺度,而是主要以销售额、利润额的多少为衡量的尺度。

8.5.2 虚拟经营战略的发展动因

驱动虚拟经营的主要因素如下。

1. 专业化分工的要求

任何一个企业都不可能在满足顾客的所有需求上做得最出色,比如酒店,可能在提供住宿方面做得比较好,但是却不如一个运输企业更能满足旅客乘车的需求。二者联合起来可能使顾客的满意度得到大幅度提高,即使一些大企业和小企业之间也存在合作的空间,当今时代,大企业注重对中小企业之间的关系已由以往"弱肉强食"的"大吃小",逐渐演变为一种"共生共荣"关系。可见,专业化分工是中小企业虚拟经营组织的主要联系纽带,也是其实施虚拟经营的现实基础。

2. 快速变化的市场

如今国际市场变化太快,企业必须有非常敏锐的市场反应能力。大量中外企业的成功实践表明,企业应讲求轻薄、弹性,犹如堆积木,要做什么造型就选什么木块来组合,随时更换。在未来的企业竞争中,除了比谁拥有关键性资源外,还要比谁的企业组织组合得快,不仅要在技术上领先一步,还要在经营规模上表现出相当的灵活性和柔性。

3. 对资源利用的外向化

所谓外向化是指企业具有利用外部资源的趋势。资源的有限性与市场需求的无限性是企业始终面临的主要矛盾,而技术创新压力、规模的不断扩大和瞬息万变的市场使得企业仅靠内部资源已力不从心。因此,企业迫切需要突破有形组织结构的界限,充分利用外部资源,敏捷制造、虚拟制造等先进生产模式由此应运而生。

4. 需求顾客个性化的挑战

买方市场的到来使用户的个性化特征越来越明显,这给中小企业带来了新的挑战。传统的生产方式是"一对多"关系,即企业开发出一种产品后,可组织规模化大批量生产,用一种标准化产品满足不同消费者的需求。在新形势下,企业必须有根据顾客的特别要求定制产品或服务的能力,即所谓的"一对一"的定制化服务。这迫切需要企业联合各方面的力量,发挥整体优势,以迅速满足消费者日益个性化的需求。

5. "实时经济"的挑战

所谓实时经济是指在经济活动中,对需求反应的时间间隔几乎为零。用户不仅要求厂家按时交货,而且要求的交货期越来越短。若不通过虚拟经营在更大范围内调动整合资源,将很难满足用户要求。

6. 扩张驱动

对于资源有限的中小企业而言,采取纵向资源配置方式,操作成本和风险成本会拉升。新的出路只能是透过虚拟经营实行内外大规模资源整合、流动和重组。

8.5.3 虚拟经营的战略优势

虚拟经营的竞争优势表现在以下几方面。

1. 节约资源

企业实施虚拟经营时,由于仅保留最关键的功能,而将其他的功能虚拟化,一方面可以借助外部的人力资源来弥补自身智力资源的不足,另一方面可以把有限度资源集中在附加值高的功能上,从而避免出现企业的部分功能弱化而影响其快速发展,为企业扩张创造了多、快、好、省的途径。

2. 协同竞争

在一个虚拟组织中,组织成员之间是一种动态组合的关系,虽然也有竞争,但他们更注重于建立一种双赢的合作关系,相互之间以协同竞争为基础,资源和利益共享、风险共担、各展其长、各得其所。企业间从排斥性竞争走向合作性竞争已是竞争战略发展的必然趋势。

3. 对市场响应速度快

虚拟经营运作方式高度弹性化,核心企业的整体运作更有效率,能在最短的时间内对市场作出反应,且更为敏捷有效,实现了超越空间约束的经营资源的功能整合。

4. 退出成本低

虚拟经营采用的是拿来主义的办法,不需要前期的巨额投资,几乎没有摊销固定资产的负担,退出成本低。一旦市场发生变化,或战略目标有所改变,可以解散原有虚拟组织,组成新的虚拟企业,创造新的竞争优势。

5. 财务优势

采用外包所需费用与目前企业自己生产开支等甚至有所减少。更为重要的是,实行业务外包的企业出现财务麻烦的可能性仅为没有实行业务外包的企业的 1/3。

6. 避免重复建设,提高了全社会的资源配置效率

虚拟经营不是以企业为单位进行资源配置,而是在全社会范围内进行优化配置,将虚拟经营节约的投资投向企业战略环节的建设,增强了企业的竞争能力,减少了"大而全"、"小而全"企业,提高了企业的专业化水平,有利于企业精细化管理。

7. 杠杆作用

虚拟经营对企业的发展有杠杆作用,把多家企业的核心资源集中起来为我所用,通过虚拟联合,用最快的速度、最小的成本实现生产能力的扩张和放大。

8. 组织结构虚拟化、无边界化

由于企业的运作和管理由"控制导向"转为"利用导向",其内向配置的核心业务与外向配置的业务紧密相连,形成一个关系网络,企业组织结构将更具开放性和灵活性,其结果是出现了新型的现代企业组织结构——虚拟经营组织。

9. 中小企业相对独立性的要求

虚拟经营注重对资源的利用,而不是控制资源,其显著特点之一是相关企业仍保持独立法人地位。一般而言,中小企业的所有者即是管理者,企业凝聚着业主的心血和浓厚的感情。作为自己事业的象征,业主不会轻易让企业被外人控股。"宁为鸡首,勿为牛后"的感性理念,使业主们执著于企业作为一个独立整体的追求。他们愿意接受大企业的帮助,但大部分中小企业很难接受被其他大企业并购的命运。与资本运营策略要改变中小企业的所有权

和独立法人地位相比，虚拟经营无疑更有利于中小企业放心大胆地利用外部资源。

10. 企业"轻装发展"

虚拟经营通过外包，使企业高度凝练、相对超脱，使企业目光紧盯信息流、科研开发和市场网络的建立、完善与扩张，使有限的资源得以最大限度的发挥与利用。

8.5.4 虚拟经营的运作方式

虚拟经营可采用以下多种运作形式。

1. 虚拟工厂

虚拟工厂是指企业并不真实拥有的工厂，包括两种情形：① 属于其他企业的工厂单位被本公司所用；② 仅在网络空间存在、在物理空间并不存在，但具备工厂职能的逻辑上的"工厂"。日本任天堂公司是利用虚拟工厂的一个典型例子。该公司为一个不到千人的中小企业，但1993年却位居日本企业第三位，税前利润为1684亿日元。第一位的丰田公司拥有七万多名职员，第二位的电报电话公司职工总数多达23万人，而任天堂公司只有950人。公司运用自己的无形资产专利资源，委托虚拟工厂加工，依托30个协作厂昼夜运转，人均创造出利润为九千多万日元，按当年国际汇率，相当于每人每年创利80万美元。

2. 虚拟职能部门

虚拟经营不但可以对某些经营环节、某些非关键业务（如制造加工、售后服务等）通过外包"虚拟化"，也可以通过这种方式把行政办公、人力资源管理、财务管理等职能部门虚拟化，使这些部门成为虚拟职能部门。目前已出现 E-CFO（在线首席财务管），使得企业可以通过 Internet 理财。

3. 虚拟销售网络

所谓虚拟销售网络是指"不为我所有，但为我所用"的销售通道和网络，包括有形的或无形的，既有的或潜在的，真实的或逻辑的。国内一家企业通过互联网和传统媒体，利用经销权拍卖这种"公开、公平、公正"的方式在全国招商，在不到100天的招商活动中，就回笼4.3亿元订单，使该企业的产品走向全国32个省级市场、440个二级地市市场、1万多个终端网点。

4. 策略联盟

策略联盟是指企业（主要是大型企业）之间超出一般业务往来，而又达不到合并程度的，在一定时期一定范围内的合作方式，通过合作各企业将各自的特定力量组合起来共同努力去实现某一目标。

当今世界名牌企业几乎无不推崇采用策略联盟作为竞争手段。如美国的 IBM 与 Intel、日本的索尼与东芝、德国的西门子与荷兰的飞利浦等都先后成立策略联盟，或互换技术机遇，或构建特殊的供应合作关系，共同研制开发新技术、新产品。英特尔公司、波音公司等都成功地运用策略联盟实施了虚拟经营，因而才能够在瞬息万变的市场上保持其领先地位。

5. 动态企业联盟

动态企业联盟是指不同行业的中小企业为达成共同利益目标,在不否定独立经营的前提下,快速组合,作为一个整体参与市场竞争,当其共同目标不存在时,各成员企业可迅速散伙,且不会带来太大的损失和风险。联盟可避免单个企业在市场竞争中孤军奋战,并降低各种经营风险。中小企业集群的显著特点更多的是联合行动,即组合成员共同出资、出力、出人,在技术、生产、加工、销售、采购、运输、金融、服务及后勤等方面进行联合,互享彼此优势资源,取长补短,以促进联合企业不断提高经济效益。

8.5.5 虚拟经营的关键环节

虚拟经营作为一种新型的、高弹性的企业经营模式,对于提高企业的应变能力,促进产品快速扩张,发挥市场竞争优势,具有重要的作用。但是,企业在实施虚拟经营战略时必须注意处理下述六方面的问题。

1. 观念的转变

虚拟经营是对传统的企业自己自足生产经营方式的一种革命,实质上就是指借用、整合外部资源,以提高企业竞争力的一种资源配置模式。之所以说"虚拟",是因为虚拟经营模式突破了企业有形的组织界限,借用外部资源进行整合运作。"可以租借,何必拥有","不为我所有,但为我所用","是使用创造了价值而不是拥有创造了价值"可谓是对虚拟经营模式最形象的诠释。要在"借"字上做文章,想到"借",用于"借",善于"借",通过借船出海、借梯上楼、借鸡下蛋、借壳上市、借外脑拓内脑,达到全方位"借力造势"的目的。要最大限度地利用外部资源,改变传统的"凡经营必自产、凡生产必自备"的企业扩张模式,使"橄榄型"企业转向"哑铃型"企业。典型的做法是,企业着力于高端(研发)和终端(营销),而将中端外包。

2. 关键性资源的掌握

无论选择何种形式的虚拟,都必须建立在自身竞争优势的基础上,必须拥有关键性的资源,必须根据环境的要求把有限的资源应用到"创造财富的关键领域"上,如产品的设计、研发能力、销售网络等,以自身的核心优势为依托,确保自己居于主导地位,以免受制于人。对于一个企业来说,生产经营活动中的各个环节,哪些可以虚拟,哪些不可以虚拟?这是一个十分重要的问题,因为如果企业将自己的战略环节进行虚拟经营,不仅达不到企业扩张的目的,甚至会使整个企业"虚脱"。

3. 知识产权的保护

企业实施虚拟经营战略,其产品加工采用"虚拟工厂"、"动态企业联盟"方式,企业只负责产品总设计和生产少数部件。这样一来,合作厂家很容易掌握关键技术,从而为仿制打开方便之门。这时重要的防范措施就是依靠专利等知识产权的保护,确保自己在"动态企业联盟"中的地位。

4. 核心竞争优势的确立

任何一种虚拟经营战略的实施，都要建立在自身竞争优势的基础上，都要有自己的核心竞争优势。有了这种优势才会有对资源的整合力量，实施虚拟经营策略也才会有可靠的基础，与虚拟对象的合作才能长期稳定，并能不断吸引新的虚拟对象加入队伍。企业在发展过程中已经形成的竞争优势环节是企业确定战略环节的重点。IBM已经形成全球性的销售组织、维修服务体系，高信誉是其竞争优势，因此IBM以此为战略环节，而对个人电脑的生产技术开发与零配件的生产进行了虚拟。

5. 充分释放无形资产的能量

搞"虚拟经营"离不开无形资产，如专利权、商标权、销售渠道、品牌、商誉、客户忠诚度、信息管理系统等，无形资产是"虚拟经营"成功制胜的法宝。随着市场经济的发展，无形资产的作用越来越明显，在企业资产中所占比重越来越大。先进的企业无形资产价值一般占总资产价值的50%～60%。一个企业拥有的无形资产数量多少、价值高低决定了企业在虚拟经营中的权重和驾驭能力，波音、耐克、任天堂等企业的成功之道，足以说明这一点。

6. 价值链各环节的平衡

"虚拟经营"的关键，是以信息的网络化、经济的契约化为媒介，将有限的资源集中在附加值高的功能上，将附加值低的功能虚拟化。同时为了保持优势，必须注意品质、成本及周期等其他能力的平衡。核心企业应是"头脑企业"而非"躯干企业"，应是诸多资源的组织者、调度者，通过优化配置、整合力量来平衡时间、空间、人间、事间和功能间这"五间"之间的关系。

本章小结

发展战略是企业发展的必经之路，一体化战略、多元化战略、全球化战略及虚拟经营战略为企业选择、实施成长战略提供了与环境相匹配的解决方案。一体化战略是指企业充分利用自己在产品、技术、市场上的优势，根据物资流动的方向，使企业不断地向深度和广度发展的一种战略。一体化分为纵向一体化、横向一体化和混合一体化三类。多元化战略是指在现有业务领域基础之上增加新的产品或业务的经营战略。可以分为集中化多元经营、横向多元经营和混合型多元经营三种基本类型。全球化战略途径包括发放许可证、出口、海外投资、战略联盟、全球跨国公司。虚拟经营作为一种新型的高弹性的企业经营模式，对于提高企业的应变能力，促进产品快速扩张，发挥市场竞争优势，具有重要作用。企业在实施虚拟经营战略时，必须注意掌握关键性资源、保护知识产权、培育核心竞争优势、充分释放无形资产能量及平衡价值链各环节等关键问题。

复习思考题

1. 试分别举例简述一体化战略、多元化战略、全球化战略、虚拟经营战略。
2. 多元化经营战略的主要优点和缺点各是什么?
3. 波音公司是否是虚拟经营,请说明原因。
4. 日产汽车有一半用于出口,出口的主要对象是美国和西欧各国。日美、日欧汽车摩擦问题,影响着日本汽车产业的发展。如何摆脱这种汽车摩擦困扰,对日本汽车产业甚至对日本经济是十分重要的课题。请用全球化战略思想,分析日产汽车如何摆脱汽车摩擦的困扰。

第9章 企业竞争战略

- 竞争的概念与功能；
- 竞争与合作的关系；
- 企业三种基本竞争战略；
- 同行竞争的战略选择。

格兰仕的生存之道

经济寒冬下，中国企业，谁在逆市上涨？数据是最能说明问题的。2008 年，特别是金融危机以来，格兰仕产品销量不断逆市攀升，多个产品实现行业唯一增长。其中微波炉销售完成 650 万台，创历史新高，同比增长超过 50%，生活电器更是猛增 300%，电烤箱、电磁炉等多个产品成为行业的销售冠军。2009 年"五一"小长假 3 天，在近乎惨烈的"五一"促销大战中，格兰仕全线产品销量猛增，其中格兰仕微波炉销量达到 18 万台，同比增长近 50%；格兰仕空调、生活电器销量同比更激增 100%以上。

那么，是不是格兰仕有什么出奇制胜的方法，从而在关键时候起到关键性作用呢？如果有，对迷局之中正在受困的企业来说该是神丹妙药！让我们带着疑问一同走进格兰仕集团，解密它的制胜密码。

1. 坚持走持续而稳健的道路

格兰仕自创业来，一直力争定位于"百年企业 世界品牌"的世界级企业。前格兰仕董事长梁庆德曾经说过："与其做 500 强，不如做 500 年。"格兰仕希望自己能成为一个有较强竞争力，并且能够长期存在的企业，而不是只如昙花一现般生命短暂。梁庆德认为："暂时的成功，不等于永远的成功。"在背水一战的危机环境中起家的格兰仕，从没有被获得的成功冲昏头脑，而是不断地反思企业在竞争中隐藏的种种危机。这种无刻不在，无时不有的危机意识，使格兰仕成为对手眼中最可怕的竞争者。2008 年，格兰仕全年销售额高达 400 亿元。在很多企业减产裁员的季节，格兰仕不仅开出 8 家海外分公司，还能如期按计划委托日本猎头公司，面向全球招聘高级人才，并同时准备并购海外企业。在家电行业极端不景气的局面下,格兰仕如同经验老到、技艺高强的水手,驾驶船只在狂风暴雨中安然前行。

2. 保持企业的核心竞争力

格兰仕的核心竞争力归纳起来就四个字:规模制造。格兰仕进入微波炉行业始终坚持实施总成本领先战略,而它之所以如此频繁地大幅度降价,就在于其成本比竞争对手低许多,有足够大的利润空间。格兰仕一方面迅速扩大生产能力,实现规模经济;另一方面,通过降价和立体促销来扩大市场容量,提高市场占有率,从而在短期内使自己的实力获得迅猛提高。

规模经济,简单地说,就是同时增加所有生产要素的投入,扩大生产规模,通过规模经营,实现企业的超常规发展。而实施规模化战略的根本目的就在于市场的迅速扩大,通过规模效应,降低经营成本;通过规模效应,增加技术投入;通过规模效应,提高国际竞争力等。格兰仕通过几年的努力,在微波炉领域真正实现了规模化经营、专业化、集约化生产,使企业走上了良性发展的轨道。此外,据了解,格兰仕在降低采购成本、行政管理成本、营销成本和流通成本方面作了巨大努力,使得各种成本不断降低,加上低廉的劳动力,使格兰仕在综合成本竞争中占据很大优势。

3. 将价格血拼到底的尖刀战略

在成本领先策略的指引下,格兰仕的价格战打得比一般企业都出色,规模每上一个台阶,就大幅下调价格。格兰仕降价的特点之一是消灭游兵散勇的目标十分明确。如当自己的规模达到125万台时,就把出厂价定在规模为80万台的企业的成本价以下。此时,格兰仕还有利润,而规模低于80万台的企业,多生产一台就多亏一台。如此循环,让竞争对手逐渐淘汰出局。格兰仕降价的特点之二是狠,价格不降则已,要降就要比别人低30%以上。

从严格意义上讲,格兰仕是一个制造型企业,制造规模越大,平均成本就越低。格兰仕采取的"薄利多销"策略不仅实现了规模最大化和行业生产集中度最高化,还间接降低了平均成本,从而提高了市场竞争力,降低了企业风险。

4. 不走寻常路:代工厂发展模式的春天

众所周知,格兰仕是走OEM之路发家的。1997年,为了与急于在中国市场扩张的美国惠而浦合资,著名的F公司放弃为其他跨国公司贴牌,抱着试一试的心态找到了正在中国迅速崛起并颇有名气的格兰仕,留给格兰仕1000台微波炉订单,两家公司从此结下不解之缘。区区1000台,格兰仕并没觉得"食之无味",反而看到了进军海外市场的利润空间。1998年,格兰仕提出海外营销聚焦大品牌,高度重视为国际性大品牌做OEM的策略,成为意大利德龙、美国GE、日本三洋等的OEM合作伙伴。2002年,格兰仕微波炉的销量就从2000突进到120万台。

格兰仕选择以代工为主的橄榄型模式,与跨国公司的哑铃型模式对接。借助这种代工,格兰仕的国际化取得了"突飞猛进"的成果,与全球240多家跨国公司建立了合作关系,产品遍及欧洲、南美、北美、澳洲、亚洲、非洲、拉丁美洲等地区的100多个国家。2004年,格兰仕在全球微波炉市场占有率便达到44.4%,成为全球微波炉行业当之无愧的"龙头老大"。

格兰仕一方面迎来了销售额的不断上涨，另一方面也招致了业界的许多批评。有人认为，格兰仕一方面占据着全球庞大的市场，另一方面利润率却不断下降。知情者透露，因为在研发、生产和销售三大环节中，格兰仕得到的只是微薄的加工费，在OEM风潮中，格兰仕已经发展成为两头小、中间大的橄榄型企业，成了为国外企业打"洋工"的廉价苦力。曾有观察人士指出，格兰仕的代工，暴露了"市场在外、技术在外"的出口战略的脆弱性，长期做代工，没有自己的品牌和核心技术，就好像吃吗啡一样，业绩会跟着大品牌客户的进单抽单大起大落，企业根本无法稳健发展。

格兰仕坦然接受各方的建议，并努力修正自己的经营战略。起初，格兰仕没有充裕资金用于研发，因此采用"拿来主义"，即将国外已无成本优势的生产线引入到中国，与自身的企业优势对接，进行专业化合作，以最小的先期投入进入到微波炉行业，高起点地迅速成为优质微波炉的制造中心。之后，格兰仕先后引进了各种先进的生产线和生产技术，除替知名品牌做代加工外，还利用这些生产线的剩余生产能力制造自己的产品，无形中降低了成本。另一方面，格兰仕也通过这种操作模式，掌握了不少其他品牌的关键技术，为自己的研究开发提供了便利。目前，格兰仕已顺势将自己定位在"全球微波炉制造中心"，将自己的全部资源集中在产品设计与制造中。

如今，格兰仕已经尝试从"世界工厂"走向"世界品牌"。格兰仕一直坚持加大自主品牌的推广工作，从1997年到2003年，格兰仕的出口产品总量中，自有品牌与贴牌产品总量之比从1:9上升到了3:7，目前自有品牌出口比重已超过51%，自有品牌的比重在出口总量绝对数字成倍增加的情况下依然是逐渐上升的。集团公司已在全球如美国、英国、加拿大、日本、俄罗斯等67个国家和地区注册了近100件"格兰仕Galanz"商标。

同时，格兰仕振兴民族产业的使命驱动着公司的技术创新。格兰仕近年来在科研上的总投入超过10亿元人民币。1995年和1997年，格兰仕集团分别在中国本部和美国设立了"家用电器研究所"和"格兰仕美国研究中心"；2006年，格兰仕又分别在中国总部及韩国首尔建立了"博士后科研工作站"和"格兰仕韩国研发中心"。技术研发的全球化布局大举吸纳了海外权威技术专家，专门从事家电产品尖端技术及新材料、智能化应用等方面的研究。公司累计申请专利超过1000多个，申请国际专利10多项，经授权有700多个专利技术，专利申请总量居全省前列。这些科技成果都为格兰仕发展为国际知名品牌打下了坚实的基础。而格兰仕也终于由一家单纯帮助别人进行加工的"中国制造"工厂，一举跃升为全球知名的"中国创造"企业。

纵观格兰仕一路风风雨雨，最令人感慨的就是它的执著。因为这份执著，格兰仕始终坚持稳重、谨慎的发展。在胜利时没有被冲昏头脑，还能够时刻利用危机时刻提醒自我。通过在认识危机的基础上不断反思自我，在不断否定自我的过程中创新自我来缔造未来的成功。因为这份执著，格兰仕能够持之以恒地坚守价格战略，成为业界公认的"家电大鳄"、"价格杀手"。在微波炉行业，十年磨一剑，杀得竞争对手"伤痕累累、尸横遍地"；如今，又以雷霆之势，杀进空调业，接连不断地大幅降价，搅得家电江湖上血雨腥风。也正是这份执著，确定了格兰仕在国内家电行业不可动摇的地位。

（资料来源：http://www.galanz.com.cn/NewsShow.aspx?ColId=102&SecId=103&id=3127）

9.1 市场经济本质特征的体现——竞争

9.1.1 市场经济本质概述

市场经济的本质特征是竞争规律，是优胜劣汰，适者生存，不适者淘汰。市场经济条件下的竞争应是一种有效竞争，它以市场主体的意思自治、企业自由为条件，以平等、公平和有序为标志。有效竞争是能够实现资源配置的最佳方式。建立充分而公正的市场竞争机制，是促进市场经济健康发展的关键。

从市场经济的基本要求来看，随着社会化大生产的形成和发展，高度化的分工和协作成为必然趋势，实现经济效益的最大化成为企业的必然选择。各个经济利益主体在自己的生产运作中，往往有自己独有的特点和优势，在特定的领域内形成自己的优势，以实现在社会分工和交换过程中的成本最低和效率最高，因此，市场经济的本质是在激烈竞争中的优势选择和高效的资源配置。

市场经济的本质是市场将作为社会资源配置的基本手段，即充分发挥"看不见的手"的作用。市场经济的一些基本特征表现如下。

（1）市场经济是追求价值的经济。商品生产的主要目的是为了实现商品价值的补偿和增值。

（2）市场经济是等价交换的经济。只有物有所值、等价交换，才能实现商品交易。

（3）市场经济是法制经济。市场的有效运行离不开相应的市场法律法规的保障和规范。

（4）市场经济是信用经济。商品经济的发展，必由现金交易发展出信用经济。

（5）市场经济是竞争性经济。通过市场竞争、供需调节，实现资源的有效配置和使用。

（6）市场经济是开放性经济。在社会分工条件下，只有互相依存、交换和开放，互利互补，才能增强活力，促进发展。

9.1.2 竞争机制

竞争是市场经济结构的基本运行机制，竞争性均衡是市场经济成为一种高效率资源配置方式的潜在性条件。竞争包括生产者和生产者、生产者和经营者、经营者和购买者及购买者和消费者之间的竞争。竞争是商品生产社会普遍的经济现象，只要存在商品生产和商品交换，就必然存在竞争。市场经济越发达，商品生产越广泛，竞争就越激烈。

竞争是商品经济充分发展的动力，是保持企业活力的重要手段。竞争是一种生存选择，它依照社会制度化结构所提供的强制力择优汰劣,它以超额利润的形式奖励竞争的成功者,以亏损乃至破产惩罚竞争的失败者,从而激励所有的经济主体为成功而努力。在不同生产部门之间,主要表现为:资金由利润率低的部门流向利润率高的部门。经济主体能否实现其价值,能否获得超额利润,都取决于他在竞争中能否成功。中国的经济改革之所以能够取得如此巨大的成就,根本之点就在于以充满活力的市场经济模式取代僵硬的计划经济模式。

竞争机制概括地讲,就是优胜劣汰。具体地讲,在同一生产部门内,提供物美价廉商品的竞争者胜,反之则败。市场竞争机制是市场经济的核心部分,只有促进市场竞争活动效率的不断提高,才能使整个市场经济制度一步步地完善起来。竞争机制确实已经成为推动人类文明发展不可或缺的动力装置。竞争机制不仅内化于市场机制之中,而且它从根本上推动市场机制实现有效调节。如果没有竞争机制执行优胜劣汰法则,优者就不能多占有资源,劣者也不会少占有资源,这必然导致社会资源配置低效率,影响整个经济的快速发展。

9.1.3 竞争的功能

市场经济是普遍竞争的经济,竞争在市场经济的运行乃至市场经济的形成和完善中都具有特殊的功能与作用:① 市场竞争使各竞争主体的利益能比较充分地实现,维护和实现经济公平;② 市场竞争能在整个社会经济范围内形成优胜劣汰机制,优化资源的配置;③ 市场竞争能激励各经济主体改善微观经济行为,促进微观效率的提高。

具体来说,市场竞争具有六个功能:动力功能、定价功能、资源配置功能、均衡功能、信息传导反馈功能、优化创新功能。

1. 竞争的动力功能

所谓竞争的动力功能,是指竞争者一旦处于竞争之中,就会全身心地投入力量,充分焕发出积极性、主动性和创造力。也就是说,竞争对市场主体具有极大的激发、推动作用。它能推动市场主体采用先进的科学技术,不断地改善生产经营管理,从而使得市场经济产生自我启动功能、自我组合功能、自我实现功能、自我约束功能。

2. 竞争的定价功能

竞争的定价功能是指竞争者围绕价格所进行的角逐。一方面价格的高低决定商品的流向,另一方面竞争的波动又决定着价格的波动。即卖者之间的竞争会导致商品价格降低,买者之间竞争会导致商品价格提高。卖者与买者之间的竞争,即讨价还价,其结果取决于双方的力量对比。市场经济的自我调节功能是市场自身所具有的自我组织和自我协调力量。价格机制、供求机制就是这种协调力量的表层反映。而竞争机制、风险机制就是其深层反映。正因为存在优胜劣汰、存在投资和经营风险,市场主体均被激发起来,全身心地参与竞争,在供求变动时,竞争的群体发生波动,导致价格变化。这就十分明显地说明,市场经济的自动调节功能是建立在竞争的定价功能之上的。

3. 竞争的资源配置功能

竞争的资源配置功能是指通过优胜劣汰的机制,使资源不断地流向效益好的企业中去。

市场经济的优化资源配置功能在于市场为生产和消费提供了一个相互选择的机会，引导生产者根据社会需要来安排生产，使产品适应消费者需要。同时，市场还可以促使生产在总体规模、结构等方面与购买者投入市场的货币量相适应，从而使整个社会资源在稀缺条件下实现合理配置。

4. 竞争的均衡功能

竞争的均衡功能是指在供求不平衡的情况下，由于卖方或买方之间产生竞争，迫使价格变动，从而使供求变动，并使供求趋于平衡的作用。这也就是市场经济通过市场机制实现市场供求均衡功能的依据，理所当然地起着决定性作用。没有卖方或买方间的竞争，价格就不会变动，供给量或需求量也就不会变动，进入与退出市场的行为便不会发生，供求的自动均衡就不可能出现。

5. 竞争的信息传导反馈功能

企业大量的经营信息来源于市场，而竞争就是这些信息的动态调节器。因此，各种市场信息在竞争中只是一种动态的信息，有瞬息万变的特性，这些动态的信息是企业经营决策和竞争决策的基础。企业参与市场竞争的过程应该就是企业不断收集信息的过程。企业参与市场竞争，不仅可以获得竞争对手的各种信息，而且在竞争中可以充分检验本企业的竞争策略和行为，获得其作用效果等诸多信息。企业根据其竞争投入与竞争效果的信息，结合竞争环境的状况可以及时地调节自己的竞争策略和行为，从而能在竞争中保持领先地位。

6. 竞争的优化创新功能

在现今知识经济中，创新是企业在竞争中获胜的法宝。在当今动荡的环境中，模仿壁垒和先动者优势等竞争优势的防护机制在低廉的国际运输成本、低廉的通信成本、人才自由流动、技术进步及规模经济效应消退等面前失去了应有的防护效果。企业的竞争优势都只能是短暂的，都只能维持到竞争对手成功模仿或超越的时候。企业要想长寿，就需要不断地创新，创造出比竞争对手更好的、更有特色的产品和服务，才能在竞争中击败对手。由竞争激发的创新包括技术创新、管理创新、文化创新等。

9.1.4 竞争与合作

在现代市场经济条件下，各企业都明白制定取胜策略的重要性，各方面都千方百计地想取得占先的地位。参与竞争的双方在制定战略时，力求在摸清对方思路策略后，再确定对付的办法来打败对方，取得良好的效益。人们会在充分估计双方可能选择方案的基础上，寻找一种于对手最不利、而对自己最合算的方案。这种要求导致人们利用博弈论的方法来指导自己在竞争中的行为。博弈论不仅可用来作为一种决策分析的方法，而且可当作对竞争结局进行评价的一种特殊的工具。

在激烈竞争的市场环境中，双方会处于一胜一败、一输一赢的局面。如果甲方的损失就是乙方的所得，乙方的损失就是甲方的所得，甲、乙两方的得失相加总是为零，这种对策称为零和对局。在这种对策中，胜者所得就是败者所失，利益冲突，针锋相对，竞争成为主要方面，合作的基础相当缺乏。

图 9-1 所示的矩阵可说明零和对局的基本思路。在零和对局中，对策双方都是理性的，头脑清楚的，彼此明白对方的策略。每次对策的损益也是可预先估算的。双方的目标都是寻求自己的得益最大，或者损失最小。在矩阵中，每一格代表甲、乙两方选择方案的一种匹配，左下方的数字代表甲方的得失，右上方的数字代表乙方的得失。甲-A、甲-B 代表甲方的两种选择方案，乙-A′、乙-B′代表乙方的两种选择方案。每一格中，双方得分之和为零，这正体现了竞争双方绝对对立的利害关系。

甲方和乙方各自有两种选择，可形成四种组合方式。甲方选择 A，乙方选择 A′，那么甲方失掉 6 分，乙方得到 6 分；甲方选择 A，乙方选择 B′，则甲方失掉 7 分，乙方得到 7 分。甲方也可选择 B，乙方如选择 A′，那么甲方可得 8 分，而乙方失掉 8 分；甲方选择 B，而乙方选择 B′，那么甲得到 2 分，而乙方失掉 2 分。

在这四种不同的组合中，结果不一样。甲选择 B 方案能得到的两个得分，+8 分或 +2 分都比甲选择 A 方案的两个得分 -6 或 -7 优；乙 B′的两种方案中，每一种答案都是负值，但是乙的 B′方案比乙的 A′方案失分要少，即失 8 分与失 2 分之比较。乙方为了维护自己的利益，尽量使自己的损失降到最低限度，在两种损失中选择失分相对较少的量。甲方尽管希望得益是最大，即希望甲-B，乙-A′实现，但是由于乙选择 B′方案，甲也只得接受得分相对较少的方案。这样甲一定选择 B 方案，乙也总会选择 B′方案，形成一种稳定的结果，甲得到了 2 分，乙失去了 2 分。此种模式在企业竞争中比较多见。

如果零和对局的矩阵如图 9-2 所示。

在这种对策模型中，也有四种组合方式，最后有两种可能：一种是甲得 11 分，乙失 11 分；另一种是甲失 7 分，乙得 7 分。当甲采用 A 方案时，乙由于明白甲的策略，乙放弃原先使用的 A′方案，而使用方案 B′。当乙使用方案 B′时，甲发现用 B 方案可避免失 7 分，还可得 11 分，便改用 B 方案。这时乙并不会继续使用 B′方案，而用 A′方案，避免损失 11 分，还可得 7 分。因此，出现了双方感到不能使用固定不变的方案，而要用变化不定的策略，来使对方感到捉摸不定。此种模式在企业竞争中相当少见。

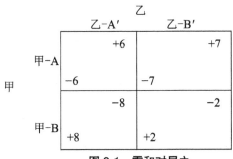

图 9-1 零和对局之一

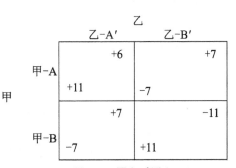

图 9-2 零和对局之二

处于零和对局中的企业，竞争相当激烈，市场占有率、利润的排他性，使相互间无从合作。这是因为，企业对企业的各种行为的基本动因是企业利益，有了利益，企业才能生存，才能维持，才能发展。利益是企业的生命线。

如果是非零和对局，企业在竞争中为了共同的利益，便有可能进行合作。非零和对局与零和对局的区别在于甲方所得不一定是乙方所失，乙方所得也不一定是甲方所失。甲、乙两方的得失之和不为零。非零和对局中的"非零和"，意味着另有其他因素参与了利益的分配，意味着其他企业、顾客、供应者等多得了或损失了利益，这与实际情况更为符合。在非零和对局中，假如甲与乙也各有两个方案，因此也有4种结局。甲与乙都采取强硬方案，不肯妥协退让，结果两败俱伤，甲与乙都失去了36分表示了这种情况。甲与乙较量时，采取强硬方案，而乙由于种种原因采取了软弱的方案。尽管没有出现双方大伤元气的局面，甲成了小胜者，乙受到小的损失。甲得了11分，乙损失11分描述了这种结局。如果乙采取强硬措施，而甲采取软弱的方案，则乙小胜，而甲小损，这样甲失去了11分，乙得到11分。

假如，甲、乙双方如何采取策略的信息可相互传达，同时，甲与乙又都是极理性的，那么甲与乙应当相互配合，共同协作，都选择避免冲突的方案，以免鱼死网破的局面出现，这样对双方都有利一些。如果缺乏沟通的渠道，如何策略的问题又属企业机密，甲与乙都不知对方如何选择。但权衡利害关系和风险程度，甲与乙也会选择避免冲突的软弱方案。原因是采取强硬措施，虽可获小胜，得11分，但与双方大败，自己可能失去36分的结果相比，显然不值得。采取软弱方案，即使对方采取强硬措施损失最大为11分，还可以继续经营发展，不至于破产、倒闭。如果信息沟通的渠道通畅，甲、乙双方是合作的局面。如果信息沟通不顺畅，甲、乙双方不约而同采取的也是合作的方案。

零和对局的各方是基于企业的利益极端对立的情况下出现的，进入这种状态的各方处于你死我活的争斗中，实行互相合作、共同发展的概率极小，这是一种需谨慎对待的状态。大多数情况是非零和对局，只要大家理智，采取信息分流，便可争取到对各方都有利、共同发展的合作局面，避免同归于尽的命运。

在非零和的对局中，竞争的各方存在合作的余地。

对竞争和合作的关系也可以抽象出一定模式——对现实简化了的模式——作为研究的起点。人们在竞争和合作时的关系可归纳为如图9-3所示，图中 x 轴表示"己"，y 轴表示"人"，图中正值表示"利"，负值表示"损"。

如果把竞争（致力于使自己超过别人，取得优势）理解为使 $(x-y)$ 为正值，并尽量扩大这个正值；把合作（致力于使双方总的有利）理解为使 $(x+y)$ 为正值，并尽量扩大这个正值，则可在图9-3中画两条斜率各为1和 -1 的直线，如图9-4所示。

由图9-4可知竞争 $(x-y)$ 为正值，处于直线 AB 的右下方；合作 $(x+y)$ 为正值，处于直线 CD 的右上方。显然两者并非截然对立，而 $\angle AOD$ 所包括的区域是两者的共同区域，也就是无论从竞争的角度还是合作的角度都是可以接受的。

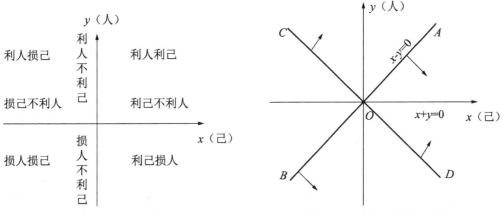

图 9-3 竞争中的利害关系示意　　图 9-4 竞争和合作关系示意

当然，从竞争的一方来看，处于∠AOD 的区域，从其对手一方看则相应处于∠AOC 的区域。这对他从竞争角度来说是难以接受的，但应把这看成是竞争过程的结果。这意味着在 CD 线的右上方，由于 $(x+y)$ 是正值，提供了双方合作的基础，而在这种合作中双方又各自力争自身的有利地位——使 $(x-y)$ 为正值。这个模式较为形象地展现了在竞争中有合作的广阔余地，而在合作中又有竞争的这种既对立又统一的景象。虽然它是基于简化了的假设的抽象，但在相当程度上能用来表示现实状况。

在社会主义条件下，作为全社会利益代表的国家拥有强大的管理经济的权力和调节手段，可以从社会整体利益出发对各单位的利益进行适当的调节，既拥有诸如下达指令性任务、颁布法令、投资拨款等许多直接干预的手段，又拥有诸如税收、信贷、价格等许多间接调节的手段。这样就更有利于企业在直线 CD 的右上方整个区域内开展合作和竞争。

9.1.5　竞争中的"诚实－欺诈"

以上分析了竞争中开展合作的客观基础，但竞争的健康发展在很大程度上还依赖于各个竞争个体在竞争中的主观行为。竞争中为谋取一己的私利而采取欺诈行为是人们对之感到不安的另一个问题。如果把竞争中的行为简单地归纳为诚实和欺诈两大类，那么竞争中是否会滋生大量的欺诈行为？这涉及许多社会因素和条件。暂时撇开诸多的因素，先从欺诈者在竞争中是否总能得利，诚实者是否总是吃亏作一些探讨。考虑最简单的一对竞争者的情况，国外有些学者对"囚徒的困惑"模式的研究有一定的启发性。

两个竞争对手各自都可选用诚实或欺诈的策略，假设采用不同的策略的得分如表 9-1 所示（表中数字是假设的）。

表 9-1 "诚实-欺诈"博弈

得分　　B 采用策略 A 采用策略	诚　实		欺　诈	
诚　实	2	2	-2	2
欺　诈	3	-2	0	0

上表说明，如果两个竞争对手 A 和 B 以诚相见，相互协作，则在竞争中各可得 2 分；如果前者欺诈，后者诚实，则前者因欺诈得逞得 3 分，后者因受骗失 2 分；如果双方相互欺诈，则各得零分。在经济生活中，这种现象是常见的。例如，协作关系的双方在价格、协作条件等方面是竞争对手，如果双方诚意协作，关系良好，则可以互利，反之双方都不利；而如果一方欺诈，一方诚实，则欺诈者可得额外的好处。值得注意的是，在上表中从竞争者 A 的角度来看，他不知道 B 将如何行动，他面临的是不确定型的决策。按照不确定问题的决策规则，A 考虑如果对方是诚实的，则他采取诚实策略将失 2 分，采取欺诈策略将得零分，结论也是欺诈有利。同理，从 B 看来也会得出完全相同的结论。这样就会导致双方都采取欺诈策略，这看来符合决策规则，但显然对双方来说都不如大家采取诚实策略各得 2 分为好。这也就是"困惑"之所在：从单向看是最优决策，但由于决策是双向的，其结果却是拙劣的决策。

对于两个竞争者而言，或许可以设想经过双方协议来达到诚意合作，但它仍不能完全排除因对方背弃协议而受欺的危险。国外有人对此进行研究，拟订了多种可供选择的对策，并对双方采用这些策略的得分进行模拟，得出的结果是：得分最多的策略是带头采取诚实的策略，如果对方欺诈，即改用欺诈策略，如果对方诚实，则即恢复诚实策略。这种做法的好处在于既体现了对欺诈者的惩罚性报复，又体现了既往不咎的宽容。显然，如果竞争双方都采用这种做法，结果必然是双方都保持诚实策略。

若有许多个竞争者，情况是类似的，但变得更为复杂一些。比如一群渔船，如能就限制过度捕捞达成协议并能全体遵守，比起滥捕来说，肯定能给大家带来好处。但如果一部分人遵守协议，而另一些人违反协议，则违反者得利，而遵守者受损。生产某种商品的制造商如果为了扩大推销，大家竞相不择手段（如用额外的佣金津贴、回扣等），则推销费用将大为增加，而销售份额不会因此提高；如果大家都不采用这些手段，则都可因节约销售费用而受益；当只有一部分人不择手段时，则这些人就有可能因扩大销售份额而得益。

分析这种问题的简化模型如图 9-5 所示，图中表示共有 $n+1$ 个竞争者，即对其中某一人来说有 n 个竞争对手。图中横坐标表示采取诚实策略的人数（从 0 到 n），纵坐标表示某一人的得分，当他采取诚实策略时，其得分如直线 AB 所示，即当他的所有竞争对手都是欺诈者时，他将失 a 分。随着采取诚实策略的人数增多时，他的失分将减少，直至临界点 K。当诚实者人数超过 K 时，他将得到收益。当全部竞争对手都是诚实者时，他的收益将为 c。当他采取欺诈策略时，其得分如直线 OC 所示，即随着竞争对手采取诚实策略的人数从零增加到 n 时，他的收益将从零增加到 $b+c$。

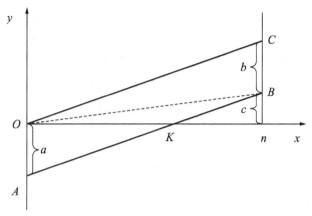

图 9-5　诚实－欺诈得分示意

从图 9-5 表面看来似乎说明欺诈策略的得分总是高于诚实策略，但这和上述成对竞争者一样面临相似的"困惑"：即从一个竞争者单向作出的"最佳"决策，由于决策的多向性，结果将是拙劣的决策——大家都采取欺诈策略，结果得分都是零。

对图 9-5 作进一步研究，可以发现当诚实者的数目超过临界点 K 时，采取诚实策略就能得益，即使他们看到这时欺诈者得利较多，但当意识到如果改用欺诈策略后果，将是大家受害，就有可能继续保持其诚实策略。在这里，临界点 K 起关键的作用。设想一群人在排队候车或购物，只要有足够多的人是守秩序的，即使有一些人不守秩序（插队），排队的人们虽然有意见但还会容忍，但如果有许多人插队，则人们正常的排队就无法维持了。再者，如果把全体竞争者作为一个总体来看，从全体采取欺诈策略到全体采取诚实策略（即诚实者的人数从 0 增加到 $n+1$ 时），每个人的平均得益如图 9-5 所示中虚线 OB 所示，即从 0 增加到 c。显然，采取诚实策略的人越多则对整体越有利。当然，图中 AB，OC 作为斜率相等的直线，是为了使图形简单而作的主观假设，它们可以是两条取其他形状的往上升而互不相交的曲线，曲线形状的改变不至于从根本上影响上述的基本结论。

以上讨论假设人们对竞争中采取诚实和欺诈的策略是根据自身的利益完全自由地作出选择。但事实上采取欺诈策略要受到法律、社会道德规范等各方面的限制，特别在社会主义条件下既受到外界的严格限制，还受到人们的自觉抵制，因此完全有理由对此持比以上分析更为乐观的态度。

由上得出的结论是，在竞争中难免有人会采取欺诈的策略，由此或许能取得一时的、局部的利益，但在总体上，欺诈的后果对其自身和社会都是不利的，从而使人们理解到：如果能以法律的、行政的、道德规范为手段，促使有足够的竞争者持诚实策略，则竞争就能得到健康的发展。

9.2 企业竞争战略

基本竞争战略是指无论在什么行业或什么企业都可以采用的战略。著名战略管理学家、哈佛商学院迈克尔·波特教授在《竞争战略》一书中认为:"当影响产业竞争的作用力及它们产生的深层次原因确定之后,企业的当务之急就是辨明自己相对于产业环境所具备的强项和弱项"。在此基础上可以利用三种基本战略进行竞争,即成本领先战略、差异化战略和集聚战略。这些战略是根据产品、市场及特殊竞争力的不同组合而形成的,企业可以根据生产经营的具体情况选用适合的战略。竞争战略的选择十分重要。企业在选择某种竞争战略后,必须在其所有的经营活动中实施这种战略,一切活动都应该服务于企业的竞争战略目标。

9.2.1 低成本战略

1. 低成本战略的含义

低成本战略,又称成本领先战略(Cost Leadership),是指企业在内部加强成本控制,在较长时间内保持产品成本处于行业的领先水平,并以低成本作为向价格敏感的顾客提供产品或服务的主要竞争手段,使自己在激烈的竞争中保持优势,获取高于平均利润水平的战略。

对低成本战略的理解要注意以下几方面。

(1) 对全面成本控制与目标顾客的理解。在企业内部全面加强研发、生产、销售、服务、广告等领域的成本控制,从而成为行业中的成本领先者;强调价格敏感的目标顾客选择。如果顾客对价格的敏感度较低,则低成本战略的作用就会大大降低。如对于商务旅行者而言,方便、舒适、快捷是他们对航空服务的关键要求,而价格并不是他们考虑的重点问题。因此对这部分顾客而言,航空公司采用低成本战略是不适合的。

(2) 对成本控制与顾客价值关系的理解。低成本供应商的战略目标应是获得比竞争对手相对低的成本结构,而非绝对的低成本。低成本战略的实施不能以牺牲顾客价值为前提,绝不能一味片面追求低成本而忽视顾客的需要,或降低对产品质量的要求。瓦卢喷气航空公司通过"节约每分钱"的战略使自己成为航空业的成本领先者。利用低成本战略该公司获得了前所未有的成功。然而,当该公司 592 航班在佛罗里达沼泽坠毁后,其节省的风格受到严格审查。联邦调查官员发现瓦卢喷气航空公司的一些操作程序尤其是维护程序是不安全的,并最终决定关闭这家航空公司,直至其安全隐患被排除。

(3) 对低成本领先地位的理解。低成本战略一般要求企业成为整个行业内唯一的成本领先者,而不是众多低成本生产商中的一员。如果一个行业中有许多企业都成功降低了各自的成本,那么他们面临的可能会是更加激烈的竞争局势。

(4) 成本领先与产品特色的取舍。如果企业的产品在某些方面具有不可替代的特色,那么他应当慎重考虑是否采用低成本战略。因为低成本战略通常是与大批量生产联系在一起的,这种生产方式会有损于产品的独特性。一些著名的风景胜地发行的纪念品通常采用限量发行的方式以提高特有的纪念价值，从而获取较高的价格。如果发行过量，很可能使游客感到缺乏意义而变得一钱不值。

（5）关于低成本是否对应最低市场价格的理解。低成本的生产者未必要以最低的价格出售产品或提供服务。相对于竞争对手，他可以选择相同或稍低的价格，从而由于更低廉的成本而获得更多的收益。降价应考虑由此带来的销售增长是否能够抵消利润的损失。有时降价会带来竞争对手的连锁反应，加大竞争强度，得不偿失。正如2001年到2002年，中国彩电企业全线实施价格战，结果导致全行业亏损，没有真正的赢家。

2. 低成本战略实施的意义

采用低成本战略，可以使企业有效地面对行业内五种竞争力量，以其成本优势，赢得竞争的胜利。

（1）获得高于行业平均水平的利润。低成本战略的实施，可以利用低成本优势，制定出相对竞争对手更为低廉的产品或服务价格，大量吸引对成本敏感的购买者，继而提高总体利润；另一方面，在采用市场价格时，可以利用低成本优势获得更高的利润水平。

（2）有效地防御竞争对手的抗争。在竞争对手发起的市场竞争中，低成本对于价格敏感的消费者，有着显著的竞争优势，不会由于竞争对手产品或服务的差异化特色等原因而放弃价格优惠。

（3）低成本地位能对抗强有力买家。在与买家的议价过程中，如果买家具备相对较强的议价能力，低成本企业可以利用其弹性的利润空间，保证自己一定水平的利润与收益。

（4）有效应对来自替代品的竞争。在面临由于技术原因而出现的替代品威胁时，低成本企业可以利用其较低的成本，保证一定水平的消费者让渡价值，从而抵御替代品带来的冲击。

（5）规模经济构造进入壁垒。低成本实现的有效途径是获得规模经济效益，而这种规模经济效益不是任何企业都有能力获得的，作为行业的潜在进入者，可以利用这一点有效地构造起进入壁垒，阻止或延缓潜在进入者的脚步，抵御潜在竞争者的冲击。

3. 低成本战略的实施条件

企业在考虑能否选择实施低成本领先战略时，一般要考虑企业内部与外部两方面条件。

从企业外部条件看，低成本领先战略需要具备以下情形。

竞争厂商之间的价格竞争非常激烈；行业产品差异化途径有限，基本是标准化的；绝大多数购买者使用产品的方式相同；所属行业本身固有的属性允许。

从企业内部条件看，只有在削价幅度及产品销量增加足以使在降低单位销售产品利润率的情况下增加总利润的前提下，才能考虑实施低成本战略，具体要看企业能否具备下述资源或能力。

（1）有效的生产规模。

（2）完善的成本管理制度和高效的管理架构。

（3）必需的资源和技能。

4. 低成本战略的来源与实现途径

迈克尔·波特认为："业务的经营运作方式具有高度的成本有效性，可以获取相对于竞争对手持久的成本优势。"从价值链的角度来看，低成本优势可以通过提高价值链管理效率、改造价值链、省略或跨越高成本的价值链活动环节获得。如美国西南航空公司通过采购统一的机型，从而大量节约了飞机的维修成本和零部件购买成本，使企业获得有利的竞争地位。

成本优势的来源因产业结构的不同而各有差异，包括规模经济、专利技术、低成本产品设计、有利于分摊研发费用的销售规模、低管理费用、廉价的劳动力成本及其他一些因素。实行低成本战略的企业不但要努力向经验曲线的下方移动，还必须探询成本优势的一切来源，看看是否存在值得改进的地方。实施低成本战略是一个循序渐进的长期过程，在这个过程中，每一处降低成本的改进都会增强企业的竞争力，从而为最终赢得竞争打下基础。一般而言，常见的低成本战略实现方式有以下几种。

（1）获得规模经济。简单而言，当产出扩大一倍而生产成本并没有随之上涨一倍时，即称发生了规模经济效应，规模经济是非常常见的经济现象。一家200间客房的酒店，其成本不会是一家100间客房酒店的两倍，而是会低一些。当所有其他条件相同的情况下，前者的每单位固定成本会比较低。在许多行业中，还可以看到规模经济的其他一些形式。如果较大的企业不能获得更低的单位成本，那么该企业就没有获得规模经济。事实上，当企业的规模大到获得的成本节约不能抵消管理费用的上涨及由于机构增加而带来管理混乱时，规模不经济就会发生。

（2）提高生产能力利用率。当需求充足并且现有的生产能力被充分利用时，企业的固定成本将被更多地产出分摊，这样单位成本就会降低。相反地，当需求下降，固定成本只能被较少地产出分摊，那么单位成本就会上升。这个基本的道理告诉我们，通过更准确的需求预测、备用产能扩张或更积极的价格政策，将企业的生产能力利用率保持在较高水平上，将能够使企业维持一个比同等规模或同等产能的竞争对手较低的成本结构。这就是为什么电信服务商、旅行社、航空公司等会在淡季或闲时纷纷进行折价活动的原因之一。

（3）发挥学习、经验效应。学习效应也是影响成本结构的一个要素，当一个员工通过不断重复而学会更有效地完成某项工作时，就产生了学习效应。学习曲线告诉我们，当一件任务被不断重复达到一定的预计次数后，那么完成它的时间就会大大减少。在理论上，累计产量每翻一倍，所需完成的时间会降低一个固定的比例。比如，企业可能会发现生产第二个单位产品的时间会比第一个单位产品减少10%，而生产第四个单位产品的时间比第二个单位产品又减少了10%，同样地，当生产第八个单位产品时所需时间又比第四个单位产品少10%。而随着业务的持续开展，成本将会很快降下来。

（4）完成内部资源共享与协作协同。在企业内部各组织单元或业务单元，最大限度地共享资源，分享机会，也将降低总体成本。大型酒店集团旗下根据目标顾客往往会划分出许多类型的酒店品牌，如万豪集团下面就拥有丽思卡尔顿酒店、JW万豪酒店、万豪酒店、万丽酒店、万怡酒店和华美达酒店共六个酒店品牌。虽然品牌各有差异，但公司内的不同产品线或不同业务单元通常共享同一个订单处理和客户账单处理系统,共同使用相同的仓储和分销设施,通常依靠相同的客户服务和技术支持队伍。

(5)加强与企业中或行业价值链的协作协同。如果一项活动的成本受到另一项活动的影响,那么,在确保相关的活动以一种协调合作的方式开展的情况下,可以降低成本。比如,旅行社降低服务成本的一个重要方式就是和旅游目的地的服务体系与服务设施进行有效合作,联合起来减少不必要的费用发生。

5. 低成本战略的实施风险与防范

任何企业都面临着降低成本的压力,因此低成本战略是使用最为广泛的战略模式,是企业最倾向于选择的战略,但也是企业理解过于肤浅,而且选择过于草率的战略,波特本人也承认该战略有自己的缺陷。如果不能根据企业自身的实际情况而盲目实施,将会导致企业竞争地位的恶化。

通常而言,企业在采用低成本战略时可能面对的风险如下。

(1)忽视消费者需求与偏好。购买者的兴趣与偏好是极易改变的。对企业成本的执著控制,可能会将企业经营的重点过分集中在成本上,而忽略价格以外的其他产品特征。如果购买者转向高质量、创造性的性能特色、更快的服务及其他一些差别性的特色,那么对低成本的热忱就有被放弃的危险。

(2)忽视能形成长期竞争优势的其他战略选择。企业若是太集中于成本的降低,太热衷于追求低成本,会导致缺乏能形成长期竞争优势的其他战略选择。

(3)对产业协作关系的破坏。当企业的产品或服务具有竞争优势时,竞争对手往往会采取模仿或跟进的办法,形成与企业相似的产品和成本,这会压低整个产业的盈利水平,给产业协作关系造成困难。成本优势的价值取决于它的持久性,如果竞争对手发现模仿领导者的低成本方法相对来说并不难或并不需要付出太大的代价,那么,低成本领导者的成本优势就不会维持很长时间,也就不能产生有价值的优势。1991年,英国航空公司将提前30天购买的机票价格下调33%。三角航空公司和泛美航空公司随之跟进。环球航空公司为应付竞争,更将飞往伦敦的票价降低50%。英国航空公司的策略遭到完全的模仿,从而失败了。

(4)形成成本和价值之间的冲突。低成本的实施不应以减少或损害顾客价值为前提。如果企业过分地追求低成本,降低了产品和服务质量,会影响顾客的需求,结果会适得其反。企业若是太集中于成本的降低,太热衷于追求低成本,就会使产品或服务太"单一"而无法吸引顾客。低成本供应商的产品必须包含足够的属性以吸引预期的购买者。低成本实质上是价值前提下的低成本。

(5)退出壁垒高。低成本战略的实施对企业相关资源和能力的要求较高,如为降低成本而采用的大规模生产设备使得企业投入较高,而这种投入成本对企业在退出行业经营时,会形成较高的退出壁垒,表现在过于专一化和适应性差等方面,影响企业经营决策的自主性和自由度。

(6)技术的迅速变化可能使过去用于扩大生产规模的投资失效。本产业技术上的突破或竞争对手开发出更低成本的生产方法,可能会使这一战略失效。例如,竞争对手利用新的技术,或更低的人工成本,形成新的低成本优势,使得企业原有的优势不复存在。技术上的突破可能为竞争对手打开降低成本的天地,使得一个低成本领导者过去获得的在投资和效率方面的利益,顷刻之间变得一文不值,公司易于受到新技术的伤害,为使成本降低而投入的大量资本使公司陷入两难境地。

9.2.2 差异化战略

1. 差异化战略的含义

如果一个企业不能提供市场上的最低价格,那么它必须能够给出说服潜在客户购买新产品的理由。当企业无法参与更大范围的市场价格竞争时,差异化战略则成为企业的必由之路。成本低的企业必须在整个组织内部实行费用支出控制,而差异化战略实施者也必须在其全部经营活动中独树一帜。

差异化战略,又称差别化战略,是指企业为了使产品有别于竞争对手而突出一种或数种特征,以巩固产品的市场地位,借此胜过竞争对手的产品的一种战略,其核心是取得某种对顾客有价值的独特性。同质市场上,企业为了强调自己的产品与竞争对手的产品有不同的特点,避免价格竞争,可以采用不同的设计、包装,或者附加某些功能以资区别。例如,客运公司在旅途中播放电影、提供点心。一些航空公司甚至还向乘客提供睡觉的单间、热水淋浴、定制早餐等服务。

对差异化战略的理解要注意以下几个方面。

(1) 产品差异化的具体内容,反映在产品整体的不同层次上,既可以是形式上的产品差异化,也可以是延伸的产品差异化,还可以是从形式和延伸的差异化带来的产品实质的差异化。产品差异化的具体内容还反映在市场营销组合的不同因素上。

(2) 差异化战略可实施于广阔范围市场或狭窄范围市场。在狭窄范围市场的情形下,差异化战略付诸实行的对象是一小群有特别需要或嗜好的消费者,所以有时称为聚焦式的差异化战略。如年轻而有激情的顾客比较重视汽车的竞技性能,而性格取向保守的顾客则对汽车的便捷性、舒适度和人体工学等要求较高。

(3) 差异化战略是提供与众不同的产品和服务,满足顾客特殊的需求,形成竞争优势的战略。企业形成这种战略主要是依靠产品和服务的特色,而不是产品和服务的成本。但并不是说差异化战略可以忽略成本。如果企业形成产品差异化的成本过高,大多数购买者就会难以承受产品的价格。所以企业要想成功地实施差异化战略,就要以顾客的需求为核心,在价格、产品、服务、形象等不同方面进行需求组合。

(4) 不同的战略会导致不同程度的差异化。差异化不能保证一定会带来竞争优势,尤其是当标准化产品可以充分地满足用户需求,或竞争者有可能迅速地模仿时。最好能设置防止竞争者迅速模仿的障碍,以保证产品具有长久的独特性。成功的差异化意味着更大的产品灵活性、更大的兼容性、更低的成本、更高水平的服务、更少的维护需求、更大的方便性或更多的特性,产品开发便是一种提供差异化优势的战略。

(5)由于差异化与市场份额有时是矛盾的,企业为了形成产品的差异化,有时需要放弃获得较高市场份额的目标。同时,企业在进行差异化的过程中,需要进行广泛的研究开发、设计产品形象、选择高质量的原材料和争取顾客等工作,代价是高昂的。最后,企业还应该认识到,并不是所有的顾客都愿意支付产品差异化后形成的较高价格。

实施差异化战略,可以培养顾客对品牌的忠诚,降低其对价格的敏感性,即使价格高于同类产品,顾客也不会停止购买。因此,差异化战略是使企业获得高于同行业平均利润水平的一种有效战略。此外,企业采用这种战略,可以很好地防御行业中的五种竞争力量和行业中直接而剧烈的竞争,获得超过行业平均水平的利润。

2. 差异化战略实施的意义

如果企业与竞争者没有差异化,竞争会日趋激烈,大家最后都只能够赚取微薄的利润,这就是所谓"战略同质化"现象。波特教授曾批评日本公司在定位上日趋一致,看不出差异,即使是能以低价格攫取市场占有率,但获利率始终较低,造成内销贴补外销的窘境。《孙子兵法》中讲到:"凡战者,以正合,以奇胜。""奇"在现代企业经营中,即指"差异化"。具体而言,差异化战略的实施者可以在以下几方面,获得相对其竞争对手更为鲜明的竞争优势。

(1)满足差异化的顾客需求。创造和满足顾客的需求,是一切企业经营活动的起点和终点。科学技术不断发展,产品或服务的供应极大丰富,同时消费者需求在"质"与"量"两方面也在不断的提高,差别日益显著,甚至要求企业定制生产,差异化需求日益突出的消费者,为企业的差异化战略创造了不可忽视的重要前提和依据。

(2)增强客户忠诚度。今天的顾客已不仅仅看重于交换产品或服务所需要支付的货币成本,心理价值、情感价值、服务价值和形象价值皆可成为增强顾客让渡价值的有力武器,这些方面所体现出的差异化优势无疑有助于形成强烈的客户满足与客户忠诚。

(3)差异化可以创造垄断。差异化的特点可以通过人员、产品、服务、形象等方方面面得以体现,差异化强调某些方面的创新,强调独树一帜。这也正是区别于竞争对手的本质特点。这种相关的独特性确保了差异化战略实施企业的垄断地位,靠着这种绝对或相对的不可模仿性,企业可以获得高额的垄断利润。

(4)差异化可以缓和竞争关系。差异化战略的实质是向消费者提供更高的顾客让渡价值,而非以单纯的低价为载体。这就能够使企业与竞争者实现"错位经营",免于因产品高度同质而陷入激烈的价格市场竞争中,从而可以缓和同业的竞争关系。

(5)构成潜在进入者的进入壁垒。差异化的产品对消费者而言附加值较高,所以能以较高的价格出售并获得较高的利润。差异化战略成功的前提是消费者愿意为差异化的特征支付更多的成本,因此其实质是用差异化特征来提高消费者的转换成本,用产品和服务在消费者眼中的内在优越性,将消费者紧紧联系在一起,无形中增加了潜在进入者的进入壁垒。

3. 差异化战略的实施条件

差异化战略实施需要满足企业内部与外部两方面的条件。

从需求角度来看,存在大量的个性需求。顾客的需求,是一切企业经营活动的起点和终点,也是企业进行竞争战略选择的重要前提,只有需求保持高度的差异性要求,差异化战略才有存在和实施的必要性。

从供给角度来看,存在创造差异的机会。当外部的需求条件得以满足之后,企业是否具备相应的能够满足差异化需求的能力就显得极为重要。具体表现为企业长期建立的市场形象、品牌认可度、产品研发与生产能力、优秀的服务队伍等,换句话说,企业自身必须具备足以在现实中支撑差异化的资源、能力和文化。

差异化战略的来源与实现途径。思想决定行为,因此差异化的发现与确认需要打破传统的思维定势,所以实施差异化,首先要做的是树立差异化的"思维",迈克尔·波特认为,"差异化来源于企业进行的各种具体活动,以及这些活动影响买方的方式"。因此价值链的核心活动和辅助活动,都可称为企业实施差异化战略的来源。

(1)产品差异化。产品的差异化可以体现在产品的形式、特色、风格、性能质量、耐用性、可靠性和可维修性等方面。如马飞仕途(Mephisto)是世界上价格不菲的运动鞋品牌,向顾客传达的价值理念是"市场上最舒适的鞋"。产品手工制作的舒适性和耐用性让人感到物超所值。马飞仕途在产品设计和使用方面贯彻的就是差异化战略,该战略目标是设计和制造世界上最舒适的鞋。鞋的样式或款式在该战略中并不居于主要地位,相反每一双鞋能否通过严格的舒适性检验才是首要标准。

(2)渠道差异化。渠道的选择同样可以体现差异化特色。当传统的营销渠道被可以同消费者直接发生关联的"直复营销"取代时,消费者由于渠道方式改变而感受到的巨大便利,就会成为企业的差异化优势。

(3)服务差异化。服务的差异化优势可以通过方便的订货、快捷安全的交付、专业的安装、定期客户培训、周到的客户咨询、及时维修保养等体现,如IBM高度强调服务的重要性,甚至为了客户利益,不惜向客户推荐使用微软、微太阳等竞争对手的产品,这一过程中所体现出的对服务的重视和关注,为其带来了大量的忠诚客户。

(4)人员差异化。不同的企业文化熏陶下,不同企业的员工特质是不同的。称职、谦恭、诚实、可靠、负责、沟通是衡量优秀员工的标准。人员是消费者直接感知企业的载体,相应的为差异化的实现提供了另外一种渠道。

(5)形象差异化。企业形象应该是标志性的,可以通过企业观念识别、行为识别和视觉识别完成同其他企业的形象区分。如美国杜邦公司通过"用化学改进生活"的经营理念完成企业形象识别、麦当劳通过红色与黄色的搭配完成视觉识别,这种通过形象的区分可以达到企业差异化识别的目标。

(6)定位差异化。定位(Position)是通过对企业的产品和形象进行设计,使其在目标顾客心目中形成独特印象、占有独特位置的行为,这本质上体现的就是差异化。同样地,同行不同"道"的上海淮海路商圈内的各商家依靠差异化定位,开展错位竞争,达成多方共赢的结果。

4.差异化战略的实施风险

迈克尔·波特指出:"很多企业对于经营差异化的基础与成本认识不足,会犯这样或那样的错误,最终导致企业的经营差异化战略失效",一般而言,差异化战略失败的主要风险包括以下几个方面。

(1) 差异化不足或过度差异化。如果企业提供的某些差别化特征在消费者眼中没有任何意义,或是差别化过度,超出了消费者的要求,以至于混淆了消费者的意识,则消费者不会接受。如国内某灯具生产企业曾拟开发一款附带花架的落地灯,由于消费者对稳固和安全的考虑而未被市场认可,这就是典型的过度差异化。

(2) 差别化的溢价过高。差别化的实施需要成本,企业为了弥补这些成本并获得超额利润,会对具有差别化的产品要求一定的溢价。而用户在有选择的情况下,也准备为具有差别化优势的产品多付一定的价格。如果企业要求的溢价超过了消费者愿意支付的水平,尽管消费者承认这一差别化,也不会接受该产品。

(3) 忽视差异化的有效传递。在这个普遍供过于求的买方市场,广告资讯泛滥,消费者的眼球和注意力越来越稀缺,仅仅在企业内部完成差异化是不够的。皇帝的女儿也愁嫁,好酒也怕巷子深,若厂家因宣传不力而导致客户不能感受到其产品的独特性和价值,则很难获得消费者青睐。

(4) 只重视单个产品的差别定位,忽视了对整个价值链的培养。虽然企业对差别化战略的实施总是体现在具体的产品上,但具体产品的差别化结果应该能起到改善整个价值链的作用。否则,对价值链的忽视或损害最终将影响具体差别化产品的市场效果,造成企业差别化战略的失败。

(5) 差异化特征被模仿。差别化所增加的成本需要在该差别化被新的差别化产品取代之前予以收回。但是,如果企业的差别化产品在投资收回之前就被模仿,或是被其他企业更有价值的差别化所取代,企业的差别化投资将无法收回。

(6) 技术突破削弱了差异化的效果。新技术的出现和对现有技术的更新都会使某项有效的差别化特征降低或消失,有时,新技术的出现会根本改变对市场的细分方式,或使某一细分市场彻底消失,还会引起适用于该细分市场的差别化特征消失。

(7) 不能持续地差别化。在某一项差别化上获得成功的企业,往往会尽量设法延长此差别化的生命周期。而竞争对手在其他方面差别化的成功,或者是简单的模仿,有可能使获得成功的差异化成果失效。所以,企业需要持续地、不断地进行差别化。

9.2.3 集聚战略

1. 集聚战略的含义

集聚战略,又称重点战略,集中战略,集中化战略,聚焦战略,专一经营战略,或称小市场战略,是指企业在详细分析外部环境和内部条件的基础上,把自己的生产和经营活动集中在某一特定的购买者集团、产品线的某一部分或某一地域市场上的一种战略。集聚战略并非单指专门生产某一产品,而是对某一类型的顾客或某一地区性市场作密集性经营,其核心是瞄准某个特定的用户群体,某种细分的产品线或某个细分市场。

通过实施集聚战略,企业能够划分并控制一定的产品势力范围。在此范围内其他竞争者不易与其竞争,所以市场占有率比较稳定。通过目标细分市场的战略优化,企业围绕一个特定的目标进行密集性的生产经营活动,可以更好地了解市场和顾客,能够比竞争对手提供更为有效的商品和服务,以获得以整体市场为经营目标的企业所不具备的竞争优势。

集聚战略与低成本战略和差别化战略不同,其不同之处在于,前者的注意力集中于整体市场的一个狭窄的部分,而后者则是面向全行业,在整个行业的范围内进行活动。目标细分市场可以地域方面的独特性来界定,可以按照使用产品的专业化要求来界定,也可以按照只吸引小块市场的特殊产品属性来界定。集聚战略的目的是比竞争对手更好地服务目标细分市场的购买者。三种基本战略的比较如图9-6所示。

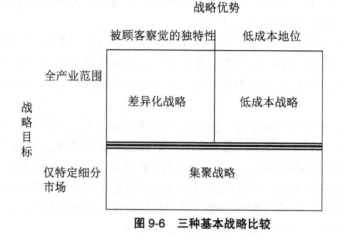

图9-6　三种基本战略比较

(资料来源:迈克尔·波特.竞争战略.陈小悦,译.北京:华夏出版社,2005.)

从集聚战略聚焦的焦点来划分,集聚战略可分为三种:产品线集聚战略;顾客集聚战略,地区集聚战略。从实施集聚战略的手段途径来划分,集聚战略可分为两种:低成本集聚战略和差异化集聚战略。

低成本集聚战略是指,以某个狭窄的购买者群体为焦点,通过为这个小市场上的购买者提供比竞争对手成本更低的产品或服务来战胜竞争对手。差异化集聚战略是指,以某个狭窄的购买者群体为焦点,通过为这个小市场上的购买者提供能够比竞争对手更能满足购买者的需求的定制产品或服务来战胜竞争对手。

这两种集中战略都有赖于目标市场与行业中其他细分市场之间的差异性。上述的差异性意味着以广泛的市场为目标的竞争者在该细分市场中缺乏竞争性。因此,集中战略的经营者可赢得独有的竞争优势。企业一旦选择了目标市场,便可以通过产品差别化或成本领先的方法,形成集中战略。就是说,采用重点集中型的战略的企业,基本上就是特殊的差别化或特殊的成本领先企业。如果一家公司能够通过将其能力和资源集中在一个界定清晰的细分市场上而明显地降低成本,在专用产品或复杂产品上建立自己的成本优势,那么,通过聚焦来取得竞争优势就可以取得成功。玫瑰坞饭店集团把目标市场定位在高价位的饭店客房服务上，而六元汽车旅馆瞄准的则是低价格的市场需要。低成本集中方法可以防御行业中各种竞争力量，使企业在本行业中保持高于一般水平的收益，尤其有利于中小企业利用较小的市场空隙谋求生存和发展。企业还可以通过差异化集中，在选定的目标市场上，确立自己的特色优势。

2. 集聚战略实施的战略意义

《孙子兵法》中提到："兵非贵益多也，唯无武进，足以并力、料敌、取人而已。"这与现代企业经营中的"集聚"是一致的。集聚战略与其他两个竞争战略相比，由于集中和聚焦，使其"小而精"、"小而专"、"小而强"、"小而大"、"小而特"成为可能。因而，可以使企业在本行业中获得高于一般水平的收益。采取集聚战略的企业，拥有其服务于目标小市场的专业能力，使其拥有防御五种竞争力量的基础坚实，因而，可以更有效地防御行业中的各种竞争力量。定位于多细分市场的竞争厂商可能不会真正满足聚焦厂商目标客户的期望。进入聚焦厂商的目标细分市场由于聚焦厂商拥有服务该目标小市场的独特能力而变得困难起来，从而赶上聚焦厂商的能力所遇到的障碍可以阻止潜在的新进入者。聚焦厂商服务于小市场的能力也是替代产品生产商必须克服的一个障碍。强大客户的谈判优势也会因为他们自己不愿意转向那些并不能如此满足自己期望的厂商而在某种程度上削弱。

另外，集聚战略的实施者还可以在以下几方面，获得相对其竞争对手更为鲜明的竞争优势。

（1）目标集中和资源集中。企业可以更为集中地使用全部资源与力量，更好地服务于某一特定的目标顾客，通过这种"精耕细作"，企业可以获得更好的客户认识及竞争优势。

（2）对战略环境的更好理解。企业能够更好地调查研究与产品相关的技术、市场、顾客与竞争对手等各方面的情况，做到"知彼"。

（3）战略控制的强化。由于市场集中，企业的经济效果更易于评价，从而使得战略管理过程更容易控制，为管理带来便利。

（4）市场反应速度加快。市场范围的集聚，使得企业要兼顾的对象范围变小，提高了相应的市场反应速度，增强了企业的适应性与调整能力。

3. 集聚战略的适用条件

集聚战略往往在下列情况下能够取得最好的效果。

（1）存在未被满足的小范围专业化或特殊需求。购买群体在需求上存在差异，用户有独特的偏好或需求。

（2）没有其他的竞争厂商在相同的目标市场上进行专业化经营。在相同的细分市场中，其他竞争对手不打算实行重点集中战略。定位于多个细分市场的竞争厂商很难满足目标小市场的专业化或特殊需求，或者如果要满足这个市场的专业化需求，其代价往往非常昂贵。

（3）目标市场有足够的吸引力。行业中各细分市场在市场容量、成长速度、获利能力、竞争强度等方面存在很大差异，致使某些细分市场比其他部门更有吸引力，同时小市场具有很好的成长潜力，目标小市场足够大，可以盈利。

（4）企业缺乏足够的资源和能力。企业的资源无法覆盖整个市场中更多的细分市场。整个行业有很多小市场和细分市场，本企业资源实力有限，没有足够的资源和能力进入整个市场中更多的细分市场，从而选择与自己的强势和能力相符的有吸引力的目标小市场。

4. 集聚战略的实施风险与防范

企业在实施集聚战略时，可能会面临以下风险。

（1）由于技术进步、替代品的出现、价值观念的更新、顾客偏好变化转向市场中的大路货商品等多方面的原因，目标市场与总体市场之间在产品或服务上的需求差别变小，企业原来赖以形成集聚战略的基础因此丧失，企业容易受到冲击。

（2）以较宽的市场为目标的竞争者采用同样的重点集聚战略；或者竞争对手从企业的目标市场中找到了可以再细分的市场，并以此为目标实施更集中的战略，从而使原来采用集聚战略的企业失去优势。

（3）产品销量可能变小，产品要求不断更新，造成生产费用增加，削弱成本优势。集聚战略有时需要企业付出很高的代价，抵消企业为目标市场服务的成本优势，或抵消通过集聚战略而取得的产品差别化优势，导致企业集聚战略的失效。

（4）众多的竞争者可能会认识到聚焦战略的有效性，更可能是焦聚厂商所集聚的细分市场非常具有吸引力，以至于各个竞争厂商蜂拥而入，模仿这一战略，并且寻找到可与聚焦厂商匹敌的有效途径来服务于目标小市场，瓜分细分市场的利润。

（5）购买者细分市场之间差异的减弱会降低进入目标小市场的进入壁垒，会为竞争对手争取聚焦厂商的客户打开一扇方便之门。

5. 集聚战略实施的关键环节

实施集聚战略需要把握好以下几方面的问题。

（1）目标细分市场的精确把握。一般的原则是，企业要尽可能地选择那些竞争对手最薄弱的目标和最不易受替代产品冲击的目标。联邦快递（FedEx）在同艾玛利公司全线竞争失败后，专攻隔夜的小包裹业务，取得局部优势，直至将艾玛利赶出物流行业；同样，拉·昆塔旅馆集团曾经发现了一个被人忽视的市场——仅逗留一夜的商务旅行者市场。这些客人不进酒廊，不用饭店餐厅，不宴请客户，也不使用会议设施。由于不提供这些服务项目，拉·昆塔不仅节省了建筑成本，还降低了经营费用。他们把这些节省让利于顾客，从而使得这块市场迅速扩大，赢得了丰厚的回报。

（2）清晰、明确的定位。在钟表行业，Swatch 手表以结合时尚的"the second watch"为定位，与在走时准确、材质精良等方面进行激烈竞争的其他手表生产企业拉开了距离，形成了鲜明的差异化特色。定位是一个对自己竞争优势的识别过程，也是一个利用竞争优势的过程。西南航空公司的核心优势之一是其培养的热情、尽责的工作人员。公司将自己的服务定位于朴实诚恳的态度，热情周到的关怀上，从而得到乘客的好评。该公司的总裁指出，竞争者即使可以模仿到西南航空公司的低成本运作，但永远不能创造像该公司雇员那样的精神状态。

（3）对市场份额与盈利水平的合理平衡。实施集聚战略，尽管能在其目标市场上保持一定的竞争优势，获得较高的市场份额。但由于其目标市场本身相对狭小，聚焦厂商的市场份额的总体水平还是较低，重点集聚战略在获得市场份额方面有某些局限性。因此，企业选择重点集聚战略时，应该在产品获利能力和销售量之间进行权衡和取舍，有时还要在产品差别化和成本状况中进行权衡。

（4）差异化或成本领先的取舍。采用集聚战略的厂商多为规模较小的企业，因此采用重点集聚战略时往往不能同时采用差别化和成本领先的方法。如果采用重点集聚战略的企业要想实现成本领先，则可以在专用品或复杂产品上建立自己的成本优势，这类产品难以进行标准化生产，也就不容易形成生产上的规模经济效益，因此也难以具有经验曲线的优势。如果采用重点集聚战略的企业要实现差别化，则可以运用所有差别化的方法去达到预期的目的，与差别化战略不同的是，采用重点集聚战略的企业是在特定的目标市场中与实行差别化战略的企业进行竞争，而不在其他细分市场上与其竞争对手竞争。

相反地，中型和大型企业要想更有效地采取集聚战略，必须将其与差别化战略或成本领先战略结合起来协调运用。

9.3 同行竞争战略

9.3.1 一般竞争策略

1. 一般竞争战略的四个关键因素

企业制定竞争战略，必须认真考虑以下因素，以便确定切实可行的目标和政策。

（1）企业的优势和劣势。企业的优势和劣势包括企业的形象、声誉、商标、技能、资产、资源、技术状况等因素。

（2）企业的价值观。这是指关键的管理人员的价值观。有较强进取精神的管理人员，一般采取进攻性的竞争战略，以求企业不断地发展壮大；而保守型的管理人员，一般不愿意冒风险，仅满足于保持企业现状。

（3）市场的机会和威胁。市场的机会和威胁确定了企业的竞争环境和相应的风险。若能及时抓住市场机会，采取相应的竞争战略，成功的可能性就很大。当遇到市场威胁时，同样应采取相应的竞争战略，尽可能减弱威胁的程度，减少企业的损失。

（4）社会期望。包括政府政策、社会文化、公众利益等方面的影响。

2. 一般竞争策略

各个企业都应根据各自的具体情况采取各不相同的竞争策略。但一般说来，有以下三种基本的竞争策略。

（1）成本领先策略。保持成本水平的领先地位能使企业在价格相仿的条件下享有行业平均水平以上的利润，从而使企业在同行竞争中处于有利地位，并且在与用户和供应者做交易时握有主动权。低成本也意味着提高进入壁垒，相对于替代产品增强了竞争优势。

（2）成本领先策略。要求具有高效的生产设施，对费用开支的严格控制，如紧缩销售、广告等费用及研究开发的费用支出。低成本往往是与经验曲线效应相联系的，因而要求有一个较高的市场占有率。只有产量达到一定的规模才会有较低的成本。有时低成本还要求发展多品种生产，使间接费用能分摊到各种产品中去。低成本还要求产品设计和工艺的不断改进，以降低成本。实行这种策略往往一开始就需要有较大的投资。当然，一旦取得了这种领先地位，其好处是明显的。

（3）特色经营策略。另一种常用的竞争策略是使企业所经营的产品或服务有与众不同的特色。它可以表现在产品的设计、性能、质量、售后服务、销售方式等其中某个方面或某几个方面。具有经营特色同样能使企业在竞争中处于有利地位。由于博得了一部分用户的信任，同行业的现有企业、新进入者和替代产品都很难在这个特定领域内与之相抗衡。由于用户缺少选择余地，相应削弱了其竞争压力。特色产品（服务）往往有较高的利润率，这使他们在与供应者交易中掌握主动权。

采用特色经营策略往往要以成本的提高为代价，因为它要求增加设计和研究开发费用，采用高档的原材料，加强广告宣传等。当然，这并不意味着不计成本，而是要把形成特色放在第一位，成本放在第二位。特色产品或特色服务往往价格较高，很难拥有很大的销量，这在选择策略时必须加以全面地权衡。

（4）重点市场策略。最后一种常用的竞争策略是把力量集中于为某些特定的用户服务，或重点经营产品品种中的特定部分或市场中的特定层面。这种策略不同于前两种，前两种是寻求全行业范围内的成本领先或经营特色，而这种策略是寻求对特定对象的良好服务，它可以是低成本的，也可以是具有某种特色的，或两者兼有。这种策略的成功运用同样可以使企业在竞争中处于有利地位。例如，有些生产机电产品的企业为某些特定行业的技术改造，提供高效的专用设备，为自己开辟了特定的市场。再如有些企业虽然在产品质量、性能上并不具有优势，但它们加强了对某些特定用户的售后服务，提供零配件和维修等方便，从而牢固地抓住了一批用户。

在企业林立的市场中，单枪匹马、孤军作战的经营管理方式已不合时宜，应该采取相互联合的经营方式，同行业企业联合，跨地区、跨行业联合，与合作伙伴优势互补，共同构建力量联盟，在市场竞争中站稳脚跟。

9.3.2 合作战略

合作战略是知识经济时代市场竞争中重要的战略形式，主要表现为战略联盟。战略联盟是两个以上的企业（包括两个以上的竞争对手）为了产品或者服务的开发、制造和销售等方面的共同利益，以某种形式将它们的部分资源、能力和核心专长进行整合而建立起来的伙伴关系。

战略联盟具有如下几个重要的特征：战略联盟是发生在两个企业或者两个以上的企业之间的。建立战略联盟的企业之间可以是上下游关系，竞争对手关系，其他相关关系。其中建立在竞争对手之间的战略联盟关系最能够体现战略联盟的性质和特点。

战略联盟的具体目的可以是多种多样的，包括共同解决产品开发、制造和销售等方面的问题；战略联盟可以发生在经营级战略层次，也可以发生在集团战略的层次。战略联盟的根本目的是互利，但互利也不排除竞争，互利不一定是对等的，能否互利主要取决合作方的学习和模仿的能力强弱。战略联盟的具体形式很多，有的企业之间是通过互相换股建立全面的战略伙伴关系，有的企业之间是通过建立合资企业，有的企业之间的联盟关系只是建立在合同或者口头协议的基础上。无论采用什么形式，建立战略联盟的企业之间都是希望部分而不是全部地利用对方的资源、能力和核心专长。

战略联盟建立的主要动机如下。

1. 防御

如果将合作的业务看作是企业经营组合中的核心，并且企业在行业处于相对领导地位时，该企业建立战略联盟的动机就是为了防御。

2. 追赶

当合作业务仍是企业经营组合中的核心领域，但该企业却只是一个市场追随者，战略联盟主要动机往往是为了追赶。

3. 维持

当合作的业务是企业经营组合中的次要部分，而该企业又是市场领导者时，在这种情况下，该企业可能会决定建立战略联盟，以获得最高的效率。

9.3.3 一般竞争策略的选择

制定竞争策略的指导思想是形成企业的"拳头"产品或服务，在市场上能具有某方面的优势，从而在诸种竞争力量的相互作用中能处于比较有利的地位。企业在产品或服务中寻求的竞争优势可简要地归纳如图 9-7 所示。

从图 9-7 可见，企业在分析用户需要、对比本企业和别的企业的能力的基础上，对所提供的产品（服务）应取得何种优势作出抉择。图 9-7 中取得产品价格最低、价值（指产品的功能和价格之比）最大的优势属于成本领先策略的范畴，质量最好、产品最新颖属于特色经营策略的范畴，特种服务则属于重点市场策略的范畴。显然，企业要取得任一方面的优势，都是很不容易的，必须全力以赴。一般说来，对企业所经营的某种业务而言，不存在同时选用一种以上基本竞争策略的可能。

选择基本竞争策略必须仔细慎重，因为任何一种策略都有其优劣之处，同时也包含着风险。成本领先策略的主要风险是：由于注重成本，有忽视产品开发和市场变化的危险；新技术的出现可能导致成本优势消失；等等。特色经营策略的主要风险是：特色产品如和一般产品的价格差距过大，有的用户会放弃其对特色的要求；随着行业演变，用户对某种特色的需求减少；仿造对特色经营的冲击。重点市场策略的主要风险是：重点服务对象的需求减少；竞争者打入重点市场；企业的成本优势的削弱。在选定某种基本竞争策略前，必须对其所包含的风险作出全面的估计和衡量。

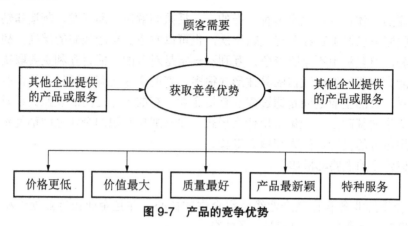

图 9-7　产品的竞争优势

9.3.4　同行竞争体现

在行业竞争结构的 5 种力量中，同行竞争处于中心的位置。狭义的竞争主要指的就是同行竞争。

在一个行业内，各个企业处于完全和谐的合作或处于完全的"你死我活"的竞争状态，是很少见的。绝大多数的情况是介于两者之间。一个企业总是努力在同行中寻求能达到互利的合作机会，同时寻求利用别的企业的弱点加强本身优势地位的机会。

企业在与其竞争对手相竞争中，采取的策略总的可分为积极进攻和防御两大类。通常认为进攻是较好的策略，军事上的信条："进攻是最好的防御"也被应用于企业经营，但这不能教条地搬用。一个企业应当仔细地研究何时应采取进攻，何时应审慎地防御。

图 9-8 显示了企业与其竞争对手相竞争中的主要策略，它们包括了进攻策略和防御策略，并显示了同行竞争策略是从环境分析出发，以本企业和竞争对手的长处和短处的对比为基础的。

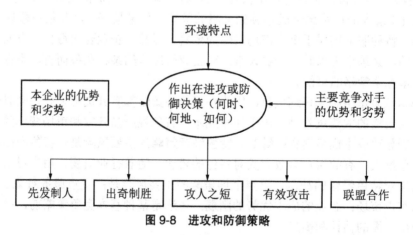

图 9-8　进攻和防御策略

以下分述进攻和防御策略。

1. 先发制人

先发制人有利于取得主动权并控制竞争局势。它可以迫使对手不得不被动地作出反应，按本企业所设想的竞争方式行事，从而使本企业具有优势。例如，日本电器业中的索尼公司不断率先推出新产品，迫使其他企业考虑它在下一步推出什么产品，作好赶上去的准备，这样索尼公司就争得了主动。此外，处于一定压力下的竞争对手易于失误，这也给本企业提供了机会。一个行业中处于支配和强大地位的企业通常具有采用这种策略的有利地位。但当行业中占支配和强大地位的企业满足于现状时，其他企业同样也可以采取这种策略，利用大企业的反应比较迟钝来取得成功。采取这种策略要有足够的资源准备，并且要掌握好时机，在不合适的时机采取主动的结果反而会陷入被动，特别是在竞争对手有所准备时更有这种危险。如果本身缺乏足够的资源，对手又比较强大，则采取这种策略未必能够奏效。

2. 出奇制胜

出奇制胜是一个重要的军事策略。在企业经营中，采用此种策略主要是向对方作出乎意料的进攻，如果对方对此必须立即作出反应，往往成为决定性的一击。即使对方没有立即作出反应，出奇制胜也会奠定一定的竞争优势。例如，保守的新产品开发秘密突然投放市场，突然调整价格或采取新的促销手段等都能达到这样的目的。总之，只有确切地把握哪些是对方意料之外和意料之中的，才能做到出奇制胜。要防止埋头策划自身的"奇谋"，而结果反陷入对手的奇谋之中，更不要在对手有所准备时孤注一掷。对付这种策略的防御手段是密切注视对手的动向，对之作出准备，以便在对方采取这种策略时尽量减少其对本企业的影响。

3. 攻人之短

集中力量进攻对手的弱点，以己之长，攻人之短。采取这种策略时要注意的是：不能以己之短，攻人之短；避免在进攻中暴露自身的弱点；避免在不能识别对手的弱点时发动进攻；避免在对手有准备时发动进攻；避免弊大于利的进攻。对付这种策略的防御办法是：不要暴露本身的弱点，准备好当本身弱点遭到进攻时的保护措施，诱使对手对本身的弱点作出错误判断。

4. 有效反击

很少有一个行业中的所有企业都是采取进攻策略的。在某个特定时期，行业内可能并无重大的进攻现象。但是，一个企业即使不采取进攻策略，也必须作好防御的准备。对进攻的一种防御就是反击。反击，即便是反击的姿态，有时也足以阻止一次进攻。一个企业如果在遭到进攻时步步退却，那或许会招来更多的进攻。有效反击可以有许多做法，例如，当企业的技术专利受到侵犯时，可提出控告；当竞争对手打入本企业的市场领域时，可以反过来打入对方的市场领域；当一个新进入者打算打入时，可以宣布本企业已取得的工艺改革成就，促使他们重新慎重考虑等。

5. 联盟合作

当一个企业遭到进攻，又难于依靠自身的力量进行防御时，联盟是一种摆脱困境的办法。可以求助于其他企业，与他们联合起来对付这种进攻；直接转向与进攻者寻求联合也不是不可能的。在互利基础上的联合是联盟合作的一种形式。联盟合作还可以从更广的角度来理解，不能战胜对方时就采取合作，这是通常的策略。在电子计算机行业中，任何一个企业都无法战胜与 IBM 兼容的机型。

9.3.5 行业结构的优化策略

行业结构的优化策略如下。

（1）保持合适的利润率新行业的先进入者在产品生命周期的探索阶段后期可以获得很高的毛利和利润率。但是把高毛利都变成高利润就会使这个新的行业吸引许多新的企业进入。许多进入者进入这个行业，整个行业的竞争结构就会逐渐恶化。先动企业应该在考虑防止吸引过多进入者的前提下，制定一个合适的利润率，然后将毛利中的相当部分用于市场、生产和研究开发等各个方面的再投入，其次将规模扩大所带来的毛利增加部分进行再投入，引导一个良性的循环。

（2）建立行业进入障碍及时和有意地扩大生产规模，以低成本为主要的进入障碍；有意造成生产能力的过剩，以制造潜在进入者的心理障碍；有意扩大广告投入，提高感情障碍；提高对渠道的直接占有或者间接控制，制造进入渠道的障碍；有意提高行业进入所需要的固定资产、广告或者流动资金等方面的投入，提高初始资本要求方面的障碍；有意加快技术、产品或者工艺方面的技术创新，制造行业进入的技术障碍等。

（3）合作战略如果无法建立行业进入障碍或者所建立的障碍被突破，先入行业的企业与后入的企业不能够一下子就进入恶性竞争，而是应该先采用合作战略。从理论上说，这种合作可以在任何管理活动或者职能活动和层次上发生，但是其意义远远超过合作本身。企业之间的合作可以有效地抵御新进入者的威胁，建立新的规则，提高行业竞争的水平或者各个企业的竞争力。实施合作战略的结果可能在行业内部的主要竞争对手之间建立一种虚拟或者网络型组织或者关系。

（4）行业内部的竞争规则如果无法通过合作避免同行业企业之间的对抗，那么也应该避免陷入恶性的价格竞争。

（5）降低供应商的权力在分析行业竞争结构的基础上，企业可以通过以下策略有意降低供应商讨价还价的权力：相对集中的采购量，控制信息披露，提高标准化程度，尽量了解供应商的信息，扩大候选供应商的数量。

（6）降低顾客的权力企业可以通过下列策略有意降低经销商讨价还价的权力：不能够让一个或者几个经销商在自己的销售额中占据的比例过大，控制信息披露，增加对零售商的控制，分离销售与售后服务，增加对最终消费者的广告的投入和促销，提高本行业的集中度。

企业可以通过下列策略有意降低最终顾客讨价还价的权力：符合或者影响他们的价值观念，提高购物的方便程度，降低购买的可选择对象，不要给顾客过多的思考时间，利用顾客的一些行为方式，提供个性化的产品或者服务。

本章小结

市场经济的本质特征是竞争规律，是优胜劣汰，适者生存，不适者淘汰。市场经济条件下的竞争应是一种有效竞争，它以市场主体的意思自治、企业自由为条件，以平等、公平和有序为标志。本章介绍了迈克尔·波特三大基本竞争战略的含义和重要性及同行竞争战略中的一般竞争战略、合作战略。重点对低成本领先战略、差异化战略、集聚战略的战略意义、实施条件、来源与实现途径、实施风险与防范策略进行了分析。企业应该分析自己所面临的内外部环境，选择合适的竞争战略，以谋求更好的发展。

复习思考题

1. 企业的低成本领先战略与"降价"等价格策略的区别与联系是什么？
2. 价值链原理是如何在基本竞争战略的选择与实施中进行应用的？
3. 在差异化战略的实施中，容易面临哪些风险？如何更好地规避？
4. 几种基本竞争策略的先决条件、优点及包含的相应风险是什么？
5. 企业战略联盟是什么？

第10章 企业合作战略

 学习目标

- 产业集群的概念及形成机制；
- 产业集群内企业的战略优势、企业间合作与竞争；
- 企业并购的动因、方式及风险评价；
- 战略联盟的概念、特征及运作方式。

 开篇案例

海尔跨界协作打造洗衣机百年品质

2008年7月3日，海尔洗衣机正式与梅赛德斯—奔驰技术集团结为战略合作伙伴，双方将在精益生产方面展开深层次合作。一个是洗衣机行业的世界名牌，以质量、创新和速度领先；一个是世界汽车领域的顶级品牌，以百年品质、精工制造、人性化设计闻名，双方的强强联合，不仅将使海尔洗衣机驶入为全球消费者创造品质生活的快车道，同时将为中国乃至世界洗衣机行业的跨界协作掀开新的一页！

目前，海尔洗衣机已经大批量出口美国、日本、欧洲等100多个国家和地区。在欧洲，海尔洗衣机已成为KESA、ARGOS等著名家电连锁渠道主推品牌；在澳大利亚，海尔滚筒洗衣机凭借突出的节水性能成为获得澳洲政府节水补贴的唯一中国品牌，并成为当地主流连锁渠道的店长推荐产品……2005年，在"第五个世界知识产权日"上，海尔创新发明的世界第四种洗衣机——"双动力"入围国际 IEC 标准；2007年3月，海尔洗衣机一举荣获了2007全球红点家电设计大奖，首戴"世界顶级家电设计王冠"；同年8月，海尔洗衣机又与欧洲著名检测认证公司 VDE 签署战略合作，并获得欧洲顶级认证……海尔洗衣机之所以能在海外市场取得这样的成绩，是因为受到消费者的高度认可。但是，随着人们生活水平的提高和消费观念的改变，如何迅速地与全球消费者的需求变化相对接，这就要求企业彻底地置身于全球化的大环境当中，在全球范围内进行资源和能力的配置。

2007年全球年会上，海尔集团首席执行官张瑞敏说："世界就是我们的研发部，世界就是我们的一切。"诚然，只有拥有全球化的战略视野，整合全球资源，满足全球用户不同的需要，海尔才能在世界市场中取得更大的胜利。在此指导思想下，海尔洗衣机发布了"i"战

略，整合了全球近3亿用户的智慧和300多个研发团队，并以维基理论揭示的对等、开放、共享和全球运作四个运作法则为指导，与GE、爱默生、VDE、三洋等全球各行业顶级的公司展开无边界的协作，开始了一场竞争力的重塑。

德国梅赛德斯—奔驰汽车一直是全球顶级汽车制造品牌的骄傲，而且还是人性化设计的典范，拥有奔驰车，眼下已成为了全球消费者舒适、豪华、地位的象征。同样，海尔洗衣机以全球领先技术始终以用户为导向的设计理念，让洗涤变得简单、舒适，两者又同是世界级品牌、各自行业的引导者……有人曾拿奔驰汽车与海尔一款最新LUXURii洗衣机进行对比，惊奇地发现，两者居然有太多的异曲同工之处，比如说，海尔洗衣机有独创45°开门不需弯腰设计，而奔驰后座车门采用人性化设计，角度更适于乘坐者进入；海尔洗衣机一键式控制，洗净即停，奔驰独有的一键启动按钮……

也许这仅仅是一个巧合，但这正是两个世界级品牌跨界协作的契合点和前提所在。

"用全球最好的生产工艺体系保证海尔洗衣机拥有全球最好的品质，进而赢得全球消费者的青睐。"海尔洗衣机中国区市场总监丁来国表示："海尔洗衣机2008年的目标是要冲击全球前两强，在中国市场上每卖两台洗衣机就有一台是海尔的。在这样的目标下，意味着海尔洗衣机要打造一个跨国、跨界的超常规的'大'团队，整合世界的资源，使海尔洗衣机品牌的每个组成部分都具备了冲击全球顶尖高端洗衣机的实力，让每一个细节达到全球第一竞争力，更重要的是让整个系统优化组合。"

业内人士分析认为，"创造品质生活方式"一直是海尔洗衣机的核心竞争优势，同样，梅赛德斯—奔驰也是以"卓越的产品性能和无与伦比的乘坐享受"而深入人心，此次两者的结合将有效发挥优势资源协同效应，给消费者带来更加丰富的产品体验并提供更为个性化需求的生活方式。所以，这一堪称经典的跨界协作将牵引整个洗衣机产业链向产品精工品质导向转移，立足消费者需求研发制造具有全球第一竞争力的高品质产品，用百年品质铸就海尔洗衣机的全球化硬品牌。

（资料来源：http://dh.yesky.com/427/8202927.shtml）

10.1　产业集群与集群企业合作

10.1.1　产业集群的概念

产业集群（Industrial Cluster）是在特定领域中大量产业联系密切的企业及相关机构在空间上集聚，并形成强劲、持续竞争优势的现象。产业集群已经发展成为世界上最为典型的产业生态系统表现形式，如美国硅谷的电子产业、印度班加罗尔的软件产业。产业集群是复杂的，产业集群系统中各部分之间的关系和相互作用比各部分本身更重要。

10.1.2 产业集群的形成机制

在市场系统中,产业集群是具有认知性的一个结构层次,它会以很多共同的资源参与市场竞争,很多时候,这种竞争并不存在明显的排斥性,甚至集群内的企业数目和规模都会上升,集群的自我发展和自组织能力强于单独的厂商,所以,产业集群是整个市场系统中相互作用较为强烈的集体。系统内集体的一般形成机制如下。

1. 内聚效应

市场系统的分布是非均匀的,事实上,也很少有系统是完全均匀的。在不完全均匀的系统中,一部分主体之间的交互作用相对强烈于其外部主体,成为构成集体的基本机制。

这种内聚效应可能是偶然发生的,例如 Thomas Schelling 列举的例子,其中一个是交通中的好奇心效应(Curiosity Effect)。一条分隔开来的高速路,其东向发生的交通事故会导致西向交通的堵塞,原因是另一侧的人会减速看究竟发生了什么。产业集群的形成也是如此,最初可能带有一些偶然性,是市场系统某一地点耦合引发集群的。但如果更深入地分析主体之间的作用机制,还是可以找出内聚效应形成的一般来源,从而可以主动施加一些影响,干预产业集群的形成。

2. 优先耦合

单独主体的属性倾向于被组织进入某相近的系统内,正如人们喜欢住在同族人附近一样,这会导致自我建立邻里关系的种族隔离结果。优先耦合是构成集体的主要力量。开始的模糊性显露,决定了哪种属性在市场系统过程中起着基础角色作用,主体在其中利用属性操作,了解自己和其他主体相互区别的属性——做什么和如何做。

10.1.3 产业集群内部企业的战略优势

集群内企业的竞争优势可以用直接经济要素的竞争优势和非直接经济要素的区域创新系统两个方面来体现出来。总体而言,集群内企业会具有如下各种竞争优势。

1. 运行成本的降低

集群降低内部企业运行成本主要表现在降低生产成本和降低交易费用两个方面:一是集群内企业、相关支持主体在地理上和心理上的接近使得企业能够十分方便地开展生产活动,高效发达的地方生产协作系统会有效地降低生产成本。在假定技术条件不变的情况下,生产成本优势可用集聚经济、规模经济、劳动分工、范围经济和劳动力供给等加以解释。二是集群内企业可以降低交易费用成本。集群内企业经济活动根植于地方社会网络,有助于形成共同的价值观念和产业文化,交易频率的增加和环境不确定性的减少,有利于克服机会主义和增加信息交流,从而降低交易成本。

2. 产品差异化能力的增强

随着科学技术的迅猛发展和全球范围内市场竞争的加剧,产品的生命周期越来越短,顾客的需求变得更为挑剔,更倾向于尝试个性化、多样化的新产品,要求企业对顾客需求的变化作出敏捷的反应。产业集群产品的差异化包含水平方向和垂直方向的产品差异化。水平方向的产品差异化是指品种、规格、款式、造型、色彩、所有原材料、品牌等方面的不同；垂直方向的差异化是指同种产品内在质量的不同。集群产品差异化的潜力主要体现在水平方向上，这种产品的差异化在很大程度上依赖于产品的精心设计。

3. 分享区域品牌优势

企业通过集聚的群体效应，形成"区位品牌"优势。"区位品牌"与单个企业品牌相比，前者是众多企业品牌精华的浓缩和提炼，更具有广泛的、持续的品牌效应。而且相对于产业集群，单个企业的生命周期是相对短暂的，品牌效应难以持续，集群中的企业遵循优胜劣汰竞争规律，只要不是由于技术或自然资源等外部原因使集群衰退或转轨，区位品牌效应更易持久，因此"区位品牌"对集群内企业是一种珍贵的无形资产。集群形成"区位品牌"后，可以利用这一品牌价值，通过批发商零售和专卖等形式来获取纵向一体化利润。

4. 市场议价能力增强

集群内拥有大量从事相似和互补活动的企业，企业可以便利地从不同的供应商处采购原材料，也很容易找到顾客。在不同的集群结构和市场结构下，集群内的企业拥有不同的市场议价能力，主要表现在作为买方和卖方力量两个方面。作为买方的议价能力主要表现在集群内的主导产业一般都有较高的市场占有率，可以实现大批量购买，特别在原材料的供应方面，甚至能够对原材料的质量标准、规格、型号等作统一的要求；同时集群内也有部分配套的供应商，对群外供应商构成替代威胁，增强了讨价还价能力；此外，群内研究机构和行业协会的帮助，以及企业对市场需求状况的分析，有助于形成较完备的信息，进一步增加了议价能力。

5. 创新能力的增强

在当今社会，创新能力是每一个企业获取持续竞争优势的关键。由于资源的限制，单个中小企业往往难以实现创新功能的内部化。产业集群这种产业组织形式，可以把众多中小企业联合起来，在集群内部形成集体创新功能。特别是集群内由于空间接近性和共同的产业文化背景，或因企业的技术、管理人员通过参与行业协会或地方政府组织的各种正式和非正式的活动，不仅能够加强编码化知识和技术的交流与扩散，而且为区域集群内的隐含性、非显性知识传递和扩散提供了条件，容易形成集群创新网络。中小企业和其上下游的供应商、客户、代理商甚至竞争对手及相关中介协会、政府部门、金融机构等形成协同创新效应，很大程度上强化了集群内企业的创新能力。

6. 资金获取的便利

中小企业集群获取金融贷款比一般的分散的中小企业具有优势，主要有以下几方面原因。

（1）集群内的中小企业具有较高的信用。因为集群内的企业多为本地企业，在长期的生产经营活动中体现出了自身的信誉程度，同时，集群对违约或是低信誉企业形成了强大的惩罚机制，抑制了企业机会主义行为的发生。

（2）降低了银行的业务成本。产业集群内众多的企业同处于一个行业或相关行业中，银行可以在行业协会、地方政府的产业规划中获得更多、更完备的信息。而且银行通过对同一行业的许多企业贷款，从规模经济中受益，从而降低了银行从事信贷业务的相关成本，尽管单笔业务的收益较小，但积少成多，因此银行倾向于支持产业集群的信贷活动。

（3）降低了银行的信贷风险。①产业集群内中小企业集中，银行向众多企业贷款时可以在同类企业中进行比较后再作出选择，对企业资金的需求量、贷款期限、频度等容易掌握，因而能使银行的经营风险降低；②产业集群内的信贷风险更体现在产业风险上，而确定产业的风险具有一定的可预测性。除了正式金融机构获取资金的便利，由于共同的区域社会文化因素的影响，以及平时频繁的交往，容易生成相互的信任，企业能够在本地企业、个人中获取发展资金。这种资金互助的现象在我国许多集群经济中都有不同程度的表现，弥补了我国金融体制安排不太适合中小企业发展要求的缺陷，从而塑造了非集群企业不可比拟的竞争优势。

7. 应变能力的提高

中小企业集群能够提高企业在市场上的应变能力。由于地理邻近与相互信任，有关产品、技术、竞争等市场信息可以在集群内企业间迅速集中和传播，且成本很低。市场信息的迅速反馈与传递是小企业发挥其灵活机制优势的前提，市场信息可以帮助企业洞察市场环境的变化，捕捉有利的市场机会，以便及时调整产品结构，避免或降低因市场变动造成的损失。对于多品种、小批量、临时急需的订货，集群内可以用最快的方式通知各协作生产企业备料加工。由于集群企业间已经建立一定的协作基础，不必讨价还价和签订加工协议。面对瞬息万变的国际市场，这一快捷反应能力，具有竞争上的独特优势。技术发展和需求变化不仅为专业化生产商提供了很大的生存机会，而且还使它们实现了规模生产，两者形成良性循环，不断提高集群内企业的整体生产效率和应变能力。

10.1.4 产业集群内的企业合作与互动

在产业集群中主体本身就具有适应性，主体的属性和与其他主体的相互区别决定了它们做什么和如何做，正如复杂适应系统中主体相互适应，交互作用，构成系统中的集体。

从主体在产业集群内活动的分布来看，其相互作用有以下几种。

1. 基于分工的企业合作

产业集群的竞争优势在很大程度上取决于其内部知识和能力的专业化分工程度。对专业化分工的组织模式分析表明，成熟的产业集群不仅仅是同类企业的简单叠加，而应该是一定程度的专业化分工、发挥整体竞争优势的企业集合。同时，企业集群合作创新作为包括制造商、供应商、销售商，有时甚至是竞争对手共同参与的一个协调合作的非线性过程，集群专业化分工的组织模式将对产业集群企业合作创新产生重要影响。在企业集群中存在两种类型的专业化服务：一类是以横向分工为主，即对集群的主导产品在内部按档次、品种、款式横向组织生产，这种横向的产品分工表现出来的主要为扁平的分工体系结构；另一类是采用纵向分工，即按生产链的上下游来分别组织生产。一般来说，这两种组织方式并不是截然分开的，在发达的集群内这两种生产组织方式同时并存，从而形成"按照一定专业化生产要求形成的生产组织方式"的专业化分工网络。

分工是主体交互作用的重要形式，是集群维持和提升集体效率的基本方式。如果说最初集群的产生具有偶然性，那么哪个集中区域尽快完善了集群内的分工体系，哪个集群也就在整个市场系统中表现出一些新的特色或者属性。

分工的形式是多样化的，无论在什么形式下，分工成为厂商衍生、分化和降低交易费用的规律性行为。

2. 基于创新的企业合作

面临不确定的市场竞争环境，合作创新已成为企业集群能否良性发展的关键模式。合作创新通常以合作伙伴的共同利益为基础，跨越自身边界、实现企业间信息和资源共享、优势互补，使得各主体间信息倾向于对称分布，不确定性信息减少，并提升成员间的信任关系。各主体有明确的合作目标、合作期限和合作规则，合作各方在技术创新的全过程或某些环节共同投入、共同参与、共享成果、共担风险。借助这种特殊的组织结构，集群内信息能够快速流动、传播和共享，企业间能够建立长期、稳定的创新协作关系。

一项技术创新往往涉及多个学科，企业可以从不同的知识源获得技术的相同效应。学术界、产业内上下游企业或不同产业间都成为技术融合的潜在来源，新技术、新产品的研制开发和创新难度进一步加大，尤其是大型技术含量高的信息技术产品在研制中一般都需要多种先进设计技术、制造技术和质量保证技术，所需资金投入巨大，创新风险随之增加，技术外溢效应更加明显，而企业合作创新往往可以避免区域研发项目选择的重复性和高风险，提高创新效率。知识作为一种潜在的公共产品，在创新过程中其溢出将产生新的技术创意，导致企业之间对新技术的学习效应，由此使传统的封闭式技术创新模式越来越不适用。由于技术创新的复杂性使得资源共享与能力互补的单个优势企业难以控制，通过合作创新技术和市场信息能够在集群内企业间便捷传播，研发项目产生的外部正效应有利于实现内部吸收，使合作企业分享创新成果。

从创新行为看，集群成员企业之间技术和知识的垂直和水平扩散构筑了当地化的创新系统。如果以创新主体企业为核心，这种当地化创新网络在纵向上表现为供应商和客户的产业链互动关系，其中更为重要的是"供应商－生产商"关系，如通过创新过程的R&D外包，实现利润分享；再如，通过增加订单提高供应商从事产品创新和工艺创新的积极性。这两种现象在我国产业集群中比较典型，如温州低压电器产业集群内部零配件企业和集成企业之间的行为，同时包含以上两种互动。如果把上述"供应商－生产商"关系在产业链上向下延伸，同样说明"生产商－用户"关系在创新行为中的互动作用，用户成为非常重要的创新源泉。在成员企业间技术和知识的水平扩散，表现为横向的竞争互动和合作互动关系，其中竞争互动占主导地位，而合作互动情况相对较少。这种由横向和纵向关系相互交错形成的创新网络，从微观层次看，它能提高企业学习新技术的机会，由于新技术知识往往是非正式或非显性的，因此更容易在近距离地理范围内流动。

3. 基于要素的企业合作

从要素互动看，集群成员企业之间可以表现为管理要素互动、中间要素互动、资金要素互动等。

（1）在管理要素互动方面，集群成员之间的知识外溢，使管理信息为成员共享，促进企业预测未来发展趋势，而且企业间的正式和非正式协作还有助于企业学习优秀的组织模式和管理模式等。

（2）在中间要素互动方面，集群内部产业链上下游之间的买卖关系存在，比单独一个企业内部垂直一体化战略更能产生知识的流动和技术要素互动。

（3）在资金要素互动方面，这种互动不仅反映在风险投资上，而且还出现资金在企业之间的流动，如我国产业集群成员之间的资金拆借在一定程度上可以解决中小企业向银行贷款困难的问题。从技术流动的角度看，资金市场对新的创新型企业而言，成为实施新技术知识组合和匹配产生的主要途径。

4. 共享

前面已经论及了主体之间的共享是如何更好地产生内聚效应的。在集群内部，平台及网络的共享降低了新厂商的进入成本，在产业较为集中的地区，也安排了各种制度，以降低厂商的研发和信息成本。

5. 基于市场需求的合作

一般来说，产业集群内许多企业规模都很小，譬如意大利的许多中小企业集群、我国当前江浙一带的诸多企业集群，单个企业的规模都非常小，竞争力也很弱，但是，众多小企业聚集在一起却产生了相当大的力量，如温州生产的打火机，占了世界低端市场80%以上的份额。但是这样的竞争力在产业集群的发展过程中不是一帆风顺的，有可能由于不符规模经济的要求而失之交臂，在经历阵痛之后方可看到合作发展的前景和机会。如云南花卉产业集群在发展初期，由于企业之间缺乏合作，在面临一次较大的市场机会时，单个企业无法独立满足客户的要求，错失发展的良机。

10.1.5 产业集群内企业合作的达成

产业集群的最重要特点之一就是它的地理集中性，即大量的相关产业相互集中在特定的地域范围内。由于地理位置接近，产业集群内部的竞争自强化机制将在集群内形成"优胜劣汰"的自然选择机制，刺激企业创新和企业衍生。在产业集群内，大量企业相互集中在一起，既展开激烈的市场竞争，又进行多种形式的合作。如联合开发新产品，开拓新市场，建立生产供应链，由此形成一种既有竞争又有合作的合作竞争机制。这种合作机制的根本特征是互动互助、集体行动。通过这种合作方式，中小企业可以在培训、金融、技术开发、产品设计、市场营销、出口、分配等方面，实现高效的网络化互动和合作，以克服其内部规模经济劣势，从而能够与比自己强大的竞争对手相抗衡。在产业集群内部，许多单个的、与大企业相比毫无竞争力的小企业一旦同发达的区域网络联系起来，其表现出来的竞争能力就不再是单个企业的竞争力，而是一种比所有单个企业竞争力简单叠加起来更加具有优势的全新集群竞争力。集群使得许多本来不具有市场生存能力的中小企业，由于参与到了集群里面，不但生存了下来，而且还增强了集群的整体竞争力。

1. 内生性合作

集群企业之间相互为邻、集聚共生及长期形成的各种良好关系为集群企业的合作提供了便利。处于同一产业集群内的企业由于其相互间独特的关系，具有先天的内生性合作关系，如通过技术共享、共同营销等方式进行合作。而同处一个供应链条上的企业之间由分布在不同企业的若干条生产线或分支单线协同作业，形成一条分工合作十分严谨的产业价值链，这给中小企业发展提供了广阔的空间。因此，加入产业链，形成产业群，相互之间形成内生性的合作关系，这样才能带来集群优势，集群内的企业之间才能健康、有序地发展。

2. 强制性合作

集群形成和发展过程中，随着集群内企业的内生性合作的增强和持续发展，企业之间的合作可能演变为一种共同发展所必需的行为。譬如集群发展壮大后，需要投资于相关的教育、培训、检测和鉴定等公用设施，公共物品共享使资源在产业集群内具有更高的运用效率。这种强制性的合作要求，使单个企业可以借助集群内企业的整体力量，可以加大广告宣传的投入力度，利用群体效应，形成"区位品牌"，从而使每个企业都受益。强制性合作需要注意企业之间的冲突必须控制在良性的冲突范围内，否则会导致集群竞争力的下降或解体。

3. 制度性合作

企业之间的合作从零散的、偶发性的到形成长期战略性合作伙伴关系，相互从制度性层面上建立合作制度，加强整体规划，各经济体之间的互补性呈逐渐增强，由功能性合作进入到制度性推进。

10.1.6 产业集群内的企业竞争

集群企业彼此接近，会受到竞争的隐形压力，产业集群内由于同类企业较多，竞争压力激励着企业的技术创新，也迫使员工相互攀比，不断学习。企业间邻近，带来了现场参观、面对面交流的机会，这种学习、竞争的区域环境促进了企业的技术创新。集群重塑了竞争形态，把竞争从单个企业之间提升到了更大的群体之间。集群内企业的内部竞争存在于更大的竞争之中，所以集群内企业对于大竞争的需求可以减弱内部摩擦，即集群间的竞争容易加强集群内部的合作。企业对于集群整体竞争优势的依赖及寻求自身发展的压力，使得群内企业处于不断的竞合博弈中，形成了新型的竞合关系。单个企业在竞合博弈的网络化成长中寻求发展，并在这一竞合过程中影响整体的竞争优势。

1. 同质企业之间的产品竞争

一个集群内同类企业之间的竞争非常明显。虽然在短期内可能会以相互之间的合作为主导或仅有微弱的竞争关系，但从长期来看，由于其产品同质性所决定，竞争才是企业间永恒的主题。如在浙江嵊州领带产业的集群中，大量中小企业集聚在一起，形成了国内最大的批发、零售市场，挑剔的买主在当地能够货比三家，因此企业之间存在着激烈的竞争，为在竞争中立于不败之地，企业必须提高产品的质量。

横向形成产业集群之初，企业之间更多的是表现为竞争关系，也就是产品属于同一种类。某个区域产生横向产业集群，第一批企业示范效应作用特别大，从而有更多的企业模仿出现。我国沿海发达地区的许多产业集群的最初形成就是如此。但由于竞争的原因，产品之间在品种、规格、款式、造型、色彩、所用原材料、等级、品牌等方面，甚至在内在质量上都存在差异。随着企业的不断增加，形成了基础设施共用、专业化供应商的存在、专业化劳动力供应等优势，形成一种良性强化，甚至形成了一种以地域命名的产品品牌（如温州皮鞋），进而产生了产业集群。

2. 市场竞争

在集群内，不论是同质企业还是异质企业，由于资源、劳力特别是市场方面的原因，导致相互之间竞争关系非常强，从而出现因过度竞争所致的产品质量恶性循环、不断退化的过程。从企业的角度，有源于企业之间竞争的"囚徒困境"；从消费者的角度，是由于市场信息不对称。所以，一方面，应加强企业之间的合理竞争教育，培育具有国际优势的核心能力，使企业之间能在更高的层次上进行竞争；另一方面，应加强对消费者的引导，通过各种媒体让消费者了解产品性能、特点、参数等方面的情况，让消费者掌握更多的信息。

3. 创新竞争

集群内企业之间的合作增加了企业的创新能力和促进企业增长，集群不仅有利于提高生产率，也有利于促进企业的创新。集群能够为企业提供一种良好的创新氛围，也有利于促进知识和技术的转移扩散，还可以降低企业创新的成本。集群内的企业在具有良好的创新氛围的同时，由于各自在人才、资源、产品、市场等方面的竞争和争夺，努力在创新中竞争成功。

不是所有集群内企业能够同一程度地享受到集群带来的战略优势，不同的集群特征和企业特点会影响到企业能够获取的竞争优势的类别及其程度。正如现实中发现同一集群内有些企业持续成长而有些企业却成长缓慢甚至迅速消亡。企业的规模和成长阶段及企业的声誉和技术能力等企业层面许多因素影响着企业从集群获取竞争优势的种类和程度。规模较大的企业一般与地方企业具有较多的分工协作关系，也更容易得到地方政府和中介组织的关注和扶持，总体上会获取更多种类和程度的竞争优势。拥有良好社会声誉的企业可以更容易地获取其他企业、政府部门、中介机构等组织的支持。可以较为容易的获取企业发展所需的资金、技术、人才等要素，也就是容易获取这些竞争优势。因此，需要更深入了解集群竞争优势在不同企业之间的分布规律，以及企业获取竞争优势的影响因素，才能提供更有针对性的政策措施。

10.2 企业并购战略

10.2.1 并购的概念与动因

并购是兼并（Mergers）与收购（Acquisitions）的合称。是指一家企业以现金、证券或其他形式购买取得其他企业的产权，使其他企业丧失法人资格或改变法人实体，取得对这些企业决策控制权的经济行为。根据我国《公司法》第一百八十四条规定"公司合并可以采取吸收合并和新设合并两种形式"。所谓吸收合并，就是在两个或两个以上的公司合并中，其中一个公司吸收了其他公司而继续存在。新设合并就是两个或两个以上的公司在合并以后同时消失，在一个新的基础上成立一个新的公司。收购是指一家公司通过购买目标公司的股票或资产，以获得对目标公司本身或资产实行控股权的行为。收购是进入新业务的战略途径之一，通常有两种主要类型：① 产业资本的行为，作为长期投资，最终目的是要加强被收购业务的市场地位；② 金融资本的行为，目的在于转手获利。当收购或合并不是出自双方共同的意愿时，可以称之为接管（Takeover）或敌意托管（Hostile Takeover），也称恶意接管。

企业并购含义如图 10-1 所示。

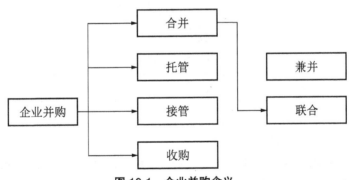

图 10-1 企业并购含义

企业并购是一项复杂的系统工程，除需投入大量的人财物资源外，并购方式往往还需要冒巨大的风险，但是全世界的企业并购波澜壮阔，范围广泛，足以荡涤每个角落。这主要源自并购动因的推动。

推动企业并购的因素很多，从内部动因看，是企业对市场份额、效率、定价力量、更大规模经济收益及趋利避害的追求，包括通过横向并购来扩大市场占有率，获得规模经济效益；通过纵向并购降低交易费用，获得垄断利润；通过混合并购分散经营风险，实现技术转移及资本有效配置；通过跨国并购构筑在全球范围内的竞争力等。

从外部条件看，包括经济全球化趋势、竞争压力、股价的波动、互联网、电子商务、虚拟经营、各个产业——从金融服务到能源，从通信到运输——法规管制（包括反垄断法管制）的减轻等。从具体目的看，包括更好地利用现有生产能力，更好地利用现有销售力量，减少管理人员，获取规模经济效益，减少销售波动，利用新的供应商、销售商、用户、产品及债权人，得到新技术，减少赋税等。

关于并购的动因，经济学家、管理学家、企业家和政府官员结合各自的角色给出了不同的说明，见表10-1。

表10-1 并购动因的各方观点

各方代表	动　因
经济学家	产业组织要求 财务管理要求
管理学家	战略发展与管理效率
企业家	消除无效率的管理者 追求经营与财务协同 进行战略重组 获得低估的价值 传送信息 解决代理问题 依靠市场力量 合理避税 基于分配的考虑
政府官员	公平与效率

综合起来看，企业并购动因主要包括以下几个方面。

1. 高效率地实现跨越式发展

企业可以通过内涵式也可以通过外延式获得发展，两者相比，采用并购外延这种外延方式的效率更高。尤其是在进入新行业的情况下，谁领先一步，谁就可以取得原材料、渠道、声誉等方面的先手，在行业内迅速建立领先优势，优势一旦建立，别的竞争者就难以取代。因此，并购可以使企业把握时机，赢得先机，增加胜势。目前中国有6000多家旅行社，但即使最大的旅行社总资产也不及美国运通公司的1%，并购重组将是下一步中国的旅行社必然面对的事实。

2. 降低进入壁垒和发展风险

企业进入一个新的行业会遇到各种各样的壁垒，包括资金、技术、渠道、顾客、经验等，这些壁垒不仅增加了企业进入这一行业的难度，而且提高了进入的成本和风险。如果企业采用并购的方式，先控制该行业的原有的一个企业，则可以绕开这一系列的壁垒，以较低的成本和风险迅速进入这一行业。

3. 实现优势互补的协同效益

不同的企业在不同的经营领域具有其优势，由此可以利用并购来发挥各自的长处、弥补各自的短处。并购后通常能使管理层业绩得到提高或产生某种形式的协同效应，包括生产协同效应、管理协同效应、经营协同效应、财务协同效应、人才和技术协同效应等，因此可以获得正的投资净现值。

4. 加强对市场的控制能力

在横向并购中，并购最明显的利益便是立即扩大市场占有率，而无须经过一番市场争斗。并购活动提高了并购企业的市场份额，从而带来垄断利润。根据哈佛商学院 PIMS（Profit Impact of Market Strategies）模型的研究，公司之间在盈利能力和净现金流上所产生的差异，80%可以归于市场因素，其中最重要的是市场占有率，而提高市场占有率最有效的途径是并购活动。利用并购还可以快速争取客户或进入陌生的市场，且一并攫取当地的客户与渠道。另外，在市场竞争者不多的情况下，由于并购而导致的竞争对手减少，企业可以增加讨价还价的能力，可以以更低的价格获取原材料，以更高的价格向市场出售产品，从而扩大企业的盈利水平。

5. 增强企业的国际竞争能力

企业进入国外新市场，面临着比进入国内新市场更多的困难，其主要包括企业的经营管理方式、经营环境的差别、政府法规的限制等。通过采用并购东道国已有企业的方式进入，不但可以加快进入速度，而且可以利用原有企业的运作系统、经营条件、管理资源等，使企业在并购后能顺利发展。另外，由于被并购的企业与东道国的经济紧密融为一体，政府的限制相对较少，这有助于跨国发展的成功。

6. 获取价值被低估的公司

从理论上讲，在证券市场中，公司的股票市价总额应当等同于公司总体的实际价值。但由于信息的不对称性和未来的不确定性等多方面原因，上市公司的价值经常被低估。如果企业认为自己可以比目标企业的经营者做得更好，那么该企业可以收购这家公司，通过对其经营获取更多的收益，或在收购目标公司后经过整合包装重新出售，从而在短期内获得巨额差价收益。

7. 避税

并购活动能使净营业亏损和税收减免得到递延，增加资产基础（通过重新估价），实现税赋最小化。各国公司法中一般都有规定，一个企业的亏损可以用今后若干年度的利润进行抵补，抵补后再缴纳所得税。因此，如果收购企业每年产生的利润，而目标企业历史上存在着未抵补完的正额亏损，则收购企业不仅可以低价获取目标企业的控制权，而且可以利用其亏损进行避税。

10.2.2 企业并购的内外生变量

不论企业并购的理念、动机和行为如何存在差异，并购的完成都离不开以下四个内外生变量。

1. 并购资源供给

从理论上来看，并购资源的供给是无限的，只要有足够的资源和实力，任何企业或资产均可成为并购的对象，而且并购资源的供给离不开经济体制的转变、经济增长方式的转变、经济周期的转变、重大经济事件的转变和产业升级调整的转变。

2. 并购资源结构及定价

由于没有一种经济社会能够完全供给人们所需要的并购资源，也就是说，并购供给事实上并非是理论上的无穷供给，因此必须对各种可能的供给形态予以挖掘。另外并购供给结构的失衡，也常常使并购行为无功而返，因为并购资源结构及定价的错位，会极大地制约着企业并购的成功率。

3. 并购资源需求

相对并购资源的供给而言，并购资源的需求永远是并购行为主动方，因为再合理、再匹配的并购供给，没有并购需求的允诺，并购行为便无法成立，并购供给也就成为无效供给。所以并购行为如同商品实现"惊险的跳跃"，关键在于并购需方，只要并购需方积极主动，并购行为就成功了大半。并购需求受到经济增长与景气水平、竞争压力、并购管制程度、并购成本和资本市场深化指数的影响。

4. 财富创造潜力和水平

企业并购的目的或是基于竞争战略的考虑，着重中长期生存与发展，或是基于价值增值的考虑，着重短中线的投资回报，不论出于何种考虑，并购的最根本目的与动机在于财富的创造，财富创造的潜能越大，并购的需求就越强。

10.2.3 企业并购的方式

企业的并购有多种类型，从不同的角度有不同的分类方法，下面分别从并购双方所处的行业、并购的方式、并购的动机、并购的支付方式进行分类。

1. 按照并购双方所处的行业状况划分

（1）横向并购。这是指处于同行业、生产同类产品、提供相似服务或生产工艺相似的企业间的并购。这种并购实质上是资本在同一产业和部类内集中，迅速扩大生产规模，提高市场份额，增强企业的竞争能力和盈利能力。

（2）纵向并购。这是指生产和经营过程相互衔接、紧密联系的企业间并购。其实质是通过处于生产同一产品的不同阶段的企业之间的并购，实现纵向一体化。纵向并购除了可以扩大生产规模，节约共同费用之外，还可以促进生产过程的各个环节的密切配合，加速生产流程，缩短生产周期，节约运输、仓储费用和能源。

（3）混合并购。这是指处于不同产业部门、不同市场，且这些产业部门之间没有特别的生产技术联系的企业之间的并购。包括三种形态：产品扩张性并购，即生产相关产品的企业间的并购；市场扩张性并购，即一个企业为了扩大竞争地盘而对其他地区的生产同类产品的企业进行的并购；纯粹的并购，即生产和经营彼此毫无关系的产品或服务的若干企业之间的并购。混合并购可以降低一个企业长期从事一个行业带来的经营风险，还可以使企业的技术、原材料等各种资源得以充分利用。

2. 按照是否通过中介机构划分

（1）直接收购。这是指收购企业直接向目标企业提出并购要求，双方经过磋商，达成协议，从而完成收购活动。如果收购企业对目标企业的部分所有权提出要求，目标企业可能会允许收购企业取得目标企业新发行的股票；如果是对全部产权提出要求，双方可以通过协商，确定所有权的转移方式。由于在直接收购的条件下，双方可以充分密切配合，因此相对成本较低，成功的可能性较大。

（2）间接收购。这是指收购企业直接在证券市场上收购目标企业的股票，从而控制目标企业。由于间接收购方式很容易引起股价剧烈上涨，同时可能会引起目标企业的激烈反应，因此会提高收购成本，增加收购的难度。

3. 按照并购的动机划分

（1）善意并购。收购公司提出收购条件以后，如果目标企业接受收购条件，这种方式称为善意并购。在善意并购下，收购条件、价格、方式等可以由双方高层管理者协商进行并经董事会批准。由于都有合并的愿望，因此，这种方式的成功率较高。

（2）恶意并购。如果收购企业提出收购要求和条件后，目标企业不同意，收购企业只有在证券市场上强行收购，这种方式称为恶意收购。在恶意收购下，目标企业通常会采取各种措施对收购进行抵制。证券市场也会迅速作出反应，股价迅速提高。因此恶意收购中，除非收购企业有雄厚的实力，否则很难成功。

4. 按照支付方式划分

（1）现金收购。这是指收购企业向目标企业的股东支付一定数量的现金而获得目标企业的所有权。现金收购是一种单纯的收购行为。一旦目标企业的股东得到了对所拥有股份的现金支付，就失去了任何选举权或所有权，这是现金收购方式的一个突出特点。一般而言，凡不涉及新股票发行的收购都可以视为现金收购，即使是由收购者直接发行某种形式的票据完成收购，也是现金收购。在这种情况下，目标企业的股东可以取得某种形式的票据。但其中丝毫不含有股东权益，只表明是对某种固定的现金支付所作的特殊安排，是某种形式的推迟的现金支付。

现金收购会对收购企业的流动性、资产结构、负债等产生影响，所以应该进行综合权衡。此外，现金收购中涉及一个重要的税务管理问题。由于企业股票的出售变化是一项潜在的应税事件，它涉及投资者的资本损益，在实际取得资本收益的情况下，则需交付资本收益税。因此，如果被收购的目标企业原有股东接受现金形态的出资，就需要支付资本收益税。

（2）股票收购。这是指收购企业通过增加发行本企业的股票，以新发行的股票替换被收购的目标企业的股票，获得目标企业的所有权。收购完成后，被收购的目标企业的股东并不会因此失去他们的所有权，只是这种所有权由被收购企业转移到收购企业，使他们成为并购后的企业的新股东。并购后的企业所有者由收购企业的股东和原目标企业的股东共同组成。

（3）综合证券收购。综合证券收购又称混合证券收购，是指在收购过程中，收购企业对目标企业提出收购要约时，其出价不仅仅有现金、股票，而且还有认股权证、可转换债券等多种形式的混合。这种并购方式具有现金收购和股票收购的特点，收购企业既可以避免因支付过多的现金而造成本企业资本结构的恶化，保持良好的财务状况，又可以防止控制权的转移。

10.2.4 企业并购的操作程序与关键环节

对所有企业而言，并购的具体程序大体都可分为以下几步。

1. 接触和谈判

企业并购双方可直接进行洽谈，也可以通过产权交易市场。大多数企业的并购接触和谈判是秘密进行的，目的在于防止对企业雇员、客户、银行带来不利影响，避免企业股票在股市上波动，也有利于双方敞开谈判。

2. 签订保密协议

企业并购双方在谈判时先签订保密协议，具体规定哪些信息应当公开，什么人才能知悉这类信息，如何对待和处理这些信息（事后归还或销毁）等。签订保密协议后，一旦违反则应赔偿损失或受到处罚。

3. 签订并购意向书

谈判到一定阶段，就制作意向书。这种意向书分为有约束力的和无约束力的两种。主要内容包括收购价格的数额或计算公式、收购对象的资产范围、收购时间进度安排、关键问题陈述和保证、特别条款（如需经政府批准的项目等）。

4. 履行应当的谨慎义务

从签订保密协议到订立正式协议之前，有一个十分重要的称为"履行应当的谨慎义务"的步骤，即出售方（目标企业）有义务对本企业及资产的关键问题和全面情况作陈述和保证，陈述必须真实、准确、完整，不得有虚假记载、误导性陈述或者重大遗漏。收购方有权对企业及有关资料文件进行检查，以保证并购顺利进行。

5. 确定价格

对被并购企业的现有资产进行评估，清算债权、债务，确定资产或产权的转让底价，以底价为基础，确定成交价。双方直接接触的可协商定价，通过产权交易市场的通过招标确定。

6. 签订并购协议

并购协议是整个过程最重要、最关键的文件，要全面、准确反映谈判内容和双方意图，协议一般由律师起草和制作。主要内容为：并购价格和支付方式；交易完成的条件（包括具备法律要求的有关方面意见）和时间；规定交易完成前风险承担有关义务和责任，保证交易顺利完成；规定交易完成后有关义务和责任。

7. 履行相关手续

相关手续包括归属所有者确认,并购双方的所有者签署协议(全民企业所有者代表为审核批准并购的机关),报政府有关部门备案、审查(或批准),办理产权转让的清算、交割和法律手续等。

8. 收购后整合

收购完成后,对目标公司的经营进行重整,使其与公司发展战略相符。

10.2.5 并购绩效的评价

依据国内外的并购实践,并购的绩效评价大体可从市场、财务、分配和价值四方面进行,见表 10-2。

表 10-2 并购绩效评价指标

	市场评价	财务评价	分配评价	价值评价
评价含义	以市场绩效对比评价	以财务绩效对比评价	以收益分配对比评价	以财富创造水平对比评价
评价指标	行业地位能力 行业区位能力 产品扩张能力 经营管理能力 公司成长能力	偿债能力 资本结构 财务结构 经营效率 盈利能力	每股净收益 股息发放率 普通股获利率 投资收益率	协同效应 并购溢价

10.2.6 企业并购的风险与防范

在上述从并购进入到并购完成的过程中,始终陪伴着并购决策者的就是风险。代表国际并购市场缩影的美国企业并购,经历了四次高潮期,但每次并购浪潮涌过之后,总会有成千上万的企业铩羽而归,欧洲和日本也大体如此。

1. 企业并购的风险

对并购企业来讲,仅了解风险的含义和来源远远不够,对风险的分类的认识非常必要,见图 10-2。

在上述的并购风险分类中,存在着导致并购高失败率的主风险群,提供了主要的风险防控对象。

(1)政策风险。由政治风险、体制风险、法规风险和战乱风险构成。如重大政治经济事件突现、并购监管制度改变、反垄断反欺诈政策出台及并购创新管制的松紧调整都会极大地影响并购的进程和结局。

(2)多付风险。多付风险包括显性多付和隐性多付两种,前者为买价多付,后者属于并购所得额外负担,如或有负债、资产失实等。

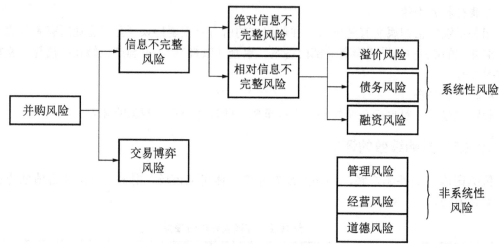

图 10-2 企业并购风险类型

(3) 运营风险。属于购后整合风险范畴,包括管理风险和经营风险两类,前者指管理协同达不到预期水平,后者指两家企业无法形成关联经营协同效应,常见于战略性企业并购。

(4) 道德风险。主要来自两类人为风险:并购中介不能诚信经营和并购内部成员违背职业操守。这类风险较难防范和查证,需要特别提防。

2. 企业并购的风险防范

并购是一柄双刃剑,既可以产生很大的收益,也可能产生灭顶之灾。为保证企业间并购的成功,应从以下几方面注意防范。

(1) 明确并购的战略意图。企业并购的目的是多种多样的:优势互补、集聚资金、扩大规模、降低成本、提高市场占有率、培育企业核心能力、增强企业全面竞争力、防范发展风险、追求最大利润等不一而足,但其根本目的还是寻求长远健康持续发展。一些企业的并购活动忽视长期战略,缺乏把企业做成百年老店的战略考虑,往往出于目前的经营或财务压力而采取股票市场短期的战术行为,通过证券市场的并购,实现其初始的融资"圈钱"目的。这种短期行为的直接危害是扰乱了企业的正常生产经营活动,耗费大量资金、人力、物力,从长远看不利于企业长远发展目标的实现。

(2) 充分意识到并购的风险性。企业并购是高成本、高风险经营。高成本不仅表现为并购完成成本,还体现在整合与营运成本,并购退出成本和并购机会成本上。高风险是指在并购过程中可能出现的各种风险:营运风险,信息风险,融资风险,反收购风险,法律风险,体制风险。其中任何一种或几种风险的发生都会导致并购失败——并购不能或并购不成,甚至反被并购。因此,企业在并购过程中,在关注其各种收益、成本的同时,要充分意识到并购的风险性,要做好预案和各种相应的应对措施。

(3) 注重目标企业的分析与评估。许多并购的失败是由于事先没有能够很好地对目标企业进行详细的审查。在并购过程中,由于信息的不对称性,买方很难像卖方一样对目标企业有着充分的了解。许多收购方在事前都想当然地以为自己已经很了解目标企业,但事实上在收购程序结束后,才发现情形并非想象中的那样,目标企业中可能存在着没有注意到的重大问题;以前所设想的机会可能根本就不存在;或者双方的企业文化、管理制度、管理风格很难相融合。因此很难将目标公司融合到整个企业的运作体系当中,从而导致并购的失败。因此,在收购一家公司之前,必须进行全面的分析,了解公司的价值、审查经营业绩、判断目标企业是否与收购企业的整体战略发展相吻合,以决定是否对其进行收购,以什么样的价格收购以及收购后的整合工作。

(4)充分发挥中介机构作用。在资本市场上企业被视为一种商品,企业间的兼并、收购是资本市场的一种重要交割活动。资本市场交割因其特殊性和复杂性,需要专门的中介机构,运用高度专业化的知识、技术及经验提供服务。在企业并购过程中,中介机构的作用应是自始至终的。管理咨询公司、金融顾问公司、投资银行、会计审计等事务所、律师事务所等多种中介机构可在企业并购中发挥多方面的作用。

(5)并购筹资量力而为。在并购过程中,并购方的实力对于并购能否成功有着很大的影响,因为在并购中收购方通常要向外支付大量的现金,这必须以企业的实力和良好的现金流量为支撑,否则企业就要大规模举债,造成本身财务状况的恶化,企业很容易因为沉重的利息负担或者到期不能归还本金而导致破产,这种情况并购中并不鲜见。

(6)强化并购后的整合。收购目标企业后,很容易形成经营混乱的局面,尤其是在敌意收购的情况下,这时许多管理人员纷纷离去,客户流失,生产混乱,因此需要对目标企业进行迅速有效的整合。通过整合,使其经营重新步入正轨并与整个企业的运作系统的各个部分有效配合。不同的企业有着风格迥异的经营理念、管理体制、人事制度,乃至企业文化。片面强调并购企业的优越性,而对被并购企业的一贯作风全盘否定,既不利于企业资源的充分利用,也不利于实现优势互补的协同效益。在某些情况下,还会引起生产经营上的剧烈动荡,引发兼并后遗症。众多企业重组过程中出现的业绩滑坡、人事纠纷等内部不经济行为并不是偶然现象。

因此并购完成之后,应从资产、组织结构、企业文化、管理体制、业务流程、销售网络等方方面面进行一体化整合,使其与企业的整体战略、经营方针协调一致、互相配合。

抵御"零成本收购"、"低成本扩张"的诱惑。海尔的"休克鱼"理论曾被搬上哈佛商学院的讲台,但并不是所有的"休克鱼"都能被激活。在市场经济发展初期,企业普遍缺乏市场观念和管理意识,当时海尔把相对先进的经营体系引进濒临绝境的企业,确实创造了引人注目的成就,实现了"零成本收购"和"低成本扩张",但是随着市场机制的发育完善,"休克鱼"能否被激活不能一概而论。实际上要真正激活生存质量很低的"休克鱼"通常必须支付高昂的成本代价。

10.2.7 中国企业并购的瓶颈与发展

同国外上百年的发展历程相比,中国企业并购的运行史不算长,真正的企业并购在中国还只是近十年的事。20世纪90年代以来，随着经济体制改革的深化和资本经济的迅速崛起，中国经济和资本结构调整的步伐正在加快，企业间的要素流动及资源整合越来越成为政府和企业关注的核心问题。为了加速经济改革、调整和发展的节奏，迅速融入WTO框架下国际资本与产业的大分工、大协作的新环境，中国政府和企业一直致力借助政策法规、市场机制等各方面力量，积极利用兼并收购手段调整产业结构、优化资源配置，取得了令世人瞩目的成就。

但是也应该看到，目前中国的企业并购还存在着诸多的问题和不足，这主要表现在以下几方面。

（1）并购的理念、策略及方法跟不上并购创新的要求。中国企业并购更多地集中在传统并购上，而且结构不均衡，虽然总体供求旺盛，但总体理念过于趋同，规模过于弱小，技法过于单一，目标过于理想，阻碍了众多潜在的创新并购。

（2）并购的力度和广度有待全力发掘。中国企业并购起步较晚，资本经济欠发达，每年的并购总额不足百亿元人民币，单笔最大成交也不超过十亿元人民币，而且密集成交区主要集中于上市公司和竞争行业并购，同全球每年数千亿乃至数万亿美元的并购规模存在较大差距。

（3）并购操作须进一步拓展和规范。大多数的并购事件源于传统、简单的政府推动等"原发性"合并和现金收购、债务重组等初级并购模式，很难与最新的并购潮流同步，而且部分并购关系人为了谋求小团体的利益，不惜践踏职业道德，损害了相关者利益。

（4）并购主管部门的监管与服务供应尚需强化。由于我国证券市场建立发展与经济转轨时期，对并购认识的模糊、规制的不健全和改革的不配套，使得对并购市场的管理还存在不少急需解决的问题，需要在沟通监管与服务规制方面加大创新力度，指导企业并购实践。

10.3 战略联盟

20世纪90年代，企业战略联盟符合经济全球化的客观要求，同时也标志着不是你死就是我活这种传统的市场竞争模式的瓦解。"共赢"将成为21世纪的金子模式。随着时代的发展，战略联盟除了具备组织的松散性、相互独立性、合作与竞争的共存性、行为上的战略性、地位的平等性、优势的互补性和范围广泛性以外，出现了新的趋势和规律，即出现率和失败率"双高"、国际化发展趋势明显、地域和产业上高度集中、以非股权方式建立的战略联盟呈上升趋势、选择上的主动性等特点。

10.3.1 战略联盟的概念

战略联盟（Strategic Alliance）最早是由美国DEC公司总裁简·霍兰德和管理学家罗杰·奈格尔提出，随即在实业界和理论界引起巨大反响。从20世纪80年代初以来，战略联盟这种组织形式在西方和日本企业界得到了迅速发展，尤其是跨国公司之间在全球市场竞争中纷纷采取这种合作方式。但战略联盟的概念自从被提出以后，并没有在理论上对其进行严格的定义。迈克尔·波特（M.E.Porter）在他的《竞争优势》一书中提出："联盟是指企业之间进行长期合作，它超越了正常的市场交易但又未达到合并的程度，联盟的方式包括技术许可生产、供应协定、营销协定和合资企业"。在波特看来，"联盟无须扩大企业规模而可以扩展企业市场边界"。蒂斯（Teece，1992）则从另外一个角度对战略联盟进行了较为明确的界定，他认为战略联盟是两个或两个以上的伙伴企业为实现资源共享、优势互补等战略目标而进行的以承诺和信任为特征的合作（Cooperation）活动。包括：①排他性的购买协议；②排他性的合作生产；③技术成果的互换；④R&D合作协议；⑤共同营销。

具体来说，企业战略联盟是指两个或两个以上的企业为了实现资源共享、风险或成本共担、优势互补等特定战略目标，在保持自身独立性的同时通过股权参与或契约联结的方式建立较为稳固的合作伙伴关系，并在某些领域采取协作行动，从而实现"双赢"或"多赢"。

10.3.2 企业战略联盟的特征

企业战略联盟的特征有以下几方面。

（1）组织灵活。这种新型的组织模式一般由一些独立公司包括制造商、供应商等，有时甚至是往日的竞争对手临时组成，它们聚集迅速灵活。

（2）边界模糊。传统的企业组织均具有明确的层组和边界，而战略联盟则是企业之间以一定契约联结起来对资源进行优化配置的一种组织形式，一般是突破行业界限而组成的战略联合体。

（3）关联松散。战略联盟不是通过行政方式进行协调，也不是通过纯粹的市场机制进行协调，而是兼具了市场机制与行政管理的特点，合作各方主要是通过协商方式解决各种问题。

（4）运作高效。战略联盟的实力，单个企业是无法比拟的，它可以综合各方面的资源优势来完成单个企业难以胜任的各项经营任务，具有提升企业竞争力，分担风险，防止过度竞争，扩张市场以及获得规模经济效应等高效功能。

（5）技术先进。战略联盟借助信息网络，彼此联系，共同工作。联盟关系依赖于利用彼此的技术优势，可以使产品迅速达到世界一流水平。

（6）彼此信任。联盟成员之间彼此依赖是必不可少的，这也就要求它们比往昔更多地相互信任。它们将要有一种共同的使命，每个伙伴公司的命运都将依赖于另外几个。

10.3.3 基于企业战略联盟的价值链分析

"价值链"最早由波特教授提出，他认为企业是一个综合设计、生产、销售、运送和管理等活动的集合体，其创造价值的过程可分解为一系列互不相同但又相互关联的增值活动，总和即构成"价值系统"。其中每一项经营管理活动就是这一"价值系统"中的"价值链"。企业的价值系统具体包括供应商价值链、生产单位价值链、销售渠道价值链和买方价值链等。"价值链"包括"支持活动"和"基本活动"。"支持活动"是指企业的辅助性增值活动,包括企业组织、人事管理、技术开发和采购。"基本活动",即企业的基本增值活动,如材料购进、产品开发、生产加工、成品发送、市场营销和售后服务。这些活动都与商品实体的加工流转直接相关。"价值链"的各个环节之间相互关联、相互影响,特别是上一个环节对下一个环节有直接的影响。

1. 企业战略联盟与价值链环节中的核心专长互补

在某些价值增值环节上,本企业拥有优势,在另外一些环节上,其他企业可能拥有优势。为达到"双赢"的协同效应,相互在各自价值链的核心环节上展开合作,可促使彼此核心专长得到互补,在整个价值链上创造更大的价值,这是企业建立战略联盟的原动力。

国外跨国公司把企业的价值创造过程分解为一系列相互关联的增值活动,其中各个环节的经营管理活动之间相互影响,并共同决定整条价值链的收益。而单个企业不可能在所有经营环节都保持绝对优势,因为这样将要承担过大的投资支出及风险;因此,不同的跨国公司只能在具有比较优势的环节上发展自己的核心能力。而要实现各个环节对价值链增值的最大贡献,就必须在各自的优势环节展开合作,从而达到互利共进的效果。战略联盟便是这种合作的典型形式。

价值链互补生产的重要意义,也充分体现在美国两大公司近年来的经营实践中。英特尔则于 1994 年进入商用计算机主板制造业,试图以其芯片设计能力的垄断优势为依托进一步控制微机制造。但结果是事与愿违,1996 年被迫将其主板生产能力从 2000 万降至 1200 万,而 1997 年更是降至 1000 万。英特尔在此项投资中损失高达 5 亿美元,究其原因主要是英特尔本身并不熟悉主板生产技术和管理,无法和中国台湾已经成熟的母板生产商竞争。由此可见,即便是英特尔这样实力雄厚的大公司也会因逆流而上翻船。相反,多年亏损的苹果计算机(Apple)公司在 1996 年将其最大的生产基地卖给了一家名不见经传的公司 SCI,"全神贯注"于新产品开发,结果在 1997 年第 4 季度该公司有了近四年来的首次盈利,这主要是因为其将公司更多的资源集中在价值链中的核心战略环节。

我国企业对在价值链上合作生产、实现优势互补还缺乏充分的认识。大多数企业在新产品开发后首先想到的是扩建生产线,从而陷入固定资产投资过多、资金周转不足的困境。TCL 在 1992 年决定进军彩电市场,在短短 5 年之内迅速成长为国内屈指可数的彩电生产企业,其成功之道在于 TCL 独具慧眼,不是重复引进生产线,而是集中自身的核心优势,抓住价值链中战略环节,着力进行 TCL 品牌塑造和产品销售战略环节,并和拥有生产优势的彩电制造企业组建战略联盟,使其在彩电生产和营销价值链上形成核心优势互补,从而迅速占领国内彩电市场。

2. 企业战略联盟与价值链一体化竞争

技术进步的加快和市场范围的扩大促使社会生产分工不断深化,许多产品和服务的价值增值过程被分解为更长更细的链条。单个企业只能占据整个产品或服务价值链中的某一部分环节，为求得整个价值活动中的最大增值，这将促使位于不同价值链环节上的企业进行相互合作。企业之间建立战略联盟，也就顺应了产品空间的分化与市场空间价值链一体化的需要。如欧洲"空中客车"飞机是整体化的产品，然而其部件却由分散在英、法、德、西班牙四国的众多飞机制造公司生产，从某种意义上讲，"空中客车"是欧洲航空制造企业战略联盟的产物。价值链分析表明：企业战略联盟是为适应产品空间的分化和市场空间的价值链一体化而产生的，并且成为两者有效对接的纽带。

3. 联盟网络与价值链群的竞争

从不同价值链群的竞争来看，战略联盟对促使价值链的一体化竞争也具有非常突出的意义。价值链群的竞争是由上下游企业联合组成完整的价值提供系统而展开的竞争，它是一种联合竞争的形式。美国著名的市场营销专家科特勒在其《营销管理》一书中进行的阐述能清楚地展示发生在企业竞争过程中的这种带有革命性的变革。竞争的成败不仅取决于整个链条中单个企业生产经营管理水平，而是取决于整个链条中所有企业生产经营的质量，取决于链条中各个企业之信息网络构建及其运用的效率，取决于网络中各个企业之间伙伴关系的耦合程度。哪个企业更善于发展自己与上下游企业之间的合作关系，哪个企业就能赢得整个价值链上的竞争优势。而这种合作关系只有通过企业之间建立战略联盟才能有效形成。在个人电脑行业，IBM 和微软通常被认为是一个链群，苹果公司只是一家公司；Cisco 系统是一个链群，而 Bay Networks 也只是一家公司。IBM、微软与惠普公司成功地击败各自的竞争对手，其中最重要的一条策略就是通过各种形式的联盟，吸收了众多的合作伙伴和追随者，把企业发展为一个强大的链群。

4. 企业战略联盟与共享价值链中的"净竞争优势"

美国战略管理学家迈克·波特在《竞争优势》一文中分析指出：由于价值链环节中市场渠道、销售队伍、生产设备和技术成果等共同因素的存在，企业之间的相关业务单元能对价值链上的活动进行共享，从而通过这种共享可有效地降低业务活动的成本或增强其差异化竞争优势。例如，共享市场渠道和销售队伍的业务单元可以使销售成本降低，或使销售人员向顾客提供独特的产品组合（增强其差异竞争优势）。如能在共享价值链中有效地削减业务活动的成本或产生规模效益、差异化优势和学习效应，则可视为实现共享收益。当这种共享收益超出其中的共享成本时，即获取所谓的"净竞争优势"。在价值链的某一共享环节中获取共享收益，同时也将不可避免产生共享成本（即包括协调成本、妥协成本和僵化成本）。共享成本的存在将可能抵消共享收益，使"净竞争优势"减少甚至消失，使共享价值链中的潜在竞争优势不能完全或无法转化为现实的竞争优势。

10.3.4 联盟的战略优势

"1+1>2"是企业之间在价值链各环节中进行联盟合作、产生更大经济绩效的形象描绘，不同环节的企业通过结为联盟伙伴关系，可促使联盟企业聚合自身的核心专长集中于某一环节，从而获取专业化经济效果，而相互之间的联盟合作又可在整个价值链上实现一体化经济。

另外，联盟还使不同环节的企业实现功能和专长上的互补融合，优势叠加所产生的经济效果使部分之和大于整体，由此可见，价值链上的企业联盟可集中体现这种互补效应。联盟可以带给合作双方资源互享的机会，允许双方以较小的代价获得自己欠缺的能力。如旅游行业中，餐馆与饭店常常结成联盟来扩充他们的经营网点。联盟使餐馆获得优越的营业位置和接近客人的机会，饭店也得到了餐馆品牌带来的价值。例如，商人威克（Trader Vic's）作为率先与饭店结成联盟的餐馆之一，在几家希尔顿饭店、曼谷的马里奥特河畔皇家花园饭店、东京和新加坡的新奥尼特饭店中都设有分店。露丝·克雷丝烧烤屋在马里奥特、假日和威斯汀中也都设了分店。美味餐馆是得克萨斯一家著名的休闲性地方连锁店，也与布里斯托饭店建立了战略联盟。此外，许多度假区都设有类似于大型超市中的食品专柜，专门经营知名品牌快餐店的食品。利用知名的餐馆可以吸引饭店管理人员的注意，并且为餐馆创造了扩大分销渠道的机会。

10.3.5 战略联盟的运作形式

根据企业近年来战略联盟的实践，从股权参与和契约联结的方式来看，可把企业战略联盟归纳为以下几种重要类型。

1. 共同研究与开发

这是企业之间契约性战略联盟的最主要的一种形式。由于汇集了合作各方的核心资源优势，既高效地加快了开发速度，提高了成功的可能性，又大大地降低了合作各方的开发费用与风险。

2. 定牌生产

联盟范围内合作的一方具有知名品牌，但生产能力不足，另一方则有剩余生产能力。有剩余生产能力一方可能为知名品牌一方生产产品，然后冠以知名的品牌营销。

3. 合资经营

合资企业是战略联盟最常见的一种类型。它是指将各自不同的资产组合在一起进行生产，共担风险和共享收益，但这种合资企业与一般意义上的合资企业相比具有一些新的特征，它更多地体现了联盟企业之间的战略意图，而并非仅仅限于寻求较高的投资回报率。为保证联盟双方各自的相对独立性和平等地位，通常追求的是股权几乎对等的50%与50%的合资企业，如美国的科宁公司和墨西哥的威特罗公司，为开拓和占领对方国家市场分别在美国和墨西哥建立了两个合资企业，在美国由科宁控制51%股份，威特罗占49%，在墨西哥刚好相反。这样既可保持双方的对等地位，又可发挥各自的"地缘优势"和积极性，这是经济全球化时代企业通过建立战略联盟而达到共同开拓世界市场等战略目标的一个例证。

4. 特许经营

联盟范围内的合作各方通过特许的方式组建网络方式的联合体，其中一方拥有重要的无形资产，以签署特许协议的方式准许其他各方使用其品牌、专利或专有技术。特许方可以通过特许权获取收益，并可利用规模优势加强无形资产的维护与增值，而受许方也可利用该无形资产扩大销售，提高收益。

5. 相互持股投资

相互持股投资（Equity Investments）通常是联盟成员之间通过交换彼此的股份而建立起一种长期的相互合作的关系。与合资企业不同的是，相互持有股份不需要将彼此的设备和人员加以合并，通过这种股权联结的方式便于使双方在某些领域采取协作行为。它与合并或兼并也不同，这种投资性的联盟仅持有对方少量的股份，联盟企业之间仍保持着其相对独立性，而且股权持有往往是双向的。日航、全日空两大航空公司因国际航线乘客减少，2001年度出现巨额赤字。与上一年度相比，两家企业的营业额分别减少6%和7%。日航公司的经常项目利润和纯利润分别减少500亿和400亿日元，全日空公司则将分别减少150亿和110亿日元。面对困境，日本航空公司开始重组。日本最大的航空公司日本航空公司和第三大航空公司佳斯公司就设立新的相互持股公司的形式合并基本达成协议。两大航空公司作出这一决定的目的是提高国内航线的效益。日航同佳斯建立的相互持股公司在日本国内和国际航运市场分别占有48%和75%的份额。同时日航也希望这样能够有助于其逆市扩张国内业务，削减成本及扭亏为盈。

从联盟内容上来看，在开发、生产、供给和销售各个价值链环节上都可能形成战略联盟，美国NRC组织根据战略联盟在不同阶段的合作内容进行了详细分类，如表10-3所示。

表10-3 战略联盟的分类

研究开发阶段的战略联盟	许可证协约
	交换许可证合同
	技术交换
	技术人员交流计划
	共同研究开发
	以获得技术为目的投资
生产制造阶段的战略联盟	OEM（委托定制）供给
	辅助制造合同
	零部件标准协定
	产品的组装及检验协定
销售阶段的战略联盟	销售代理协定

续 表

全面战略联盟	产品规格的调整
	联合分担风险

(资料来源：根据 National Research Council 有关内容形成)

战略联盟的内容非常丰富，内容相当广泛，如研究阶段的合作通常是联盟成员之间合作研究和开发某一新的产品或技术，同时也可以提高现有的技术水平。联盟各方将他们的资金、技术和设备及各种优势加以组合，共同开发新产品，如美国通用电气公司、美国的罗尔斯—罗伊斯和法国的斯奈克马签署了一项利用日本基金来研发未来新型的喷气式客机。

企业战略联盟中的竞争与合作是相互交织融合在一起的，不同于通常意义下的竞争与合作行为。传统的企业竞争方式通常是充满血腥味的"零和博弈"，市场竞争如同在有限的市场内"分蛋糕"，此消彼长，而战略联盟有利于形成新的竞争原则，竞争与合作是一种新的辩证关系，竞争是合作中的竞争，合作是竞争中的合作，从某种程度上讲，合作有利于充分提高竞争效率。

10.3.6 战略联盟成功的条件

为保证战略联盟能够实施成功，必须从以下方面做好准备。

1. 谨慎选择合作伙伴

合作双方具备很好的互补性，即所谓真正能够各取所需，实现双赢。如果双方没有互补性，仅仅是单方面获益，合作将很难真正开展下去。比如前几年，索尼和三星公司开始在液晶面板方面的合作，双方投资数十亿美元在韩国建立第七代乃至第八代的液晶面板工厂，而且三星公司还象征性地获得51%的股份，就是因为索尼早年的战略失误，导致在液晶面板方面缺乏核心技术和生产能力，迫切需要三星公司提供技术和生产能力以适应不断增加的液晶平板电视的需求。而反过来，三星公司也需要索尼公司的巨额投资一起加强对液晶面板技术的投入，以保持在市场上的领先优势，与其他液晶面板生产线的厂商一起竞争，从而夺取市场大蛋糕。同时，索尼也向三星开放其"Memory Stick"（记忆棒）的移动存储技术，允许三星公司在其数码产品上使用记忆棒技术。

2. 战略转换成功的前提——信息畅通

企业要根据竞争环境进行战略调整，首先必须能够感知外部环境的变化，了解与企业发展所有相关的资源及其拥有者的发展与态势，准确掌握企业发展面临的外部环境动态，初步形成关于外部环境发展趋势的正确判断，发现潜在机会，排查潜在问题，帮助企业及时、准确地实施战略决策，具备远见卓识，不仅能适应外部变化，而且能预见变化，甚至引导变化，从而在竞争中创造优势。

3. 联盟高效运作的基础——动态能力创新

企业的组织和管理过程是构建动态能力的核心，也是企业创造竞争优势的基础。在超竞争的环境下，企业难以长期保持其现有能力创造的竞争优势。因此企业要通过持续创新来优化企业资产资源，改造企业原有组织和管理过程，适应市场环境的变化。创新是创造动态能力的源泉，基于动态能力竞争战略的目标或者核心就是创新，创新通过转化为组织能力，最终实现能力创新。

4. 保持联盟合作关系长久不衰的润滑剂——相互信任、增进沟通

联盟团队中的合作各方应在合作的事业范围内把相互间利益视为一个整体，形成一个有力的伙伴团队。这样，就能使双方各有的资源得到优化组合，取得1+1>2的协同效果，从而才能应对强势竞争者的挑战。为使联盟优势得到巩固，必须经常关注可能削弱和分裂联盟团队的各种危机，通过伙伴各方频繁、广泛地交流，不断增进信任，从而消除各种可能的潜在危机。

本章小结

随着市场竞争的加剧，企业合作越来越成为企业获取优势、高效利用资源的战略方式。本章分析了产业集群形成与作用机制、产业集群内部企业的合作与互动；企业并购的概念、动因、类型、程序和并购过程应注意的关键问题；战略联盟的内涵与外延、主要特征和发展趋势，并能结合价值链原理阐述了战略联盟企业的合作与互补及联盟企业的竞合关系。合作战略虽然能够使企业与企业达到优势互补和节省资源的作用，但是也存在风险。企业在选择合作战略时，需要认真分析相应合作战略的风险及自己企业的特点，以更好地发挥合作战略的优势。

复习思考题

1. 产业集群企业如何加强内部的合作创新？
2. 与非集群内企业相比，集群内的企业具有哪些竞争优势？
3. 企业实施并购的动因有哪些？
4. 企业并购过程中应该注意哪些问题？
5. 举例说明企业战略联盟主要形式。
6. 战略联盟实施成功需要做好哪些准备？

第 11 章 企业动态竞争战略

- 动态竞争战略的背景与内涵；
- 动态竞争与静态竞争的区别；
- 制定动态竞争战略的基础；
- 动态竞争战略的选择；
- 影响企业动态竞争的因素；
- 中国企业动态竞争战略选择与实施。

蒙牛挑战伊利的竞争

在中国乳品市场，最大的两家是伊利和蒙牛。1993年，呼和浩特市回民奶食品总厂整体进行股份制改造，成立伊利实业股份有限公司。1999年7月，牛根生辞去伊利副董事长和副总经理职务，创立了蒙牛公司。当时蒙牛的注册资本只有100万元，在全国1000多家乳品企业中排名最后。

伊利、蒙牛的竞争带动了内蒙古乳业的迅速崛起。目前，东起呼伦贝尔草原，西至八百里河套平原，以呼和浩特市、包头市为中心，基本上沿北纬40度线两侧分布，穿过全区除阿拉善盟、乌海市之外的所有10个盟市，一条绵延上千公里的奶牛带已经在内蒙古自治区形成。这一区域饲养了130多万头奶牛，是全国最大的优质奶源基地。这条奶牛带上分布着100多家乳品加工企业，其中规模以上企业有30多家。除了土生土长的伊利、蒙牛，上海光明、北京三元及福建、河北等地的知名乳品企业也均在这一区域内建有奶源基地、牛奶加工生产线，已经有上百万农牧民成为这些龙头企业第一车间的职工。

2010年进入世界乳业前二十强是伊利和蒙牛两个中国乳业巨头相同的战略目标。蒙牛和伊利具有相同的产品，共同的市场，它们之间的竞争也是不断调整的。经过2004、2005、2006三个年度的竞争，两家企业已成长为中国乳品业最大的两家企业。

蒙牛在起步初期一直采取的是追随伊利的策略，而且为了避免冲突，不抢夺伊利的奶源，同时保护自己，蒙牛制定了三个"凡是"政策：第一，凡是伊利等大企业有奶站的地方蒙牛不建奶站；第二，凡是非奶站的牛奶，蒙牛不收；第三，凡是跟伊利收购标准、价格不一致的事，蒙牛不干。这些措施，把蒙牛和伊利的利益区隔开，从而避免了直接冲突。

1. 产品市场的动态竞争

从主营业务上看，伊利和蒙牛都将业务划分为四大块：UTH奶、酸奶、冷饮和奶粉。

（1）UTH奶。伊利在2005年首先推出了功能型的伊利"早餐奶"，向大众灌输营养早餐的理念，取得了很好的市场反响。蒙牛紧随其后，推出蒙牛"晚上好奶"，强调牛奶的营养与安睡功能，接着推出了多种口味的"早餐奶"、"未来星成长奶"等系列功能奶。2006年蒙牛宣扬纯正奶源、高科技、高营养而推出"金牌牛奶"的高端奶——"特仑苏"得到了轰动性的市场效果，并在2006年度的IDF大会上获得"新产品开发大奖"。伊利也推出宣传其奶牛MIP概念和高科技和高营养的高端新品"金典"，并开展"关爱精英健康计划"市场推广活动为"金典"销售助力。

为了在UTH市场上稳定地提高占有率，保护较高的盈利能力，两家企业不断进行产品创新。根据AC尼尔森数据，截至2006年6月，蒙牛和伊利的市场份额分别为31.7%与22.7%。

（2）酸奶。酸奶的技术要求更高，需要低温保存，不利于长途运输，但是利润水平和市场增速比较高，因此伊利和蒙牛的酸奶市场竞争在于奶源地和技术。

奶源地方面，伊利使"长富乳业"不再供应蒙牛，转而供应伊利，从而占有了长富乳业在华南乃至全国最大的奶源基地。而蒙牛也积极展开对当地奶源的收购工作，并在马鞍山投巨资建奶源基地。

技术方面，伊利和蒙牛集团在酸奶方面投入了大量的技术，提高营养保健功能。2005年伊利成立了酸奶事业部加强对市场的开发，还与世界乳业巨头芬兰维利奥合作，享有了LGG益生菌在中国市场连续5年的独家使用权，并于2006年初推出了自己的LGG益生菌酸奶，提高了产品的技术含量，向中高端市场发力。蒙牛也先后推出过LABS益生菌酸奶、冠益乳酸奶等产品，并在2006年末与达能合作成立酸奶公司，利用达能先进的制造工艺与研发技术，提升其酸奶的市场竞争力。

（3）冷饮产品。相比较液态奶品，冷饮产品的成长性和利润空间更大。截至2006年11月，伊利2006年度共推出新品65款，平均不到一周就会推出一个新品，产品线从低价格到10元包办。伊利"巧乐滋"这一老品牌在2003年创造了2亿元惊人业绩之后，继续在2006年创造了四亿元的销售额。蒙牛也推出一系列的产品，其中的"随变"、"绿色心情"也有不俗表现。

另外，由于2005年、2006年连续两个暖冬，冷饮市场总量增速加快，伊利和蒙牛的冷饮收入也快速增长。伊利因为在产品创新、市场推广等方面的持续投入取得了很好的战绩，在2006年上半年，伊利冷饮就实现了44.66%的增幅，销售收入达到13.36亿元，全年预计收入将达30亿，将坐稳冷饮市场的头把交椅。

（4）奶粉市场。奶粉市场是乳品市场中利润率极高的市场。伊利在2005年推出婴幼儿

配方奶粉，取得了三位数的增长，估计2006年伊利奶粉市场的收入将会突破20亿，目前伊利在这一领域比其他的竞争对手更有竞争力。而蒙牛在这一领域的竞争力则比较弱，但是也采取了一系列措施以提高其奶粉领域的竞争力。如2006年8月蒙牛与世界乳业巨头丹麦的阿拉福兹公司共同投资5.4亿元，利用阿拉福兹先进技术和管理经验生产奶粉，并开发其他乳制品，真正开始进军奶粉市场。

2. 营销手段改为营销策略的动态竞争

在蒙牛发展初期，采用的营销策略是追随伊利集团。2000年，蒙牛用300万元的低价格买下了当时在呼和浩特还很少有人重视的户外广告牌，广告语为"蒙牛乳业，创内蒙古乳业第二品牌"，"向伊利学习，为民族工业争气，争创内蒙古乳业第二品牌！"这让很多人记住了内蒙古乳业的第二品牌是蒙牛。蒙牛还在冰激凌的包装上，打出"为民族工业争气，向伊利学习"的字样；有的广告牌上写着"千里草原腾起伊利、兴发、蒙牛乳业"。蒙牛表面上似乎为伊利和兴发免费做了广告，实际上为自己做了广告，默默无闻的蒙牛正好借这两个内蒙古无人不知的大企业的"势"，出了自己的"名"。

从2000年9月至2001年12月，蒙牛推出了公益广告——《为内蒙古喝彩·中国乳都》。在所投放的300多幅灯箱广告中，首次推出"我们共同的品牌——中国乳都·呼和浩特"。"乳都"概念的提出塑造了内蒙古在乳品市场中的地位，给消费者留下深刻印象：蒙牛是"乳都"企业群中的第一品牌，从而把自己和光明、三元等品牌隔离开。在蒙牛提出"乳都"概念的同一时期，蒙牛依靠从摩根斯坦利等知名投资机构得到的巨额投资，为蒙牛超常规发展奠定了基础。2003年以后，蒙牛再也没有在宣传中把自己和伊利相提并论，而是开始主动出击，2004年，蒙牛成功在香港上市，解决了资金问题，更是采取了一系列大手笔，力争成为中国乳品行业的第一。2005年初，蒙牛斥资3亿元、日产量为100吨的通州工厂落成，它是亚洲第一大规模的酸奶研发生产基地，蒙牛要依托这个基地为自己的赶超战略奠定基础。

3. 添加：促销手段的动态竞争

2005年，4亿观众狂热追捧、900万个短信投票、红遍大江南北的平民娱乐秀，再加上电视、网络、报纸、杂志等"海陆空"式传媒的跟踪报道，过去的一年里，蒙牛利用"超级女声、想唱就唱"这一看似简单的电视节目，将娱乐营销的概念运用到了极致，而借助"超级女声"这一平台，也使蒙牛品牌的市场知名度和其主推"蒙牛酸酸乳"这个产品走进了千家万户。在2005年，其全年销售业绩达到了108亿元，同比增长50%，净利润高达4.5亿元，同比增长了43.7%。虽然此时的地位仍然比伊利低。为了在娱乐营销上和蒙牛竞争，2000年3月初，伊利出资1亿元的天价冠名赞助央视的《梦想中国》栏目，虽然并不一定带来了很好的利益和品牌效应，但是却表达了在娱乐营销上和蒙牛的竞争。

除了在娱乐营销方面两家企业进行竞争，在体育营销方面，借助奥运提升企业品牌形象也展开了竞争。从2004年起，蒙牛就为每一位国家运动员都配置了"牛奶套餐"；2005年，蒙牛将对奥运的营销活动定义为"志愿北京，蒙牛同行"，由蒙牛出任首席合作伙伴的

"志愿北京"赞助计划正式启动。此外，蒙牛还为北京申奥捐款 1000 万元，以期"用亲情化的营销方式拉近消费者与蒙牛的距离，使奥运与蒙牛的乳类产品不至于离得太远，同时也能向奥组委表明自己的决心。"而伊利的反应与蒙牛恰恰相反。在消费者的投入上，伊利几乎没花一分钱，反而在一开始就利用其企业的身份展开了强大的政府公关能力。2005 年，伊利集团出资 3000 万元支持内蒙古自治区、呼和浩特市文化体育事业建设，其中，2000 万元用于呼和浩特创建文化大市，500 万元用于发展自治区文化事业，500 万元用于为参加 2008 北京奥运会和下届全运会的内蒙古籍运动员提供补贴、奖励，以及改善自治区体育设施。

两家企业在创立之初，都是用"草原牛奶"这块金字招牌迅速打开了市场。两家品牌在奶源方面基本上没有差别，都是用了业内最先进的奶牛饲养技术和操作流水线，技术上两家企业的差别更是微乎其微；两家都严格控制同类产品的价格差，避免价格战。可见，对于两家企业来说，品牌是形成竞争优势的重要因素，因此它们都在营销方面努力塑造品牌形象。

蒙牛借"超女"东风使其经营业绩突飞猛进，然而这类的娱乐营销方式并不非常适合非品牌的营销，它虽然能够提高市场份额，但是对于提升品牌形象的帮助并不是很大；而伊利采用奥运的策略，利于提升国际化品牌形象。

2006 年伊利和蒙牛经营情况比较见下表。

伊利和蒙牛 2006 年经营情况

品　牌	伊　利	蒙　牛
2006 年中国 500 最具价值品牌	品牌价值大涨 16.24 亿元，以高达 152.36 亿元的品牌价值继续蝉联行业首位	略涨 3.41 亿元，达 88.54 亿元。与伊利的差距进一步拉大
2006 全球企业信誉测评中国 100 榜	与海尔和青啤构成本土品牌全球企业信誉前三甲	
主营业务收入	2005：121 亿元 2006 前三季：124.81 亿元	2005：108 亿元
液态奶市场综合占有率	第二，22%	第一，33%
世界乳业大会		世界乳业最高大奖"新产品创新奖"

4．国际营销

从蒙牛创业之初，就确立了"蒙牛·中国牛·世界牛"的三步走战略，在 2002 年，蒙牛产品就开始进入港澳地区，又成功销往新加坡、菲律宾、蒙古、美国塞班岛等国家和地区。此后，蒙牛通过风险投资和发展其国际化营销，提升国际市场形象。在中国乳业中，蒙牛的牛奶出口量居全国第一。蒙牛又相继与阿拉福兹、达能合资，以增强其在奶粉和酸奶领域的地位,为国际化铺平道路。

总之,两家企业都表现出良好的发展态势,稳居中国乳业的前两席,极大地推动和促进了中国食品行业的整体发展。国内市场的快速成长,使得国际资本纷纷投资于第二梯队企业,如夏进、太子奶等。许多世界乳业巨头也扩大或开始与国内企业合作,借机进入中国市场。中国乳业市场竞争激烈,但是也有很大的希望和发展,对乳业市场的发展我们拭目以待。

综观现代企业的发展,不难发现在国际分工高度发达、信息技术迅速发展、企业经营环境复杂多变、知识要素作用日益增大的超强竞争的动态环境中,企业竞争制胜的基础和竞争优势的源泉正在发生根本的转变,曾经指导企业获得成功的一些经营哲学正促使一些企业走向衰落,今天的成功很可能为明天的新技术或新的竞争模式所淹没。

鉴于现实商业环境、企业在环境中所处的位势及企业采用的战略管理决策都在不断地发生变化,而且企业相互之间的竞争作用又是动态的,因此需要一种新的,能够将现有分析方法进行有机结合的竞争战略。对动态环境维持原有价值链中决定企业竞争成败的竞争优势问题进行研究具有极其重要的现实意义。

动态竞争战略主要是通过在确定企业内部资源和能力的基础上,动态地研究具有不同资源和能力的企业之间的相互竞争作用,研究企业间的相互竞争作用对企业竞争优势的影响,回答战略管理领域内的基本问题,即在竞争日益加剧的环境中,企业如何去赢得并保持其竞争优势,进而在竞争中获胜。

(案例来源:http://www.enorth.com.cn.)

11.1 企业动态竞争的含义

11.1.1 企业动态竞争产生的背景

1. 全球信息化

由于网络时代的到来,全世界变成了一个"地球村",企业之间的距离更近了。企业竞争环境发生的变化,要求企业加快竞争的反应速度,反应速度成为取得企业竞争胜利的决定性因素。此外,网络改变了消费者的日常生活方式和商家的运作方式,全球人们生活需求趋同;当前企业已从出售一次性产品向出售解决问题方案转变。

随着网络时代的到来,快速、灵活的新进入者不仅在软件和网络设备等高新技术产业,而且在传统技术含量低的产业中都承担着重要的义务。通信、信息和计算机技术的重大进展不仅使企业能够将多市场交叉经营协调得更为有效,而且使企业面对竞争环境的变化,能够更快速地进行决策,并加快其竞争反应的速度。

网络带来的不仅仅是一种营销渠道,还是一种加快交易的方式,更是建立新的产业秩序的基础。网络正成为全球性的力量,改变着人们的日常生活和商家的运作方式,将在未来的经济增长和企业发展过程中发挥主要作用。互联网的出现改变了传统的竞争模式,使企业规模、核心能力等不再成为企业在竞争中获取长期优势的必要条件,而竞争速度成为企业在竞争中可能赢得优势的一个十分重要的因素。

2. 全球经济一体化

目前,在多数产业中,集中在单一本国市场上经营的企业在减少,而面向全球和国际化经营的企业在增加。从新的全球性竞争环境出发,跨国公司纷纷采取全球一体化的经营战略。这种战略不仅仅是拥有国际化的业务、国际化的市场、国际化的人才、国际化的信息、国际化的结构,而且更为重要的是在全球范围内实施资源配置一体化、市场一体化、产业发展一体化、劳动力市场一体化等。其实质是在全球范围内组织人力、物力、财力,实现生产经营要素的最优配置,增强其竞争优势。

3. 新产品、新技术开发速度加快

科技的进步使得人们的生活日新月异,各种行业的新产品和新技术以人们难以想象的速度在发展,人类即将进入知识经济时代,知识成为财富创造的主要资源,知识竞争成为企业竞争的本质。新产品、新技术开发的竞争不仅是时间和速度的竞争,更多的是知识的竞争,而这些竞争都是动态的竞争。

4. 企业竞争环境的复杂性

随着 21 世纪的到来,全球众多企业所面临的竞争环境更加易于变化和难以预测。面对竞争环境的快速变化、产业全球化竞争的加剧、竞争者富于侵略性的竞争行为及竞争者对一系列竞争行为进行反应所带来的挑战,处于相互竞争状态下的企业,为了获得超过平均水平的回报,赢得并保持其竞争优势,进而实现企业的最终目标——股东财富的最大化,企业的高层管理人员必须学会如何进行快速、正确地决策。

任何一个企业,所面临的最重要的挑战是来自市场的竞争。但是,如果它要想获得成功,却又必须到市场中去竞争。因此,对任何企业来说,竞争成为永恒的主题。在市场条件下,企业间的竞争遵循着"优胜劣汰"的法则。市场竞争中,没有永远的赢家。全球企业的竞争地位在不断地调整,要想使企业的竞争地位不断上升,就要求企业实行动态竞争战略。

11.1.2 企业动态竞争的含义

1. 动态竞争概念

由于全球经济一体化及全球信息化进程加快,使企业之间的竞争由过去的静态竞争转变为现在的动态竞争。关于动态竞争目前没有统一的、规范化的定义。迈克尔·A.希特(Michael A. Hitt,1999)将动态竞争定义为在特定行业内,某个(或某些)企业采取了一系列竞争行动,引起竞争对手的一系列反应,这些反应又会影响到原先行动的企业,这是一种竞争互动的过程。

2. 动态竞争的主要特征

进入 20 世纪 90 年代以来,我国企业管理者与国际上的企业管理者一样,在战略制定和选择方面面临着一个突出问题,那就是如何在越来越复杂多变,或者准确地讲是在动态竞争的条件下,通过有效地实施企业战略管理,保证企业长期、稳定和持续地获得高于市场平均水平的收益率。

西方管理学者从 90 年代初开始,就在总结七八十年代过分多样化错误的基础上,注意到了竞争动态化的特点。经过多年的研究和努力,他们在动态竞争战略方面出版了两本最具有代表性的论文集:① 1994 年,理查·达凡尼(Richard A.D'Aveni)主编的《超优势竞争:新时代的动态竞争理论与应用》(*Hyper-Competition: Managing the Dynamics of Strategic Maneuvering*);② 1996 年乔治·S.戴伊(George S.Day),戴维·J.雷布斯坦因(David J.Reibstein)合编的《Wharton 论动态竞争策略》(*Wharton on Dynamic Competitive Strategy*)。对于复杂和快速变化的竞争现象的概括,第一本著作采用了"极度或者超级竞争"这个概念,而在第二本著作中则采用了"动态竞争"的概念。归纳西方学者的各种观点,动态竞争主要具备以下几个特征。

(1)动态竞争的高强度性。面对全球背景,企业的竞争非常激烈,要想具有竞争优势并立于不败之地,每个竞争企业都必须不间断地建立自己的竞争优势,并根据竞争对手的战略行为而调整自己的战略,在竞争的过程中努力削弱对手的竞争优势。

(2)动态竞争的高速度性。全球技术和竞争的加剧使得竞争对手战略互动速度加快,根据环境和竞争对手行为的变化调整竞争的频率也在加快。

(3)动态竞争的暂时性。在高强度和高速度的竞争情况下,任何企业的竞争优势都是暂时的,因为竞争对手也在不断地调整战略,具有竞争优势的企业很快可能被竞争对手的反击行动所超越和击倒。任何企业的竞争优势都是暂时的,都不可能长期保持。

(4)动态竞争的行业特性。不同的行业的动态在竞争激烈程度上具有一定的差异性,竞争激烈程度取决于产品、技术、市场结构、竞争结构、行业内企业的规模、实力、创新能力等因素,如家电行业就与信息行业不同。比如,行业内中小企业多、实力相当、创新能力强的行业动态竞争水平就较高,高新技术产业相对于传统制造业动态竞争更激烈。

(5)动态竞争战略的有效性。动态竞争战略的有效性不仅取决于时间先后,更主要的是预测竞争对手反应和改变需求或者竞争规则的能力。

3. 动态竞争和静态竞争的区别

从对竞争对手的反应、竞争态势的发展状况、制定战略的目的、管理者的精力和分析环境的方法方面,动态竞争和静态竞争存在不同,如表 11-1 所示。

静态竞争的出发点是扬长避短,用竞争优势打击对手的劣势,然而在动态竞争的情况下,竞争对手具有学习能力和多次的竞争互动,因此静态竞争的出发点就不再适用了。在动态竞争中,具体情况如下。

表 11-1　动态竞争和静态竞争的区别

静态竞争条件下	动态竞争条件下
不考虑或很少考虑竞争对手的反应	要预测竞争对手的反应能力
扬长避短,以自己的优势打击对手的弱点	先动企业优势有可能越来越减弱,对手抵抗力有可能越来越强
制定战略的目的是要保持长期竞争优势	制定战略的目的是要创造新的竞争优势
管理者的主要精力放在对企业外部环境的分析上	管理者的主要精力放在企业本身的战略行动中
分析环境的方法有SWOT分析法、波士顿矩阵、波特五种力量分析模型等	分析环境的方法有博弈论法、战争游戏法、情景描述法等

（1）竞争对手会通过学习和模仿增强自己的抵抗力,削弱先动企业的竞争优势,并克服自己的弱点,从而逐渐改变竞争态势。而且竞争对手在处于劣势的情况下,往往会改变竞争规则或者重新开辟新的领域,谋取新的竞争优势。

（2）动态竞争条件下制定战略是为了创造新的竞争优势。

（3）动态竞争的战略目的是在互动竞争中不断地建立新的竞争优势,获得高于平均利润的收益,促使竞争对手放弃原有的优势而在新的领域获得竞争优势。因此,在动态竞争情况下,企业需要具有远见、迅速行动及改变竞争规则的能力。

（4）先动企业可能过分依赖或固守原有优势,并没有根据新环境的变化而建立新的优势,从而在新的一轮竞争中败给竞争对手。

（5）研究方法方面,静态竞争常用的波士顿矩阵、波特的五种力量模型和SWOT分析法等都是静态分析方法,前提是优势可以长期保持下去。而在动态竞争情况下,要从竞争互动角度出发,分析在多个竞争回合中如何获得动态的竞争优势,这时使用的方法包括博弈论等。

（6）在静态竞争中对客观环境、市场环境和行业竞争结构的分析非常重要,而在动态竞争中,企业的战略行动可以改变客观环境、市场结构和行业竞争。尤其是行业中的重要企业可以通过改变自己的行为而改变行业竞争的关键因素,提高或者降低行业动态竞争的水平,缩短或者延长产品生命周期。在动态竞争中,企业制定战略的时候主要精力放在自己的战略上。

4. 影响企业动态竞争的因素

动态竞争战略来自一个特定产业内部相互竞争的企业之间的一系列的竞争行动和竞争回应。市场竞争情况复杂,有主动进攻,有被动防御;有正面攻击,有侧面迂回。这些动态竞争战略可以分为主动发起的竞争行动和对该竞争行动的回应两大类。影响竞争者对竞争行动作出反应的可能性因素如下。

（1）竞争行动的类型。战略行动需要投入大量的、特殊的组织资源,难以实施和模仿。因此对战略行动作出回应比较困难,需要耗费更多的组织资源和时间。战术行动一般为战略行动服务，相比战略行动而言，需要较少、较一般的组织资源，易于实施和模仿。总体上说，对战术行动的回应比对战略行动的回应要多些。

（2）行动者的声誉。一般来说先动者或者市场领先者采取竞争行动，其他企业会对该行动进行模仿和反应，但是如果这个先动者在历史竞争过程中不具有良好的声誉，那么引起次动和后动的概率就比较低；为了争夺市场份额而经常引起价格战、挑起不良竞争行为的企业，引起竞争对手模仿和反应的可能性也比较小。

（3）对市场的依赖程度。如果该产业内的企业多实行专一经营或者相关多元化战略，这些企业对产业的市场依赖性很强，当市场出现竞争行为时，一般会引起模仿和反应；相反，如果产业内企业多实行不相关多元化战略，对某个单一产业市场的依赖性不是特别高，那么先动企业的战略行动引起后动企业的模仿和反应的可能性会受到限制。

（4）竞争资源的可获得性。如果企业拥有较多的资源，企业对先动者的战略实施反应的可能性就大；相反，企业拥有资源较少，企业实施模仿战略的可能性则较小。然而，重要的是企业拥有资源中可以用于对先动企业战略作出反应的资源数量的多少。如果能用于对先动企业反应的资源较多，则反应的可能性大。

（5）产业不同生命周期阶段。在产业不同的生命周期阶段，动态竞争和动态竞争战略行动是不同的。在产业生命周期的形成阶段，企业应该力图开发优势技术，生产高质量的产品，在不确定的环境中，在企业家精神的带领下开拓市场，建立良好的声誉。在产业的成长阶段，企业可能特别强调创新，扩大市场份额，取得规模经济，获取一定的采取竞争行动的速度，企业充分利用生产要素以增强市场地位，采取增长导向的行动。在成熟阶段，由于竞争者减少，企业应该考虑自己最盈利的产品线和业务流程，通过效率最大化，成本最低化的战略来保卫现有的市场份额，生产和销售产品侧重加强市场力量。企业家精神、提高市场份额和加强市场力量的行动，在产业不同生命周期阶段的侧重点有所不同。

11.2 企业制定动态竞争战略的基础

在当前的巨变环境中，构筑动态优势已是大势所趋，唯一的优势源泉就是在资源市场和产品市场中能够比竞争对手学习得更快。这就需要具备动态竞争资源，建立学习型组织，分解和重新整合企业的核心能力，充分缩小企业之间的能力差距，在构建专有战略资源方面构筑强大的动态优势。

互联网不仅改变了传统的商业经营模式，也使企业之间的竞争不再局限于产品、质量、技术和价格等要素；企业在竞争中所采用的竞争战略也不再仅仅局限于成本领先、差异化和目标集聚。除了靠扩大规模、技术创新、吸引人才和生产优质产品等来提高企业的优势外，竞争速度也已成为企业在竞争中赢得竞争优势的另一种十分重要的方法和手段。因此，动态竞争优势不仅与企业的实力大小有关，而且和企业的竞争反应速度有关。企业战略的调整速度越快，对竞争对手战略的反应速度越快，企业的动态竞争优势就越强。

11.2.1 拥有动态竞争资源

1. 企业动态竞争战略资源的积累与更新

（1）企业的资源与能力。企业的经济价值是有形资源价值和无形资源价值的总和，尤其无形资源价值包括员工的士气和能力、顾客的忠诚度、可靠的供应商和企业文化等方面。企业在长期互动过程中形成的、独有的，主要是分配资源的能力。企业可以通过内部发展、合并、收购、合资企业、联盟或与外部合作伙伴订立契约等途径来获取所需的资源与能力，当然这些获取资源与能力的途径都存在收益和成本。

（2）战略资产。战略资产是一组难以交易、难于模仿、稀缺的专有资源与能力，是管理者用来创造和保护竞争优势的企业专有资源与能力的组合，是企业竞争优势的最终基础。战略资产是企业专有的、隐含的，在企业组织发展过程中慢慢积累的。战略资产的企业专有性、持久性和稀缺性越大，对企业的价值也越大。但是实行这些基于资源和能力的战略成本过高，如果不是非常必要，企业一般不会实施基于资源和能力的战略。

企业的环境是不断变化的，要求管理者能够对未来可能发生的事情进行预测，并分析不同状态下的竞争互动。企业还需要不断开发不同的战略资产，协调组织内部相关利益者的利益。企业可以在了解自己目标业务领域的战略资产需求基础上，通过购买或内部培养开发来获取战略资产。20世纪50年代，夏普公司为了扩大其在收音机制造和零售中的优势，决定首先进入电视行业然后进入微波炉行业，具体策略是从RCA公司（美国无线电公司）获得了电视技术的许可，而通过与美国微波炉的技术创新者利顿（Litton）公司合作获得了微波炉技术。然后在20世纪60年代，夏普公司又通过从罗克韦尔（RockWell）公司购买必需的技术并投资2100万元来建造大规模的整合电路工厂和研究与开发中心实验室，由此进入了计算机行业；20世纪90年代，夏普在液晶行业进行大规模的投资以获得发展。随着后来佳能公司和施乐公司等企业进入复印机市场，行业竞争态势发生改变，非常重要的战略资产不再发生作用。

（3）核心能力的管理。企业拥有了决定竞争优势的资源、能力和战略资产，在明确了竞争优势之后，接下的任务就是如何综合有效地对这些核心能力进行管理。由于不同性质企业处于不同的产业和不同发展阶段，在对核心能力管理的过程中需要非常深刻地了解核心能力的动态演变。企业必须建立适合复杂环境的合理的核心能力结构。

2. 构建动态竞争资源优势——建立学习型组织

在动态环境中，企业想要仅靠质量、技能和构建壁垒从而保持企业的竞争优势变得非常困难，更多的企业更注重资源、能力和知识等要素在促进企业竞争优势中的作用。企业解决战略问题、管理转型问题，获取、充分利用和更新资源与能力，以及构建持续竞争优势战略的有效措施就是建立学习型组织。学习型组织是指通过培养整个组织的学习气氛和文化，达到推动企业集体学习，使组织中的每个员工不断学习，充分发挥员工的创造能力，以改进管理、技术和服务，使组织获得持续的竞争优势。其学习的内容不仅包括制造能力、市场知识，还包括日益重要的全球协作能力与企业核心能力。组织学习的分类很多，组织学习的内涵也在不断演化和丰富。

组织学习要求所有成员系统地思考与行动，考虑不同职能管理领域的相互联系，共同的愿景是协调行动和决策的基础，需要明确小组或组织的任务及定义组织的原则，和更多的利益相关者沟通，使得组织群体理解组织信息并促使组织成员朝着共同的方向行动。

学习过程可以体现在数据层工作的学习、程序层工作的学习、功能层工作的学习、管理层工作的学习、更新层工作和整合层工作的学习几个层次。有必要对构建学习型组织过程中的某些问题给予特别强调。首先要制定学习型组织的共同的愿景，培养一种学习文化，营造一个尽可能多的与组织有关的人围绕该组织的发展自愿进行共同学习的气氛。充分发挥人力资源部门的作用，注意个人学习与组织学习的联系，正确理解和处理组织学习与培训的关系。

11.2.2 培养动态竞争能力

企业的动态竞争能力的要素是企业规模、企业家才能、组织结构、技术创新、产品质量等企业的基础资源。这些要素是企业在激烈的竞争环境中从事商业经营活动的基础。企业的资源要素涉及大量投资，处于静态条件下，相对来说，短期内难以改变。此外，企业动态竞争能力还是决定企业是否能够长期获得和保持其竞争优势的主要参数。

1. 创新能力

创新能力的大小是衡量企业质量高低的重要参数之一，对企业在市场中的竞争位势有着重大影响。创新能力的大小和经济收益成正相关，一般来说公司绩效较高，该公司在创新方面的投资也较高，因此，它在产业中的主导作用就更强。创新最基本的体现在于质量管理，产品质量成为很多产业维持竞争优势的关键，应该时时与标杆企业质量进行比较和学习，全面推行质量管理。

企业进行动态竞争，需要具有一定的创新，有关创新的名词包括产品创新、过程创新和技术创新。如果是在产业形成和成长阶段进行动态竞争，产品创新能力更重要些；如果是成熟期和衰退期，过程创新的能力取胜的可能性更大。现代科学技术的发展，使产品经济寿命不断缩短。过去要几年、十几年甚至几十年才更新一次的产品，现在可能是几个月就更新一次，集中了高技术的计算机行业，几乎是 8 个月就更新一代。这种日新月异的变化，给企业带来了新的要求，需要企业进行产品创新以延长产品的寿命。延长产品的寿命最常用的方法是在技术上延伸，即不断地进行技术创新，在技术上领先。

技术创新是通过加强研发力度，世界 500 强企业均把研究与开发放在头等重要的地位。这是因为：①企业通过技术创新，可以使其产品拥有强大的应变能力，并始终保持企业产品的技术优势和市场优势，从而使企业得以独享超额利润，在竞争中立于不败之地；②企业通过技术创新，可以延长其产品的寿命，永葆竞争活力；③企业通过技术创新可以使自己的产品获得技术优势和市场优势，但是在目前环境和技术不断发生变化的市场竞争中，通过企业不懈的技术创新、锐意进取，后来者也可居上。任何企业都可以通过技术创新获得竞争优势和市场优势，因此企业会持久追求技术创新。

在现代的市场竞争中，高新技术是企业超常发展的推进器，也是现代企业争夺市场地位的制高点和企业竞争的焦点。高新技术本身并不是一个一成不变的概念，而是一个动态的概念，随着时间和地点的变迁而有不同的内涵。如蒸汽机技术是工业革命初期的高新技术，电动机技术是20世纪初期的高新技术，计算机技术、原子能技术、空间技术、生物工程技术、新材料技术等则是现代的高新技术。当代高新技术发展具有智力密集、资金密集、势能高、渗透性强、更新更快、竞争激烈、应用周期短、发展迅速、高风险、高收益的特点。任何一个企业要想在全球经济中占有一席之地，就必须把高新技术的研究和开发放在非常重要的位置上。

除了技术创新外，创新能力还包括观念意识的创新，很多大企业通过激励企业家和员工的首创精神而获得竞争优势，比如美国热点公司（Thermo Electron）、3M和施乐（Xerox）公司，对促使每个员工的价值观念和使用激励个人发扬首创精神的那种组织结构的认同，似乎促进了大企业对创新性行为的努力。这些企业通过企业家首创精神和其提供的支持，克服规模大给企业带来的缺陷。

2. 企业的规模能力

企业的规模和制定、实施动态战略具有很强的相关性。企业规模越大，企业实施动态战略的基础越雄厚，然而大企业也正是因为规模的问题而导致诸多管理问题，丧失灵活性和灵敏度，对市场变化、竞争者战略的变化的调整能力和速度下降。因此，企业规模对动态竞争战略的作用十分重要且具有两面性。

西南航空公司的首席执行官，赫伯特·凯勒赫（Herbert D. Kelleher）认为规模较大的企业的比较理想的经营方式是："像大公司那样思考和行动，我们将变小；像小公司那样思考和行动，我们将变大。"这说明大企业应该利用其规模的能力构建较强的市场竞争力，而且为了获得长期的战略竞争优势，还必须像小公司那样思考和行动，更迅速，并持续创新从而保持一定的灵活性，规避规模较大带来的弊端。

3. 资源能力

发挥企业的动态竞争战略，需要提高领导人的核心竞争力意识，掌握核心技术，集中资源进行差异化经营和管理，提升企业知名度，塑造企业知名品牌。因此，企业拥有的人力资源、物质和财务资源的能力也决定了企业动态竞争行动和回应的能力。

（1）重视人力资源和企业动态竞争战略的执行力。一个企业的整体素质、结构如何，特别是人力资源的开发使用状况，对企业的经营水平与发展具有决定性的作用。人力资源的核心问题，是开发人的智力，提高劳动者的素质。在企业的人力资源中，企业家的才能与企业的经营绩效有着密切的关系，甚至对企业的经营成败起着决定性的作用。员工是推动企业动态竞争战略制定的核心力量，同时更是对动态竞争战略最终执行的根本力量。企业的发展

有20%靠企业的战略规划，80%靠企业各层管理者的执行力，执行力反映了管理层领导的观念、素质和心态。制定了适合企业发展和竞争的动态竞争战略后，战略的有效性还取决于战略的执行效果。企业要培养好的战略执行力，应必须培养好的管理团队。企业领导人必须努力营造管理执行力的有效氛围，形成具有有效执行力的管理团队。要努力营造一种"团队协作"的整体氛围，团队的核心人物尤其重要；团队成员都要增强大局观念和整体意识，不要以自我为中心，而是强调整体利益，当发生不协调时，应该"求大同存小异"，多找共同点，不主张盲目越位负责，否则会严重影响管理的执行力。

（2）建立核心竞争力与资源整合战略。企业的动态竞争优势来源于特定的资源和能力，企业能否整理好内部和外部的各种资源，并加以合理、有效地利用，发挥优势和作用，对于企业构建动态竞争优势具有十分关键的作用。

建立核心竞争力和资源整合是企业整体战略选择的主要方式，是企业获得市场竞争优势，保证企业在市场运用中获得最大利益的竞争优势的重要方面。核心竞争力战略是指企业集中优势兵力，选择优势产品或产业，推动企业发展；资源整合战略是企业扬长避短的战略，两者的目的都是帮助企业获得市场竞争优势，只有将两者结合起来，并将其战略进一步融合，发挥各自的核心竞争力，企业战略竞争力所形成的合力才能得到有效发挥。

11.3　企业动态竞争战略的选择

在动态环境中，企业要制定自己的竞争战略，还要根据竞争对手的反应及对自己的影响而调整自己的战略。一般来说的动态竞争战略具有以下几种。

11.3.1　进攻战略

企业往往是通过自己的核心能力、资源优势和竞争能力，主动向竞争对手发起进攻，以此来获得自己的竞争优势。这些行动包括产生成本优势的行动、产生差别化优势的行动及产生资源或能力优势的行动。

制定动态竞争战略首先是向产业领先者进攻，而挑战企业需要具有一种持久的竞争优势，且在其他方面比较接近，还需要一些防止领先者报复的方法，这样才能成功地对领先者实施挑战性的进攻战略。在挑战者制定战略的过程中需要洞察领先者，找到一种旨在削弱领先者优势的有特色的战略，认清或创造阻挡领先者报复的方法。

进攻的战略可以通过将挑战者价值链的某些环节进行更新，或者调整价值链各环节的组合，还可以重新确定和领先者的竞争范围和领域。在这两者的基础上，挑战者实施进攻战略还需要在其竞争优势发展的领域之外，在自身资源和投资欲望的基础上获得新领域的一定市场地位。

11.3.2 防御战略

防御战略的本质目的是维持企业的竞争优势，降低被竞争对手攻击的风险，减弱任何已有的竞争行动所产生的影响，有助于保护企业最有价值的资源和能力。在目标市场需求结构与增长没有多大的变化，企业沉淀在这个行业中的资本较大，并能取得持续稳定增长的盈利时，可以采取积极防御战略。具体的办法可以是提高进入或退出的障碍，充分估计对手报复的可能性及减少挑战者可能实行进攻战略的因素。提高进入或退出的障碍目的也是提高挑战者的成本，减少被挑战的可能性。

防御战略是为了影响可能实施挑战战略的竞争对手对进入或改变地位的预期利益的计算，从而使挑战者认为企业实施的防御战略不会产生有明显效果的结论或者促使挑战者选择了对防御者威胁最小的战略。一般来说防御战略是通过阻击防止挑战者着手行动或使挑战者的行动偏离到对防御者威胁较小的方向。防御战略还有一种类型是反击，也就是说挑战者实施挑战战略后，防御者采取相应的反对挑战者的行动。

1. 阻碍竞争者的攻击

企业可以采用的阻碍竞争者攻击的方式有很多，比如企业可以根据自己拥有的先进技术，防止竞争对手以更好的技术进入市场；增加对人、财、物的投资，以增强企业在这些核心领域内的竞争优势；企业推出新的经营模式，通过延长产品线和降低成本等方法构造进入壁垒，阻挡竞争对手进入市场；增加产品的不可模仿性，保持企业产品长久的竞争优势。

2. 向进攻者发出警告信号

企业可以向竞争对手发出警告信号，也就是表明如果竞争对手发起进攻，防御企业将采取激烈的报复行动。可以采用的警告方法是向外界宣布企业的管理层将扩大现有投资，维持或扩大企业现有的市场份额；提前发行有关新产品、新技术及推出新产品和品牌的发布会和信息；公开表示防御者能提供和竞争对手相当的产品或服务，执行相匹配的政策，为消费者和其他利益相关者提供优惠等。目的是告诉进攻者不要采取进攻，或者采取对防御企业影响小的行动。如果进攻者得到这样的信息后就会考虑自己采取进攻战略可能带来的收益和成本的大小。通常，这些言语上的警告力度还不是很大，必须采取有效的威胁措施，比如若要开发新的市场，需要先去目标市场进行调研，如果可行要进行适当的投资，即对进攻者实行可置信的威胁。

11.3.3 信号战略：建立名声和隐藏真实

市场充斥着信号，企业会定期发表声明和散布各种各样的信息给外部成员，不论发布信息的目的是什么，向竞争者发出的信号常常是有战略目的的。在动态竞争中，企业常常首先推断得到的信号背后的目的和预测竞争者将来可能采取的行动，在此基础上决定如何对竞争者的信号作出反应。

发出信号的企业也必须考虑自己企业发布的信号会引起竞争者怎样的反应。进入者对现有企业进攻的认知依赖于现有者信号的重点和强度，进入者对现有企业信号的反应强度依赖于现有者对欺骗的利用和驱动现有者信号的因素的信息成本。

11.3.4 以博弈的思想指导战略

在动态的竞争环境中，一个竞争对手可能同时又是一个合作者。正像哈默尔和普拉哈拉德在《为未来而竞争》(Competing for the Future) 中的观点："某一天，美国电话电报公司将会发现摩托罗拉公司成了他的一个供应商、买主、竞争者和合作者。"所有参与者相互间存在一定的依赖关系。

用博弈的思想指导战略是将个体行为特征的概念带入到系统行为的研究中，使个体更加紧密地联合起来，个体行为和群体性行为结合起来考虑。在博弈中，战略受所有博弈方的影响，得益是所有博弈方战略或行为的函数，均衡是所有博弈方最优战略或行为的组合，各博弈方均以其他博弈方的随机信息来决策战略。博弈论的基本观点是和动态竞争思维一致的，两个企业或者系统发生直接相互作用的时候，每一个企业或者企业系统都能针对另一企业或系统的战略行为作出相应的反应。

在制定战略的时候引入博弈论是因为：① 企业之间的竞争和发展与其获取信息的能力相关，信息的获取、传递与转换都是为了提高企业的有效程度，消除竞争环境中的不确定性，每个企业对信息的获取、吸收、辨别并作出合理反应的能力不同直接影响企业的竞争优势；② 企业的战略是有目的的，需要获得自己行为的反馈，为了达到企业的目标，需要获得来自目标的若干信号以校正企业的行为，博弈论为获得这种反馈并作出校正和调整提供了可能；③ 在企业竞争过程中，任何企业的战略和收益都不可能独立存在，战略和收益受到竞争对手行为的影响，因此企业之间及企业和环境之间的变化是相关的；④ 在今天经济竞争日趋激烈，不完全竞争市场结构日趋强化，以往的工具面对新的形势束手无策，而博弈论正是面对理性对手与之进行激烈竞争的良好决策工具。同时以往的工具大多需要完全竞争假设和完全信息假设等约束条件，这使他们缺乏实用性，博弈论这种数学工具的好处就在于，它不仅能构造完美精巧的管理模型，而且还有较宽的适用环境，具有更好的应用价值。博弈论革命开创了研究复杂管理现象的新思路，成为战略研究的强有力的工具。

动态竞争战略也是竞争对手之间的博弈，存在动态不完全信息的博弈，因而必定有先动的一方及后动的一方。先动和后动有各自的优势和劣势。

1. 先动优势

当企业选择适当的时机，率先成功地进入某个市场时，就会在某种程度上形成先动优势。例如，企业可以在企业形象与声誉、原材料、分销渠道、顾客忠实度等方面占有优势。具体来讲，先动的企业主要会形成以下几个方面的优势。

（1）较早地获得规模效应。先动的企业可以有较长时间来积累相当的销售量，能够比竞争对手更早地降低生产成本；而且依靠自己的丰富经验，先动企业还可以采用价格策略来获得更多的利润，从而进一步增加产量，更加强成本优势。

（2）网络外部性效应。网络外部性是指产品购买者因为购买并使用该产品所获得的利益会随着该产品的现有用户及预期用户的增加而增加。比如使用移动通信的用户越多，用户越能方便地在自己的朋友中交流，那么先动企业就能形成较大的客户基础，这样先动企业就会因为更多的客户获得利益而使自己获得相应的竞争优势。这种竞争优势又会进一步扩大企业和竞争对手之间的差距，使竞争优势得到进一步加强。

（3）发挥品牌声誉效应。如果先动企业的产品是那种只有购买并使用才能确定其质量的产品，这个时候先动企业能够抢先树立自己的质量信誉，具有明显的先动优势。对这一品牌的产品有良好印象的消费者很难轻易转向竞争者的产品。一旦企业抢先树立了品牌声誉，就能吸引尽量多的消费者，并利用品牌效应扩大品牌的影响力，从而获得更多的顾客和市场份额。如果先动企业能有效地将这种效应发挥出来，就能促使其竞争优势不断地发展与巩固。

（4）购买者的转换成本效应。如果消费者使用了企业提供的产品及个性化的售后服务，并且顾客已经具有了使用该产品的技能，如果竞争对手不能迅速模仿这种技能并提供同样产品和服务，则消费者使用竞争对手的产品将会产生一些成本，这些额外的成本就是转换成本。这种转换成本也会给先动的企业带来很好的竞争优势。

2. 先动劣势

先动的企业最先在市场上采取战略行动，可以获得先动优势，但是也可能会产生先动劣势，比如先动的企业因为缺少产品商品化所需要的互动性资产而不具有竞争优势；先动企业在进入市场的时候要投入大量资本，投入资本带来的产品或能力并没有达到预期的成功；由于顾客的购买行为越来越成熟，先动者在推出产品后消费者可能产生观望态度，因此可能在模仿者推出产品之前并没有真正拥有大量的忠诚的客户群，反而对模仿者的产品进入市场扫清障碍。

因此，企业在选择战略行动时，时机与资源对企业形成先动优势是同等重要的。

3. 次动者和后动者

次动者是指对先动者的竞争行动立即作出回应的企业，这类企业是通过模仿或其他活动来作出反应的。如果次动者回应快，可能获得先动者的一些优势而避免了先动者的一些成本和风险。后动者是先动者发起竞争行动，次动者作出回应后很久才对竞争行动作出回应的企业。因为比较多的企业已经进入这个行业参与竞争，所以后动者业绩往往没有先动和次动者好，竞争力也较弱。

11.3.5 避实就虚战略

战略管理关注企业的健康和生存，而在一个产业中，小企业所受到的生存机会的压力肯定高于大企业。在动态竞争中，大公司的目的往往在于保持自己的领先地位。由于种种原因小企业为了发展并超过大企业采用硬碰硬的战略常常会失败，或者说达不到自己的预期目标。这时小企业的目标应该是在市场上成长为一家大企业，可以采用的方法是避实就虚。具

体的做法比如定位自己企业的最佳位置,分析具体情况后对进攻战略进行归纳和总结,最大限度上借助竞争对手的力量为自己构建竞争优势,快速运动到一个无竞争的领域,避免面对面的竞争。在竞争的过程中保持一定的灵活性,遇到极强的报复的时候采取撤退战略等。总之,小企业竞争的时候更多地强调速度、灵活性、隐蔽性和选择性进行攻击。这种战略非常适合小企业,但是对于大企业来说也是一个有建设性的战略。

11.3.6 标杆学习战略

标杆学习是指企业以行业的领先企业或主要竞争对手的某项具有优势的活动作为基准,通过寻找先进企业和自己的差距,定出赶超策略,提高自己竞争力的活动。标杆学习主要是从公开发布的行业报告、公司报告及咨询公司等方面收集信息,来确定企业的特定职能和活动开展得是否有效,公司的成本是否与竞争对手的成本接近,需要改善哪些活动和流程等。在标杆学习过程中,重要的是分析企业和标杆企业在价值链结构和管理方面存在的差距,从中发现彼此间的竞争优势和劣势,分析产生差距的原因。这些重要的分析结果对于企业制定动态竞争战略是至关重要的。

11.4 中国企业的动态竞争战略

11.4.1 价格战

随着市场经济的建设,我国企业经过不断改革,独立化、自由化特征越来越明显,工业消费品由卖方市场变为买方市场,市场化程度越来越高,同行业企业为争夺市场、扩大地盘,在价格、服务、技术、营销等方面展开激烈竞争。长期以来,价格竞争一直以降价为主并深受商品生产者和经营者的重视。

家电产品尤为突出,爆发了彩电价格战、空调价格战、微波炉价格战,出现了竞相降价现象。从工业品市场上的钢材、羊绒、纯碱、农用车,到消费品市场上的彩电、VCD、微波炉,再到空调、汽车、移动电话,长虹、爱多、格兰仕、格力、桑塔纳等国内企业纷纷加入了一场"宁丢利润,不让市场"的价格大战。尤其是20世纪90年代后,价格战几乎席卷了整个中国商界,由于厂商都不希望失去客户、销售量及市场份额,企业往往效仿竞争对手的降价策略,结果是两败俱伤,导致了全行业利润下降,影响行业发展后劲。价格战永远没有赢家。

但是也有一些观点认为价格战实现了优胜劣汰,大大地激发潜在的市场活力,推动市场尽快成熟,从而扩大产品的市场占有率;规范行业中的企业,利于资源的有效配置和企业重组,把经营效率低的企业驱逐出市场,促使优势企业走上集约发展的道路,对进入行业的企业进行警示,设置行业壁垒,避免重复建设,从而提升整个行业的竞争力。此外,价格战能给消费者带来更多的消费者剩余。在理论界普遍认为价格战是一种不正当的竞争行为，是中国市场发育不成熟的表现。在过度的价格战中，丧失了消费者的消费信心，损失了企业的经营利润，行业的发展规划无从进行。

由此应该认识到，市场竞争不单单是商品价格的竞争，更重要的是企业的管理水平、企业形象、营销策略和发展潜力等方面的综合实力的较量。价格战使消费者的注意力从产品能给他带来的价值方面转而集中在产品价格上，从而促使企业的技术人员的目标仅仅集中在如何降低成本以保证低价格下仍有利润，而忽视了提高产品的实用性水平，从这个角度上说不利于产品的发展，也降低了消费者的剩余。由此，企业拼命压缩开支，挪用企业发展、新产品开发试验和技术改造的资金，减少对企业形象、品牌和广告宣传等方面的无形资产投资。有的企业甚至使用一些价低质次的原材料或者干脆偷工减料，导致产品和服务质量的下降，损害了企业的信誉。这种做法对于企业长期发展是非常不利的，而且还导致企业及行业的信誉的下降，阻碍产业的发展。

其次，打价格战是竞争对手很容易效仿的一种方式。很可能招致对手以牙还牙的报复，致使各企业竞相降价，两败俱伤，这不仅不能提高经济效益，反而会给企业、国家造成无可挽回的经济损失。

11.4.2 模仿

我国许多企业利用模仿和标杆管理等方法，针对竞争对手展开竞争。具体来说，有两类现象。第一类现象是当一个企业开辟了一个新的盈利行业时，马上就会吸引许多企业进入这个行业。可是当众多的企业进入这个行业导致过度生产、重复建设，当需求有限而供应无限增多时，出现恶性竞争。此时，具有较强竞争能力的企业往往能通过技术研发新产品。如果该行业退出壁垒比较低，很多企业会退出该行业，转而投向更有利润的行业。如果退出壁垒比较高，这些企业则面临巨大的成本和亏损。

第二类现象是将行业内在市场上领先的企业作为自己的标杆，对领先企业进行学习和模仿，也称为标杆管理。这种方法受到一些企业的大力推崇，其原因在于企业可以向一套成型的并且已经取得成功的模式学习，减少企业的探索成本和失败的风险。

上海迪比特曾给摩托罗拉、阿尔卡特、朗讯和西门子等十多个品牌做设计与制造，平均每年要给每个品牌研制6～8款新品，自主的研发技术和良好的成本控制成了迪比特的核心竞争力。然而，在中国这个巨大而陌生的市场，迪比特公司却在模仿中失去了自己。因此，模仿和标杆管理是很有效的一种方法，但是在动态竞争中要慎用。

总之，在目前的市场环境下，企业要制定动态竞争战略，根据竞争对手的战略行为调整自己的战略，从而构建动态竞争优势，获得长久的竞争胜利。

本章小结

全球信息化、全球经济一体化、新产品和新技术开发速度加快及企业竞争环境的复杂性使得企业之间的竞争呈现动态性,全球企业的竞争地位在不断地调整,要想使企业的竞争地位不断上升就必须实行动态竞争战略。动态竞争是指在特定行业内,某个(或某些)企业采取了一系列竞争行动,引发竞争对手的一系列反应,这些反应又会影响到原先行动的企业,从而形成竞争互动的过程。影响企业动态竞争的因素主要有竞争行动的类型、行动者的声誉、对市场的依赖程度、竞争资源的可获得性和行业生命周期等方面。企业要从拥有动态竞争资源和培养动态竞争能力两个方面构建动态竞争战略的基础。企业可以选择的动态竞争战略包括进攻战略、防御战略、信号战略、博弈思想指导战略、避实就虚战略、标杆学习战略等,企业可以根据自己的情况和市场环境选择合适的动态竞争战略。

复习思考题

1. 企业动态竞争的背景是什么?
2. 如何正确理解企业动态竞争的内涵?
3. 企业动态竞争的特征是什么?
4. 动态竞争和静态竞争具有什么样的关系?
5. 企业在制定动态竞争战略的时候需要具备哪些基础?
6. 从哪些方面来构建企业动态竞争优势?
7. 企业动态竞争能力包括哪些方面?如何培养企业动态竞争能力?
8. 企业可以采用的动态竞争战略有哪些?
9. 先动具有哪些优势和哪些劣势?
10. 博弈的思想如何指导企业制定动态竞争战略?
11. 如何理解我国企业的动态竞争战略?
12. 如何正确理解我国企业的价格战?如何避免价格战?

第12章 行业演变过程中的企业战略选择

学习目标

- 行业演变的过程与趋势；
- 不同行业的企业战略选择；
- 国际背景下的企业战略选择。

"喜羊羊与灰太狼"的营销攻略

动漫产业是新世纪以来最为典型的新兴产业之一，而"喜羊羊与灰太狼"则是动漫产业发展中的一个典型案例。2009年的开门红，由国产二维动画电影《喜羊羊与灰太狼之牛气冲天》所缔造。高达近9000万元的票房收入，竟超过了美国超级电影大鳄《功夫熊猫》《闪电狗》，从上映首日的800万元票房收入，攀升至9000万元的总票房收入，《喜羊羊与灰太狼》的成功值得深思。

1. 锁准1+X几何式核心固定受众群

《喜羊羊》电视剧2005年登陆中国50多家电视荧屏……

具有500余集动画连续剧的收视基础，收视率最高可达17.3%……

数百万6～8岁儿童观众的忠实追捧，超过2亿的固定收看人群……

吸引了1个小孩，就等于吸引了一家3口，甚至X个家庭成员……

内外部环境分析:《喜羊羊》的成功首先取决于准确的市场判断。

《喜羊羊》的策略是针对幼龄儿童，内容不走老国产动画片的"寓教于乐"模式，摒弃了纷繁的故事情节和人物逻辑关系，羊和狼的争斗是孩子们自小熟知的童话故事，情节单纯易懂，受欢迎程度不亚于《猫和老鼠》这样的老牌美国动画片。

2. 目标市场：将受众群辐射至20岁以上的白领阶层

现代的年轻白领，爱上网。他们要娱乐，娱乐哪里来？《喜羊羊》给它们提供了娱乐的素材。在喜羊羊官网，大量的图片介绍和壁纸、动画视频下载，成为白领们的新宠。电影中的台词，涵盖了当今社会最热门的话题，如"山寨""盗版""很傻很天真""狼死不能复生""黑牛和白牛的奶都不能喝了，只有我们黄牛的奶最安全"，白领们听后不禁诙谐一笑，更引发了茶余饭后热烈的讨论。

关系营销学上讲究，传播的信息与消费者已有的认识或经验相符合，消费者便会容易理解并愿意接受。500多集的《喜羊羊》电视剧中，灰太狼凭借对老婆红太狼的百依百顺成为了现实社会白领心目中"新好男人"的代表，聪明机智的喜羊羊和笨笨搞笑的懒羊羊形成对比，令白领阶层也刮起了到底更喜欢喜羊羊还是懒羊羊的讨论等。

这部电视剧源于2005年就在国内各大电视台播出的《喜羊羊》动画片，至今已经连播了三年，共500余集，深受全国小朋友和白领们的喜爱。这三年多来的口碑相传，《喜羊羊》已经在globrand.com众多大片中占据了强有力的优势，也为今年上市的同名电影，培育了广泛而坚实的观众基础。

电影版的诞生，无疑是将这群固定核心收视群体进行了一次有效的资源整合，更加发挥了儿童市场潜在的巨大能量。儿童看电影，埋单的却是父母，由儿童的视觉消费直接链接出大人们的金钱消费，《喜羊羊》能创造出如此丰润的经济效益也在意料之中。

从中国动漫产业方面来看，《喜羊羊》的成功奠定了中国动漫产业的全新盈利模式，从整合营销角度发掘，它也是一部开拓全新思路的新整合营销模式。

值得国内广大企业思考的是，《喜羊羊》的例子是否也能影响企业家们改变传统的销售观念，精准锁定产品所销售的消费对象群体，拓荒全新的销售链。而作为策划营销机构，我们是否也从中学会并举一反三呢？

3. 整合营销传播工具的有效组合：行之有效的资源整合手段

《喜羊羊》电影版的上映，不仅是一个动画大片的成功播出，更是一场蓄谋已久的营销活动。

全国辐射的广告投放战略——CCTV频道全覆盖、持续一个月滚动播出，央视少儿频道、上海文广旗下旋动卡通的节目广告预告及多个广播频率的轮番轰炸，播出时段也很有针对性地安排在《喜羊羊》动画片档，令《喜羊羊》电影版的上映信息在全国范围的受众心中烙下深刻的印象。

如此大面积有针对性的全国少儿动画频道投放，体现了整合营销的横向辐射效应。深度上看，《喜羊羊》的投放分别有3家发行公司进行地域轰炸，形成了全国三大地区广告深入当地的纵向整合效应，扩大了全国统一投放的整合效应。

4. 网络时代的亮点：网络互动的作用也功不可没

电视版《喜羊羊》获得2007年动漫金龙奖最佳创意大奖之后，拉开了网络传播造势的序幕，电影版的上映成为了受众的一种期待。上映前期，制作方在各大网站做足了噱头，宣传该片将由著名明星好男儿"兄弟联"、阿牛等配音，阿牛更精心为该片创作献唱了片尾曲《Happy 牛 Year》，赚足了这些明星粉丝们的电影券。而轮番滚动的网络广告位，也不时地捕捉着上网人们的眼球。上映后，喜羊羊官网更专门开辟《喜羊羊》电影版的网站链接，引起观众的热烈点击。而各大媒体网站也纷纷开展诸如"说说我最喜欢的羊"征文活动，礼品则是喜羊羊动漫形象的文具、玩偶，令《喜羊羊》的热度持续保持。现如今，上网下载并使用"喜羊羊""灰太狼"QQ表情已经成了上班白领们的乐事。《喜羊羊》的热度,在网络上得到了长久保温的长尾效应。

而电影与商家的强强联手,也扩大了互动的影响力。KFC快餐店开展购买套餐送喜羊羊可爱玩具的促销活动,以及电影衍生产品——音像、文具、贺年卡、玩偶、书籍、红包极具节日气氛又富亲和力的产品售卖的销售业绩也推动了《喜羊羊》的上映成功。

5. 动漫产业周边的多赢

中国动漫产业长久以来存在的问题是缺少完整的动漫产业链。一条完整的动漫产业链,70%~80%的利润来源于周边产品。而美国迪斯尼百年来遗传的可持续发展模式,终于在《喜羊羊》上得到了中国版的传承和拓荒。

以600万元的投资博回8000万元的票房,《喜羊羊》向电影业、动漫业及社会其他产业展示了它开辟先河的巨大成绩。《喜羊羊》的衍生产品——羊狼对战笔、喜羊羊卡通形象卡片、《喜羊羊与灰太狼》主题公园、肯德基快餐店"喜羊羊"儿童套餐、玩具、服装、音像图书、食品、文具书包,自从《喜羊羊》的创作之初就有了整合这些周边产品的概念。

周边资源的有效整合,令前期资金的有效回流为影片创作降低成本,既有效创收,又为提高影片质量提供了坚实的后盾。

中国动漫营销的崭新模式,宣告了以小搏大、以奇制胜的营销必然成功。《喜羊羊》的成功看似来源于动画影片本身的简单幽默、不说教,实则是如今网络、传统电视电波媒体整合营销新模式下的丰硕果实。

(资料来源:根据 http://lpsslwj.blog.163.com 整理)

12.1 行业演变过程与趋势

为了正确地制定经营战略和策略,必须了解行业演变的生命周期理论。不过,该理论还不足以说明行业演变中的许多复杂因素,还必须对驱使行业演变的各个因素进行较为深入的分析。

一个行业一开始处于其初始的行业结构中,即处于进入壁垒、同行竞争、购买者、供应商、替代产品的压力之中。随着行业的演变,这种结构会起很大的变化,从行业的初始结构演变到后来结构的全过程,很难在事先完全预料。这种演变过程既取决于用户、潜在需求、技术等环境因素的变化,又取决于行业中研究开发、生产、营销等各项工作进展的方向及其成效。而所有这些工作又与业内的投资决策和技术创新有关。出于各种动机的各企业的投资决策将改变行业结构中诸种力量的对比关系,而技术创新更具有相当的随机性。此外,还存在着许多偶然的、不确定的因素。因此,对整个行业的演变进行预测是一项困难的任务。

虽然各行业的初始结构、业内企业的投资决策,以及未来的结构各不相同,但还是可以从各个侧面在行业整个演变过程中抽象出一些具有普遍意义的个别过程来,并从这些个别过程发展的相互动态关系中探索整个行业的演变。

12.1.1 驱使行业演变的诸因素

1. 所服务的消费对象的变化

行业服务对象的变化是另一个重要演变过程。早期的电子计算机的销售对象是科技工作者和工程师，而后来则扩大到学生、企（事）业中从事计算的工作人员。增加不同类型的用户或原有用户的细分化或一部分用户的消失，都会导致产品品种的变化和营销方式的改变。例如，对早期的用户不需要提供售后服务或分期付款，而对后来的用户则需要提供这种方便。诸如此类的变化，对行业的进入壁垒、投资要求、规模经济等都会有影响，从而对行业结构的变化和行业演变具有重要的意义。

因此，分析行业演变必须包括对所有的可能的新的消费层面的辨认和研究，研究它们的消费要求、特点和变化趋向。

2. 长期的需求增长率的变化

导致行业结构变化最重要的因素是长期的需求增长率的变化，它对行业的竞争剧烈程度、行业扩展速度、供求关系，以及对新进入者的吸引力都起着十分重要的作用。

长期的需求增长率取决于下述因素。

（1）人口。对消费品而言，人口是一个决定性变量，并与其年龄、收入、文化水平、地区分布等结构有关。这些影响人口素质结构的因素中，收入弹性与需求的增长关系很大。有些产品的需求随着人们收入的增加而迅速地增长，另一些却不随收入增加而相应地增长，甚至有一些还反而下降，识别这种收入弹性对策略制定有重要意义。对生产资料而言，人口变化对其需求的影响通过消费品行业的发展间接地反映出来。

（2）替代产品的相对地位变化。替代品是行业发展的最重要的力量，也是对某种已有产品存在的最大威胁。替代产品在质量和成本上的变化，使其与本行业产品在竞争中的相对位置发生变化。预测影响替代产品的质量和成本的技术和其他方面的发展趋势，对预测本行业产品的需求有重要意义。

（3）需求趋向。外部环境中的社会因素的变化（如生活方式、消费偏爱等）直接影响着消费品的需求，从而间接地影响着相应的生产资料的需求。

（4）用户的渗透程度。许多行业的高增长率是对用户加强渗透的结果，亦即在所服务的目标市场中扩展新的用户。一旦达到了完全的渗透，其增长就要依靠原有用户的更新购买，这时高增长率就无法维持。向新用户渗透和老用户的重复购买的区别对行业结构将发生重大影响。对耐用品而言，这点特别重要。

（5）产品的改变。行业中的新产品能满足新的需求，能改善其相对于替代产品的地位，能减少其对互补产品的依赖程度，从而提高对行业的需求增长率。

（6）互补产品的地位变化。互补产品在提供的数量、质量、成本上的变化，也会使用户对本行业产品的需求相应地发生变化。它与替代产品地位变化一样，对预测行业需求增长有重要意义。

3. 用户的经验效应

经过多次重复购买，用户对某种产品的性能、用途、各种品牌的特点等不断积累经验。随着用户使用熟练，掌握的信息增多，行业的经营特色自然地逐步趋向减少。同时，用户对产品的性能、保修保用等售后服务的要求也趋向提高。

用户对各种不同产品的经验效应是不尽相同的。这种产品对用户越是重要，或用户对它在技术上越是内行，则其经验效应越大。

产品的变化，或是营销方式和使用方式上的变化能减少用户的经验效应。譬如提供新的性能、新的附件、花色翻新等，都能抵消用户已积累的经验，从而延缓行业特色减少的趋向。向没有经验的新用户渗透也能起到类似的作用。

4. 不确定性的减少

许多新行业在一开始面临许多不确定的因素，诸如市场的容量、最佳的产品形式、用户的特点及如何推向用户、面临的技术问题和其他克服的途径等。这种不确定性使各企业基于各自对未来的不同见解而采用不同的、带有很大试验性质的策略。而行业初期的高速增长则能容许这些不同的策略在相当一段时期内共存。

这种不确定性经历着一个不断得到解答的过程，有些技术被肯定，另一些技术被否定，消费对象越来越明确，行业增长的前景更为清楚。在不确定性减少的同时，一些成功的策略被仿效，而一些拙劣的策略被摒弃。

不确定性的减少意味着风险的减少，从而吸引某些新进入者，特别是一些大企业进入这个行业。当一个行业具有相当大的潜力，而技术上的障碍能够克服时，一些大企业会认为这是一个值得进入的行业。

从策略角度看来，不确定性的减少使行业中原来经营得成功的企业面临同行仿效和新进入者的竞争。同行仿效与行业的流动壁垒（即在一个行业内采取一种策略转向采取另一种策略需克服的障碍和付出的代价，其内容大体上与进入壁垒相仿）的高低有关；新进入者与行业进入壁垒的高低有关，不确定性的减少也是影响行业结构变化的一个重要方面，它改变着同行竞争和新进入者之间的力量对比。

5. 本企业经验的积累

在许多行业中，产品的成本随着生产、营销这种产品的经验的积累而下降。企业所积累的各种经验与专门技术一样也有一个扩散的问题。如果经验是易于扩散的，则行业的领先者在过去积累这些经验中因支付了可观的费用而取得的领先地位不易保持，相对地不利。相反，如果经验不易扩散，则领先者在行业演变中具有稳固的优势，而经验上处于后进地位的企业只能是加紧模仿，或者是在其他领域（如特色经营或重点市场）中寻求优势，否则就无法摆脱其所处的被动处境。

6. 规模的扩大或缩小

一个行业在成长发展中其总规模无疑是趋向扩大的。如果业内企业要求提高其市场占有率，则其规模的扩大还要快于行业规模的扩大。行业和企业规模的扩大对行业结构变化有多方面的意义。

（1）它使业内企业有条件选用多种策略途径以提高其规模经济。例如，有可能从劳动密集型转向资金密集型，采用高效的设备和工艺等，这就提高了进入壁垒。但另一方面，规模扩大也可能使外来者率先适应这种变化，以扩大了的生产规模进入行业，从而取得优势。许多大企业往往只在一个行业发展到一定规模时才考虑进入，从而使它们实力雄厚的优势得以发挥，并能很快地回收它们进入时所支付的投资费用。

（2）行业规模扩大的另一个后果是使纵向一体化战略更为可行。因为，规模扩大意味着要求供应者供应更多的物料，用户购买更多的产品。这对供应者实行前向一体化和用户实行后向一体化提供了吸引力。无论它们是否确实实行纵向一体化，这种可能性增强了它们在行业结构中的力量。当行业衰退缩小规模时，其效应是相反的。

7. 专门技术的扩散

由某些企业开发的产品设计和生产工艺等专门技术在行业演变过程中有逐步扩散的趋势，在一种技术趋向于成熟的同时，有关这种技术的知识势必趋向于扩散。技术转让是一种有偿的扩散，另外还有多种多样的扩散途径。首先竞争对手可对本企业的产品测绘，以及从多种侧面的探究取得各种信息。供应商、批发商、用户出于各自的动机往往积极地促进这种扩散，成为传布信息的渠道，例如，用户乐于促进另一供应来源的形成。其次，企业使用外购设备，须向设备制造商提供相应的技术资料，除非有足够的保护措施，否则这些资料极易扩散。再者，人事变动也是一个扩散途径，本企业的工程技术人员流向其他企业，直接造成专门技术的扩散。最后，随着行业的发展，这个行业的专门技术人员必将不断地增加，在职学习和学校培养都形成了这种增加的来源。因此，在行业演变中专用技术的优势将逐步减弱以至消失。建立在专用技术基础上的进入壁垒和流动壁垒都很难持久。这不仅使新的竞争者易于进入，而且使供应者和用户易于实行纵向一体化，从而会导致行业结构的变化。

专用技术扩散的速度各行业是不相同的。技术越复杂、技术人员越专门化、研究开发的规模越大，则扩散速度越慢。

防止专门技术扩散的一个重要手段是专利保护，它从法律上禁止未经许可的扩散。但这种保护并不可靠，因为能以类似的发明来回避这种禁止。另一种手段是通过研究开发以不断地创造新的专门技术来维护其在专门技术上的优势，但如果扩散速度很快，则这样做也未必是值得的。当一个企业现有的实力地位主要是依赖于其技术壁垒时，则对付专门技术扩散的防御策略将占十分重要的地位。如果它采取的防御手段不能奏效时，就必须寻求在其他领域建立优势的途径。

8. 投入资源的成本和汇率的变化

每个行业在其制造、营销过程中都要耗用多种资源。这些投入资源的价格和质量的变化都会影响行业结构。主要投入资源所形成的费用支出可分为以下几点：人工费用（包括工资、奖金和劳保福利支出）；原材料费用；资金费用即贷款利息或投资的机会成本；信息交流费用包括宣传广告、调查取得情报的费用及运输费用等。

费用提高或下降的直接后果是产品价格的升降，从而影响需求。资金费用和人工费用间的相对变化将促使劳动密集型转向资金密集型，或者反过来，从而对规模经济产生影响。各种广告手段和信息交流费用的变化会促使所采用广告手段等方面的变更，从而影响营销，以至进一步影响产品的品种结构。运输费用的变化会影响生产设施的布局、协作点的分布及销售的地区分布。

外汇汇率的变动对行业演变也有重要的影响，它对产品出口、技术引进等都会产生影响。

所有这些，都促使行业结构发生变化，影响行业演变。

9. *相关联行业的结构变化*

用户和供应商的行业结构影响它们和本行业之间的力量对比，因此，它们的结构变化对本行业的演变具有重要意义。例如，用户所处行业趋向集中或后向一体化使它们的实力增强。除向关联行业的集中趋向和纵向一体化外，它们的经营方式的变化也会产生影响。例如，书店采取开架供应的方式对出版社将产生影响；而不允许唱片或磁带的试听，将对音响出版社产生另一种影响。因此，对相关联行业的结构变化，要如同对本行业一样地认真分析，把握住其可能的演变。

10. *产品、工艺和营销方式的创新*

产品创新能扩展市场从而提高行业增长速度，还能增强产品特色。它的间接影响是由于推出新产品相应要支出可观的推销费用，从而提高了进入壁垒；产品创新所引起的生产工艺和营销方式的改变也会改变规模经济和其他的流动壁垒；产品的创新能抵消用户的经验效应，从而影响购买行为。例如，电子表的发明改变了钟表行业的结构，电子表的经济规模大于机械表，它需要可观的投资，并建立在很不相同的技术基础上，这使钟表业的流动壁垒和行业结构的许多方面都起了变化。

产品创新可来自业内，也会来自业外，也有许多创新起源于用户或供应商。因此，预测产品创新应包括分析研究可能发生的业外创新。

工艺创新能改变资金密集化程度，改变规模经济，改变固定成本在总成本中所占比重，影响经济效应，促进或减缓纵向一体化——所有这些都将影响行业结构。

来自业外的工艺、设备创新也会对本行业的结构产生重要的影响。设备制造行业的创新会对使用设备的行业的经济规模产生影响。例如，计算机在某些生产设备上的应用，不能只把目光局限在业内的技术变革，还应扩展到业外的创新。

营销手段的创新也能影响行业结构，其直接影响是营销创新促进需求的增加。在广告手段、销售渠道等方面的新的突破能使扩展新用户和降低产品的价格敏感程度（形成特色）成为可能。营销创新有时能比降低成本收到更好的效果。

营销创新对行业结构还有间接的影响。新的营销形式能提高或降低经济规模,从而影响流动壁垒。它还会使固定成本和变动成本之间的关系发生变化,从而影响业内竞争的激烈程度,以及企业和用户之间的力量对比关系。

11. 政府政策法令的变化

政府制定的价格、税收、环境保护、许可生产、质量标准、卫生等各方面的政策法令都对行业的结构产生直接的影响。它们有的是提高了进入壁垒和流动壁垒,有的是对业内竞争产生影响。

在社会主义条件下,国家的产业政策和其他经济政策对行业的发展演变更起着决定性的作用。国家按照整个国民经济发展的需要,重点投资于某些起关键作用的行业,扶植其迅速发展;通过各种直接的和间接的手段,调节各部门、各地区以至各企业之间的关系。因此,认真学习并了解国家为发展国民经济而制定的各项方针、政策、法令及其变化趋势,对预测行业演变有决定性的意义。

12. 进入和退出

行业的新进入者,显然会影响行业的结构。因为打入一个行业的新进入者总是认为这行业所具有的发展和盈利机会能超过为进入这个行业所付出的代价(克服进入壁垒所付的代价及机会成本)。它们是根据行业增长率、产品创新或政府政策上的鼓励等迹象而决定进入的。其他行业的企业打入本行业具有特殊的意义,它们往往成为推动行业结构变化的重要力量。它们具有与业内原有企业不同的资源和技能,能用来改变行业中的竞争形势和行业结构。它们由于不受本行业传统的经营策略所束缚,往往易于看到新的机会,易采用新的技术,或把其他行业的适用技术移植到本行业来。

退出使行业内企业数减少,从而改变行业结构。它往往使业内领先企业的地位进一步加强。某些企业由于认为不再可能在这个行业中获得其投资应得到的利润而退出,但退出要受退出壁垒的约束。如果退出壁垒很高,将减缓行业的集中趋势并降低行业的盈利能力。

以上讨论的诸演变过程都是相互联系的,每个方面的演变都会引起其他方面的演变。例如,营销手段的创新或许会开发出一个新的用户层面,为了更好地为这个用户层面服务或许会引起生产工艺的变化,从而改变经济规模,或许还会因此形成后向一体化,以及对供应者的力量对比有所改变。某一方面的变化会引起一系列的连锁反应,它是一个复杂的、因行业而异的动态过程。因此,在分析诸演变过程中,必须注视一些关键的策略信号,来自其他行业的一个新进入者,替代产品中的一个重要开发成果等都是这种信号。企业决策者必须随时掌握这种信号,并作出恰当的反应。

研究分析诸演变过程是预测行业整个演变的有力工具。这种分析对行业生命周期中划分为投入、成长、成熟、衰退赋予了更丰富的内容,而不只是以一条典型化了的曲线来描绘,从而能对实际策略规划工作起到更有力的指导作用。

12.1.2 行业演变中的集中和分散趋势

行业演变中的集中和分散趋势对策略规划有密切关系。人们通常认为行业在演变中趋向于集中。但近二三十年内的统计资料却未能完全对此予以证实。据美国151个行业1963—1972年的统计资料,其中69个行业有集中趋势,业内企业数减少;而52个行业却有分散趋势,业内企业数增加。行业在演变中是否趋向集中看来是业内竞争、进入壁垒、退出壁垒等因素共同作用的结果。

研究行业的集中趋势,首先对行业要有一个确切的定义。一般说来,一个行业是从事功能相接近的产品或服务的生产经营的企业群。但对"功能相接近的产品或服务"在理论上确定其边界是一个困难问题,而且在行业演变中由于产品创新、替代产品间的相互靠拢、纵向一体化的实行等,使行业的边界处于动态变化之中。因此,很难对一个行业作出确切的定义。但在实践中,在特定时期,人们对行业的划分却大体上能有一个共同的认识。

1. 行业在生命周期各阶段的集中和分散现象

当一个行业处于早期阶段,产品开始为市场所接受、增长迅速时,利润率通常是相当高的,往往吸引不少新进入者加入这个行业,使其中一些条件较差的企业也有机会取得相当的利润。此时行业趋向于分散,业内企业数增加。当行业开始进入成熟期时,增长率逐步下降,竞争加剧,部分实力较弱的企业就要在竞争中被淘汰。一般来说,行业从成长期进入成熟期间有一个过渡的调整阶段。在这个调整阶段内,行业有较明显的集中趋势,业内的企业数减少。行业进入成熟期后,由于行业增长率不高而业内企业都具有一定的实力,其目标往往都倾向于保持其市场占有率,虽然竞争剧烈,但业内企业数可望基本上稳定。行业进入衰退期,由于一部分企业退出,又再次呈现出集中趋势。当然这只是按行业在生命周期各阶段的增长率的变化作出的一般分析。

2. 进入壁垒和退出壁垒对行业集中的制约

一个行业的进入壁垒高,则业内企业数不易增加,促使行业易于集中。一个行业的退出壁垒高,企业内企业数不易减少,促使行业趋向分散。行业具有较高的进入壁垒,且在行业演变过程中不断提高,这使行业中的领先者占有极大的优势,只有少数企业具备进入的能力,这样即使在行业迅速增长时期也未能有明显的分散。相反地,如果进入壁垒比较低,即使在走向成熟期的过渡阶段淘汰了一些失败的企业,当情况一旦趋于稳定时,就会有新的进入者打入,这样在过渡调整阶段,集中也不显著,进入成熟期后的稳定性也较低,还会趋向分散。一个行业的退出壁垒高,当企业经营得不成功时,仍会继续留在业内而不退出,即使在过渡调整阶段也未必能把那些实力薄弱的企业淘汰出去,则使行业不易集中而呈现出分散趋势。

深入分析行业的增长率、进入壁垒和退出壁垒,就大体上能把握住行业的集中或分散趋势,这对制定经营策略是十分有用的。

12.2 行业演变与企业战略选择

经营策略的制定要建立在对行业的结构变化的分析基础上,但每个企业的策略行动又反过来影响行业结构的变化。企业掌握了行业结构的变化对其实力地位产生哪些影响,可以率先采取策略行动,或对竞争对手的策略行动作出恰当的反应,使本身在行业演变中得益。行业演变中的许多因素是不受企业控制的,但企业应对之保持高度敏感,并尽可能地施加一定的影响。例如,对政府政策这样的外部因素来说,企业首先要提出这样一些问题:在计划期内政府政策将对本行业结构中哪些因素产生影响?这些变化将会对本企业的相对策略地位带来什么影响?本企业应如何适应这种变化?在这种分析研究基础上企业还可以通过向上级反映意见和要求从而对政策制定的某些方面产生一些影响。总之,企业应把行业演变看成是一种寻求发展的机会,而不只是一种需对之作出反应的既成事实。

12.2.1 分散行业的战略选择

分散行业是指一个行业中任何一个企业都不具有市场占有率上的决定性优势。分散行业由许多中小企业所组成,其基本特点是缺少有影响力的行业领袖。

在所有国家中都有许多分散行业,行业分散在战略上带来一定的特殊性。在这里主要就这种特点进行讨论。当然分散行业与其他行业一样也有新兴、成熟和衰退的战略问题。

由于种种原因,如进入壁垒低,规模经济效应小,某个行业的分散状况成为一个客观的现实。处于分散行业中的企业不得不面临许多竞争对手,而且相对购买者和供应商都处于比较软弱的地位。在这种情况下,要使企业取得成功,即使只是取得中等程度的市场占有率,制定恰当的、与分散行业相适应的战略,具有关键性的意义。

1. 差别化的竞争战略

着重于产品或服务类型的差别化,善于寻找自己不同于竞争对手的特色,做别人所没有做过的事情(产品差别或者服务差别),避开与其他厂商的正面竞争。如果正面交锋是不可避免的,那么就要在产品成本上取得优势(成本差别),或者设法增加产品和服务的附加价值,从而降低本企业产品和服务的相对成本。

2. 巩固重点市场

重点市场包含两个方面的意义:① 重点区域市场;② 重点客户市场。对于分散行业而言,企业要么是依靠本地市场,为有限地域内的顾客提供服务,要么就是依附于其他大企业,为大企业提供相应的产品和服务。并且,分散行业内的企业拓展其他区域市场和新客户的成本是很高的。所以,企业要有选择地舍弃某些利益,巩固某些利益。当然,这需要具有前瞻性、全局性的战略思维模式,否则很可能失去一些机会。

3. 建立有集中控制的分权体制

分散行业中的企业,应使其所属单位小而有经营自主权,同时通过报酬制度或利润分配制度保持集中的控制，并加强协调。这对在分散行业中开展有效的竞争是一个重要的因素。

4. 增加新创造的价值

某些分散行业提供的是一般的、没有特色的商品或服务。这时可采用的战略是增加一些服务项目或提高加工深度以增加新创造的价值，从而提高盈利率。一定程度的纵向一体化也属于这种策略。

5. 分散配置高效率、低成本的设施

分散布点，并配置高效率、低成本的设施，如设计某种标准化的设施。这样既可以减少投资、降低成本，又能就近供应用户，由此可取得一定的竞争优势。

6. 简朴实惠

在行业分散、竞争激烈、利润率不高的条件下，一个简单而有效的策略是厉行节约，尽量降低成本，严格控制开支，从而在价格上取得优势。提供廉价的简装商品，无牌号商品等都是这种策略的具体应用。

7. 专业化

如果分散行业的分散是由于特色品种多，则集中力量专业生产其中少数特色品种是一种可以取得竞争优势的战略。

如果分散行业中的用户分散，也可采用为某特定的用户层面，或为某个地区用户服务的专业战略。例如，专门面向一些需用量小而在价格上不敏感的用户，或专做别人不愿接受的小批量订单，或抓住某个地区的一些老用户，等等。

分散行业特有的性质使采用某些战略很可能导致失败。这主要表现在以下几个方面。

（1）追求市场占有率上的领先地位。除非分散行业的结构发生根本变化，即造成行业分散的原因发生根本变化，在分散行业中追求领先地位几乎注定要遭到失败。当企业迅速扩大其市场占有率时，由于难于克服形成行业分散的固有原因，它就会面临诸如丧失特色、效率下降、费用上升，以及遭受供应商和用户更大的压力等问题，因而在各方面都陷入被动地位。

（2）战略上的优柔寡断。分散行业的特点通常要求采用集中某种力量于重点的或专业的战略。实施这种战略往往要求有果断的放弃某些业务或进行一些重要调整的勇气和意志。采取那种折中的、临时应付的或机会主义的战略或许一时有效，但最终将使企业在激烈的竞争中受挫。

（3）过分集权。集权的组织结构反应迟钝，不适应分散行业的特点。对分散行业的企业来说，集中控制是重要的。但集权的组织机构则是不适当的。

（4）对同行竞争的经营目标和经营费用估计不当。分散行业中有很多小企业，甚至还会有个体经营者，它们与一般具有一定规模的企业，在经营目标和经济费用上会有很大的区别。这些小企业有的虽然效率不高，但其成本很低。它们往往满足于只要有工作可做，而不管利润高低。如果对此估计不当，容易犯战略性的错误。

（5）对新产品反应失当。在分散行业中出现的新产品，由于一开始需求增长迅速、盈利率高,而进入壁垒又不高,许多企业会进行投资,一哄而上地对新产品作出反应。这种过分的反应使行业内竞争激烈。而在分散行业中,众多的竞争者又使用户总是有机会利用行业内的竞争而加强其力量。只是一出现进入成熟期迹象,需求力下降,则对新产品作出反应所进行投资期望得到的收益就要落空。因此,如果对新产品反应失当,企业花了相当的代价,而在价格竞争中却处于不利的地位,有相当大的风险。恰当地对新产品作出反应,对任何行业都是一个具有风险的问题,而对分散行业而言,显得特别困难。

12.2.2 新兴行业的战略选择

新兴行业指的是由于技术创新的结果,或新的消费需要的推动,或其他经济、技术因素的变化使某种新产品或新的服务成为一个现实的发展机会,从而形成一个新的行业。从战略角度来说,一个老行业如果面临类似的情况,则其处境可视同新兴行业。

1. 新兴行业在战略制定中的特点

各种新兴行业尽管各不相同,但在战略制定中最根本的特征是"无章可循"。它既是一种风险,也是一种机会。具体归纳为如下几个方面。

(1)企业数量较多,因为行业刚形成,所以规模都不是很大。

(2)技术上的不确定性。产品的结构和生产工艺怎样才算最好往往还不能确定,还有很大的选择余地。

(3)战略上的不确定性。与技术上的不确定性相联系,在战略上有更大的不确定性。怎样才算是"正确"的战略,往往很难确定。在选定产品、市场、服务等方面的战略上有很大的余地。对竞争状况、用户特点、行业特点等方面掌握的信息不多,在很大程度上要依赖于经营者主观上的机智臆断。这种不确定性使新兴行业的策略带有相当程度的短期和随机应变的性质。

(4)用户是首次购买,因而在营销上应致力于向用户介绍这种新产品或服务的特点和性能,使他们乐于作出尝试。

(5)开始时需要较大的投资,随着工艺的改进、熟练程度的提高和产量的扩大,成本将很快下降。

新兴行业很多是由新开办的企业或原有企业在研究开发取得成功后分离出来单独进行经营。新兴行业往往能得到国家和社会的重视并易于取得各方面的支持。

新兴行业的进入壁垒主要是取得专用技术、销售渠道和原材料零配件的供应渠道,经验效应和相应的成本差距,以及与投资的机会成本相联系的风险,而不是产品牌号特色和规模经济。进入壁垒的这些特点通常是已建立的大公司不愿在早期打入新兴行业的原因。

2. 新兴行业在发展中所面临的问题和约束

(1)基础薄弱。缺乏现成的熟练技术工人、协作和服务设施、销售渠道等各方面的配合。

由于缺乏产品标准及其他技术标准,原材料、零配件都难以达到标准化,以至成本较高,质量不稳定。

新兴行业在技术上的不确定性,往往表现在产品改型快,性能和质量不稳定。用户对新产品或服务了解不多，在购买时往往持观望态度，有的要等到新产品的技术更为成熟，产品基本定型，质量和性能更为稳定，价格有所下降时才能考虑购买。

一开始单位产品成本较高，企业可能要亏损。新兴行业的产品总是要替代一部分老行业的产品，因而其发展必将面临与有关老行业竞争的考验。

（2）在取得原材料和零配件的配套上可能遇到困难。它往往要求开辟新的供应来源，或要求现有的供应商扩大其规模，并改进其供应品的质量，以符合新兴行业的要求。此外，新兴行业使某些原材料、零配件因增加需求而可能导致供应不足或价格上升。

3. 新兴行业战略选择

新兴行业战略选择应认真考虑上述特点、约束和问题。新兴行业的不确定性使其在选择战略时难以作详尽的分析，但其选择余地比较大。在选择中一般应着重考虑以下几方面的问题。

（1）开拓市场的顺序。确定新产品的市场开拓应从何处开始，向何处扩展。首先开发哪一部分市场，面向哪些用户是一个至关重要的问题。"万事开头难"，局面一经打开，成功就在望了。

识别初始开发的市场，主要应考虑下列因素。

① 用户的得益。用户之所以要购买新产品，通常是由于新产品优于其原来使用的产品，从中可以得到效益。得益主要表现在两方面：性能上得益，即新产品的性能优于原来使用的产品；费用上得益，即使用新产品的费用支出低于原产品。新产品的最早购买者，在其他条件相同时，通常是那些性能上能得益的用户。因此，首先应开发那些对新产品性能感兴趣的用户，然后再扩大至那些能在费用上得益的用户。

② 转变费用和辅助实施。不同的用户使用新产品时面临的转变费用和需要添置的辅助设施不尽相同。这也是一个需要加以识别的因素。

③ 对技术变革和产品过时形成损失的态度。有些本身技术进步迅速的用户认为购买新产品的技术变革对增强其竞争地位是一种机会，另一些用户却认为是一种威胁。同样，有些用户认为使用不断改进的新产品可加强其竞争实力，而另一些用户却认为新产品的改进使它们的购买过早地过时是一种损失。

④ 用户赖以得益的技术状态。用户能否从早期的新产品得益取决于其应用这种新产品的技术状态。早期的小型计算机，虽然价格昂贵，计算速度不快，但对于科学实验的数据处理用户来说，是很受欢迎的。而对应用于核算和控制的用户来说，则要到价格降低，技术成熟以后。

⑤ 使用新产品导致失败的代价和风险。购买者如果要把这种新产品结合进他们系统中去，一旦不能取得预期的效果将导致很大的损失。这种用户一般不会早期购买。另外，对不同的用户，其购买决策人对风险的承受力也各有不同。

（2）促使行业结构向企业有利的方向变化。对于行业结构正处于形成中的新兴行业，企业有可能通过其产品策略、价格策略和营销手段对行业结构施加较大的影响，以改善自身所处的地位。

供应商和销售中间商对迅速增长的行业提出的要求往往乐于作出反应，乐于进行一些投资以满足新兴行业的要求，这是新兴行业中的企业可以充分利用的有利形势。但与此同时，对供应商和用户采用纵向一体化的战略也必须有足够的警惕和准备，防止供应中断或失去市场。

新兴行业的早期进入壁垒会很快降低以至消失。对新兴行业中的企业而言，必须寻求新的优势，而不能只依靠在早期阶段是有效的诸如专有技术等手段来维护自己的地位，为此需要进行必要的投资。

（3）进入新兴行业的时机的选择。进入新兴行业的一个重要战略问题是进入时机。早期进入（包括开创）有较大的风险，但也能有较大的收益。

早期进入在下列情况下是有利的：用户重视企业的名声，早期进入者享有创始者的声誉；行业有较大的经验效应，经验不易仿效；率先取得原材料、零配件供应和销售渠道，能取得成本上的优势。

早期进入在下列情况下是不利的：行业早期的市场层面与发展后的市场层面有很大不同，早期进入者不久将面临昂贵的调整费用；开创费用昂贵，而所做的许多开创工作企业不能保持专有；技术发展将使创始者初始的投资成为过时，后进入者有可能采用最新的产品设计和生产工艺。

（4）同行竞争战略的选择。新兴行业的迅速发展和技术上的不确定性，使同行之间在技术交流、标准化、市场划分等各个方面都有可能进行比较顺利的合作。例如，对开发初始市场而言，一个企业在广告宣传上作出的努力，往往能使整个行业得益。特别在社会主义条件下，经过国家和主管部门的协调，同行竞争之间的互利合作更是可以实现的。在新兴行业的同行竞争中也有一些战略问题。行业的创始者由于投入了较多的资源而享有在市场上的领先地位。如何对待后进入者是一个重要的决策问题。在整个市场迅速增长的条件下，作出强烈的反应未必是上策。但容忍后进入者摘取现成果实，又会影响自己享有的实力地位，对此应很好地权衡，并寻求恰当的对策。此外，对标准化的进程也是一个重要战略问题，参加并促进标准化有利于扩大生产、提高效率，并对用户有利，但会降低进入壁垒。难以保持其产品的独特的性能结构，又面临一定的风险——用户对其独特兴趣小于采用标准化产品带给他们的方便。

（5）选择打算进入的新兴行业。进入一个新兴行业，不能只从其初始结构是否有吸引力出发，还要从其后来的结构能否提供足够的发展机会和盈利能力出发，也就是要考虑它能否在长期经营中取得并保持一个恰当的地位。从一个行业当前发展迅速、盈利率高，以及规模的扩大趋向出发决定进入一个行业，是常见的、合乎情理的现象，但还必须对之作详细的行业结构分析才能作出更为正确的决策。

12.2.3 行业进入成熟期的战略选择

当某些行业从迅速发展逐渐走向比较缓慢的增长时，通常认为行业开始进入成熟期。行业转入成熟期，对业内企业来说将面临一个关键时刻。它要求企业在经营战略上相应地作出反应。

1. 行业进入成熟期面临的变化

增长速度下降，这意味着市场占有率竞争的加剧。在社会需要量增长缓慢的条件下，各企业要保持其自身的增长率必须扩大其市场占有率，从而使行业内竞争加剧。由于行业和产品技术上的成熟和定型，竞争的焦点往往集中在成本、售价和服务的提供等方面。

（1）严格控制生产能力的增加成为一个严峻的问题。在迅速发展时期，生产能力和人员是不断增加的，当行业进入成熟期，如果没有敏锐的目光和果断的转变措施，就不能克服这种扩大生产能力和人员的惯性。

（2）新产品和新用途的开发更为困难。当行业、产品已成熟定型时，变革产品的难度就大为增加，要耗费更多的费用和承担更大的风险，为此要审查并调整有关研究开发的策略。

（3）买方市场的形成。产品的供大于求，技术上的成熟和定型，使用户在选购产品时越来越挑剔并精明熟练。

（4）行业盈利能力下降。业内竞争加剧和买方力量的增强，必然导致盈利率下降。盈利的下降或许是暂时性的，也可能是永久性的。

（5）各职能战略都面临新的调整。行业进入成熟期，生产、营销、研究开发、财务等职能领域都面临新的变化，要求对各职能战略作出相应的调整，而这些调整往往都要求追加投资和采用某些创新，但在行业的成熟期要作出这样的投资决策往往是很困难的。

2. 行业进入成熟期的一些战略选择

（1）行业进入成熟期，必须选定合适的竞争策略，寻求某方面的优势，才能求得企业的生存和发展。在选择竞争战略中，对各种不同产品的生产规模进行成本比较是有益的，如果是小批量生产，则采用特色经营战略是有利的，反之，则采用成本领先战略较好。

（2）行业进入成熟期，往往伴随着价格的下降和特色的减少，从而降低成本显得特别重要。为此就要深入地进行成本分析，以便合理地调整产品结构。包括淘汰部分品种，集中经营另一些品种，以及合理地定价。此外，购入在竞争中失败而退出的企业的廉价设施，也是降低成本、提高竞争能力的一种途径。

（3）工艺和制造方法的改进和创新。随着行业的逐步成熟，新产品开发日渐困难，因而为进一步降低成本而作出工艺和制造方法的改革，以及流通渠道等方面的改进显得特别重要。

（4）选择重点用户并努力满足其需要，扩大其购买份额。在成熟行业中扩展新用户往往要经过剧烈的竞争，比较容易的是在现有用户中选定并紧紧抓住一些有发展前途的对象，努力满足其需要，争取扩大销售额。

（5）转向国际市场。在国内市场趋向饱和时，有条件的企业可采用开拓国际市场的"外挤"的方针。

（6）退出。采用上述战略的前提是继续留在进入成熟期的行业内，另一种选择是在竞争加剧时退出。当认为在竞争中难以取胜时，可以主动采取如转让归并这样的退出战略，当然也可以采取多样化经营的战略，即虽不退出，但避开业内的激烈竞争，转向其他业务领域寻求发展机会。

3. 行业进入成熟期易犯的战略性错误

（1）"刚性意识"。企业未及时意识到行业进入成熟期并缺乏自知之明，企业满足于"本企业在产品质量上领先"或"本企业为用户提供优良的服务"。在行业进入成熟期后，用户的行为和同行竞争都起着很大变化，如果企业仍满足于过去的成就而不能适应新的变化，将有陷入困境的危险。可能陷入投资的"无底洞"。为了扩大和保持市场占有率而追加投资，在一个需求增长缓慢的成熟行业中将不能回收成本。

（2）为了眼前利益而轻易放弃阵地。为了保持眼前的盈利率，从节省开支出发，轻易地放弃在维护市场占有率方面的促销、研究开发工作，当行业处于进入成熟期的过渡调整阶段，出现一段微利甚至亏损时期是不足为奇的，对此不应作出过头的反应。

（3）不愿及时对在价格、营销手段、生产方法等方面的竞争作出反应。在进入成熟期时，在价格、营销手段、生产方法等方面几乎不可避免地要作出一些变革。企业在此之前不习惯于在这些领域开展竞争，往往存在着应变的阻力，从而落后于形势。

（4）过分强调产品创新而忽视对原有产品在工艺上和营销上的改进。在早期迅速发展时期，企业在新产品开发上取得的成功使他们对进入成熟期后开发新产品的困难估计不足，对研究开发的重点转移到工艺等方面有阻力。

（5）过分强调"高质量"和"特色"产品，在价格上丧失竞争力。当行业趋向成熟时，产品趋向于标准化，特色相应有减少趋向，而用户对价格趋向于更为敏感。而企业如果不肯接受这种事实，就会陷入被动。

（6）不适当地保持过剩的生产能力。在成熟行业中由于种种原因造成企业生产能力过剩。为了充分利用过剩生产能力，常会导致战略上的失误，例如未能及时采取集中力量建立某方面优势的战略，或继续作不必要的投资等。

12.2.4 行业进入衰退期的战略选择

当行业本身的市场规模在逐步缩小时，或者替代品越来越多的在市场上出现时，行业就进入衰退期。

1. 行业进入衰退期所具有的特点

处于衰退期的行业，无论怎样创新，可能都无法挽回整体下滑的趋势，但这并不是说这个行业就完全无利可图，至少在较短的时期内，一些企业仍然可以获得一定的收入。

（1）产品销售量绝对的下降。由于替代品的发展，该行业内产品的功能被替代，例如盒式磁带被CD、MP3等产品替代，电子照相机被数码相机替代，这些产品的销量大幅度下降，但在一定的时期内，这些产品仍然有一定的需求。

（2）行业盈利能力下降。行业盈利能力下降是永久性的，对于该行业的产品来讲，市场规模越来越小，消失是最终的命运。

（3）厂商数量减少，或者整体的生产能力下降。由于产品销售减少，生产能力过剩，一些企业开始退出该行业。

2. 衰退期行业的战略选择

过去，人们对衰退期行业的战略研究很少，提出的战略大多是抽资、清算等放弃战略。虽然发展趋势无法改变，但利用最后的机会，尽量减少沉没成本，增加可能的收益，通过相应的战略还是可以实现的。

（1）统治市场战略。利用正在衰退的市场，竞争者纷纷撤走的机会，追加投资，夺取市场领导地位，成为市场上的统治者。这属于扩张型战略，一般为优势强大的企业所采用。

（2）区域转移战略。整个世界的经济发展是不平衡的，一些国家的衰退产业可能是另外一个国家的新兴产业，通过全球布局，可以降低成本，延长技术、设备的使用寿命。

（3）抽资战略。不再为企业注入任何资金，而是逐步地将所有能从企业得到的资金抽出来。

（4）选择性收缩战略。分析形势，率先占领某个有利可图或尚有发展潜力的细分市场，而紧缩乃至放弃其余的细分市场，集中力量夺取企业所希望的局部市场地位。

（5）放弃。将企业整体出售，尽可能快地收回一些资金。

以上的战略选择，需要考虑三个因素。① 产业结构特征是否有利，如果不确定性少，退出壁垒较低，竞争对手较少，则较为有利；反之，如果不确定性多，退出壁垒高，竞争者也多，则较为不利。当然，前一种情况下，企业无论采取何种战略，都相对容易一些，如果是后一种情况，则企业退出损失较大，但从实际情况看，这应该是很少出现的。② 企业留在本产业中的战略需要，从技术一体化、经营一体化等方面来考察，如果该行业是企业价值创造的一个环节，那就不能选择放弃战略。③ 企业有无竞争优势，以及在现存的需求上有无相对于竞争对手的优势。如果有相对优势，则企业选择区域转移战略或统治市场战略较为有利。

3. 战略选择中注意的问题

如果一个企业能在成熟阶段就预见到衰退的到来，可以早做准备，从而提高它在衰退阶段的竞争地位。在成熟阶段可以进行准备工作，尽量减少提高退出壁垒的投资行动，将战略重点转移到衰退阶段仍然有利可图的细分市场上。

在衰退期行业中，企业应当注意下列一些情况：① 对衰退来临的信号感觉迟钝，依然盲目乐观，而迟迟不愿采取应变策略；② 采取选择性收缩战略或抽资战略时，业务转型选择不当；③ 过高估计自己的实力，与强大的竞争对手正面对抗，打消耗战。

12.3 国际背景下的战略选择

第二次世界大战后，出现了经济全球化的趋势，行业发展的战略布局也从各个国家拓展至全球，从事国际化经营的企业迅速增加，跨国公司大量涌现。跨国公司是高度发展的国际化企业，他们在全球范围内寻找机会，投资布点，从事生产经营，其销售额和利润有相当大的部分来自国外。针对经济全球化与一体化的趋势，如何在国际背景下采取适合自身的发展战略成为当前企业国际化的重要议题。

12.3.1 全球性行业的特点

迈克尔·波特（Michael E.Porter）将跨国企业分为两类。一类是商品零售、饮食服务、银行、保险等行业的企业，他们在许多国家布点，每个点就像所在国的企业一样，跨国公司各点之间在价值创造中并无紧密的环节联系，各分支点要适应该国顾客的特定需求，各点之间影响较小。只在管理经验、资金、利润等方面共享，各有独立的价值链体系。这类行业可称为"多国产业"（Multi-domestic Industries）。

另一类行业属于真正的"全球性产业"（Global Industries），如汽车、民用飞机、家用电器、电子计算机、轮胎等行业。这些行业要求企业或者集团实施全球布局战略、多国布点，各点之间的活动有密切的联系，其产品在全球销售，只是按照各国的特殊要求作不多的改动。这些行业中的企业在全球布局战略中，必须考虑价值链的环节增值要求、成本要求、销售要求等关键点，从全球角度来进行管理决策。

在全球布局战略中考虑的因素与企业整体战略选择是一样的，除了本国的宏观环境和行业环境，还要考虑潜在布局点国家的经济环境、政治环境、文化和社会环境、行业环境等诸多因素。具体来讲，有以下一些因素。① 本国政府对全球性行业的政策及其对竞争行为的影响。比如有的国家会以政府的角色出现进行行业投资谈判、商谈对手国的法令限制等。所有这些都会对企业在东道国的投资产生影响。② 本企业的投资管理能力和竞争优势。主要考虑本国跨国管理、跨文化管理的能力和经验，以及新的投资布局是否会增加企业的现有竞争优势。③ 本国与东道国政府的关系。两国关系是否协调、东道国对本国的投资是否有特殊的限制等。

尽管这些从事同种行业的企业之间存在激烈的竞争，但是它们都经营得非常成功。例如，著名的硅谷便大量集中了从事高科技、半导体的各种企业，瑞士药品业的根据地是巴塞尔，英国的拍卖行集中于伦敦，德国的机器制造业集中于斯图加特。几个或几十个成功的竞争者共存于同一基地上，这种现象引发出一系列值得研究的问题，例如，在某一确定的行业范围中，国家或地区的经济环境、机构、政策在促使企业竞争成功中起的作用究竟如何？为什么这一国家或地区会成为一个能在全球范围内取得竞争胜利的许多企业的基地？为什么来自于某一国家的跨国企业能发展其独有的技术和专利？一个国家或地区是如何提供给企业一个相宜的环境，使这些企业能比竞争对手进行更好更快的创新，从而取得优势的？

在全球布局中，还应该着重考虑的一个因素是产业集群问题。从事某种行业的企业，有时会集中于某些国家，甚至于许多企业集中于同一城市或同一地区，形成规模颇大的产业集群。产业集群可以认为是在某特定的领域中，一群在地理上邻近、有交互关联性的企业和相关法人机构，以彼此的共通性和互补性相联结。产业集群边界的确定并不是明确的，但一般认为产业集群的范围应该包含所有紧密连接的厂商、产业和机构，不论是水平或者垂直的关系。

产业集群的形成本来就是全球范围内市场竞争的结果，这些问题本身就说明了该地区在全球布局中的竞争力和竞争优势。所以，在全球性行业的发展战略选择中，必须要考虑这些企业集中地区。如果本企业的价值链与这些行业有联系，那如何利用这些集群地区更是一个重要的战略因素。

12.3.2 国际背景下的战略选择

全球性战略中有许多战略可以选择，最基本的思路当然是如何参与到全球性的竞争中去。一般有以下几种战略。

1. 全面参与全球竞争

即面向全球市场，全球布局，在全球市场与其他竞争对手开展正面竞争，争夺市场，这种战略并不在乎一地的得失，而是关注全球本企业整体性竞争优势和全球市场份额。充分利用世界各国的优势，与本企业的优势相结合，不断确立自身的竞争优势。这需要强大的战略制定能力、管理能力、战略实施能力，如果没有优异的战略制定能力作为保证，就不能保证全球布局的正确性和现实性；如果没有优秀的管理能力，在全球展开的企业将成为一盘散沙，就不能保证全球整合优势的实现；如果没有强大的战略实施能力，那参与全球竞争只能是一句不能实现的空话。

2. 全球性集中

面向全球，集中于某些细分市场。企业选择本行业的某些细分市场，赢得成本优势或差别化优势，同样可以参与全球竞争。

3. 选择受到保护的局部市场

有些国家的政府对参与全球竞争的态度并不积极，对国外企业进入本国还有些限制。这一方面给本企业在该国的战略布局带来困难，但从另一个角度看，如果企业被批准进入本国，同样也受到保护，也就有了获得超额利润的机会。

4. 地区性集中

将目标市场集中锁定在某些国家和地区，针对这些国家或地区的不同市场特征，集中力量赢得优势，与在本地区展业的企业进行竞争。

12.3.3 全球布局的开展方式

1. 许可证（Licensing）

即公司将其商标、品牌或产品的生产经营权授予东道国的某个企业，双方签订许可证协议，受权者为此向授权公司支付报酬。

2. 交钥匙工程（Building Operation Transfer）

指企业承包建设工程，工程全部完工后经过一段时间的运营，待运营稳定后，即移交东道国。这样的经营方式往往是工程所需设备的制造商，既为工程提供设备，又提供相应的安装施工服务。

3. 生产分享（Production Sharing）

指企业可多处设厂，充分发挥全球各地区的资源优势。利用发达国家的技术和高技能劳动力，利用发展中国家的廉价劳动力，然后将产品组装起来。这里自然要考虑运输费用、关税和一些国家有关进出口的政策。

4. 代理（Agency）

对于很多服务性的行业，比如银行、快递等，通过代理人在境外开展业务，双方分享利益。但这种业务开展会受到很多因素的限制。

5. 管理合同（Management Contracts）

企业派出人员为东道国的企业提供技术和管理服务，收取一定的报酬。它可以同交钥匙工程相结合，即在工程移交东道国后，仍继续派人员管理和培训有关人员。

6. 新建设施（Green-field Development）

进入其他国家的企业在不能通过收购或者联合等方式获取相应的生产能力的情况下，从头建设生产设施。它比起收购等方式的成本更高一些，但也能更自由地进行工厂设计、选择供应商和招收劳动力，更个性化地管理工厂。

7. 商业存在（Commercial Presence）

如果要完全地展现本企业地经营特色，就必须在东道国开设分支机构，比如零售企业、金融企业等。

本章小结

尽管不同行业演变的规律、特点及对企业产生的影响不同，企业在不同行业中应对演变的战略模式也存在差异，但是在演变行业中企业都需要对自身的资源和能力进行调整以满足适应演变的战略需要。因此，企业应对行业演变的战略选择的基础是自身资源和能力，同时需要对行业的特征和演变规律有准确的把握，只有这样企业才能针对行业演变采取合适的、正确的战略。

复习思考题

1. 行业演变具体包含了哪些内容？请选择一个行业，对该行业演变的驱动因素进行分析。
2. 什么是分散行业？结合具体实际，对分散行业的战略选择进行分析。
3. 新兴行业具有哪些特点？新兴行业中的企业通常会遇到哪些困境？试举例说明，新兴行业中企业如何通过战略选择克服面临的困境？
4. 阐述成熟行业的基本特点及该行业中企业的战略选择。
5. 衰退行业中，企业的战略选择应注意哪些问题？
6. 全球性行业有哪些特点？选择一家成功的全球性企业，对其全球化战略进行讨论。

第 4 篇　企业战略实施

在确定了最可行的战略方案后，企业要考虑的下一个问题就是如何将之付诸实践，以及在战略实施过程中如何实现实时控制。再好的战略如果得不到很好的贯彻执行，其最终也不能成为好的战略。本部分就重点讨论与战略实施和控制有关的问题。

战略实施的主导者是一些为了达到共同的战略目标而协作的个人或人群，要有效地实施战略，必须建立适合于所选战略的组织结构。有效率的组织结构是实施战略的重要手段。企业不能从现有的组织结构的角度去考虑经营战略，而应根据外部环境的变化去制定相应的战略，而后以新战略为依据调整企业原有组织结构，使之适应战略的实施。企业文化是一个企业内部全体员工所具有的共同的价值观，是一个企业内部的风气、习惯、性格和团队精神。企业文化影响企业成员的思维方式和行为方式，因此富有活力的企业文化是战略实施的重要内容。

企业的内外部环境不断地发生着变化，当这种变化累积到一定程度时，原有的战略就会过时，尽管战略的制定在很大程度上依赖于对未来的预测，然而这种变化是没有办法完全预知的；即使战略基础没有发生变化，战略的制定也是非常成功的，但在执行的过程中也会经常发生偏离战略目标的事情。因此，需要战略控制以监控战略实施，及时反馈，并对战略目标或实施进行调整，保证既定战略目标的实现。本篇内容如下图所示。

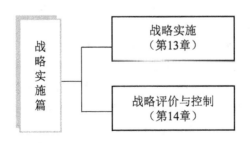

第13章 战略实施

- 战略实施的重要性、要求与内容；
- 战略实施与战略制定的关系；
- 战略实施与组织结构的关系；
- 战略实施和企业文化的关系；
- 战略实施中的人力资源问题；
- 战略实施中的生产问题；
- 战略实施中的营销问题；
- 战略实施中的财务管理问题；
- 战略实施中的研发问题。

尖锋科技的组织结构设计

企业战略的成功实施，是一个全过程、全员的有机整合的结果。在部门分立、员工众多的系统中，依靠清晰的结构与战略导向性的制度来整合企业的所有经营管理活动，是有效实施战略的唯一选择。结构随战略而动，就是这一要求最为经典的表述。

陈剑波读完手中的书，已经是深夜三点钟了。他所领导的尖锋科技近来遇到了不少的麻烦，最大的问题是竞争越来越激烈，对手越来越强大，而企业在这样的竞争下却屡屡处于下风，这使得尖锋科技的领导层不得不重新思考自己企业的定位。

尖锋科技创办于1993年，当时我国的软件业才刚刚起步，刚刚从学校毕业的陈剑波与几个同窗好友办起了只有七八个人的小公司，其主要业务是将国外的一些印刷排版软件汉化后在国内进行销售。由于市场进入得早，公司很快发展成为一家拥有一百多名员工、颇具规模的软件企业。公司除了最初的排版系统外，还开发了铁路运输、金融保险和新闻出版等行业的专业软件。到2000年末，公司年销售收入突破了3000万元，并成功地完成公司的股份制改造，吸引了3000多万元的战略资金，使企业的规划和实力得到了霎时的增强。

就在陈剑波等人踌躇满志，准备大展身手的时候，公司力推的几个新产品都遭到了失败，规模相对太小，集成力量有限等致命的缺陷使尖锋科技的发展面临着巨大的挑战。公司管理层经过痛苦的抉择，决定对企业的定位作重大调整，提出尖锋科技将从"软件集成商"转变成为"软件生产商"，为国内外著名的软件集成企业加工"零配件"，通过生产效率的提高来确立企业的竞争优势。

随着企业战略上的重大转移，整个企业的运作和管理都将发生根本性的变化。与集成商相比，OEM企业面对的客户将是技术上十分精通、集中采购的大客户，其产品可以为单一的功能性模块而不是一个集成性的最终产品。这就要求企业在某些专门技术上掌握独到的本领，并且需要在营销环节中迅速确定技术解决方案，需要技术和市场人员协同行动。

战略方针已定，尖锋科技能否在短期内顺利完成这样的转变成为陈剑波最为关注的问题。战略的成功实施，取决于每一个员工的努力。但如何将公司内七八个部门一百多人的思想与工作有机地整合起来，使企业的运作能及时地与新战略保持一致，这是下一步最为关键的工作任务。

陈剑波刚刚读的就是一本关于网络时代组织设计的新书，他联想到了他的战略实施，于是决定对公司的组织结构进行一次大的调整。那么该设计什么样的部门结构？设置什么职能？部门间的关系问题，陈剑波又觉得无从入手了……

（案例来源：自拟）

13.1 战略实施概述

企业战略选择和制定后，管理者的工作重心就转移到战略实施上来，战略实施是贯彻执行既定战略所必需的各种活动的总称，是战略管理过程中的重要阶段。企业经营战略使企业在竞争中有了明确的方向，对企业行为进行一定的指导和规范，但是战略制定中没有估计和没有完全估计的问题都会在战略实施的过程中出现。有了适合企业发展的合理的战略，并不能保证战略的顺利实施和预定目标的成功实现，还需要借助战略实施阶段经过试验、适应和学习，形成更为完善的战略。成功的战略制定并不能保证成功的战略实施，战略实施是确保战略成功的重要环节之一，实际上战略实施要比战略制定困难得多。越来越多的战略重点从战略制定转移到战略实施工作中来，许多战略管理学者认为战略制定只是一种意向的战略（Intended Strategy），真正的战略应该是一个动态的过程，能在贯彻制定的战略的过程中，根据环境条件的变化，对各种突变事件作出反应，达到减少失败促进成功的效果。

13.1.1 战略制定和战略实施

战略制定和战略实施两者之间的关系非常密切、复杂，是企业战略管理的两个有机组成部分，是整个企业战略管理过程中两个不可分离的阶段。制定的战略必须得到实施才能体现战略制定的意义，而且也必须通过实施来验证和评价战略制定的效果。企业战略实施比企业战略制定更难、更复杂，也更重要。一个适当的战略如果没有得到有效的实施会导致战略的失败，而卓越的战略实施计划不仅会使战略获得成功，而且会挽救不适当的战略。

企业战略制定和战略实施的区别如表 13-1 所示。

表 13-1　企业战略制定与战略实施的区别

战略制定	战略实施
关注做正确的事	关注正确地做事
行动前配置资源	行动中配置资源
注重效能	注重效率
思维过程	行动过程
直觉与分析技能	激励和领导技能
对几个人进行协调	对众多人进行协调
按照一定的方法与程序	强调权变方法

1. 战略制定关注做正确的事，战略实施关注正确地做事

做正确的事情属于方向性的问题，因此战略制定是确保企业迈向成功之路的前提，因此，战略制定必须建立在科学基础之上，强调"做正确的事情"。战略制定需要对内、外部环境信息的科学分析，对战略匹配的深入研究，对各个备选战略的综合考虑之后的选择。为保证战略计划方案的科学与准确，在战略制定过程中除了定性分析外，已越来越多地用到了大量的现代定量分析方法、技术与手段。尽管定性分析在战略制定过程是不可缺少的，但随着科学技术的不断发展，定量分析方法与手段将越来越先进，将使得战略计划方案更加科学、准确。当今的战略制定过程无不体现其本身所得出的结果——战略计划方案的科学性要求及其采用越多、越先进的科学技术方法与手段的发展趋势。

战略实施则是在既定的战略方案下，考虑怎样更有效率地实现战略计划，强调"把事情做正确"。实现战略计划的方法、途径是多种多样的，关键是要找到能以最低的成本、最高的收益来实现战略计划的路径。因此，战略实施强调灵活地、创造性地配置企业的人力、物力、财力等资源，建立支持战略的企业文化和组织结构，协调企业的营销、财务、生产、研究和开发及计算机信息系统各个部门的活动，发挥系统的整体效能，力求更快、更好地实现企业的战略计划。

2. 战略制定是一种思维过程，战略实施则是一种行动过程

战略制定一般包括三个阶段，分别是信息输入阶段、匹配阶段和决策阶段。在进行战略制定的过程中，首先是对各种客观信息予以充分的分析；其次，通过将关键内部因素和关键外部因素进行排列、分析，集中进行可行备选战略的制定；最后，用第一阶段的信息对在第二阶段认定的可行备选战略进行客观评价。从过程来看，战略制定主要是一种思维过程，制

定的战略计划只是处于一种战略思想阶段。

战略实施是在企业确立经营战略后,将还处于战略思想阶段的战略计划目标转变为战略行动。因此,战略实施强调通过实际行动实现战略计划目标,这个行动过程主要包括以下几个方面:建立一个年度目标、制定相应的政策、激励雇员和有效分配资源、创造支持战略的企业文化、创造一个有效的机构组织、调整市场、准备预算、开发和利用信息支持系统并调动每一位雇员参与战略实施的积极性。

3. **战略制定按照一定的方法和程序,战略实施则更强调权变方法**

各种规模不同、产业不同的企业,战略制定过程中的思想、程序和方法都是大同小异的;而战略实施则因企业的规模、企业所处的产业等因素的不同而有较大的差别。

对绝大多数企业来说,战略制定的思想是通过内、外部环境的分析,在找出企业所面临的外部机会与威胁、内部的优势与劣势的基础上,寻求能最大限度利用内部优势和机会,并尽可能地减少内部劣势和回避外部威胁的一种方案。通过这种方案,企业能够更有效地分配企业资源并营造相对于其他企业的竞争优势,使企业获得可持续发展。相应地,战略制定的程序一般如下:识别和鉴定企业现行战略;分析企业的外部环境;对企业内部条件进行评价;将内、外部因素进行匹配,产生备选方案;比较和评价各备选方案,确定企业的最佳战略方案。战略制定过程中用到的各种分析工具也可广泛运用于各种不同的企业。

而对于处在当今变化越来越快的商业环境中的企业来说,战略实施没有现成的被证明有效的道路,也没有具体的准则,不同的经营活动和竞争环境、工作环境和文化、政策、报酬激励制度和组织历史与个性的混合要求战略实施采用某种特定的方式——一种以单个公司的形式和环境,以及战略实施者的最佳判断及熟练使用具体变革技巧的能力为基础的方式。

不同的企业,在战略实施过程中会遇到各种各样不同的问题,这些问题具有突发性、偶然性、不确定性,因此,战略实施者必须根据具体情况具体处理,必须调动一切积极因素,对企业战略进行完整的全过程动态的权变管理,根据各种纷繁复杂的、具体的情境灵活地、创造性地采用恰当的手段去解决所面临的问题。与战略制定相比较,战略实施具有更大的灵活性、复杂性和不确定性。

4. **战略制定技能强调综合分析,战略实施技能强调激励和领导**

战略制定需要良好的综合分析技能,这体现在以下两个方面。

(1)在内、外部环境分析中需要有好的综合分析技能。企业所面临的外部环境纷繁复杂,就外部环境中的一般影响因素而言就有社会、技术、经济、政治和法律等,特殊影响因素有:竞争者、政府、股东、消费者、公众、金融机构和供应商等。内部条件分析包括企业管理、市场营销、财务会计、生产运作、研究与开发、计算机信息系统等方面。要从如此众多的因素分析中找到并确认哪些是一个企业的关键因素,没有良好的综合分析技能是不可能做到的。

(2)战略匹配需要良好的综合分析技能。在这一阶段,要将外部与内部的重要因素相匹配,而且,绝大多数的情况下,需要对内、外部关键因素进行多重匹配,以制定企业的

SO、WO、ST 和 WT 战略，这需要战略制定者对关键因素进行深入分析、理解，以把握这些因素之间的内在联系。因此，正确、合理的战略匹配同样需要良好的综合与分析能力。

战略实施需要有特殊的激励和领导技能，体现在以下两个方面。

（1）战略实施涉及组织中几乎所有的人和部门。协调这些管理客体的活动需要发挥管理实施者的领导艺术，比如说用人的艺术，包括怎么用人所长，怎样激励员工，怎样合理搭配以发挥更大的整体效应；还有人际关系的艺术，怎么样进行人际交往，怎么样处理人际冲突；还有公共关系艺术等。战略实施者需要制定纪律，激励所有管理者及雇员努力工作，并得到他们的支持。另外，战略实施还要协调企业的营销、财务、研究与开发和计算机信息系统等部门的活动。

（2）在将战略转化为行动的过程中，管理实施者还会遇到各种各样的管理问题：将企业组织结构与战略相匹配、将业绩与报酬挂钩、创造有利于变革的企业环境、管理企业内的政治关系、建立支持经营战略的企业文化、调整生产作业过程及管理人力资源。从这里也可以看出：战略实施是比战略制定更复杂、更有创造性的一项工作，它更需要管理主体具备良好的激励和领导技能。

5. 战略实施的核心是整体性

即通过战略来协调各种活动之间的关系，它追求整体最优而不是局部最优，追求相互协作、配合而不是各自为政。

13.1.2　企业战略实施的基本原则

为了保证企业战略目标的顺利实现，在战略实施过程中，必须遵循如下基本原则。

1. 坚定方向、突出重点原则

企业战略是建立在对市场调研、专家分析基础上，并结合企业实际制定出来的，所要解决的问题，是企业全局的、长远的发展指导思想和最终目标，为企业的生存与发展指明方向。企业在实施战略的过程中，要坚持已有的方向，突出战略制定中的关键性环节，抓住对全局有重大影响的问题和事件，以及那些战略决策时没有考虑的例外因素，以达到事半功倍的效果。

2. 权变的原则

在战略实施过程中，企业还需要在坚持原定计划的基础上，根据环境的变化调整战略，所以企业战略实施应该是有弹性的，允许有一定的灵活性，这会使计划更加符合实际，更好地实现战略目标。同时战略实施并不是被动的，实施过程也是对战略的创造过程，是对战略的检验和不断完善过程。

3. 适度的合理性原则

企业的庞大的复杂的总体战略是要分解为具体的较为简单的、能予以管理和操作的工作任务，经由企业的组织机构去分工贯彻实施。企业的组织机构是为适应企业经营战略的需要而建立的，但各个组织部门相互间及和企业整体利益间可能会发生一些矛盾。对此，往往需要进行协调、妥协,以寻求能为各方面所能接受的做法,由此难免产生某些次优化现象。在实践中,不可能离开这些条件去追求所谓绝对的合理性,合理性只能是适度的。只要在企业战略实施过程中,坚持统一领导、统一指挥的原则,战略实施系统各要素比较协调,总体运行虽偏离战略目标但还符合要求,就应当认为是正常的。

13.1.3 企业战略实施的要求

1. 战略制定者应尽可能地参与战略实施活动

所有企业成员不可能都参与战略制定,战略制定的背景、过程和细则在实施过程中可能不能正确贯彻和领会。因此,战略制定者应尽可能地参与战略实施的活动,以避免偏差和加强战略实施的效率,确保制定的战略的成功。

2. 战略实施的核心是整体性

即通过战略来协调各种活动之间的关系,它追求整体最优而不是局部最优,追求相互协作、配合而不是各自为政。战略的实施是战略定位、战略意图的逻辑分解和逻辑延伸,是对经营管理各职能的有机整合。

3. 战略实施要求最少干预

战略的实施过程也是一个克服实施中的障碍和解决问题的过程。战略实施中需要解决复杂程度不等的问题。最复杂的问题包括企业的总体目标和战略是否得当,直至最简单的问题只包括基层组织的控制和激励是否有效。实施中发生问题的复杂程度采取必要的(尽量少的)干预措施,亦即低层次的问题不要放到最高层次去解决,因为这样做所付出的代价最小。

13.1.4 战略实施的内容

实施战略需要活动的内容是很多的,概括如下。

(1)根据战略实施的需要,建立或调整企业的组织结构。

(2)根据战略实施的需要和建立的企业组织结构,进行人事安排和调整,确定实施战略的相关负责人和实施者。

(3)根据公司总体战略,各职能系统分别制定其职能性战略,并由企业和战略经营单位协调。

(4)在各职能性部门的计划或者预算中体现各项目标和战略,并按照计划和预算执行。

(5)不断完善和建设企业文化,发挥企业文化的作用,用于指导和规范员工的行为。

(6)完善激励制度和约束机制,形成良好的奖惩制度和有效的制约制度。

(7)建立完善的战略控制和作业控制系统,确保战略的顺利实施和预定目标的实现,在实施过程中可以根据实际情况和环境的变化修改原定的目标和战略。

(8)战略实施的关键在于加强组织领导和指导工作。

本章主要阐述其中 7 项内容,而战略控制要放到下一章中讨论。

13.2 企业战略和企业文化

13.2.1 企业文化

一些研究组织理论的学者们尝试着把不同的文化类别进行归纳，认为如果组织能够通过类型来描述自身文化，将有助于进行战略分析。文化的分类方法通常认为具有以下几类。

1. 汉迪的文化类型

汉迪（Handy，1996）认为组织文化可以划分为权利导向型文化、角色导向型文化、任务导向型文化和员工导向型文化。

（1）权利导向型文化。这种文化常常出现在那些由权威的个人或占支配地位的小团体控制的组织内，这些组织的领导者是凭借自身资质而使企业成长起来的，通常包括一些小的企业（业主管理）、公司和一些领导者具有超凡魅力的大型组织。在这种类型的组织中战略决策和许多业务决策都是由创业者自身制定，高度集权，组织依赖于权威者自身的能力和性格，组织适应环境变化的能力是有限的。

（2）角色导向型文化。这种文化常存在于那些内部等级森严、业务活动依赖于一些既定程序、制度和先例的，在稳定环境中以传统方式经营的老企业中。这些传统的具有官僚作风的组织对变化反应迟钝，高度分权，管理者的任务是管理程序，这类企业文化的组织依赖一些规则和制定的程序运行。

（3）任务导向型文化。具有这样文化的企业包括一些完成项目所需要的专家，团队小，灵活多变，通常从事非重复性、高价值、一次性的任务。这类企业文化存在于那些从事某项特殊任务的组织中。

（4）员工导向型文化。这类文化主要存在为组织员工自身利益着想的团队中，组织成员在其中能发挥积极性，都是为了自身或其他成员的利益而工作。

2. 迈尔斯和斯诺的文化类型

基于文化在不同战略阶段的表现，迈尔斯（Miles）和斯诺（Snow）（1978）把文化分成四种类型。

（1）防御者型文化。拥有这类文化的企业具有严格的控制系统和等级森严的管理机构，通过低成本和专业化战略在锁定的目标市场中追求竞争优势，其所经营的市场是稳定成熟的市场，环境的变化不大。

（2）先行者型文化。这类文化的企业倾向于创新、市场开发和推出新产品，组织分散灵活，企业的战略往往要求能对环境有所控制，并有能力对发生的变化作出快速反应。

（3）分析者型文化。这类企业属于比较保守的，采取的多是追随的战略，通过市场渗透获得增长，推出新产品、开拓新市场都是建立在对市场进行广泛深入的评估和市场调查后作出决策的。善于从其他组织的成败中得到经验和教训，平衡上下级之间的利益分配的方式比较复杂。

（4）反应者型文化。属于追随者，但是在面对一些新市场的开拓和新产品开发的问题时有时也会比较冲动，对于战略实施的结果的考虑有时比较欠缺。

3. 小结

实际上，很少的组织只有其中的一种文化类型，常常是两种甚至更多文化的集合体，并且这个集合体还可能随时发生变化。企业文化不同，选择的战略也不同。战略中的现实情况和理想状况之间的文化差异是战略实施中最重要的方面之一。如果两个方面的状况不匹配，要么改变现有的企业文化，要么调整战略目标来减少文化变革的程度。

13.2.2 企业文化的内涵

企业文化是一个企业内部全体员工所具有的共同的价值观，是一个企业内部的风气、习惯、性格和团队精神。企业文化影响企业成员的思维方式和行为方式，因此富有活力的企业文化是战略实施的重要内容。

1. 企业文化的性质

文化是由人类创造的不同形态的特质所构成的复合体，它是一个庞大的丰富而复杂的大系统，既包含有社会文化、民族文化等主系统，也包含有社区文化、企业文化等属于亚文化层次的子系统。由于文化的层次不同，它所具有的功能、担负的任务、所要达到的目的也不同。企业文化作为一种子系统文化，主要包括以下三个方面特性。

（1）无形性。在企业的职工之间存在的企业文化包含着共同理想、价值观念和行为准则，这种群体心理定式及氛围促使员工会自觉地按照企业的共同价值观念及行为准则去从事工作、学习、生活，是一种信念、道德、心理的相互融通、促进，有利于企业确定正确的发展方向和克服困难。这种作用是无法度量、无法计算的，是无形的，但是通过企业中的有形的载体，如企业员工、产品、设施等表现出来。企业文化促使员工产生对企业目标、行为准则及价值观念的"认同感"，非强制地约束和规范员工行为。

（2）相对稳定性和连续性。企业文化是随着企业的诞生而产生的，具有一定的稳定性和连续性，能长期对企业员工行为产生影响，不会因为日常的细小的变化或个别干部及员工的去留而发生变化。但是，企业文化也要随企业内外经营环境的变化而不断充实和变革，封闭、僵化的企业文化形态最终也会导致企业在竞争中失败。在保持企业文化相对稳定的同时，也要注意企业文化的灵活性，及时更新、充实企业文化是保持企业活力的重要因素。

（3）个性。企业文化是共性和个性的统一体，各国企业的文化都有其必须遵守的共同的客观规律，如必须调动员工的生产积极性、争取顾客的欢迎和信任等，因而其企业文化有共性的一面。而另一方面，由于民族文化企业环境及行业特点的不同，其企业文化又有个性的一方面，企业文化又由于行业不同、社区环境不同、历史特点不同、企业战略不同、经营特点不同、产品特点不同、时间特点不同等，形成企业文化的个性。只有企业文化具有鲜明的个性，才能充分发挥企业文化的作用。在某个企业成功的企业文化并不一定能通过简单模仿而对其他企业发生同样的作用。

2. 企业文化的功能

(1) 导向和激励功能。企业文化能引导企业员工为实现企业发展目标而努力工作。能使企业员工认识到企业的特点和优势，产生热爱企业的自豪感和荣誉感，为企业奠定坚实的精神基础。导向功能通过两个方面发挥：①直接引导员工的性格、心理和行为；②通过整体的价值认同来引导员工。在一个"人人受重视，个个被尊重"的文化氛围中，每个员工的工作都会及时受到肯定、赞赏和褒奖。员工时时受到鼓舞，处处感到满意，有了极大的荣誉感和责任心，从而发挥出自己的特长和潜能。

(2) 规范和约束功能。企业文化中的价值观念、道德规范、行为准则是无形的精神力量，通过观念来管理员工，规范企业的经营行为。约束功能表现为企业文化中制度文化的约束和自我约束，形成内部员工共同遵守的行为规范和思想道德准绳。

(3) 凝聚功能。企业文化以种种微妙的方式来沟通人们的思想感情，融合人们的理想、信念、作风、情操，培养和激发人们的群体意识。利用企业文化内在的向心力把企业员工团结在一起，产生出对工作的自豪感和使命感，对本企业的认同感和归属感，使员工能为了共同的理想勤奋工作，提高服务质量。

(4) 辐射功能。企业文化将通过企业和客户的接触，让客户感知该企业的文化的力量，并通过传播，将企业文化传播到社会其他行业中，从而丰富了社会文化，推动了社会的精神文明和物质文明，对社会文化具有一定的作用功能。

上述几种企业文化的功能，在实际中并不是单项地表现出来，而是综合地、整体地产生作用。每一种文化的各个组成部分都是相互联系并达到统一的，文化及其功能具有整合性。

13.2.3 企业文化与企业战略实施

战略的实施除了利益的驱动外，还需要文化上的支持。与战略实施所需要的价值观、习惯和行为准则相一致的文化有助于激发人们以一种支持战略的方式进行工作。但文化的形成过程是漫长的，文化的变革也是非常困难的，因此建立一种支持企业战略的企业文化是企业战略实施中最为重要也是最为困难的工作。

当一个企业的文化无法与取得战略成功的需要相匹配时，就应改变这种文化以适应新的战略。当然，当企业希望改变文化来更好地实施战略的时候，也会存在一定的制约因素。因此，当企业培育文化时，需要考虑两个方面的内容：①承认历史，尊重现实，考虑到文化变革的成本；②逐步使组织文化朝适应环境的方面发展，因为企业要生存，必须要适应环境，不适应环境的文化只能阻碍企业前进的步伐。

将企业与战略相匹配的第一步就是要找出现有文化中哪些是支持战略的，哪些不是。在将文化和战略结合起来的努力中，既有象征性的行为，也有实际性的行为。

企业文化和经营战略的关系主要表现在以下几个方面。

1. 优秀的企业文化是企业经营获得成功的重要条件

优秀的企业文化能突出企业特色，形成企业成员的共同的价值观念，具有鲜明的个性，有利于企业制定出与众不同的、适合企业发展的战略。

2. 企业文化是企业战略实施的重要手段

企业战略的实施需要全体员工的积极合作来完成，企业文化具有导向、约束、凝聚、激励及辐射作用，能统一企业员工的意志，鼓励员工为实现战略目标而努力奋斗。

3. 企业文化与企业经营战略必须相互适应和协调

企业文化的产生是一个长期积累的过程，对其进行变革的困难很大，从战略实施的角度来看，企业文化既要为实施企业战略服务，又会制约企业战略的实施。企业文化和企业战略实施有四种形式，如图13-1所示。

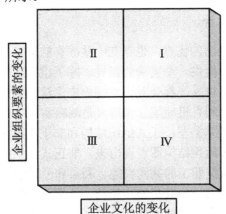

图13-1　企业文化和企业战略实施结合的形式

第Ⅰ象限说明实施一项新战略，企业组织要素变化比较大，而且和原来的企业文化也很不匹配，这个时候企业高层管理者需要考虑的是企业是否应该实施这个战略，如果要实施这个战略，则需要对企业文化进行大的调整。具体措施可以是：①企业高层管理人员要下定决心进行变革，并向全体职工讲明变革文化的意义；②为形成新的企业文化，企业应招聘具有该种文化意识的人员，或在内部提拔一批与该文化相符的人员；③企业要把奖励的重点放在具有新文化意识的事业部或个人身上，促进企业文化的转变；④设法让管理人员和职工明确新文化所需要的行为，使之按照变革的要求工作。

第Ⅱ象限说明在实施这项新战略的时候企业组织要素发生大的变化，但是和原有的企业文化具有一定的一致性，那么企业的领导者需要发挥现有人员的作用，发生的变革不要违背目前的行为规则和价值观念。

第Ⅲ象限表明企业在实施战略的时候，企业要素和企业文化发生的变化都不大，企业的管理者应该维持现有文化，利用现有资源加强企业文化对战略实施的促进作用。

第Ⅳ象限说明在战略实施的过程中，企业组织要素的变化不大，但是企业文化发生巨大的变化，这时企业的战略是维持企业总的基本文化不变，根据业务和战略的不同采取不同的文化管理，保障企业战略的实施。

总之，企业文化和企业战略必须相适应，否则文化将会阻碍企业战略的实施。

13.3 战略实施中的组织结构设计问题

企业的组织结构要随战略而动,组织设计的考虑,在很大程度上是企业战略意图在组织结构上的反映。企业的总体战略定位一旦明确,就意味着选择了自己所从事的事业领域,即选择了企业的外部环境(包括产业环境)。在不同的外部环境中经营发展,需要不同的企业技能,或者是突出效率,或者是突出响应速度,或者是突出技术创新能力,而这些独特技能的形成,需要靠组织结构予以保障。因此,企业组织结构设计的主要依据是企业的发展战略,而组织结构与战略是否匹配,决定了战略实施的成功与否。

13.3.1 组织结构设计

不同的组织结构有其突出的优点,也存在一些固有的缺陷,根据战略需要与组织特征的比照,可以为组织结构设计提供一个明确的指导。除了组织结构设计外,组织的运作模式、协调规划、信息系统、文化体系等都会对组织能力产生深远的影响。因此,在这些方面上,针对战略的要求,进行系统和有机地规划和培育是战略实施中非常重要的问题。

企业组织结构有两种基本类型:正式组织结构和非正式组织结构。正式的组织结构是由企业管理人员设计的并通过组织结构图表现出来。非正式组织结构代表着企业职工之间的各种社会关系。这种关系是根据职工的共同兴趣、利益和爱好组成的。

在了解企业组织结构如何适应其战略实施前,还需要了解组织结构划分的依据,具体如何划分组织内部的部门取决于企业的战略定位,为了更好地实施企业的战略,必须建立最适合的部门结构。

1. 组织结构类型

从现有的情况看,组织结构大体分为直线制、职能制(包括直线职能制)、事业部制、矩阵制、集团控股型、网络型与蜂团型等7种形态。

(1) 简单直线制结构。简单直线结构中的所有者兼经营者直接作出所有主要决定,并监控企业的所有活动,而员工只是为经理监控权力的延伸而服务。这种结构涉及极少的任务分工、很少的规则和有限的规范化。这种组织结构的优点是管理结构简单,管理成本低,指挥命令关系清晰、统一,决策迅速,责任明确,反应灵活,维护秩序较为容易。这种组织结构也存在一些缺陷,如要求各级管理者有管理和生产的全面知识,成员之间和组织单位之间的横向联系较差,沟通周期长,对环境变化反应缓慢,专业化分工不足,如图13-2所示。

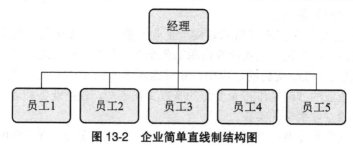

图13-2 企业简单直线制结构图

（2）职能制结构。职能制结构适合于产品品种较多，市场也较大的中型企业。职能制结构将任务和活动按业务职能，如生产、营销、财务、研究与开发和计算机信息系统等进行分类。职能制结构允许职能分工，从而方便了知识共享和观点发展，简单易行和成本较低、促进劳动的专业化分工、提高效率，减少对复杂控制系统的需求。但是这种结构容易形成多头领导，削弱统一指挥，各职能部门的指挥有可能相互矛盾，下级无所适从，如图13-3所示。

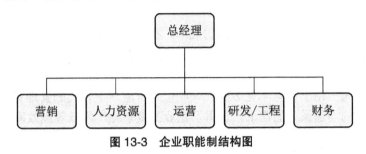

图 13-3　企业职能制结构图

（3）事业部结构。随着企业中分部门或分公司的数量、规模和类型的增加，对各分部门的控制和评价将愈加困难。销售的增长往往不能导致盈利的同步增长。公司最高层领导的控制范围会变得过于宽广。将类似的分公司或部门组成战略事业部，委派高级管理人员对其负责并直接向公司最高领导报告。事业部结构适合于大型企业，产品品种很多，市场也很大。各个事业部独立核算，这种结构通过对各类业务分部的协调和对各战略业务部职责的明确规定而促进战略的实施。但是这种结构对事业部经理的素质要求高，各事业部都设有类似的日常生产经营管理结构，容易造成职能重复，管理费用上升；各事业部拥有各自独立的经济利益，易产生对公司资源和共享市场的不良竞争，使公司协调任务加重；总公司和事业部之间的集分权关系处理起来难度较大也比较微妙，容易出现要么分权过度，削弱公司的整体领导力，要么分权不足，影响事业部门的经营自主性，如图13-4所示。

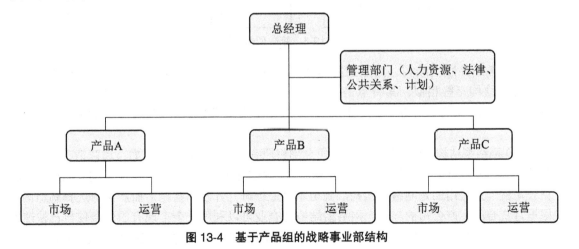

图 13-4　基于产品组的战略事业部结构

（4）矩阵型结构。矩阵型结构是在职能型结构基础上，再按产品或其他工作任务分设若干项目组，所需人员来自各职能机构（但并不脱离原职能机构），目的是加强职能人员之间的协作配合，更好地完成项目组的任务。矩阵结构是一种最为复杂的组织结构，因为它同时依赖于纵向和横向的权力关系与沟通。企业建立矩阵结构的优点主要有：项目目标明确、沟通渠道较多，员工可以看到自己的工作成果，项目的退出壁垒较低，为管理者提供职业发展机会，并容易增加新业务和新产品等。

但是这样的组织结构容易产生较高的成本，在人员、设施和职员服务方面存在一定的重复，出现双重预算权力（违背了统一指挥的原则），双重奖惩系统，双重报告渠道；成员的工作位置不固定，容易产生临时观念，也不容易树立责任心；还需要对各个部门建立复杂的总部驱动控制系统；由于设置了更多的管理职位，可能产生较高的管理费用，同时可能会产生对广泛而高效的沟通系统的需求，加重了企业的复杂化，降低管理效率，如图13-5所示。

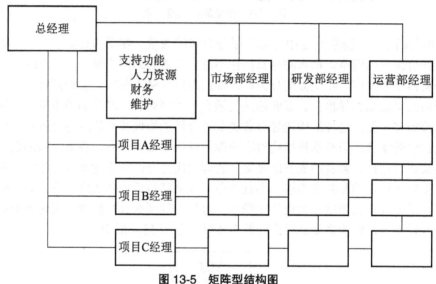

图 13-5　矩阵型结构图

（5）集团控股型结构。集团控股型适用于非（弱）相关领域开展多种经营的企业，和事业部型结构有些相似。其特点是公司之下有若干子公司（独立法人实体），从事同一产业的跨多种产业的业务经营。这种组织结构容易产生管理缺位现象，从而导致投资效益下降。

（6）网络型结构。网络型结构是公司总部将原有的一些基本职能，如市场营销、生产、研究开发等都分包出去，由自己的附属企业和其他独立企业去完成。如1964年创立的运动鞋耐克公司就一直采用的是网络型结构，公司本身进行研究开发和营销，而从全球选择制造商，根据订货合同生产公司的产品。网络型结构使企业可以利用社会上现有的资源使自己快速发展壮大起来，但是由于结构的松散易导致组织的不稳定性，从而影响组织的长远发展。

(7)蜂团型结构。蜂团型结构决策迅速,能适应市场的快速变化,把握机会,回避风险。但是只适合少数类型的企业。

2. 总结

上述多种组织结构类型各有特点,企业可以根据采用的战略及其他因素作出不同的选择。不同组织形态的特点决定了它们对企业战略的影响是不一样的。因此,对于特定的战略及其内外环境而言,存在一种"最优"的结构形式,这就是结构与战略匹配的逻辑基础。

当企业实施战略时管理人员必须从三个方面考虑建立组织结构与非正式组织结构。①企业要考虑现有的组织结构是促进还是妨碍成功地实施战略。如果一个企业的管理层次过多,就很难有效地实施战略或对已变化的条件作出迅速反应。②企业应该考虑组织内不同的管理层次和个人将会对各种实施任务作出什么反应。一般来讲,企业最高管理人员往往在彻底战略变化或企业转向方面有很大的发言权,而战略变化则是由中层管理人员负责实施。③调动非正式组织的积极性,促进战略的成功实施。例如,在实施战略的问题上,如果一些部门的管理人员能够自发地合作,相互探讨,则会加速战略实施的进程。

13.3.2 战略与组织结构设计的关系

企业的经营战略是经过企业的组织机构来实现的,而两者之间呈现出很复杂的关系。

1. 企业的经营战略规范着组织结构的形式

企业建立组织结构是为了实现企业的总体经营目标和经营战略,建立部门的组织结构是为了实现部门的目标及其战略,组织结构是实施经营战略的一个手段。企业战略的转变带来了新的管理问题,导致绩效的下降,这就引起了组织结构的调整,随后使企业的状况重新得到健康的发展。比如,当公司规模扩大,由单一经营战略转为多元化经营战略时,其组织结构也从简单直线制转变为职能部门制,再发展为多事业部制,而且这种的转变和调整是出现了新的问题之后才发生的。组织结构要适应实施战略的需要,但是这种适应过程在时间上有一定的滞后。

2. 企业战略实施的成功与否依赖于战略和组织机构的匹配

著名的管理学者德鲁克（Peter F.Drucker）曾指出:"能够完成任务的最简单的结构就是最优的结构。判别一个好的组织结构的标准是它会不会带来问题。结构越简单,失误的可能性越小。"如果一个企业采用的是产品开发和市场开发战略,则面临品种增多和市场层面增多的处境。

(1)企业竞争战略和组织结构的匹配。如果企业执行总成本领先战略,则适合选择那些决策权利集中,组织等级制度严密,权责关系固定,职责界限分明,工作程序精确,规章制度严格的结构,突出成本控制。

如果企业实行差别化战略,可以选用决策权利分散,等级制度不太严密,权责关系不太固定,工作程序不太正规,强调主动性和适应性的职能型结构,促进产品的差异化。

(2)企业发展战略和组织结构的匹配。如果一个企业采用的是单一经营的战略,集中于某种产品（技术、市场）的经营，在战略层次上只有企业战略和职能战略两个层次，则按职能（生产、营销、财务、研究开发、人事等）来划分部门是适当的。

如果企业采用纵向一体化战略，则其一体化的业务在生产技术、营销等方面将具有与原业务相当不同的性质，为这种业务单独设置具有一定自主权的部门或许是适合的，否则就要在按职能划分的部门内部设置各自的管理这种业务的机构。

如果企业采用多元化战略，具有高度分权的事业部（战略经营单位）之类的机构将是恰当的。

运用战略事业部结构中合作形式来实施相关多元化战略。企业为了实施相关战略，可以运用混合结构中的合作形式。合作形式是一种运用多种综合策略的人力资源实践，在企业多个部门之间培养合作和整合结构。围绕本企业的核心产品进行各个部门的合作是实现范围经济和促进技术转移的必要条件。

运用战略事业部结构中竞争形式来实施不相关多元化战略。不相关多元化战略创造价值的方式是通过高效的内部资本分配或业务重组、收购和剥离不良业务完成的。事业部结构的竞争形式是对不相关部门间资产的竞争进行控制的一种组织结构。强调各事业部都要创造优秀业绩，为夺取企业总部多分配一些资源而竞争，也应设法发挥来自事业部间相互关系的优势。

（3）企业跨国战略与组织结构的匹配。如果企业执行跨国战略，则可选用组合结构，一部分是按照地理区域划分的事业部，另一部分是按产品组或行业划分的事业部，既有分权，又有集权，控制和协调难度比较大。

3. 企业战略实施中组织结构的变革

在战略实施过程中，没有组织结构上的重大变革很难在战略上实现实质性创新。当企业所处的环境很稳定，实施一些发展战略和竞争战略都需要轻微的组织结构的变动和调整。当企业环境发生重大变化，实施创新性战略的时候，必须对组织结构进行重大的变革和调整以适应新战略的实施。

4. 企业战略的前导性与组织结构的滞后性

企业战略的变化要快于组织结构的变化。因为企业一旦意识到外部环境和内部环境的变化提供了新的机会与需求时，首先是在战略上作出反应，以谋求经济效益的增长。而组织结构的变化常常慢于战略的改变，因为新旧结构的交替有一定的时间过程，旧的组织结构具有一定的惯性。由此可以看出，在环境变化、战略转变的过程中，总是有一个利用旧结构推行新战略的阶段，即交替时期。在企业开始实施新战略时，要正确认识组织结构有一定滞后性的特性，在组织结构变革上不能操之过急，但又要尽量努力来缩短组织结构的滞后时间，使组织结构尽快变革。

5. 企业组织结构对经营战略有制约作用

完美的、完全地与经营战略相匹配的组织结构总是要对企业的经营战略起一定的制约作用，这种制约作用不仅在战略实施过程中有所表现，甚至在战略的制定过程中也会有所表现。比如企业现有的（和可能取得的）人员素质，分工所涉及的处理日常事务的效率和人事因素，权力分配中涉及的许多政治因素和利害关系等，它们都在不同程度上独立于经营战略以外制约着组织结构的设置。

13.3.3 总结

（1）在实施某一战略时，不同形式的组织结构有着不同的效率。

（2）企业的组织结构具有生命周期，企业如果不认识这种周期的重要性，则意识不到何时需要对组织结构进行根本性变革。

（3）企业进入各种相关或不相关的产品和市场后，要获得经济效益，就必须改变组织结构，这是重新设计组织结构的必要条件。

13.4 战略实施中的其他问题

13.4.1 战略实施中的人力资源问题

1. 战略实施与人力资源

20 世纪 90 年代以后公司普遍出现小型化和重组的趋势，人力资源管理者的工作正发生着迅速的变化。人力资源管理者的战略责任包括在战略制定时评估各备选战略的人员使用需求和成本，并为战略的有效实施制订人员计划。

人力资源管理部门必须建立将战略实施与收入明确挂钩的激励制度。对管理者和雇员的激励过程，通过使他们参加战略管理活动和了解公司业绩对他们个人的好处而给公司带来极大的益处。将公司业绩与个人利益挂钩是人力资源管理者的一项新的、重要的战略责任。

如果在战略实施过程中忽视人力资源问题，制定得非常好的战略管理系统也会失败。社会和政治结构的破坏，个人能力和战略实施人物的不匹配及最高管理层对战略实施参与不够等原因容易在战略实施过程中产生人力资源问题。

在企业中，和战略相匹配的新的权力地位关系可以事先了解到，然而新的正式和非正式集团的价值观、信仰很大程度上不可预知。当战略的实施过程影响了很多管理者和雇员的利益时，战略实施过程中可能受到这些利益主体的抵抗性的行为。因此，在战略制定和战略实施过程中必须预测、考虑和管理由于新战略导致的企业管理各个阶层的利益的变化及由此引起的战略障碍。

企业战略实施过程中，个人的发展是动态的，可以采用管理人员的调动和培训，组织职业发展活动，提升、扩大工作范围及丰富工作内容的方法达到管理者和战略实施的匹配。此外，管理者应该和员工进行非正式的交流，了解战略的进展并适时进行必要的干预。为了保证战略的正确实施，领导者需要通过非正式交流并达成共识后再使问题进一步清晰化，尽量民主化，公开奖励成功。

防止和克服战略管理中出现人力资源问题的最好方法就是尽可能多地鼓励管理者和员工参与战略的制定，从而增进战略实施过程中涉及的人员之间的理解、信任、投入和拥有感，发挥人员中战略制定和战略实施的潜力。

管理的核心是人，知识经济的出现意味着在未来的社会生产中，人力资源在生产要素中所占的比重越来越大。在战略实施过程中，评估各备选战略的人员使用需求与成本，并为战略的有效实施而制订人员计划显得越来越突出。因此，人力资源管理部门必须建立将战略实施同人力资源管理战略紧密结合，从而达到最佳的效果。如果人力资源背离公司的总战略而一意孤行，结果是得不偿失。

	可替代性	
	难	易
高	A 严重破坏性的跳槽（保留/开发员工）	B 破坏性的跳槽（保留/开发员工）
绩效 中	C 破坏性的跳槽（保留）	D 是否有利取决于企业的花费（保留）
低	E 短期有害，长期有利（后备人员，改进绩效，或终止）	F 有利的跳槽（改进绩效，或终止）

图 13-6　绩效和其可替代性战略矩阵

人事安排是一个复杂而困难的问题，但却是在实施战略中不可缺少的一项任务。比如，在对离职人员的控制和管理过程中，不同的战略会带来不同的收效。企业的目标是留住那些对企业有价值的员工，这主要是由员工的总体绩效和其可替代性来决定的。通过图13-6可知，根据可替代性的难易程度和绩效高中低的不同，可以找到对应于A、B、C、D、E、F各个不同的员工类型：A类员工的离职对于公司来说是属于严重破坏性的离职。由于该类员工绩效高、可替代性差，在市场上很难迅速找到相应的替代者。B类员工的离职对于公司来说是属于比较具有破坏性的离职。该类员工绩效高但可替代性高，在市场上很容易找到相应的替代者，所以对于这类员工的跳槽，公司只要有足够的时间应付还是可以找到替代者。但是如果员工是突然提出辞职的，就会在找到接替者之前给公司带来很大的损失。C类员工的离职对于公司来说是属于破坏性的离职。该类员工虽然绩效不高，但可替代性差，在市场上也不容易很快找到相应的替代者，所以他们的跳槽会引起公司不小的风波。D类员工的离职对于公司的破坏性程度取决于公司的花费，即招聘新员工和支付一名老员工的花费孰低孰高，如果招聘的费用低，则离职给公司带来益处，反之，则离职给公司带来损失。E类员工的离职对于公司来说在短期属于破坏性的离职，然而对于长期而言则是属于有利的离职。由于该类员工绩效低，所以从长远来看，找一个绩效更高的替代者对于公司的长远发展有益，但是另一方面由于这类员工的可替代性差，在市场上又很难迅速找到相应的替代者，所以短期而言还是会给公司带来麻烦。F类员工的离职对于公司来说是属于非常有利的离职，由于该类员工绩效低、可替代性好，在市场上很容易迅速找到相应的替代者。

针对以上六种人员的类型，公司应该有的放矢，采取一些措施留住最需要的人才：A 类保留和开发这类人员；B 类保留和开发这类人员，但是在程度上要稍稍低于 A 类；C 类保留该类员工；D 类衡量招聘新员工和继续雇用老员工的成本大小；E 类使用后备人员或者改进这类员工的绩效，如果以上措施都不奏效就终止合同；F 类改进该类员工的绩效，不奏效就终止合同。

除前文已有阐述的业绩考核问题外，人力资源管理的内容还包括人员的规划、招聘与培训、提升等重要职能。人力需求是依据企业的战略定位和竞争特性来进行规划的。在人力资源计划的基础上，并结合绩效考核的情况，开展人力资源管理的各个职能的工作。在人事招聘培训方面，在公司制订员工招聘培训计划之前，人事部门必须有指导性的战略原则，从而决定招聘同公司战略相符合的人才，决定到底是提供上岗培训式的职业培训还是提升员工潜力的职业培训，最终使得企业在招聘、培训项目上的成本效益达到最佳。所以，企业在制定其战略时，如何分析企业自身的竞争性地位，将战略同企业人力资源的最优化配置紧密联系，从而最终促进企业战略的成功实施，成了企业所需要考虑的重要问题。举例来说，从战略匹配表格（表 13-2 至表 13-5）可以看出，不同的战略背景下有着不同的人力资源战略与之适应。

战略和招聘选拔的匹配表如表 13-2 所示。

战略方案 1：采取从外部资源选拔，相对适用于那些存在较多容易替代岗位的公司，这些公司的特点在于规模不大、刚刚起步或者是没有较多时间和精力关注于长期的人力资源的开发与储备。

表 13-2 战略与招聘选拔的匹配表

战略方案 1：从外部资源选拔	战略方案 2：从内部资源选拔
有限的社会化	规范广泛的社会化
对特定技能的评估	对多种技能的评估
具有较窄的专业发展途径	较宽的专业发展途径

战略方案 2：采取从内部资源选拔，相对适用于那些规模较大的企业，或者那些存在较多不容易替代岗位的公司，因为从长远考虑，从内部资源选拔，有利于提高员工的积极性，避免员工对选拔制度的不满而跳槽所带来的损失。

例如，广州宝洁（P&G）采取的就是内部资源选拔，它会在全国的各类名牌大学做宣传，然后招聘优秀的人才进入宝洁成为新一轮的"management trainee"，给他们提供良好的职业生涯计划及丰富的提升机会。从这一点看，宝洁采取的就是规范而且广泛的社会化选拔方法。又如通用汽车，每年都是通过基于"团队合作"的绩效考评成绩来决定最后的内部提升人选；同样，GE Motor 也是使用了内部提升与选拔的方式，对员工的综合技能进行考察从而留住了一些绩效高、可替代性差的员工。

战略与培训发展的匹配表如表 13-3 所示。

战略方案 1：更关注于员工目前的技能，适用于那些涉及较多事务性工作的岗位。这些岗位培训的特点在于：基于个体导向的，即针对某个员工的不足提供适当的培训；培训的规模不大，由于是针对性的培训，所以它的规模较之战略方案 2 要少；一般来说，该类培训没有计划性，只是因为存在某些员工不能很快适应工作，而提供简单的类似上岗培训的内容，所以它的实施是没有计划的，很有可能是部门负责人自发性的行为，不需要事先制订计划。

表 13-3　战略与培训发展的匹配表

战略方案 1：更关注于员工目前的技能	战略方案 2：更关注于员工今后发展的技能
基于个体导向	基于集体导向
针对少数员工	针对大多数员工
自发性，没有计划性	有计划性，有长远的规划

战略方案 2：更关注于员工今后发展的技能，适用于那些涉及较多挑战性工作的岗位。这些岗位培训的特点在于：基于集体导向的，由于工作的复杂性及挑战性，采用团体合作的形式是首选方案，所以在提供培训的时候就要考虑到培训的目的在于提高整个团队的绩效，而非个人的绩效；培训的规模很大，主要是针对大多数的员工，由于战略 2 的长远考虑，所以需要对团队中的所有员工进行培训；一般来说，该类培训有着完备的计划性，因为这实际上是公司的一项长期投资，初期投入的成本将会是相当大的一笔开销，而且它的回报也不能立竿见影。所以，该类培训的实施需要谨慎的规划及有步骤的实施。

战略与薪酬的匹配表如表 13-4 所示。

战略方案 1：更关注于员工工资和福利。采取这种薪酬方案的公司具有以下特点：更为强调短期的奖励，而不是类似员工持股期权之类的长期奖励；强调内部公平性，行业的特殊性或者员工群体的特征决定了员工对于内部公平性更为敏感；主要是采用个体激励，因为员工更为关心内部意志、内部公平，这就决定了公司的福利要么是固定的，要么是没有，这样才能保持统一，所以唯一可以激励员工的方式是采取个体激励的方式，以拉开差距，形成激励。

表 13-4　战略与薪酬的匹配表

战略方案 1：更关注于员工工资和福利	战略方案 2：更关注于员工奖金
短期的奖励	长期的奖励
强调内部公平性	强调外部竞争性
主要采用个体激励	主要采用集体激励

战略方案 2：更关注于员工奖金。采取这种薪酬方案的公司具有与采取战略 1 的公司相反的特点；更为强调长期的奖励，这是因为公司要保持它的外部竞争力而采取的必要手段；

强调外部竞争性；主要采用集体激励，因为在一个强调外部竞争力的企业中，员工的任务往往更为复杂、更具有挑战性，所以一般来说会采用团队合作的方式来提高绩效，降低风险。这类公司以团队作为激励的目标，来激发员工最大的积极性，从而达到最好的绩效。

结合波特的竞争战略分析，可以进一步清晰地发现战略与人事的匹配要求。波特将企业的成长归纳为四个生命周期（形成阶段、成长阶段、成熟阶段和衰退阶段），由于各个阶段的战略不同，所以导致了最终人力资源的实施方向也有所侧重，表13-5就形成阶段所采取的差异化战略和成长阶段所应采取的成本领先战略进行了比较。

表13-5　战略与人事匹配表

	战略方案1：差异化战略	战略方案2：成本领先战略
公司关注点	更注重于创新、承担风险	注重于效率
员工角色	比较宽泛的工作任务	专门化、重复化的任务
培训方面	较广阔的职业发展道路	特定的、短期的上岗技能培训
人员招聘	外部招聘	内部提拔
报酬	外部竞争性 以结果导向	内部公平性 以行为导向

从表13-5的比较中，可以发现采取战略方案1即差异化战略的公司具有以下特点：
① 更注重于创新、承担风险，由于公司处于创立之初，需要创新的观念来节约成本创造财富，从而才可以在激烈的竞争中存活下来，而且处处都需非常小心；② 比较宽泛的工作任务，因为公司采用差异化战略，鼓励员工创新，并且敢于承担风险，所以必须要有宽泛的工作任务与之相匹配，否则会束缚员工的创造力；③ 较广阔的职业发展道路。同样道理，鼓励员工推陈出新，就要给予员工较为广阔的发展空间，从而避免遏制员工天赋的发挥；④ 外部招聘；⑤ 外部竞争性。第④⑤点的原因已经在前文关于战略与招聘选拔的匹配表的解释中阐述，这里不再赘述。

战略方案2：成本领先战略，采用这种方案的公司具有以下特点：① 更为强调效率。这是因为公司处在成长阶段，生存已经不是主要问题，如何打败竞争对手迅速成长为该行业的领头企业将是它要考虑的首要问题，所以成本的领先是实现这一目标的最有效的手段，提高效率、降低成本自然成了新的关注点；② 专门化、复杂化的任务，由于战略的转移，导致了对员工的角色定位不同，为了追求高效率，企业会放弃宽泛的任务而提供专门化、重复性的工作岗位；③ 特定的、短期的上岗技能培训，由于公司强调的是效率第一，招聘一个有经验的员工，远比找一个新人要有效率得多，前者只需提供较短而且特定的培训即可上岗；④ 内部提拔；⑤ 内部公平性。第④⑤点的原因已经在前文关于战略与招聘选拔的匹配表的解释中阐述，这里不再赘述。

现代企业的人力资源管理问题还关注员工持股、工作丰富化与员工职业生涯规划等问题。员工持股（ESOP）即雇员可以利用贷款或者现金购买公司股票，它是一种减免税收的、固定缴款式的员工福利制度。ESOP 的数量在 20 世纪 80 年代和 90 年代飞速发展。除了提高员工的责任感和提高员工的积极性外，ESOP 还给企业带来了减少纳税的好处。因为，ESOP 长期借款的本金、利息和股息支付均可以冲减所得税。目前，类似 ESOP 的薪酬政策已经被人力资源总监列为减少跳槽的最有效的战略。此外，将管理者与企业战略相匹配时会遇到的一个问题是，工作责任是非常具体并且相对稳定的，但个人发展却是动态的，所以时常会出现个人发展的要求远远超过工作责任的要求。这时候，就需要通过工作的丰富化手段调动员工的积极性，提升员工的潜能，使得每一个员工能够成功地经历三个阶段，从而达到高自我激励、高绩效、高工作满意度、低的缺勤率和跳槽率。同时，为员工规划同组织战略完全契合的职业生涯设计，也会使得员工的工作满意度提高，减少跳槽率，从而提升组织的绩效。

从图 13-7 所示的流程图可以看出员工所经历的三个阶段。

第一个阶段：通过工作丰富化的不同扩展形式。例如，通过技能多样化、工作的重新定义、工作重要性的突出、工作自控性的加强及工作反馈的增加来重新定义工作的性质。

第二个阶段：员工通过重新认识工作的意义，开始逐步增强自身对于工作的责任感，从而对工作开始承担责任，进而了解实际的工作结果。

第三个阶段：通过工作丰富化这个手段，使得员工重新找回工作的积极性与热情，从而达到高绩效。

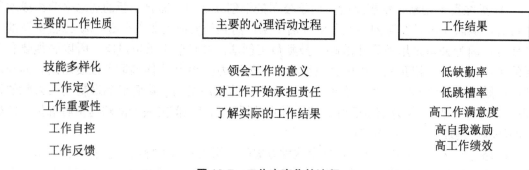

图 13-7 工作丰富化的流程

2. 人力资源和企业战略的匹配

有项研究成果将领导人员划分为以下几种类型，它们分别与不同的战略相适应。

（1）进取型产业专家适合采用纵向或横向一体化战略。这些专家的知识、能力、经验等都集中在某个特定的产业方面，对这个产业的情况非常熟悉，而且具有较强的进取性，当实行纵向或横向一体化战略的时候能充分发挥对行业熟悉的优势，灵活圆满地处理一体化战略制定和实施过程中碰到的各种问题。

（2）分析型领导者适合多元化战略。这类管理者具有极强的逻辑思维能力和分析能力，且具有多种产业的知识，能管理多样化的产品线，如果采用多元化战略可以相对处理和协调多种产品的生产和战略实施。

(3) 谨慎型领导者适合稳定型战略。这类领导者具有丰富的生产或工程背景,能进行预算控制和执行标准化程序的管理,工作比较谨慎、保守,当企业实行稳定型战略的时候需要这类领导者。

(4) 激进型专家适合实施紧缩型战略。这类领导者善于迎接挑战,具有为弱小企业寻找出路的经验。当企业需要实施紧缩型战略的时候,可以让这类管理人才独当一面。

类似的研究还有很多,战略实施过程中挑选合适的战略管理者非常困难,有时候实施某项战略的时候找不到合适的管理者,有时候找不到适合现有管理者的战略。人力资源要么从内部提拔或者从外部聘用,从外部聘用人员的缺点是对企业的文化和经营状况不熟悉;如果是采用内部提拔,需要尽早通过开发和培养来储备一批后备干部,使他们熟悉企业的生产经营和文化,长期参与企业战略的制定和实施,这样比较容易解决与战略相关的问题。

13.4.2 战略实施中的生产问题

企业生产作业能力与特性是企业实现其经营目标的重要因素。生产过程通常占企业资产的70%以上,生产成本也往往占总成本的50%以上。所以说生产环节对产品的功能、质量、成本等重要的竞争要素起着至关重要的作用,对战略的实施影响很大。表13-6给出了不同组织调整生产系统以满足各种战略实施的例子。

表 13-6 战略实施与生产系统的调整

企业类型	将实施的战略	生产系统的调整
医院	增加一个癌症治疗中心(产品开发)	采购专用设备和增加专业人员
银行	增设10个营业部(市场开发)	进行选址分析
啤酒酿造	收购一家大麦农场(后向一体化)	调整库存控制系统
钢铁制造	收购一家快餐连锁公司(混合多元化)	改进质量控制系统
计算机公司	收购一家零售连锁店(前向一体化)	调整送货、包装和运输系统

目前生产管理问题基本围绕着成本的降低和品质的保障来展开,如准时生产制(JIT)、柔性制造系统(如何用低成本制造个性化产品)、供应链管理(SCM,降低物流费用)、清洁生产、TQC、六西格玛等。在企业竞争战略中,成本优势是最为基础的。当然,这种优势可以体现在价格上,即用低价格进行竞争从而获胜,也可以体现在服务、质量、新技术开发上(差异化战略)。没有成本上的优势,无论采取哪种竞争战略,都是难以长久的,从而也是不可靠的。品质保障一方面是企业产品差异化的表现,但同时它对产品成本降低而言也是至关重要的。可以说,不论采取什么类型的战略,在生产技术问题上都需要体现出自己独特的优势。

生产决策中的产品设计、质量水平等问题,是依据公司的战略定位(目标客户群)来确定的，这一部分工作应以营销管理中的相关问题为依据，这也反映出企业内部工作之间的有机关系。

13.4.3 战略实施中的营销整合

营销整合是企业战略实施中最重要的环节。所谓营销组合，即对产品、价格、渠道、促销等四个方面（4P）进行战略规划，一般需要考虑的营销问题如表 13-7 所示。

表 13-7 战略实施中的关键营销要素

产品	价格	渠道	促销
质量	价格水平	销售渠道	广告推销
特性与选择	折扣	销售覆盖范围	人员销售
样式	付款条件	销售点布局	促销
品牌		销售区域	公关宣传
包装		库存数量与布局	
产品系列		运输工具	
质量保证			
服务水平			
其他服务			

1. 市场细分

对于顾客而言，细分意味着更合乎自己需要的产品和服务，这种个性化的服务是顾客以最小的代价获得最大效用的最佳方式。因此，细分是争取顾客最有效的手段之一。对于采取细分策略的企业来说，可以从两种途径着手：一种是"纵向细分"，即从现有的产品在市场中作更有针对性的区分并采取相应的营销策略；另一种是"横向细分"，即选择一个与现有产品或市场不相冲突的细分领域。前者更多的是加强自己的竞争优势，后者则注重回避竞争，寻找更合适自己的经营领域。

市场细分最终的选择，是企业根据行业竞争态势、自身能力、细分市场的吸引力等三个维度综合考虑的结果。无论对于"纵向细分"还是"横向细分"，都是从获取价值出发的，其细分的目的就是实现企业利益的最大化。因此，细分不是盲目争胜，也不是偏安一隅苟且偷生，而是积极地寻求适合自己的生存空间，更好地实现企业目的。要达到这一目的，需要从外部（行业竞争状况）和内部（企业自身能力和优势）两个方面来进行系统考虑，这一点正是战略思维的特征。市场细分实际上是构造企业营销与企业战略的重要桥梁。

2. 营销组合与战略

产品定位、价格定位、销售渠道的选择、促销手段的安排等，是企业营销工作的核心内容,这些销售手段的选择,完全应该由企业的战略定位来决定。

产品定位是由企业所选择的细分顾客群所决定的,即这些顾客的需要决定了企业的产品定位。宝马汽车突出驾驶的乐趣,它是为爱好驾车的顾客设计的;劳斯莱斯凸显尊贵,是为达官显贵们生产的;凯迪拉克是政治家的象征;沃尔沃强调安全,其顾客群是企业家等。

价格定位一方面由顾客选择决定,另一方面也由企业的战略目标决定。当然,特定顾客群的价格接受能力是定价的根本因素。但除了这一点考虑外,企业的战略目标也是重要的决定因素。企业的目标是盈利、增长还是打击竞争对手?这对价格的制定起着决定性的影响。如果企业追求盈利,那么一般价格会定得高一些;如果追求的是增长,一般价格会定得低一些;如果要打击竞争对手,其价格一般都会非常低,而且定价会以竞争对手的产品作为主要依据。另外,企业的竞争战略也是决定因素之一,如果是成本领先战略,其定价就会尽可能地低;如果采用差异化战略,那么其价格一般会比较高。因此,产品价格的确定是以市场定位、战略目标与竞争战略为逻辑依据的。

13.4.4 战略实施中的财务问题

战略实施中的财务问题主要是财务保障与绩效分析的问题。对于前期的战略选择而言,财务可行性问题在内部条件分析时实际上就已有所考虑。但前期的财务分析是一种事前分析,不可能做到对确切的战略方案进行具体的财务安排,更不可能对环境的变化进行动态的调整。财务战略要实施的就是如何在较为长远的战略规划期内,为企业的战略运作提供可靠、稳定和低成本的资金保障,包括资金需求预算、融资渠道的建立、企业价值的评估等。

1. 财务预算

准确的财务预算与资金计划是提供资金保障的前提。长远的战略规划应分解出具体的年度目标,而年度目标应分解到企业的每一个部门,对每个部门的活动进行预算,并汇总到财务部门,由财务部门再进行资金优化调度,就得到了企业的资金计划。因此资金计划并不是各部门预算的总和,而是对各部门的资金需求进行整合,使资金流动最合理、效率最高,以达到降低资金成本、保障资金供给的目的。

资金计划是融资、投资管理的主要依据,在此基础上,预测企业的现金流,确定资金缺口,以提高筹资活动的计划性和适时性。资金渠道管理是财务战略最重要的环节之一,这要求企业对资金渠道作一个长远的规划,充分考虑好如何使资金的使用与资金的来源相匹配,对现金的不足及现金的溢出应作何应对等。

资金计划的编制是通过财务预测而得来的,财务预测的一般步骤如下。

(1)销售预测。

(2)估计需要的资产。

(3)估计收入、费用和保留的盈余。

(4)估计所需要的融资。

对于在市场经济体制下运作的企业,市场导向是分析问题的源头。因此财务预测的第一

步就是销售预测,而销售预测的依据是企业的战略目标,这属于市场营销的范畴,此处不赘述。在销售预测的基础上,根据以往的资产-销售结构作一个资产规模的预测,然后计算出资金缺口,即所需融资或资金溢出的具体数字。

2. 资金保障

有了明确的资金需求,接下来需要做的就是决定通过什么途径筹集资金及如何落实资金的来源。资金筹集途径基本上有三大类:权益融资,即通过增资扩股来募集资金;负债融资,即通过银行贷款、发行债券等方式筹集资金;商业信用,通过调整与供货商及顾客的信用条件来改变企业的资产-销售结构从而改变企业的资金需求。

选择什么融资方式,最根本的考虑就是资金成本的问题,当然,除了资金成本最低的考虑外,还需考虑融资方式的可行性。这在财务管理上并不是什么新鲜的东西,但作为战略管理上的考虑,资金成本就不是一般财务处理上的资金成本的概念了。简单地说,此时的资金成本,是一种战略成本,包括了有形成本、无形成本和机会成本,它是从整体、长远的角度来进行衡量的。例如,为了减少资产/销售比例,企业采取紧缩信用政策的做法,这一做法一方面会降低对资金的需求,但另一方面也会造成销售增长的放慢,销售增长的放慢会对企业的战略造成什么影响,这就是这一政策的战略成本。

每股收益与息税前收益(ESP/EBIT)分析是确定战略实施中如何在借贷融资、股权融资之间选择一个最优资本结构的最常用的财务技术。这一技术用于分析不同的资本结构对每股收益的影响。ESP/EBIT 分析是战略实施中进行融资决策的一种很有价值的工具,但采用这一技术时应当考虑如下几点。

当每股收益水平更低时,股票融资的盈利水平可能更高,当公司的经营目标是利益最大化而不是股东财富最大化时,采用股票融资是最好的选择。

进行 ESP/EBIT 分析时,还要考虑一个灵活性的问题。当企业的资本结构发生变化时,其满足未来资金需求的灵活性也会发生变化。仅采用举债融资或仅采用股票融资可能会导致过于僵硬的责任和义务、限制性的契约关系,并会严重削弱企业未来进一步融资的能力。

在进行 ESP/EBIT 分析时,与股票价格、利率和债券价格相关的时机因素非常重要。在股票低落时,从成本和需求两方面看债务融资都是最有利的选择。然而,当利率高昂时,发行股票则更具有吸引力。

13.4.5 战略实施中的研发问题

研究与开发(R&D)人员在战略实施中起到综合的作用。他们通常被赋予为实施战略而开发新产品和改进老产品的任务。研究与开发管理人员的任务包括引进复杂的技术,使生产工艺适合于本地生产,以及使产品适合于特定的消费口味及要求。诸如产品开发、市场渗透、集中多元化等战略均要求成功开发新产品或改进老产品。目前全球的企业对研发的重视程度都不断提高,统计资料表明,美国公司研究开发费用平均为销售额的 3.5%,日本公司为 5.5%,德国公司为 5.4%,加拿大公司为 5.2%,瑞士公司为 6.3%,瑞典公司为 5.8%。一些高科技企业的研发费用高达销售额的10%以上。管理层还往往抱怨,对研究开发的支持受到可利用资源的制约。人们容易忽略的一件事情是,可利用资源是一个相对的概念,尤其是对于研究开发这样一种以大脑智力为主的活动,资金的实力是一个方面,企业在人力资源的组织和管理方面的能力是不容忽略的问题。

从外部得到研究开发力量还是建立企业自己的研发力量?这是一个较难决策的问题,在这一问题上,可以借助以下决策准则。

(1)如果技术进步速度较慢,市场增长速度适中,而且对新的市场进入者存在明显的障碍,那么在企业内进行研究开发是可取的。原因在于成功的研究开发将导致一时的产品或工艺垄断,公司可以利用这一机会。

(2)如果技术变化迅速而市场发展缓慢,那么大力进行研究开发可能会具有很大风险。因为这样最终可能会开发出过时的和没有市场的技术。

(3)如果技术变化缓慢但市场增长迅速,那么企业可能没有足够的时间进行内部开发。可行的办法是以专有或非专有的形式从外部公司得到研究开发的能力。

(4)如果技术与市场均发展得很快,则应当通过收购该产业一家优良公司而获得研究开发能力。

研究与开发战略主要有三种。第一种战略是做营销新技术产品的领先企业。这是一种既令人兴奋,又十分危险的战略。3M、宝丽来、GE公司等都曾成功实施了这种战略,但有不少采用这种战略的企业已经落伍甚至被淘汰了。第二种战略是创新性地模仿成功产品,这样可以将风险和初期费用降到最低。日本公司是采取这类战略的典型。第三种战略是大规模地生产与新产品性能类似但更为便宜的产品,从而成为低成本生产者。我国的VCD、DVD厂家就是这种战略的执行者。

采取什么样的研发战略,是由企业的实力、传统和具有优势的细分市场的特征来共同决定的,其最根本的原则就是扬长避短,发挥自己的长处,回避自己的不足,尤其是要考虑风险的承受能力等。

本章小结

战略的成功实施依赖于企业各职能间的有机整合,战略意图、战略基础与战略风险对企业的组织结构及生产经营等各个职能都提出了具体的要求。建立不同职能与和战略的关系,是一个个性化极强的问题,需要从具体的战略意图、战略基础和战略风险入手,结合企业的具体情况,本着实现企业战略意图、建立企业战略核心条件和防范战略风险的思想,构造相应的组织结构,规划和运作企业内容的各个专业职能。本章讨论了战略组织设计的几个主要组成部分,组织设计和调整应如何结合企业的战略意图来进行规划,组织设计的各个环节如何与战略进行联系,企业文化与企业经营战略的协调问题等。最后,就人力资源管理规划、

生产规划、营销规划、财务规划、研发规划等职能与企业战略相匹配的问题提出框架性的考虑因素。

复习思考题

1. 企业战略制定和战略实施的关系是怎样的？
2. 企业战略实施和组织结构的关系如何？
3. 企业战略实施和企业文化的关系如何？
4. 企业文化的特点是什么？
5. 从哪几个方面判断人力资源需求与战略实施的联系？
6. 战略实施中的生产问题都体现在哪些方面？
7. 研发战略的选择应该遵循什么样的原则？
8. 战略实施中的营销问题体现在什么方面？
9. 如何正确理解战略实施中的财务问题？
10. 成本控制在战略实施中处于什么样的地位？

第14章 战略评价与控制

学习目标

- 战略评价的基本活动和准则；
- 战略评价的方法；
- 战略控制过程的基本模式、过程；
- 战略控制预警系统；
- 战略重构的原因和原则。

美国西南航空的低成本战略的控制

1. 美国西南航空公司概述

总部设在得州达拉斯城莱乌菲尔德的西南航空公司于1971年6月18日开始营业，是由4家航空公司合并而成的，最初只有三架波音737飞机，主要服务于得州的城市：达拉斯、休斯敦和圣安东尼奥。公司的主要竞争对手是得州国际航空和布兰尼福航空公司，以及大陆航空公司。在1992年美国航空业亏损达20亿美元，美国航空公司进入90年代后赤字总额累计达到80亿美元，TWA、大陆、美国西方这三大航空公司都已经宣布破产的情况下西南航空公司难以置信地取得了营业收入猛涨25%的佳绩。到1993年，它已经成为美国排名第7位的航空公司，拥有141架飞机，年营业额达到12亿美元，净利润接近7500万美元。

西南航空公司的经营成本远远低于其他大型航空公司，它的票价也大大低于市场平均价格，因而吸引了大批乘客。进入20世纪80年代，西南航空公司将精力集中在得克萨斯州之内的短途航班上，它提供的航班不仅票价低廉，而且班次频率高，乘客几乎每个小时都可以搭上一架西南航空公司的班机。这使得西南航空公司在得克萨斯航空市场上占据了主导地位。进入80年代，西南航空公司开始扩张，但是始终坚持两条标准：短航线，低价格。80年代是西南航空公司大发展的时期，其客运量每年增长300%，但它的每英里运营成本却持续下降。

西南航空公司在经营的这36年里，除最初两年外，年年盈利。当其他航空公司挣扎在破产线上，解雇司乘人员和机械师，关闭某些航线时，西南航空公司却在大张旗鼓地推进它的增长计划,购买更多的飞机,开辟新航线,招聘新人员。

1971年美国西南航空公司作为一个地方性的小航空公司开始运营,到1990年公司年收入达到10亿美元,成为美国市场的大型骨干航空公司。2002年美国西南航空公司列《财富》杂志最受羡慕公司第二位,航空运输业第一位;2002年5月20日的《华尔街日报》将美国西南航空公司列为排名第一的旅客最满意的航空公司;2003年《航空运输》杂志将美国西南航空公司列为"年度航空公司",褒奖其连续30年的盈利。美国西南航空公司在国际航空业中是一个领先的低成本航空公司,公司2002财政年度的每人每英里(约合1.6公里)的经营成本为7.41美分(约合人民币0.60元),相比2001财政年度下降1.7%。员工数从1990年的8600人增加到2002年的29000名。除了在基地得克萨斯州外,公司业务还向美国其他地区延伸。10年前业务范围只有31个城市,到2002年达到56个城市。

2. 美国西南航空公司的低成本战略

西南航空公司的宗旨很明确:向顾客提供低廉的、俭朴的和专一化的航空运输服务。它的有效座位每英里的成本仅为6.5美分,而美国航空公司为9美分,US航空公司(US Air)为15美分。通常,西南航空公司的飞机每天在空中的飞行时间达11小时,而该行业的平均飞行时间为8小时。公司决心成为航空运输产业中成本最低的经营者。

方便、节省时间 西南航空公司去掉飞机机舱前部的壁橱,以缩短乘客上下飞机的时间;所有飞机都不实行对号入座,第一个登机的乘客会径直走向机舱前部的座位,放好自己的行李并选择最近的座位坐下,使旅客上下飞机所用的时间很短——大约15分钟,每天每架飞机平均飞11个班次;由于工作人员的配合和努力,飞机从降落到起飞,平均只需要15~20分钟,整个过程包括上下乘客、货物、补充燃料和食物、安全检查等,其他航空公司需要两到三倍的时间来完全同样的工作。

朴实无华 西南航空公司并不盲目效仿其他航空公司的昂贵的计算机化的机票预定系统。在西南航空公司的飞机上,不设头等舱座位,就像在公共汽车上一样,检票员按先来先登机原则发放可重复使用的编了号的塑料登机卡;在飞机上不供应餐点,只提供花生、小甜饼或普通饮料,这样大大降低了成本。

飞机的标准化 西南航空公司不买大型客机,只有一种型号的飞机,即省油的波音737飞机。这样公司所有的驾驶员,空乘人员,维护工程人员都可以集中精力去研究熟悉同一种机型,驾驶员和空乘人员都能用公司所有的飞机,所有的维护工程人员都能修公司任何的飞机,为调动飞机和更换组员时带来许多方便。而且,作为使用同一机种的忠诚顾客,在向波音公司购买飞机时可获得更多折扣。从这个角度,西南航空公司也降低了很多的成本。

较高的服务频率 西南航空公司服务的城市数量有限,不飞国际航线,主要以飞短程航线为主。西南航空公司的市场有34个城市,分布在美国15个州里,它集中服务于阳光地带和中西部地区,向东最远到克利夫兰市。因为乘客通常在1小时航程内的城市间飞行,每天需要有许多班机起降供他们选择。它会在一些热门航线上比其他的竞争者开出两倍或者更多的航班。例如,公司将近85%的航班每15分钟或不到15分钟就有一班(其他主要的航空公司平均要隔上1小时），公司每天有78个航班往返于达拉斯和休斯敦之间，有46个航班往返于菲尼克斯和洛杉矶之间，有34个航班往返于拉斯韦加斯和菲尼克斯之间。这样的服务频率是其他竞争对手所无法达到的。西南航空公司基本上没有枢纽站，都是短程的、点对点的航班，平均飞行时间为55分钟。正因为如此，它不与其他的航班联运，也不建立营运中心系统，也不需要转运行李，这样降低成本，飞机在地面耗费的时间减少。当你看到西南航空公司的检票员、机械师和地勤人员在飞机转港的短暂间隙中的工作情景时，你会联想起赛车中途的修理站上动作精确的作业小组，其结果是公司的效率水平和经营成本绝对领先于竞争对手。

低票价 西南航空公司认为低价和优良的服务会开拓更多的市场，并以此向大公司的高价策略提出挑战。西南航空把机票分为旺季和淡季两种，采取降低淡季的票价来增加班机搭载率，令收入比高票价、低搭载率时还高。西南航空在载客增加时不提价，而是增开班机扩展市场。在西南航空公司的大多数市场上，它的票价甚至比城市之间的长途汽车票价还便宜。正如它的管理层的理论：我们不是和其他航空公司打价格战，我们是和地面的运输业竞争。它的平均票价只有58美元。在1991年，西南航空公司新辟了圣路易斯——堪萨斯城航线，以及1992年新辟了克利夫兰——芝加哥的航线后，这两条航班的票价从300美元下降到59美元。

低经营成本和低债务 西南航空公司每年花在每个工会工人身上的工资和福利费，平均为43707美元，相比之下，德尔塔航空公司为58816美元。而产业的平均水平为45692美元。西南航空公司认为简单可以降低成本并且加快运作速度。例如，简化登机程序令西南航空公司减少了地勤服务和机务人员。在西南航空，每架飞机仅仅需要90名员工就可以开航。这比其他航空公司几乎少用一半的员工。此外，今天的大多数航空公司都背负着沉重的债务，西南航空公司所拥有保守的资产负债比仅为49％，它一直保持比其他竞争者低的负债率。这样使它有足够的营运资金去把握一些重要的商机并且减少财务压力。公司还享有航空运输产业中最高的标准——普尔（Standard & Poor）资信等级。

雇员忠诚 从公司成立那天起，作为创始人和首席执行官的赫布·凯莱赫，就试图使西南航空公司成为一个愉快的工作场所。他常和雇员们无拘无束地闲谈，他们称呼他"赫布大叔"，他常参加设在达拉斯的公司总部的周末晚会，鼓励像乘务人员扮演的滑稽小丑这样的小闹剧，像击鼓传令这样的小游戏，他给袜子上有最大窟窿的乘客发奖品。飞机乘务员在复活节的晚会上穿着小兔服装，在感恩节穿着火鸡服装，在圣诞节戴着驯鹿角，凯莱赫自己还经常穿着小丑套装或小精灵戏装扮演各种角色。他这样做的目的是培育同心协力的精神，这有助于提高生产率。

凯莱赫的方法看来挺有效，雇员们工作得很辛苦但却毫无怨言，西南航空的员工每人平均每年服务2400名旅客，是美国航空界最有生产力的团队。专家指出，西南航空每名员工平均服务旅客的数量是任何其他航空公司的两倍。他们为受到尊重而自豪，并且喜欢他们的工作。取消了不具弹性的工作规则，令雇员可以为了按时完工、按时交接而负起责任，不需

要理会"规则"范围内自身该干的事情,在有需要的情况下大家可以互相帮忙。西南航空公司雇员的流动率为5%,这在这个行业中是最低的。在每天只有3个航班的时候,西南航空公司的员工竟然尖锐地批评管理当局对他们分配的工作太少,请求管理当局增加航班。

使顾客满意 西南航空公司的过去和未来,都取决于能否满足顾客的需要。低成本加上大量的航班和可靠的服务,换来的是日益增多的高度忠诚的顾客。在加利福尼亚州,西南航空公司在那里逐渐占据了统治地位。一些家住在圣何塞的居民,驱车一个小时到奥克兰搭乘西南航空公司的飞机,而不去当地的机场,尽管美国航空公司在那里设有枢纽站。类似地,许多亚特兰大的居民放弃德尔塔航空公司设在那里的大型基地,驱车150英里去亚拉巴马州的伯明翰搭乘西南航空公司的飞机,以至于有位企业家专门开辟了这两个机场之间的货运业务。

安全、准时 西南航空拥有最佳的飞行安全记录。每天飞行这么多班次和运载数以千计的乘客而没有发生过重大的飞行事故,它的安全记录足以给顾客们充足的安全感。这个记录有赖于它严格的安全检测和维护,它的飞行安全标准超过联邦航管局的标准。西南航空拥有最年轻的飞机群,平均机龄只有8年。它拥有最高的完航指数,即西南航空公司在定期航班次中取消的班次最少。

西南航空公司最吸引顾客的就是它的高效率,它因此而赢得了11次美国运输部颁发的"三重皇冠"奖——最佳正点率、最佳飞行安全记录和最少投诉次数,这个荣誉是其他航空公司都没有的。西南航空公司低廉的票价带来了飞机的满员和顾客的忠诚,并且使竞争者纷纷退出市场,不再与西南航空公司进行票价竞争。

(案例来源:李自杰.MBA入学考试管理案例分析精粹100例.北京:清华大学出版社,2004.)

14.1 战略评价的基本活动与准则

与一般管理控制评价不同的是,战略评价不仅评价经营计划的执行情况,更重要的是时刻保持对企业内外部环境的监控,确认企业的战略基础是否发生了变化,以保证企业对环境变化的感知和适应,增强企业抵御风险的能力。

14.1.1 战略评价的基本活动

战略评价包括三项基本的活动。

1. 考察企业战略的内在基础

战略选择是内外部综合分析的结果,其基础是企业对内外部环境的认定。如果这些基础发生了变化,那么战略方案的合理性就会受到冲击。战略评价最大的特征就是注重对环境变化的预测,对于战略管理来说,更重要的是对未来的市场演变趋势的把握。即使目前的业绩是令人满意的,如果环境发生根本性的变化,并将影响到企业的生存与发展基础,企业就应尽早地发现这种趋势,及时地作出合理的应对。

2.将预期业绩与实际业绩进行比较

业绩比较是传统的评价内容，通过业绩的比较，企业可以解决两方面的问题：①检验战略执行过程中工作的偏差；②从中发现战略制定的失误或环境变化所带来的影响，当确认战略实施无误而企业绩效不佳时，就应该反思企业战略的正确性和应对环境变化的及时性了。

3.分析偏差的原因及应采取的对策

这一部分属于控制算法系统，其工作的重点在于判断偏差是由于执行不力产生的，还是原有战略方案的问题，或是环境变化使企业战略失效。在上述问题的正确判断下，才可能做出有效的调整。

14.1.2　战略评价的准则

战略评价是个性化极强的管理工作，在评价过程中，需要根据具体的情况进行分析与判断。尽管如此仍需要一个操作的准则以指导评价工作。

理查德·鲁梅特（Richard Rumelt）提出战略评价的四个标准——一致、协调、优越和可行，如表14-1所示。这四个标准中，协调和优越是针对外部环境评价的，主要用于检查企业战略的基础是否正确，而一致与可行则用于内部评价，主要是检查战略实施过程中的问题。

表 14-1　战略评价准则

一致	战略方案中不应出现不一致的目标和政策。组织内部的冲突和部门间的争执往往是管理失序的表现，还可能是各战略不一致的征兆。在这一问题上，建议可采用以下三条判断准则： （1）尽管换了人员，管理问题仍然持续不断，如果这一问题像是因事而发生而不是因人而发生的，那么便可能存在战略的不一致； （2）如果一个组织部门的成功意味着或被理解意味着另外一个部门的失败，那么战略间可能存在不一致； （3）如果政策问题不断被提交给最高层领导来解决，那么便可能存在战略上的不一致
协调	协调指在评价战略时既要考察单个趋势，又要考察组合趋势。经营战略必须对外部环境和企业内发生的关键变化作出适应性反应。在战略制定中将企业内部因素与外部因素相匹配的困难之一在于绝大多数变化趋势都是与其他多种趋势相互作用的结果
可行	一个好的经营战略必须做到既不过度耗费可利用资源，也不造成无法解决的派生问题。对战略的最终的和主要的检验标准是其可靠性，即依靠企业自身的物力、人力及财力资源能否实施这一战略。企业的财力资源是最容易定量考察的，通常也是确定采用何种战略的第一制约因素

续表

优 越	经营战略必须能够在特定的业务领域使企业创造和保持良好竞争优势。竞争优势来源于：资源、技能、位置。对资源的合理配置可以提高整体效能，位置也可以在企业战略中发挥关键作用。好的位置是可防御的，即攻占这一位置需要付出巨大的代价，这会阻止竞争者向本公司发动全面的进攻。只要基础性的关键内外部因素保持不变，位置优势便趋向于自我延续。因此，地位牢固的公司很难被搞垮，尽管它们可能技能平平。虽然并不是所有的位置优势都与企业规模相关，但大企业的确可以将其规模转化为竞争优势，而小企业则不得不寻求能够带来其他方面优势的产品或市场位置。良好位置的主要特征是它使企业从某种经营策略中获得优势，而不处于该位置的企业则不能类似地受益于同样的策略。因此，在评价某种战略时，企业应当考察与之相联系的位置优势特征

14.1.3 价值评价与战略评价

战略评价应以战略管理的目的为基准，企业进行战略管理的最终目的应该成为评价的根本指标。对于任何一个企业来说，其宗旨都是盈利，所以企业价值最大化是企业最根本的追求。因此，战略评价应建立在企业价值评价的基础之上，以企业价值最大化为基本的判断准则。

1. 传统的价值评价

传统的价值评价是以财务指标为主的评价体系，对于企业的根本目的而言，财务数据是最为直接的度量指标。财务指标与企业宗旨的高度相关性使得财务指标体系一直以来都是价值评价最重要的变量。

价值评价的模型非常多，但是最基本的模型有两个，一个是静态模型：

$$V = \frac{R}{i}$$

式中：V——价值；

R——资产收入；

i——利率。

该模型是最早的价值评价模型，也称为土地租金模型。这一模型假设该项资产的收益水平不变，以及资产可以永久使用。在会计永续经营的假设下，这一模型在用于一般性价值判断时是有效的。

另一基本模型为动态模型：

$$V = \frac{R_1}{1+i} + \frac{R_2}{(1+i)^2} + \frac{R_3}{(1+i)^3} + \cdots$$

式中：R_i——第 i 年的收入。

这一模型是目前最为常用的一个价值评价模型，与其说是一个数量模型，更不如说它是一个概念模型。因为在现实的价值评价中，往往很难满足这一模型的数据要求。目前的价值评价方法都是在这一模型的基础上，加上一定的假设，用近似的方法来测度资产的价值。

作为战略评价中的价值评价,并不需要精确地得到价值的数值,它需要得到的是价值变动的方向和大致的幅度。因此,战略评估中需要的是一种概念模型而非精确的数量模型。

要把上述的概念模型转化为具体的评价指标,需要进一步概念化。动态价值模型的核心要素有三个:收益性、成长性、风险程度。这引出更为清晰的价值概念模型:

$$V = f(l, m, n)$$

式中:l——收益性;

m——成长性;

n——风险程度。

这一模型的含义是企业价值与该企业的收益性、成长性和风险的大小相关,其中企业价值与收益性、成长性是正相关关系,收益越高,成长越快,企业价值越高;与风险呈负相关关系,风险越大,企业价值越低。

在实际操作中,任何价值评价模型都是围绕这一概念模型,根据企业的具体情况,用这三个方面的财务指标来对企业价值进行反映的,常见的指标如表14-2所示。

表14-2 常用的财务评价指标体系

指标类型	常用指标
收益性	净资产收益率、利润总额、总资产收益率、每股收益、销售收益等
成长性	销售增长率、利润增长率、市场份额等
风险	负债比率、流动性比率等

企业所处在行业及企业自身的战略规划不同,表14-2中的各个指标对于企业价值评价具有不同的影响。因此应当根据具体行业和企业的战略特点选择合适的指标,并进行评价,其值为 p_i,并给不同的指标以不同的权重 α_i,所以得到一个线性评价系统用于企业价值的评价,其基本模式为:

$$V = \sum_{i=1}^{n} \alpha_i p_i$$

式中:α_i——第 i 类指标的权重;

p_i——第 i 类指标的评价值;

n——研究指标的个数。

其中,$0 \leq \alpha_i \leq 1$,$\sum_{i=1}^{n} \alpha_i = 1$。

这一评价模式能够简单直观地反映出战略实施对企业价值的影响程度,因此在实际操作中被经常采用。

但是近年越来越多的研究指出,财务评价指标存在很多严重的缺陷。在将财务指标用于反映企业价值时,其潜在的假设是企业的收益水平、成长水平或风险水平将保持结构上的稳定。然而这一假设往往是不成立的，财务指标能很好地反映企业过去或现在的价值，但往往很难反映企业未来的价值。

正是因为财务指标是一种事后指标，在评价中这种指标又被用作一种未来的测度，因此造成企业行为的一些畸变，如短期行为，只顾当期的财务指标，而不考虑企业未来的发展，或在财务报表上弄虚作假。

另外，会计记账上的谨慎原则往往会低估企业或某些经营行为的价值，使得企业的经营决策趋于保守。这些都是财务评价指标难以克服的缺陷。

2. 价值综合评价法

近年来在企业绩效评价方面出现了一些新的思路，这其实也是一种价值评价方法。总的来说，新思路主要是采用各种各样的经营性指标来弥补财务指标的不足。这一方面最为成熟和被应用最多的是卡普兰和诺顿教授提出的平衡计分法。

平衡计分法的主体思想是从顾客角度（顾客如何看我们）、内部管理角度（我们擅长什么）、创新与学习角度（我们能否继续提高并创造价值）、财务角度（我们怎样满足股东）四个方面来衡量企业的价值。

企业的价值是通过与外部社会进行交换体现出来的，顾客角度这一类指标正是反映出企业价值中最为根本的要求。企业要实现自身价值，首先要为顾客提供价值，所谓顾客价值，就是顾客关注的一系列需求的总和。一般而言，顾客关心的事情有四类：成本、性能和服务、质量、时间。因此，顾客角度类的衡量指标就可以从这四个方面来进行设计。

内部管理角度与企业价值之间虽然不是直接的一一对应关系，但它却是企业价值持续提升的必要条件，很难想象一家管理混乱的企业能维持长久的盈利和发展。由于顾客角度的基础地位，内部管理角度的测量指标的确定应从对顾客满意度影响最大的业务程序入手。一般包括各种经营管理周期、质量控制水平、员工技能、生产率等。

创新与学习角度是指通过持续不断地开发新产品，为顾客提供更多价值并提高经营效率，开发新的市场，增加收入和毛利，使企业不断发展壮大，从而增加股东的价值。创新与学习的评价指标集中于企业开发新产品的能力、新产品在企业业务中的比重、工作流程的改进等。

永远不要忘记，财务指标是企业价值最直接的反映，是衡量企业价值最重要的指标。在批评财务指标的时候，有些人走得过远了，他们认为，财务绩效是经营活动的结果，通过改善基础的经营性活动，自然会得到理想的财务数据，因此，应该停止使用财务评价指标。持这些观点的批评家们忘记了关键的一点，即经营性指标与财务指标之间并非一种确切的逻辑关系，完全忽略财务指标会走向另一个极端，使人忘记了企业的根本目的而过于关注过程性指标。

最终，平衡计分法对上述四个方面的指标进行综合，得出对企业绩效或价值的总体性评价。平衡计分法的逻辑框架如图14-1所示。

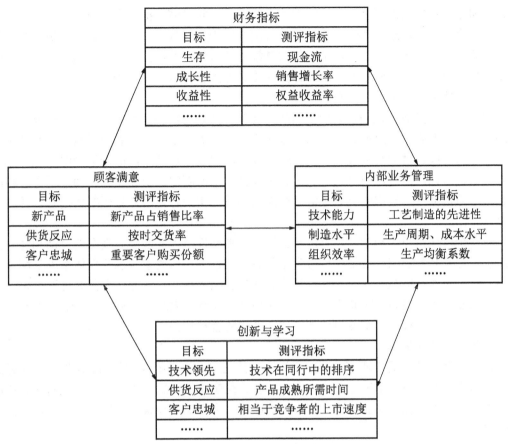

图 14-1　平衡计分法逻辑框架

在平衡计分法的具体应用中，战略始终被置于中心地位。因此，平衡计分法除了可以克服财务指标的一些不足外，其另外一个好处就是可以将企业的战略分解到每一个具体的部门中，使得企业的战略目标转化为实际的目标和行动，解决了传统管理体系不能把公司的长期战略和短期行动联系起来的严重缺陷。有了这些具体的、与战略有直接关系的考评指标，战略控制就可以深入到企业经营活动的每一个环节。

平衡计分法通过四个程序，将长期战略目标与短期行动联系起来，这四个程序既可单独作用，也可共同发挥作用。

第一个程序是说明愿景，它有助于经理们就组织的使命和战略达成共识。虽然最高管理层的本意很好，但"追求卓越"、"成为一流企业"、"成为行业领导者"等豪言壮语很难转化成能为具体的业务提供明确的行动指南。尤其对于基层的员工而言，战略目标与其具体行动的联系路径是如此之长，如果对企业战略理解不够深刻，他们就很难将这些口号与自己的工作紧密地联系起来。对负责制定企业愿景和战略表述用语来说，这些术语应该成为一套完整的目标和测评指标,得到公司高层管理人士的认可,并能描述推动成功的长期因素。

第二个程序是沟通与联系,它使管理者能在组织中对战略作上下沟通,并把它与各部门及个人的目标联系起来。在传统上,部门是根据各自的财务绩效进行测评的,个人激励因素也是与短期财务目标相联系的。平衡计分法使经理能够确保组织中的各个层次都能理解长期战略,而且使部门及个人目标与之保持一致。

第三个程序是业务规划,它使公司能实现业务计划与财务计划的一体化。今天,几乎所有的公司都在实施种种改革方案,每个方案都有自己的领袖、拥护者及顾问,都在竞相争取高级经理的时间、精力和资源支持。经理们发现,很难把这些不同的新举措组织在一起,从而实现战备目标。但是,当经理们利用为平衡计分法所制定的宏伟目标作为分配资源和确定优先顺序的依据时,他们就会只采取那些能推动自己实现长期战略目标的新措施,并注意加以协调。

第四个程序是反馈和学习,它赋予公司一种战略性学习的能力。现在的反馈和考察程序都注重公司及其各部门、员工是否达到了预算中的财务目标要求。当管理体系以平衡计分法为核心时,公司就能从另三个角度(顾客、内部流程及学习与发展)来监督短期结果,并根据最近的业绩评价战略。因此,平衡计分法使公司能修改战略,以随时反映学习所得。

通过以上四个程序,企业可以建立起一个战略管理体系。

3. 集成价值评价法

由于平衡计分法的广泛而重要的用途,目前它已成为绩效(或价值)评估的主流思想。但是在具体的操作中,平衡计分法也存在一些无法解决的问题。总体来说,平衡计分法最大的缺陷是经营性指标与企业价值缺乏直接的联系。事实上,经营性指标上去了,企业价值并不一定得到提升。

经营性绩效只是企业价值的必要条件,正是由于这种非间接关系,道德风险便有了产生的可能。在采用平衡计分法进行战略控制时,只凭指标来进行控制可能会产生只顾指标而不顾最终效果的"超短行为"。在取得良好经营指标的各种可能中,通往价值的道路往往是最艰难的,既然有更"便捷"的路径,被考核者行为"短路"就是最可能发生的事情。例如,在网站企业中,点击率是一个重要的考核指标。对网站企业而言,其真实价值应源自网站内容,点击率只是其表象而已。但为了"点击率"这一指标,一些网站不是靠网站内容取胜,而是采用利诱的手段,靠"烧钱"来提高点击率,这种经营性指标的提高显然与企业价值毫不相关。

在指标的设计中,平衡计分法不存在短路问题,但在执行的过程中,这一问题就显露了出来。因此,执行平衡计分法时,仅仅简单地对指标进行考核是不够的。这里介绍集成计分法的思路。

平衡计分法虽然综合考虑影响企业长远价值各个方面的要素,但在计分时这些要素与评分值的关系是一种线性关系,而被考核者的行为显然不都是线性的,用线性系统去描述非线性系统必然会存在较大的漏洞。基于这一点,集成计分法试图建立一个以价值为核心的非线性评价体系，以封堵"短路"行为。

企业的经营目的是价值最大化，因此集成计分法的核心也是企业价值，在平衡计分法的四类指标中，只有财务指标与企业价值有着直接的关系，其他经营指标与企业价值只是一种间接关系，因此在进行考核或战略控制时，不仅要考察经营性指标的好坏，还需要考核这些经营性绩效与企业价值的关系。这样才能完全杜绝经营过程中的"短路"行为。

集成计分法的逻辑中，任何指标都只评价过程中的一个过渡性变量，财务指标与经营性指标都须转化为企业价值，战略控制的目标是集成计分法的核心——企业价值，控制的标准为价值最大化。

在集成计分法中，评价指标与企业根本目的保持了一致性，这就从源头上去除了"短路"行为的动机。解决了思路问题后，如何将经营性指标与企业价值联系起来，就成为最为关键的问题。最为理想的是能够将每一经营管理活动的价值都度量出来，从而彻底解决价值评价和战略控制的问题。很显然，这一要求是无法达到的。这意味着集成计分法要进行实际操作，需要从另外的思路着手。

战略是联结企业目标与具体经营活动的纽带，因此集成计分法完全可以将战略作为企业价值的判断标准，在无法测量每一经营行为的企业价值时，提出了战略关联度法，即评判经营结果与战略的关联程度，据此判断其价值的大小。

使用平衡计分法来进行价值评价的时候可以选取图14-2中的一些指标，根据经营结果和战略的关联性的程度对这些指标进行评分 p_i。根据不同指标对创造企业价值的作用赋予不同权重 α_i，因此得到价值的测评公式：

$$V = \sum_{i=1}^{n} \alpha_i p_i$$

式中：α_i——第 i 类指标的权重；

p_i——第 i 类指标的评价值。

$0 \leq \alpha_i \leq 1, \sum_{i=1}^{n} \alpha_i = 1$。

而集成计分法不仅考虑指标评分及指标的权重，还要具体考察经营结果与战略的关系，其测评模型为非线性系统，即

$$V = \sum_{i=1}^{n} \gamma_i \alpha_i p_i$$

式中：γ_i——各经营性绩效与战略的关系，$-1 \leq \gamma_i \leq \gamma$，其他符号的含义与前相同。

集成计分法的评价方法是紧密围绕战略而进行的，γ 的取值突出了这一导向，如果经营行为背离了战略方向，那么在考评上将会受到惩罚，这一行为的经营性指标越好，得到的分值就会越低。这样的考评体系虽然复杂了，但确保了企业经营方向的一致性，弥补了考核的漏洞。当然，集成计分法的应用有一个基本前提：企业的战略方向是正确的。如果战略发生错误，那么评价也会随之出现问题。

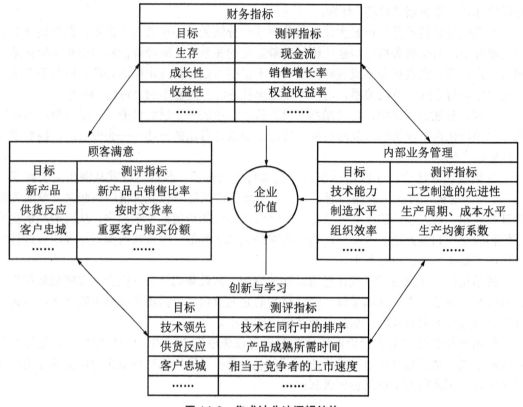

图 14-2 集成计分法逻辑结构

战略评价之所以重要,是由于企业所面临的外部及内部因素往往发生快速而激烈的变化。只有对战略进行恰当的评价,才能明白企业的战略方向是否正确,战略的进程是否恰当、是否适度,现行的战略是否有效,企业的现有资源和承受能力是否与战略一致,这就使企业发展过程能得到明确、可行的体现。

随着时间的推移,战略评价正变得愈加困难。在以往,国内经济与世界经济比现在要更为稳定,产品生命周期与产品开发周期要更长,技术进步更慢,变化发生得更少,竞争者数量更少,国外竞争更弱,受法规管制的产业也更多。战略评价困难的原因是多方面的,比如环境的复杂程度急剧提高,准确预测未来愈加困难,变量日益增加,计划的有效性会随着时间而削减,影响企业经营的国内、国外事件增加等。

14.2 战略控制系统

战略控制属于管理控制的范畴,它遵循管理控制的一般原则,但战略控制与其他管理控制在侧重面上有所不同，战略控制除了根据控制目标进行测评、反馈和调整控制外，更重要的是对企业的外部环境进行监控，保证企业的战略不发生方向性的错误。

14.2.1 一般控制系统

战略评价与控制的根本目的在于保证企业的经营与既定目标之间保持一致，如果出现偏差，则采取措施予以纠正。一般来说，控制分为计划制定、业绩度量及信息反馈、衡量偏差、纠偏措施等四个部分内容。在现实生活中，偏差是绝对的，一致是相对的，如果稍有偏差就要采取纠正行动，那么经营和管理成本就会非常高昂，企业也就失去了竞争力。因此，对于控制而言，还需要对偏差进行判断，以确定是否在预期的波动范围内。

一般控制系统可以分为四个子系统。

1. 标准系统

标准系统由一系列的目标构成，它是企业预期的业绩水平的综合反映。标准系统是控制的基础，整个控制流程围绕这一目标来运作。但这一标准并非一成不变，如果通过控制分析，发现预定标准确实存在问题，也需要对标准进行一定的修正。

2. 信息系统

信息系统的工作是收集业绩信息，把实际业绩与目标相比较，找出其中的差距。其核心

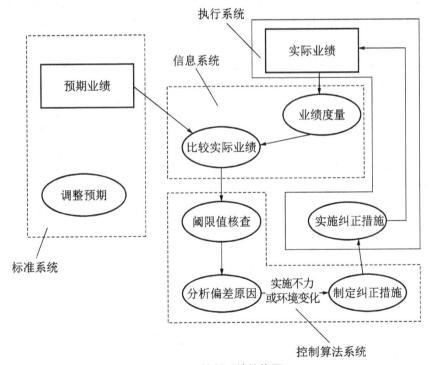

图 14-3 控制系统结构图

任务是将有价值的信息从庞杂的企业数据中挖掘出来。

3. 控制算法系统

控制算法系统是控制系统的主体部分，它负责对偏差进行分析，确定是否需要采取纠正措施，并分析偏差原因，决定修正标准或如何纠正执行措施。

4. 执行系统

执行系统的工作属于具体的经营行为，它执行目标系统和控制算法系统发出的指令。一般控制的系统结构如图 14-3 所示。

14.2.2 战略控制过程的基本模式

企业战略控制过程包括几个主要步骤：首先，企业最高管理层决定外部环境中哪些主要的因素是需要密切监视的，企业的内部元素中又有哪些需要注意、监测和控制的。其次，设定控制标准，以企业的实际绩效与之相对照。外部环境和内部因素的分析，监测及控制标准的设立受到企业使命和长期目标的强烈影响，企业使命的长期目标引导管理层对企业所处宏观环境和微观环境的关键因素的注意力，根本上决定了某些绩效标准的重要性。第三，必须衡量企业中各个组织层次在实施战略目标的任务所作出的实际绩效，检查工作成果，评定成绩水平。衡量的标准基本上是采用定量方法或定性方法来拟定可考核的目标。将战略实施过程中取得的数据、资料，阶段检查中得到的实绩和已订计划的标准进行比较和评估。按照例外管理的原则，例如实际绩效和目标与计划的偏离在允许的标准范围内，不超过预定的界限，认为系统处于控制系统，没有必要采取纠正措施。所预定的控制界限，由控制上限与下限构成，上下限的差异表示控制幅度。如果实际的绩效超过控制的上限，管理层要研究所订的标准是否恰当，是否需要提高。但是当绩效落在控制下限外，管理层必须采取措施。现实绩效和控制下限的差异有两类：一类是虽有差异，但是可通过采取修正措施或修正规划，仍可确保战略目标的实现；另一类的差异，反映的是原来所依据的战略前提发生了根本变化，已不符合实际，这类差异的改进，在原战略下成为不可能，要求放弃原来的战略，重新制定新的战略规划。

战略控制的关键点既有企业外部的又有企业内部的，内部因素与外部因素具有交互作用，绝不能孤立割裂地来看问题。高层管理者的职责便是使企业的内部因素与外部环境变量相结合。战略控制实质上是企业内部因素与外部环境变量相配合。战略控制实质上是企业内部因素对外部环境变量的一种协调。依靠定量与定性的绩效评价，企业的管理者用战略控制使企业的内部运营与外部环境的变化相适应。战略控制以可度量的绩效评价作黏结剂，把企业的使命、目标、战略的制定、战略的实施、宏观环境，以及企业的直接环境，融合在一起，转化为企业的日常经营活动。

在企业战略的实施过程中，所取得的实际绩效和成果常常不能与预定的计划标准相一致，常常发生差异在控制幅度以外的事情，产生这些偏离的原因是多方面的，主要来自于宏观环境、直接环境和企业内部因素三个方面。

战略控制过程的第一焦点通常是组织的宏观环境。虽然个别企业的行为对宏观环境的变化是施加不了任何影响，但是企业对宏观环境中的各个力量必须加以连续、密切的监视。宏观环境的波动和变化对企业的经营战略略有着错综复杂的影响，因而战略控制要求时时监控企业与外部变化着的环境的适应性。战略控制有时采取修正企业运营方式的措施来更妥当地对付外部可能的威胁，更稳健地捕捉新的外部机会。例如当宏观环境中，个人所得税、利率发生变化时，一家保险公司针对这一变化，立即给成千上万家庭提出详尽的报告，这些报告说明宏观环境变化，保险政策受到怎么样的影响。公司的意图是劝告顾客把贷款的保费付清，以节省支付的利息。公司同时又出售了大量的个人终生寿险，这种保险根据法律是免税的。这家保险公司由于对宏观环境反应敏捷，获得了很好的机会。

战略管理也涉及直接环境。在实施战略过程中，一旦发现目标偏离，便可修正公司的运营政策，更快地认清威胁，更好地捕捉机会。无论是宏观层次的环境，还是行业层次的直接环境，不能局限于过去和现在的情况，高层管理者更需要预测将来的环境发展趋势。企业内部运营受到企业内部因素的制约。企业内部的主客观因素是经常变化的，这些变化可造成实际的绩效偏离战略预期的标准和目标。监视和评估企业的内部运营要把他的过去、现在和将来的战略定位联系起来。

14.2.3 战略控制过程

战略控制过程是将实际工作成绩与评价标准进行对比，如果二者的偏差没有超出容许的范围，则不采取任何矫正行动；反之，如果实际工作成绩与评价标准的偏差超出了规定的界限，则应找出发生差距的原因，并采取纠正措施，以使工作实绩回到标准范围之内。在控制过程中，预期的结果，即长期或短期目标，在战略制定中就已经确立了。评价标准是一个参照物，它用以衡量企业是否达到了它的目标。评价工作成绩发生于将控制系统的输出与评价标准相比较的时候。如果输出与评价标准不符，则必须采取纠正措施。这些措施包括的范围很广，如改变预期结果（目标）、改变战略、改变企业的组织结构，或者变更管理班子等。另一方面，如果控制系统表明企业的活动正在达到评价标准，就无须采取纠正措施。战略控制过程如图14-4所示。

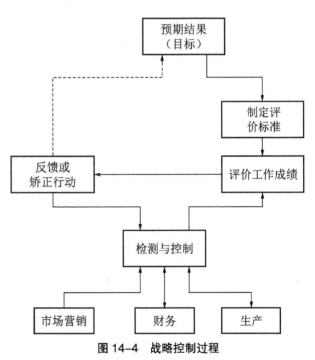

图14-4　战略控制过程

14.2.4 战略控制的内容

战略控制的内容分为两大类型：在变化的环境中，战略是否还适用？既定战略方案的执行效果如何？

由于战略涉及企业整体的及长远的行动，对于战略控制而言，战略的正确性和适用性是最重要的考虑因素。这一类控制主要体现在两个方面：企业战略在执行的过程中，不断检查制定战略时的假设是否出现重大失误？这两方面的控制都是对环境进行检查。实际上，这两方面控制工作一般是依次进行的，首先求证当初战略制定时的一些因素假设，在确认战略制定无重大失误之后，仍需不断检测环境的变化，以及早发现不利于企业战略的变化因素，尽早作出应对措施。

既定战略的有效性建立在原有的内外部环境结构的基础之上，一旦这种基础被动摇，既定战略就需要调整，这是战略管理的基本逻辑。环境总是变化着的，实际上并非所有的变化都会导致战略的变更。需要回溯到最初战略制定过程中的最终决策依据，重新对环境进行评价，检查其对战略方案评价的影响程度。根据具体情况，决定是否对战略进行调整，以及如何进行调整。

战略控制的另一项内容是检查企业在运作过程中，有无偏离战略方向，是否完成预期的战略目标。这一方面的内容是通过绩效考核体系来完成的。

在某些企业中，其战略是一种阶段性的滚动战略，在这种情况下，战略目标的完成就成了下一阶段战略的基础，战略执行效果的检查也就具有了战略基础评价的意义。因此，实施滚动战略的企业，必须在战略控制过程中关注各阶段战略的关系，以动态调整企业战略的实施方案。战略控制的内容及其之间的关系如图 14-5 所示。

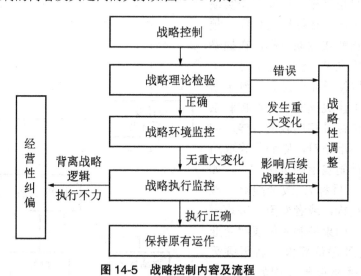

图 14-5 战略控制内容及流程

战略制定并实施后，往往需要按图的程序，不断地对战略理论、战略环境及既定战略的执行情况进行监控，必要时对战略方案或企业经营活动进行调整，保证战略的适用性和高效性。

14.2.5　影响控制效果的主要因素

经营策略能否成功地实施，在很大程度上取决于控制是否有效。控制的有效性问题在上面讨论中已有所涉及，这里再列出影响控制效果的一些主要因素。

1. 目标制订

目标既是计划过程的输出，又是控制过程的输入。它是控制的前提。目标如不能确切地、客观地衡量，则在控制中就无从对其实施中的优劣作出公正的评价。另外，对目标以"非此（达成）即彼（未达成）"的形式来进行衡量，也就是对其偏离（超过或未达成）的程度和原因不加分析和区别对待，常会带来消极的后果。

2. 信息处理能力

目标（计划）和实绩的比较，需要及时和准确的信息，从而要求相应的信息收集和处理能力。信息不及时或不准确的问题通常和企业的基础工作和组织结构有关。此外，实施策略中的控制比日常工作中的控制所需的信息在要求上还有些不同，这将在下面再讨论。

3. 例外管理和正反两方面经验的总结

根据最少干预的原则，在加强各子系统的自我控制和自我调节的条件下，对实施中的偏离超过一定程度时才予以干预，这就是所谓例外管理。常见的现象是对达不到目标的偏离不予注意。这种做法习以为常，对工作人员产生的消极后果是缺乏创新，促使人们只致力于在达成目标中避免失误的保守倾向。在生产经营中取得成功的过程，本身是一个学习和经验积累的过程，为此就要善于总结在实施中如何解决遇到的各种问题的经验，以及对形成偏离（正的和负）各种因素的仔细分析。从这点出发，例外管理应包括对负的和正的偏离的跟踪和分析，只有对正、反两个方面的因素都予以识别和分析，才能由此学习到全面的经验教训。

4. 绩效的评定考核

按照目标（计划）在实施中的实绩，对之进行评定考核是控制中至关重要的又是十分复杂的问题，其重要性是显而易见的，没有一定的评定考核，则这种控制从管理上来说是开放的，从而是无效的。考核的复杂性在于它涉及一系列不易掌握的问题：如从经营目标和战略的需要出发，着重激励某方面的积极性和贯彻公平合理原则的关系（从着重激发某种积极性来考核有时不那么公平），所做工作的多少和取得的成绩大小的关系（两者有联系但未必相一致），近期绩效和长期绩效的关系（两者相互联系但有时也有矛盾）等。

5. 处理工作中的失误

对造成工作失误的个人责任的追究是控制的一个必要机制。没有在生产经营中的个人负责制，则会导致纪律松散、不负责任、玩忽职守等消极现象的滋长。但过分地强调追究个人责任，又易产生谨小慎微、影响人们主动性和积极性的发挥，甚至产生隐瞒事实真相、报喜不报忧等现象。这是又一个不易掌握的问题。一般来说，应划清积极工作、由于客观环境变化或主观经验不足所造成的工作失误和玩忽职守所导致的失误。对后者应追究责任，而对前者应采取允许犯错误、允许改正的态度，并把它看成是一个学习和经验积累的必要过程。

14.2.6 战略预警系统

对于任何一个控制系统来说，预警都是其重要的一个环节。如何能够及早发现问题，并提出警告和应对方案，对于在一个剧烈变化的环境中生存的企业来说，是一项非常重要的核心能力。

控制系统需要有"早期预警系统"，该系统可以告知管理者在战略实施中存在的潜在问题或偏差，使管理者能及早警觉起来，提早纠正偏差。

战略预警主要是根据"警兆"来预示。在感知和正确解释这些"警兆"的情况下，允许管理者在"警兆"不连续性出现的早期阶段制定战略处理方案，而不必等到警情呈现出清晰的轮廓才作出反应。对警情认识得更清楚的时期同时又意味着在发展趋势上限制了战略处理范围。因此，应借助战略预警实施动态管理，把问题解决于萌芽状态。如果未能及时捕捉已出现的苗头，当"问题成堆"以后再去处理，就会由于经济巨轮的惯性作用而为调整经济付出巨大的代价。

一般而言，人对预警信号的反应往往需要一个较长的过程，而对于组织来说，它的反应则更慢，造成这种现象的原因通常有以下两方面。

(1) 等待领导的命令（或组织者、管理部门的命令）。

(2) 看别人怎么做。

导致行动迟缓或抵制突变的根源与下列因素有关。

(1) 组织的规模。由于上述原因，组织规模越大，对变化的响应速度越慢，这就是通常所说的大企业病。然而规模并非是问题的本质，问题的根本在于组织内部运作的模式已不合组织规模的扩张。

(2) 在组织文化中，对严格和正式规章制度的重视程度。组织越重视规范化，人们越习惯于按组织规范进行操作，对变化的反应往往就越慢。

(3) 行政人员和管理者的行为在事后评估中的重要性。越是重视事后评估的组织，越容易忽略事前的信息收集，应变管理等前馈控制活动。

(4) 系统内部沟通不充分，缺少沟通人员、缺乏主要骨干和对资源配置的管理者等。

因此，要从根本上解决组织响应速度的问题，就必须建立起一种"智能型"的组织模式，通过事先建立的一系列应变规则，包括设置专门的职能、专门的人员来管理、运作这些流程，从而在结构设计上保证组织的应变能力。然而更重要的是形成一种强调应变能力的组织文化，使之成为组织的应变能力，并最终形成一种内在的核心能力。

战略预警系统是一个信息系统，在结构上以动态环境分析为基础，并且与企业的生产经营活动息息相关。在某种现象（警情）尚未成形的时期预告企业远期不利的发展趋势，显示偏离信号并寻求纠正这些偏离的战略对策，然后作分析判断。战略预警系统的结构原理和作用方式可划分为五个阶段,如图 14-6 所示。

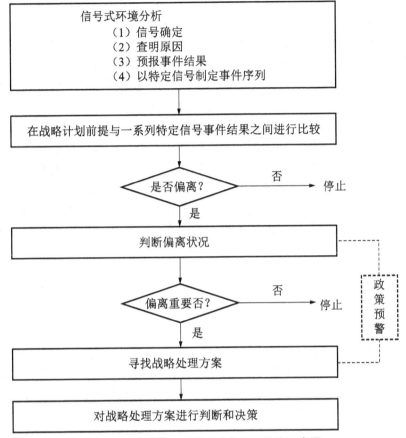

图 14-6 企业战略预警系统的原理结构示意图

战略预警系统还可细分为以下几种类型。

(1) 安全经营预警系统。安全经营预警系统主要由指标设计、监测、评价等构成。其中指标设计是指建立指标评价体系、确定预警临界值,利用这些指标分析企业的安全经营状况。设计的指标应遵循敏感性、及时性、可测性等原则,并能反映企业的总体经营安全状况,监测是指根据设计的指标体系,分析企业实际运行过程中反映出来的指标实际值和预警临界值,作出对企业安全经营状况的综合判断。

(2) 风险预警系统。企业要想有较强的"免疫力"就必须加强风险预防。风险预防是一项系统工程,因此要求企业全面设置和启动风险预警系统以加强对风险的预防管理。①要对风险进行科学的预测分析,预计可能发生的风险状态。企业的经营管理者应密切注意与本企业相关的各种因素如环境因素、技术因素、目标因素和制度因素等的变化发展趋势,从因素变化的动态中分析预测企业存在的"阴暗面",即可能发生的风险。②应建立一个便于风险信息情报传递的风险管理信息系统。通过建立风险管理信息系统这样一个"绿色通道",使企业各部门、各员工在发生紧急情况时,都有途径将情况迅速上报给有关决策者,从而保证风险信息传递的真实、准确、快捷、高效。③要有对风险的超前决策,尽可能使风险消除在潜伏期。企业发生风险损失前必然会显示出一些征兆。企业的经营管理者应充分给予重视,及时采取措施矫正和扭转这种风险现象,避免小风险经过"蝴蝶效应"放大后造成对企业的致命打击,做到防微杜渐,使企业运行保持良性状态,保证企业的持续健康发展。

(3) 竞争力预警系统。竞争力预警系统是对企业竞争力变动状况实施监测和预报的系统,具有提前预警、规避风险的价值。在企业竞争力数据分析基础上,从资源、能力、环境因素中选择具有代表性的超前或同步指标。由于这些指标变化与企业竞争力变动存在密切关系,因此可以通过这些具有指示器功能的指标来判断企业竞争力的变动方向及程度。当确定了指示器指标正常变动区域后,对于超出正常区域的变动就要高度重视,因为其结果可能会导致企业竞争力的超常变动,在需要的情况下,采取必要的挽救措施。如果指示器指标跌破下限,则必须采取紧急措施控制和改变这种局面,以阻止企业竞争力的大幅度下降。

14.3 战略重构

企业的发展需要在对市场环境了解的基础上,为了可持续发展,及时全面地对企业的战略进行重构。企业战略的重构不是一般意义上的调整和修正,需要和企业实际结合,和社会经济发展同步,企业发展战略决策应充分考虑竞争的发展规律,根据市场经济演变的趋势,对竞争性的市场环境和机会进行分析,作出相应的发展战略选择。

14.3.1 企业总体战略重构的原因

在复杂多变的市场竞争环境下,必须具有强劲的竞争力,这样才能获得规模的生产、市场份额及获得利润的最大化。因此,企业发展战略重构,从竞争的角度看,就是企业面对市场环境的变化,分析企业的实际情况,以创新为动力,对原有的企业总体战略进行重新调整并具体化为新的发展规划。

从根本上来说,战略重构是产业内竞争优势基础的变化、公司的独特能力或核心竞争力的转化、公司实施的国际化战略、战略行动及公司的内部条件(包括资源分配的原则和文化体系)的变化。

企业重构发展战略的原因如下。

1. 战略的变动性

企业所面临的是一个复杂多变的市场环境,在目前创新日益重要的经济环境中,企业的发展战略不论是主动还是被动,都必然要随着社会经济的发展和变化作相应的变化。也就是说，影响企业发展战略的不确定性的因素很多，企业战略制定在一定的时间范围内实施的发展战略应当随环境的变化作调整或重新制定。

2. 战略存在的可能性和稳定性

由于竞争的激烈，企业经营环境的动荡，企业的生存还存在很大的问题，企业战略的重构必须以生存为基础，在短期内还不具备良性的跳跃式发展的可能。因此企业制定战略的时候要以企业稳定发展为前提，制定的战略必须实事求是，不能好高骛远。

3. 战略的调整性或重构性

在21世纪，世界经济的全球化进程和信息时代、知识经济时代的到来，企业发展战略的研究变得越来越重要。面对这样的形势，企业的组织结构、营销活动、财务管理、人力资源、研究开发、生产运作等方面都存在不足，特别是一些没有国际市场竞争经历和经验而本身又严重缺乏危机感的企业，面对国际化的竞争，战略需要进行调整和新的适应。而战略管理的调整和重构也是需要花费很多时间的。

14.3.2 企业总体战略重构的原则

企业的总体战略往往要求企业家从长远为企业着想，发展企业的时候需要具有战略眼光，需要为得到长期利益而牺牲短期利益，不能仅以眼前的经营得失为衡量企业业绩和成功与否的标准。因此，企业总体战略重构的时候也是要从企业长期发展，提高企业竞争力的角度展开。因此，企业总体战略重构的原则主要有以下几点。

1. 重视竞争环境动态变化的原则

经济越发展，竞争越激烈，市场竞争不但导致企业战略的产生，而且企业战略也越来越呈现动态变化和趋向复杂性。企业在竞争中生存和发展首先要了解战略环境，并不断适应环境。所谓战略环境包括经济环境、技术环境、政治法律环境、社会环境和自然环境等。企业战略重构时必须不断分析影响竞争力的各种因素，分析优势、劣势、机会和挑战等，制定并实施有效战略。在全球化背景下，我国市场将直接或间接受到国际市场的影响，比如产品市场、原材料市场、金融市场和信息市场等，企业应该研究国外市场动态变化，构思国际市场战略思路；企业要决定自己在市场上的竞争地位，研究其他竞争者的竞争策略及地位及其动态的战略调整，从而根据对手的变化特点，形成本企业在市场上的决策措施；随着科技的迅速发展，各种与企业发展相关的市场等都出现网络化、信息化、虚拟化的特点，企业应做好充分的准备面对传统方式和知识经济环境下的严重冲突，加强对全新竞争环境下的市场的研究，通过构建和实施战略重构，对企业进行创新，以在知识经济带来的宏观环境下保持竞争优势。

2. 重视战略系统整体效应原则

构成战略系统的各种元素是相互依赖、相互制约和相互作用的，这些战略元素构成了未来的战略系统整体。在制定和重构发展战略过程中，所有优化的部门或子系统的加和并不等于整体效应的优化。战略系统整体的各个子系统是按照一定的结构组合起来的，整个战略系

统的绩效不仅和子系统局部性的特点有关，还和系统结构相关。在重构企业发展战略时，要集中研究系统结构，以发挥战略的整体优化效应，达到预定的目标。

3. 重视创新的原则

在激烈竞争和多变的市场环境下，创新对于构建企业竞争力具有重要作用。因此，战略重构的时候应该充分重视创新的作用。①要做到以企业家为首的战略制定团体的创新性；②要在战略发展中突出创新思想，把创新战略与提高企业竞争能力结合起来。实行创新战略，创新战略永远是让企业在创新条件下有目的有步骤地不断发展的思想和方针。这就是说战略重构本身是包含复杂内容的极具创新特点的决策过程；战略重构中的战略选择创新面临着传统经验的挑战。

4. 前瞻性原则

当前世界市场复杂多变，技术更新速度加快，社会经济联系越来越密切，使得企业系统结构和运行机制及表现出来的行为发生根本变革，而且变革的速度在加快。因此，企业战略重构应该把眼光放得远一些，在目前多变和新奇的发展领域内寻找企业的发展机会。战略重构对现有的行为准则进行质疑，研究未来行业结构的发展动态，重新组合各种经营要素，发挥现有的一切力量，寻求全新的市场。因此战略重构必须以前瞻性的思维和态度展开，战略重构的前瞻性为日益分散、高度灵活的创新组织提供了发展的基本保证。

本章小结

本章讨论了战略评价与控制的主要内容与基本方法，以及战略重构的原因和原则。除了一般管理控制"制定标准、衡量业绩、纠正偏差"的内容外，战略评价和控制还特别关注战略环境的变化问题。企业的内部和外部环境都在不断地发展变化，这种变化是否会导致原有战略的失效，是战略管理中非常重要的问题。为了有效应对战略环境的变化，企业需要按照战略制定的流程，对战略进行重新评价，以确保现行战略的有效性。

复习思考题

1. 战略评价的重要性体现在哪些方面？
2. 战略评价是由哪些基本活动组成的？
3. 战略评价有哪些评价准则？
4. 战略评价的方法有哪些？
5. 传统价值评估的三大要素是什么？
6. 平衡计分法是从什么方面来弥补财务角度的不足的？

7. 从财务角度来评价企业价值有什么好处及不足？
8. 平衡计分法在操作的过程中有什么致命的弱点？
9. 集成计分法在操作的过程中有什么致命的弱点？
10. 战略控制过程的基本模式有哪些？战略控制的内容有哪些？
11. 影响控制效果的主要因素有哪些？
12. 战略预警系统的主要内容是什么？
13. 战略重构的动因是什么？战略重构的原则有哪些？

参考文献

[1] AAKER D A. Strategic market management［M］. New York：Wiley，2001.

[2] BARNEY J. Resource-based theories of competitive advantage：A ten year retrospective on the resource-based view ［J］. Journal of Management，2001,27(6)：643-650.

[3] YUB Q，GU LI Q. The Type of Garment Value Chain Governance and the Capacity of China Textile and Garment Enterprises [J]. Journal of Donghua University, 2009，26(6)：27-32.

[4] DAVIES W. Understanding Strategy[J]. Strategy & Leadership, 2000, 28(5)：25-30.

[5] DE TONI A, TONCHIA S. Strategic planning and firms' competencies: Traditional approaches and new perspectives[J]. International Journal of Operations & Production Management, 2003, 23(9)：947-976.

[6] EISENHARDT K M, MARTIN J A. Dynamic capabilities: What are they?［J］.Strategic Management Journal, 2000, 21(10/11)：1105-1121.

[7] GRANT R M. Contemporary strategy analysis[M]. 4th ed. Oxford：Blackwell 2002.

[8] HALLIDAY M, GLASER, S. Added value, enterprise value and competitive advantage［J］. Management Decision, 2002, 40(9)：823-833.

[9] MCGAHAN A M. How industries evolve: principles for achieving and sustaining superior performance［M］. Boston：Harvard Business School Press, 2004.

[10] WHEELEN T L, HUNGER J D. Matching proposed chief executive types with corporate strategy[M]. Wheelen and Hunger Associates ,1991.

[11] WALTERS D, WANG Y, LO H P. Customer-focused performance and the dynamic model for competence building and leveraging: A resource-based view[J]. Journal of Management Development, 2003, 22(6)：483-526.

[12] LIAO ZIQI, CHEUNG M T.Do competitive strategies drive R&D：An empirical investigation of Japanese high-technology corporations[J].Journal of High Technology Management Research. 2002, 13(2).

[13] 福克纳，鲍曼. 竞争战略 [M]. 北京：中信出版社，1997.

[14] 哈克斯，迈勒夫. 战略实践 [M]. 北京：机械工业出版社，2003.

[15] 陈继祥，黄丹，范徵. 战略管理 [M]. 庞博，王德忠，译. 上海：上海人民出版社，2003.

[16] 甘华鸣，许志峰，高照娟. 战略管理操作规范 [M]. 北京：企业管理出版社，2004.

[17] 郭成. 企业战略管理 [M]. 郑州：郑州大学出版社，2004.

[18] 胡鹏山. 竞争战略与竞争优势 [M]. 北京：华夏出版社，2002.

[19] 简兆权. 动态竞争环境下的企业战略转换 [M]. 北京：经济科学出版社，2005.

[20] 金占明，刘静国.电子商务对行业竞争结构的影响 [J].清华大学学报：哲学社会科学版，2003（3）.
[21] 巴尼，赫斯特里，李新春.战略管理 [M].北京：机械工业出版社，2008.
[22] 弗莱舍，本苏珊.战略与竞争分析 [M].王俊杰，沈峰，杨斌，等译.北京：清华大学出版社，2004.
[23] 蓝海林.行业竞争结构分析及战略选择 [J].企业管理，2000（1）.
[24] 林平凡.企业经营管理创新与决策 [M].中山：中山大学出版社，2002.
[25] 李玉刚.战略管理研究 [M].上海：华东理工大学出版社，2005.
[26] 刘冀生.企业战略管理 [M].北京：清华大学出版社，2003.
[27] 孟卫东，张卫国，龙勇.战略管理创建持续竞争优势 [M].北京：科学出版社，2004.
[28] 戴伊，雷布斯坦因，冈特，等.动态竞争战略 [M].孟立慧，译.上海：上海交通大学出版社，2002.
[29] 波特.竞争战略 [M].陈小悦，译.北京：华夏出版社，1997.
[30] 希特.战略管理：竞争与全球化 [M].吕巍，译.北京：机械工业出版社，2004.
[31] 裴中阳.百年基业：战略定位的理论与实践 [M].北京：中信出版社，2009.
[32] DAY G S.动态竞争战略 [M].孟立慧，译.上海：上海交通大学出版社，2003.
[33] 秦远建，胡继灵，林根祥.企业战略管理 [M].武汉：武汉理工大学出版社，2002.
[34] 希尔，琼斯.战略管理.孙忠，译.北京：中国市场出版社，2008.
[35] 许晓明.企业战略管理教学案例精选 [M].上海：复旦大学出版社，2001.
[36] 王德中.企业战略管理 [M].成都：西南财经大学出版社，2002.
[37] 文理，许跃辉，肖皖龙.企业战略管理：原理、实例、分析 [M].合肥：中国科学技术大学出版社，2001.
[38] 王永贵.21世纪企业制胜方略：构筑动态竞争优势 [M].北京：机械工业出版社，2001.
[39] 吴维库.企业竞争力提升战略 [M].北京：清华大学出版社，2002.
[40] 吴维库.行业竞争结构的网络模型分析 [M].管理工程学报，2002（1）.
[41] 杨锡怀，冷克平，王江.企业战略管理：理论与案例 [M].北京：高等教育出版社，2004.
[42] 余伟萍，崔苗.经济全球化下基于企业能力的价值链优化分析 [J].中国工业经济，2000（5）.
[43] 赵春明.企业战略管理：理论与实践 [M].北京：人民出版社，2003.
[44] 中国管理传播网 http://manage.org.cn.
[45] 中国经理网 http://www.chinamanagers.com.
[46] 世纪易网企业圣经 http://www.21eok.com.